KB070585

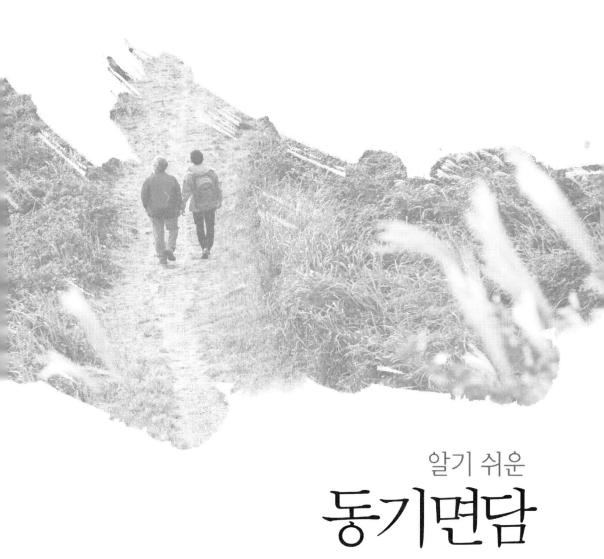

알기 쉬운

동기면담

| 신수경 · 조성희 공저 |

학지사

프롤로그

저자들은 동기면담을 경험하고, 적용하고, 가르치면서 어떻게 하면 더 알기 쉽게 동기면담을 전달할 수 있을까에 관심을 가져왔다. 그리고 변화를 목적으로 하는 전문 분야에서 수년간 활동해 오면서 내담자와의 만남에서 동기면담을 어떻게 접목시키고 적용할까, 내담자가 실생활에서 동기면담을 어떻게 실천하게 도울까에 관한 책을 쓰고 싶었다. 이런 맥락에서 전문가뿐 아니라 대학생, 일반인도 동기면담을 이해하고, 적용하고 싶어지며, 동기면담의 매력에 빠져서 재미를 느끼도록 『알기 쉬운 동기면담(*Motivational Interviewing easy to learn*)』이라는 책을 만들고 싶었다. 그래서 저자들은 번역서에서 만나는 동기면담을 직접 체득하고, 경험하고, 적용 및 실천하면서 우리나라의 독자들이 매우 알기 쉽도록 설명하여 이해가 용이하고 흥미를 느낄 수 있는 이 책을 설계하였다.

의사소통 스타일로서 동기면담은 쉬운 것 같으면서도 어렵다. 사실 동기면담 정신과 핵심기술은 매우 익숙한 것으로 느껴지면서도 막상 적용하려면 아직까지 내 것이 아닌 것 같은 느낌이라고들 말한다. 무엇보다도 동기면담을 원리 원칙이나 규범, 특정 기술이나 기법의 모음이 아니라 우리의 삶 속에서, 그리고 우리의 만남 안에서 서로에게 전달하는 향기로 비유한다.

지난 20여 년간 전문가들, 대학생, 일반인과 함께 건강관리, 중독, 정신장애 및 질병 관리를 상담한 경험으로 볼 때, 내담자의 생활 양식과 행동 패턴은 공통적 핵심 이슈다. 증상 중심이나 문제행동 개선을 핵심 이슈로 간주하기보다 내담자 내면에 있는 동기 이슈가 더 중요하게 느껴졌다. 생활 습관의 변화, 행동 변화의 필요성과 중요성을 더욱 우선시하여야 한다는 점이 두드러지게 나타났다. 건강한 생활 습관에 대해서는 인터넷을 통해서도 수많은 활용 가능한 정보를 얻을 수 있으나 여전히 증상 제거나 문제해결에 초점을 두는 정보가 많고, 전문가들 역시 증상 제거나 문제해결에 초점을 두고 내담자를 만나는 경우가 대부분이라서 실제 행동 변화나 일상 습관의 변화에 장기적으로는 효과적이지 못한 것이 사실이다. 현대병이라고 알려져 있는 고혈압, 비만, 당뇨, 심장질환을 포함하여 흡연, 알코올, 성중독 및 위험한 성행동, 그리고 약물 오남용이 여전히 만성질환으로서 질병과 사망의 우선순위를 차지하고 있다. 건강에 대한 신념과 초이론적 변화단계 모델은 행동변화 과학에 지대한 영향을 미쳤으나 현재 근거 기반 접근이 충분하지 않으며, 내담자와 전문가가 배우고, 적용하고, 그 성과를 검증할 수 있는 기회가 많지 않은 것도 사실이다.

저자들은 약물중독 분야에서 전문가로서 오랫동안 활동하면서 기존의 심리 및 상담학적 접근이 중독을 가진 내담자들의 실제적인 변화를 도모하지 못하고 있음을 보았다. 또한 기존의 접근인 정신분석, 현실치료, 집단 상담, 심리극, 사회기술훈련, 미술치료, 작업치료, 원예치료, 음악치료, 재발예방, 인지행동치료 등의 적용만으로는 중독을 가진 내담자들의 삶의 변화, 행동의 변화, 대인관계의 변화, 사회에 대한 태도 변화, 자기 인식의 변화 등이 충분히 성취되지 못하고 있음을 보았다. 무엇보다도 행동의 변화가 보이지 않았고, 재발은 여전히 반복되고 있었다. 왜 그럴까? 내담자는 변하고 싶다고 말하고 있지만 실제로 변하고 있지 않았다. 그러면 내담자가 문제인가? 중독으로 인한 뇌손상 때문인가? 원래 성격 때문인가? 내담자의 내적 · 외적 자원이 빈약하기 때문인가? 전문가로서 우리는 '좌절감을 많이 경험했다.' '중독자는 원래 변하지 않는 것이 맞다.' '변할 수 없는 사람들이다.' '포기하는 것이 마땅하다.' 라고 합리화하거나 회피하는 많은 전문가를 보았다. 열 명 중 한 명이라도 중독 행동을 평생 중단한다면 그것은 기적일 뿐이라고 믿고 있었다. 이는 변화에 대한 부정적이고 단정적인 태도다.

한편, 선진국에서는 중독 문제, 특히 물질중독 문제를 가진 사람에 대한 연구 결과가 상당히 긍정적이다. 프로젝트 MATCH를 수행하여 결과를 보고하는 과정에서 동기면담을 기반으로 하는 동기증진치료의 효과성이 긍정적으로 밝혀졌다. 그즈음 저자는 풀브라이트 연구재단의 도움으로 UCLA ISAP(Integrated Substance Abuse Program)에 참여하여 중독의 치료접근에 대한 최근의 연구 경향을 배울 수 있었다. 놀랍게 다가온 것은 중독 분야에서 일하는 전문가들은 매년 동기면담을 보수교육으로 복습한다는 것이었다. ISAP에서 주 치료로 활용하고 있는 매트릭스 프로그램은 동기면담을 토대로 개발되어 있었다.

동기면담을 접한 저자들은 이제까지 중독 문제를 가진 내담자들과의 만남에서 무엇이 잘못되어 있었는지 깨닫게 되었으며, 내담자의 잘못이 아니라 전문가의 기본 원칙과 태도, 가치관이 핵심 원인임을 보았다. 동기면담의 개발자 Miller가 저술한 『TIP 35』를 번역(『중독과 동기면담』, 시그마프레스, 2007)하면서 본격적으로 동기면담을 접하고, 동기면담 정신을 확인하였다. 전문가의 개입 스타일이 내담자 변화의 핵심 요인이라는 점은 매우 충격적이었다. 전문가가 자신의 개입 스타일에 대해 통찰하지 않으면, 즉 내가 내담자와 어떻게 관계를 맺고 있는가에 대해 통찰하지 않으면 변화는 결코 일어나지 않는다는 사실이다.

동기면담 정신과 구체적인 접근 전략을 학습하고자 저자들은 동기면담 훈련가 워크숍 TNT(Training New Trainers)를 통해 MINT(Motivational Interviewing Network of Trainers) 회원이 되어 적극적으로 활동하고 있는 일본인 훈련가 Harai를 찾았다(www.motivationalinterviewing.org 참조). 2006년 12월, 저자들은 Harai(당시 구마모토 국립정신병원 정신과 의사)를 구마모토에서 만나 동기면담 훈련을 받았다. 이 훈련을 통해 저자들은 동기면담 정신을 확인하였고, Harai는 학자, 연구자, 임상가, 교수, 철학자, 시민으로서 존경할 만한 특성을 가지고 있는 사람임을 알게 되어 매우 기뻤다. 무엇보다도 그의 우리 한국 여성들에 대한 경의와 협조, 친절 그리고 알려 주려고 하는 성실과 열정은 배울 만한 정신이었다. 동기면담을 다양한 방면에서 적용·실천하고 있는 Harai를 만난 것은 정말 행운이었다. 그는 병원에서 물질중독을 겪고 있는 사람들, 불안장애와 강박장애로 기능이 손상된 사람들, 지역사회에서 외래치료를 받고 있는 중독 회복자들, 외래 청소년들에게 동기면담 접근을 적용하고 있었다. Harai의 동기면담 집중 워크숍에 참여한 후에 저자들은 그가 제작한 〈동기면담 전문가를 위한 훈련 DVD〉를 번역·제작하였다. 이후에는 캘리포니아에서 Obert가 진행하는 동기면담 심화 워크숍에 참여하는 기회를 가졌고, 2007년 4월에는 개발자 Miller가 진행하는 TNT 워크숍에 참가하여 동기면담 정신과 구체적인 적용 가능성을 확인하는 시간을 가질 수 있었으며, 한국인으로는 처음으로 MINT 회원이 되었다. Miller의 〈동기면담 전문가를 위한 훈련 DVD〉를 번역·제작하는 허락을 받았고, 이후에 『건강관리에서의 동기면담』『심리적 문제에서의 동기면담』『중독과 동기면담』 등을 번역하였다.

국내에 동기면담을 알고, 배우고자 하며, 필요로 하는 많은 기관과 전문가가 있다. 노인 학대, 알코올 및 마약중독, 형사사법체제, 보호관찰, 대학교, 가정폭력, 상담자 양성 교육, 병원, 응급실, 단기적 접근을 필요로 하는 치료 현장 등에서 동기면담 워크숍을 진행하였다. 이때 공통적으로 나누는 내용은 국내에서도 행동 변화에 효과적인 접근을 매우 필요로 하고 있다는 점이다. 그럼에도 불구하고 변화 동기를 이끌어 내는 전문가들의 기본 자세와 태도는 여전히 권위적이거나 강요적인 방식을 고수하고 있었다. 동기면담 워크숍 이후 동기면담 정신에 감동받고 매력을 느꼈다고 피드백하였던 집단이 있었던 반면, 기존에 자신이 알고 있는 것이라고 일축시키는 집단이 있었으며, 동기면담 정신을 실제로 적용하고 실천하는 방법을 더 많이 알고 싶어 하는 집단도 있었다. 이 세 집단으로 분류되는 가운데, 동기면담을 실천하려는 욕구는 매우 긍정적이었다. 이들의 욕구에 대해 저자들은 무엇인가를 제공해 줌으로써 욕구 충족을 해 주고자 하는 마음이 늘 있어 왔다. 이들의 동기면담에 대한 열정, 호기심, 실천하고자 하는 마음에 저자들은 책임을 느꼈고, 부응하는 방법, 즉 욕구 충족의 방법을 모색해 왔다. 전문가뿐만 아니라 학부 및 대학원 학생들, 젊은이들이 동기면담 정신을 배우고 몸에 익히는 것이 매우 중요하다는 것을 더욱 실감하게 되었다. 그런데 책을 읽거나 시연하는 것을 관찰하거나 워크숍에 참여하는 것만으로는 동기면담을 자기 것으로 만들기에 전혀 충분하지 않다. Miller(2014)가 말한 것처럼, 동기면담은 악기를 연주하는 법을 배우는 것과 같아서 연습, 연습, 연습을 요구하며, 올바른 슈퍼비전과 피드백이 동시에 제공되어야 제대로 배울 수 있다.

　이러한 모색 중에 일반인과 학생, 전문가들이 함께 모여 동기면담을 배우고 나누며 창의적인 활용 방안을 상호 학습하는 기회를 가지고자 하였다. 그 결과, 배움의 공동체, 실천의 공동체로서 한국동기면담연구회(Korean Association for Motivational Interviewing: KAMI)가 2013년에 만들어졌다. 그해 2월에 Miller가 우리나라를 방문하면서 KAMI에서는 Miller의 동기면담 기본 워크숍을 국내에서 처음으로 주최하였다. 이어서 2015년 5월에 우리나라에서는 처음으로 MINT가 인증하는 TNT를 추진하였고, 현재 국내 동기면담 훈련가의 활동이 매우 활발하게 이루어지고 있다.

　지난 몇 년간 저자와의 개인 교류에서 Miller는 동기면담에 대해 다음과 같이 설명하였다.

　　영어로 'interviewing(면담)'이라는 단어는 두 사람 사이 힘의 균형이 상당히 중립적임을 의미합니다. 이 단어가 뜻하듯이, 저는 힘을 나눈다는 점이 좋았습니다. 다른 단어로 굳이 바꾸어 본다면 'motivational conversation(동기대화)'라고 할 수 있겠습니다. 'therapy(치료)'와 'counseling(상담)'이라는 단어에는 힘이 더 있는 누군가(치료자나 상담사)가 '환자'에게 무엇인가를 하고 있다는 의미가 내포되어 있습니다. 유관적 강화 전문가들은 '유관 관리'를 대체할 수 있는 '동기보상'이라는 단어를 놓치지 않고 있습니다. 아마도 동기면담의 유명세에 투자를 하고 있는 것처럼 보입니다. 이 점이 혼란을 야기하고 있습니다. 동기증진치료(Motivational Enhancement Therapy: MET)는 동기면담에 평가 피드백을 추가한 것인데, 알다시피 피드백하기는 동기면담의 필수 구성요소는 아닙니다. (2007. 10. 12., 개인적 서신)

제가 'interview'라는 단어를 선택했던 이유는 이 단어가 두 사람의 대화를 기술하는 것이고, 힘의 관계가 불분명하기 때문입니다. 또한 'inter-view'라는 의미에는 'look together(함께 보다)'라는 의미가 있어서 좋습니다. 동기면담은 내담자 중심의 안내하기 방법으로서 개인의 변화 동기를 이끌어 내고 견고히 하고자 합니다. (2008. 12. 20., 개인적 서신)

동기면담과 동기증진치료의 유일한 차이는 동기증진치료가 개인의 평가 피드백을 포함한다는 점입니다. 그러나 둘 다 동기면담을 중심으로 하고 있고, 둘 모두 상담이 아닙니다. (2012. 4. 12., 개인적 서신)

안서동산에서

신수경 · 조성희

차 례

Chapter
07 동기면담의 과정   207

변화와 동기면담

사람은 변화에 대해서 많은 이야기를 나눈다

　사람들은 좋든 싫든 간에 자기가 하고 있는 행동에 대해서 무언가가 바뀌어야 한다는 생각을 하며 산다. 최근 들어 정부에서 담뱃값을 세 배 이상 인상하면서 흡연을 하던 많은 사람에게는 흡연 습관에 대하여 다시 생각해 볼 기회가 주어졌다. 담뱃값 인상뿐 아니라 음식점에서도 금연을 해야 한다는 법규가 적용되기 시작하였고, "우리나라에서 담배를 피울 수 있는 땅이 사라져 간다."는 말이 나올 정도로 흡연자들은 위협을 느끼기도 한다. 새해에 계획하고 다짐하는 행동 변화 중 하나로 금연을 꼽는 사람들이 크게 늘었다. 항간에는 이러한 추세에도 불구하고 3개월 후에 다시 담배를 피우기 시작할 거라고 장담하는 목소리가 사방에서 들림으로써 금연을 시도하거나 금연을 고려하는 사람들을 위축시킨다. 정확한 정보인지는 모르겠지만 흡연자였다가 10여 년간 금연에 성공해서 살고 있는 사람들에 의하면, 자신의 경험을 토대로 하여 금연을 시작한 후 1년까지가 매우 힘든 고비이며 금연을 시작한 사람들 중 4%만이 금연 일주년을 맞이한다고 한다. 최소 10년 이상 금연해 온 사람들은 금연 초기에 얼마나 고통스럽고 유혹을 견디기 힘들었는지에 대해 토로한다. "금연을 하다가 도중하차하여 한 개비의 담배를 피운 후 도루묵이 되었다." "꽝이 되어 버렸다."라는 표현을 하며 "절대 금연을 계속해야 한다."고 주장을 한다. 금연을 해야 하는 이유를 많이 끄집어 낼 수 있는 만큼이나 흡연을 해야 하는 이유도 그만큼 많이 끄집어 낼 수 있다. 정부의 금연 정책으로써의 담뱃값 인상과 함께 행동 변화라고 하는, 즉 '금연'이라고 하는 마라톤을 시작한 모든 사람이 영구적으로, 즉 '삶을 마감할 때까지' 금연에 성공한다면 얼마나 건강한 가정, 직장, 사회 및 국가가 될까?

　익숙한 일상적 습관을 바꾸는 것은 쉽지 않다. 최근에 치위생학을 가르치고 배우는 전문 분야에서 어떻게 하면 충치나 치주질환을 가지고 있는 사람들이 더 이상 악화되지 않도록 올바른 양치법을 교육하고 실천하게 할 수 있을지에 대해 많은 고민을 하고 있다. 대부분의 사람들은 올바르게 양치하는 방법을 잘 모르고 있으며 자기에게 편하고 익숙한 방식으로 양치한다. 이런 이유로 인해 양치 습관을 바꾼다는 것은 매우 어렵다. 거의 자동적으로 양치를 하기 때문에 익숙한 행동을 일부러 생각하고 바꾸려 한다는 것이 매우 비효율적이고 귀찮게 느껴질 수 있다. 올바른 양치법에 대한 지식을 가지는 것과 내가 올바르게 양치를 하는 것에는 차이가 있다. 치과에서는 올바른 양치법을 알려 주기 위해서 간단한 안내서나 소책자를 준비하여 읽도록 권하거나 다음과 같이 말해 준다. "하루에 세 번, 식사 후에 양치를 하고, 한 번 양치할 때는 최소 2~3분 동안 하고, 하루에 한 번은 치실을 사용하여야 합니다." 그렇게 교육을 했는데 과연 몇 퍼센트의 사람들이 자신의 충치나 치주질환 예방과 재발 방지를 위해서 올바른 양치 행동을 할까? 놀랍게도 17%의 사람들만이 가르쳐 준 대로 따른다고 한다. 그러면 나머지 83%의 사람들은 왜 하라는 대로 양치를 하지 않으며, 자신의 치아 건강을 위해 노력하지 않는 것일까?

요즘 들어서는 나트륨 섭취량을 줄여야 한다는 보도와 함께, 자신이 먹고 있는 음식이 덜 짜야 된다고 느끼는 사람들이 부쩍 늘었다. 그래서 평소에 즐겨 먹는 음식이나 요리법을 바꾸려고 노력을 하지만 자기도 모르는 사이에 예전의 습관대로 돌아가 있는 자신을 발견한다. 어떤 경우에는 주변에 있는, 자신에게 소중한 사람들이 짜게 먹는 것을 보면서 그들의 먹는 습관을 바꾸게 하려고 나트륨 섭취에 관한 정보를 전달하거나, 덜 짜게 먹는 방법을 알려 주거나, 나트륨이 많이 들어 있는 음식을 가르쳐 주어서 도움을 주려고 노력한다. 그런데 이러한 노력은 비생산적인 일이 되곤 한다.

이처럼 먹고, 마시고, 기호품을 즐기고, 양치를 하는 등의 일상적인 생활 습관을 자신에게 유익한 방식으로 바꾸어야 한다고 말하는 사람들이 점점 많아지고 있다. 그러나 정부 정책, 홍보용 소책자나 안내서, 정보 알려 주기, 조언하기, 자기의 경험담 나누기, 심리적 충격 주기, 약간의 위협적인 광고하기 등의 노력에 일시적인 효과가 있을 뿐 장기적인 효과가 없다는 것을 알게 되기까지는 오래 기다릴 필요가 없다. 오히려 듣기 싫어 하거나, 화를 내거나, 자신은 해당되지 않는다고 말하거나, 그것은 정말 필요한 사람만을 위한 정보라고 생각하거나, 자신은 언제든지 마음만 먹으면 실천할 수 있다는 식으로 답한다.

사람들은 변화에 대해서 정말 많은 이야기를 나눈다. 해가 바뀌거나, 계기가 생기거나, 사건이 터지면 너도 나도 변화가 필요하다고 말한다. 어릴 적 방학을 하게 되면 어김없이 하는 일이 '일일 계획표'를 만들어 붙여 두는 것이다. 그런데 '작심삼일(作心三日)'이라는 말처럼, 변하겠다고 결심하고 실천하지만 3일이 지나면 원상태로 되돌아가 버리는 것과 같이, 결심도 쉽지 않지만 실천하는 것은 정말 어렵다. 그러기에 "금연에 성공한 남자와 다이어트에 성공한 여자는 친구로 두지 말라."라는 말이 있는가 보다. 변화와 실천을 계속 유지할 수 있는 사람은 그만큼 '독한 사람'이라는 뜻이다. 사람들은 변화를 원하지만, 그리고 변화하려고 계획은 많이 세우지만 정작 작은 실천이 매우 어렵다는 사실을 너도 나도, 우리 모두 잘 알고 있다.

변화는 정말 불가능한가

금연을 시작한 사람 중에서 1년 이상 금연에 성공한 사람이 4%이고, 충치나 치주질환을 가진 사람 중에서 올바른 양치를 매일 실천하는 사람이 17%라면, 반대로 흡연을 다시 시작한 사람은 96%이고, 늘 하던 습관적인 방식으로 되돌아가 양치하는 사람은 83%일 것이다. 그렇다면 금연에 성공한 4%, 올바른 양치를 실천하는 17%의 사람과 흡연을 다시 시작한 96%, 옛날 방식으로 양치를 다시 하게 된 83% 사람 간의 차이는 무엇일까? 변화를 실천하지 못한 사람은 영원히 변화를 하지 못하는 것일까?

이 두 가지 각각의 이슈에서 성공한 사람들이 어떤 이유나 요인으로 인해 성공하였는지 정확하게 설명할 수는 없지만, 이들의 변화에 전문가의 개입이 거의 없었다는 점에서 이들을 '자연적 회복' 또는 '자연적 변화'를 한 사람들이라고 할 수 있다. 변화나 회복은 성숙 과정에서 일어날 수 있고, 또는 매우 적은 양의 전문적 도움을 받아서 이루어질 수도 있다. 그렇다면 변화에 성공하지 못한 사람들은 어떻게 변화할 수 있을까?

심각한 변화 이슈뿐 아니라 일상생활 이슈로 전문가를 찾거나 상담실이나 병원, 기관을 찾는 사람이 늘고 있다. 이는 먹고 마시는 매일의 일상적인 생활 습관에서 변화해야 하는 부분이 점점 많아진다는 것을 뜻한다. 행동 변화가 필요해서 상담실을 찾아오거나 병원 치료를 받고 있는 많은 사람은 새로운 행동뿐 아니라 변화된 행동을 지속적으로 유지하도록 요구된다. 한편 문제가 만성화되면서 변화 행동을 유지하고 생활양식의 변화를 지속한다는 것이 쉽지 않다는 것을 전문가들은 잘 알고 있다.

전문가가 어떻게 도와주면 내담자의 행동 변화가 촉진될까? 보다 효과적으로 도와줄 수 있는 방법은 무엇일까? 어떤 식으로 대화를 하면 내담자가 좀 더 쉽게 습관을 바꿀 수 있을까? 많은 연구 결과가 방향을 제시해 주는 근거 기반의 동기면담에서는 전문가의 의사소통 스타일이 내담자를 효율적으로 도울 수 있다고 답한다. 동기면담에 따르면, 전문가의 의사소통에 따라서 변화를 시작할 수도 있고 반대로 변화하려고 마음먹었던 사람이 더 멀리 도망갈 수도 있다고 한다. '변화'라고 하는 무대에서 '자연적 변화와 회복'의 주인공이 되지 못하여 전문가의 작은 도움으로 변화를 시도해야 한다면, 우리는 어떤 의사소통 스타일을 지닌 전문가를 만나야 하는가? 우리의 변화에 도움을 줄 수 있는 전문가는 어떤 사람이어야 하는가?

내담자와 면담자

다양한 변화 주제를 가진 사람을 통칭하여 '내담자(client)'라고 부른다. 만약에 습관을 바꾸어야 하는데 뜻대로 안 된다면 누구나 내담자가 될 수 있다. 누구나 한 번쯤은 내담자가 된다. 변화 이슈를 가지고 내담자가 전문가를 찾아오는 경우에 그 전문가를 가리켜 '면담자(interviewer)'라고 부른다. 여기서 전문가는 상담사, 임상가, 의사, 간호사, 사회복지사, 교사, 종교인, 영양사, 물리치료사, 보호관찰관, 교도관, 자문가 등을 가리킨다. '면담자'로 통칭하는 이유는 이 책의 프롤로그에서 소개한 Miller의 동기면담 정의에 따른 것이다. 내담자와 면담자가 만나는 공간은 일반적으로 정해져 있지만 내담자가 살고 있는 생활 반경, 예를 들면 집, 학교, 직장 등이 될 수도 있다. 정리하면, 내담자가 면담자를 만날 때는 일정한 공간 내에서 상호 이해가 되는 이슈를 가지고 있어야 한다는 점이 일상 대화와는 다르다.

내담자와 면담자 두 사람 사이는 어떠해야 하는가? Miller와 Rollnick(1991, 2002, 2013)은 내담자와 면담자의 모습을 춤을 추는 두 사람으로 비유하였다. 음악에 맞추어 춤을 추는 두 사람 사이에서 누가 먼저 리드하고 누가 따라가는지는 두 사람만이 알고 있을 뿐, 춤추는 두 사람을 지켜보는 관객은 잘 모를 수 있다고 하였다. 관객은 춤을 추는 두 사람이 함께 춤을 잘 추었는지, 즐겁게 추었는지, 실수 없이 추었는지 관찰할 뿐이다. 이 비유는 서양 문화에서 잘 이해되는 것이어서 저자들은 우리 문화에 맞는 비유를 찾고자 한다. 최근 몇 년간, 우리나라에서 많은 사람이 배드민턴을 즐기고 있다. 복식 배드민턴을 비유로 동기면담을 설명하자면, 배드민턴에서 한 팀이 되어 운동하는 두 사람을 내담자와 면담자로 비유할 수 있다. 한 팀이 된 두 사람은 협동하지 않으면 안 되며, 파트너십의 스포츠맨 정신을 가지고 경기에 참여해야 한다. 팀의 승리는 한 사람의 기여나 공헌만으로는 불가능하다. 경기의 승패는 두 사람 모두의 몫이며 한 사람의 실수 혹은 한 사람만의 기여가 아니다. 두 사람이 경쟁관계에 놓이게 되면 시합에서 패배할 가능성이 매우 높다. 두 사람은 불협화음이 아닌 하모니를 이루어야 하고, 두 사람의 공동의 적은 네트 건너편에 있는 선수들이다. 배드민턴 경기 상황에서 두 사람의 공동의 적을 면담 상황에서는 내담자가 가진 이슈로 비유할 수 있다.

많은 사람들이 상담을 내담자와 면담자의 만남이라고 정의하고 있으면서도, 실상 면담자가 하는 일은 내담자의 문제를 해결해 주거나, 훈수를 주거나, 조언이나 교육, 충고하는 것이라고 잘못 생각한다. 그리고 내담자가 하는 일은 면담자의 조언, 교육, 충고, 훈수 등을 듣고 잘 실천하는 것이라고 생각한다. 그러나 진정한 파트너십은 한 사람이 리드하고 다른 사람은 일방적으로 따라가는 것이 아니라 두 사람이 파트너가 되어 경기를 승리로 이끌어 가는 것이다. 이 점에서 파트너십은 이슈가 생기면 각 마을의 촌장을 찾아가 조언을 구하고 그대로 따라했던 전통적인 우리나라 사회의 문화와는 매우 다르다.

변화와 회복을 돕는 면담자의 의사소통 스타일

면담 상황에서 내담자와 면담자 사이에는 언어적 의사소통과 비언어적 의사소통이 함께 어우러져 있다. 비언어적 의사소통은 얼굴 표정, 시선, 몸짓, 자세, 위치, 신체접촉 등에 대한 정보를 말한다. 이러한 비언어적 의사소통 이외에 면담에서 내담자와 면담자가 주고받는 많은 대화를 언어적 의사소통이라고 한다. 비언어적 의사소통은 언어적 의사소통에 비해 제한적이기 때문에 정확하게 의사소통을 하기 위해서는 언어적 의사소통이 명료하고 서로 이해하기 쉽게 이루어져야 한다. 기본적으로 내담자와 면담자의 만남은 서로의 얼굴을 보면서 언어를 사용하여 의사소통하는 것을 말한다. 면담자의 언어적 의사소통은 크게 두 가지, 즉 '질문'과 '질문이 아닌 말'로 나누어진다. 면담자는 내담자의 이슈에 관한 대화를 하면서 '질문'을 하든지, 아니면 '질문이 아닌 말(예: 반영, 칭찬, 격려, 정보 교환)'을 한다. 면담자가 하는 말은 이 둘 중의 하나인데 일상 대화가 아니기 때문에, 즉 내담자의 변화 이슈와 관련된 대화이기 때문에 어떻게 질문을 하고 어떻게 질문이 아닌 말을 해야 하는지가 매우 중요하다. 면담에서 면담자와 내담자의 대화는 일방통행이 아닌 주고받는 이야기다. 면담자가 어떤 질문을 하거나 혹은 질문이 아닌 말을 하면 내담자는 어떻게든 그에 따라 반응한다. 여기서 중요한 것은 앞서 언급한 바와 같이, 면담자가 어떻게 말을 하느냐에 따라 내담자가 반응한다는 것이다. 그렇다면 내담자의 의사소통 스타일과 면담자의 의사소통 스타일 중에서 어느 쪽이 더 중요한가? 일상 대화가 아닌 면담에서는 면담자의 의사소통 스타일이 내담자의 의사소통 스타일보다 더 중요하다.

면담자의 의사소통 스타일에 따라 내담자가 변화를 고려할 수도 있고, 변화와 더 멀어질 수도 있다. 면담자의 의사소통 스타일은 매우 다양할 수 있다. 그렇다면 면담자의 어떤 의사소통 스타일이 내담자의 변화를 도울 수 있는가? 지금부터 내담자의 변화를 고려하기 위한 면담자의 효과적인 의사소통 스타일인 동기면담(Motivational Interviewing: MI)을 소개하고자 한다.

Chapter

02

동기면담

동기면담은 무엇인가

동기면담은 1983년 Miller가 논문을 통해 처음 소개하였고, 1991년 Miller와 Rollnick이 한층 더 발전시켰다. 이들의 저서 『동기면담: 중독행동 변화 준비시키기(*Motivational Interviewing: Preparing People to change Addictive Behavior*)』(초판, 1991)에서 Miller와 Rollnick은 동기면담을 소개하였고, 이후에 동기면담의 정신과 핵심기술을 더욱 확장하였으며, 제2판(2002)과 제3판(2013)에서 동기면담의 정의를 정교화하여서 지속적으로 발전시켜 나갔다. 동기면담이 무엇인지를 알기 위해서 Miller와 Rollnick의 저서 제2판 『동기면담: 변화 준비시키기(*Motivational Interviewing: Preparing People for Change*)』(2002)와 제3판 『동기면담: 변화 돕기(*Motivational Interviewing: Helping People Change*)』(2013)에서 소개한 동기면담의 정의를 구체적으로 살펴보자. 먼저 Miller와 Rollnick은 그들의 초판 저서 『동기면담: 중독행동 변화 준비시키기』에서 처음으로 동기면담의 정의를 소개하였으며, 동기면담의 정의를 다음과 같이 제안하였다.

> 동기면담은 변화를 필요로 하는 사람이 양가감정을 해결하여 변화로 움직이도록 돕는 특별한 방법이다(Miller & Rollnick, 1st ed., 1991, p. 52).

이후에, Miller와 Rollnick은 초판에서 동기면담의 정의를 검토한 내용을 바탕으로 제2판 『동기면담: 변화 준비시키기』(2002)에서 동기면담의 정의를 다음과 같이 제안하였다.

> 동기면담은 내담자의 양가감정을 탐색하고 해결함으로써 내담자의 내적 동기를 증진시키기 위한 내담자 중심의 방향 지향적인 방법이다(Miller & Rollnick, 2nd ed., 2002, p. 25).

이에 덧붙여, 제3판 『동기면담: 변화 돕기』(2013)에서의 동기면담의 정의는 다음과 같다.

> 동기면담은 내담자 자신의 변화 동기와 변화 결단을 견고히 하도록 돕는 협동적인 대화 스타일이다(Miller & Rollnick, 3rd ed., 2013, p. 12).

먼저, Miller와 Rollnick이 초판, 제2판, 제3판의 저서에서 소개한 동기면담의 정의를 토대로 이 정의에서 나타난 핵심개념을 상세히 살펴봄으로써 동기면담에 대해 좀 더 알기 쉽게 풀어 보면 다음과 같다.

■ **양가감정**(ambivalence) 어떤 사물, 사람, 사건에 대해 동시에 두 가지가 양립 불가능한 느낌을 경험하는 것을 의미한다. 변화와 관련된 문제가 해결되지 않고 지속되는 경우는 대부분 양가감정에 묶여 있을 때다. 해결되지 않은 양가감정은 변화에 대한 '낮은 동기'를 의미하며 계속 그 상태에 머물러 있게 한다. 양가감정이 해결된다는 것은 변화하거나 변화하지 않거나 양방향으로 이어질 수 있다는 것이다. 따라서 양가감정은 변화로 가는 해결 열쇠다. 동기면담은 내담자의 양가감정이 변화를 향하도록 돕는 것이다.

■ **내적 동기**(intrinsic motivation) 동기는 외적 동기와 내적 동기로 구분할 수 있다. 외적 동기는 자기 스스로가 아닌 타인이나 환경, 상황으로 인해 무언가를 하려는 에너지를 말하는 반면, 내적 동기는 자기 스스로 무언가를 하려는 에너지를 말한다. 내담자의 진정한 변화는 외적 동기에 의해서가 아니라 내적 동기에 의해서 이루어질 때 가능하다. 동기면담에서는 내담자가 내적 동기를 스스로 발견하고 이끌어 낼 수 있도록 돕는다.

■ **내담자 중심**(client-centered) 면담자가 면담과 내담자를 어떻게 보는지에

대한 가치관, 인간관, 인간 존중과 관련된 신념이 이에 포함된다. 면담자와 내담자가 대화를 할 때, 변화의 열쇠를 내담자가 쥐고 있다는 전제하에 대부분의 이야기는 내담자로부터 나온다. 면담자의 생각이나 문제해결 방식, 가치, 조언과 지시, 충고와 교육이 아니라 내담자를 있는 그대로 존중하는 면담자의 태도가 뒷받침될 때 진정한 내담자 중심이 된다. 내담자 중심의 반대는 면담자 중심이다. 쉽게 말하면, 면담자 위주로 대화를 해 나가는 것은 내담자 중심이 아니다.

■ **방향 지향적**(directive)　　비지시적(nondirective)과 반대 개념으로, 내담자가 변화를 향하여 나아가도록 하는 것을 의미한다. 면담자가 내담자의 내적 동기, 강점과 자원, 가치 등을 존중하면서 내담자에게 유익한 방향으로 변화가 이어지도록 대화를 하는 것이다. 내담자가 자신의 이슈를 잊어버린다 하더라도 면담자는 원래 내담자가 가고 싶어 하고 가려고 하는 방향을 잊지 않아야 한다. 이 점이 Rogers의 비지시적 내담자 중심 상담과 동기면담을 차별화한다.

■ **변화 동기**(person's own motivation to change)　　내담자가 변화하려는 이유, 욕구, 필요, 바람과 능력이 변화 동기에 포함된다. 변화 동기는 내담자가 변화하려는 준비가 얼마나 되어 있는지를 가늠하게 한다. 내담자가 면담에서 자신의 변화 이유, 욕구, 필요, 바람과 능력에 대한 이야기를 많이 하면 할수록 내담자의 변화 동기와 가능성은 증진된다. 면담자는 어떤 내담자라 하더라도 이들의 변화 동기를 잘 살피는 것이 중요하다.

■ **변화 결단**(commitment to change)　　내담자의 변화 동기, 즉 변화 이유, 욕구, 필요, 바람과 능력은 변화 결단과 이어져 있다. 변화 결단은 변화에 대해 이야기만 하는 것이 아니라 변화 실천의 의지가 담겨 있는 표현이다. 행동 변화는 변화에 대한 고려나 의지만을 나타내는 것이 아니라 변화 결단을 통한 지속적인 행동실천으로 나아갈 때 완성된다. 내담자의 변화 동기에 대한 표현이 많아질수록 내담자의 변화 결단이 쉬워지므로 면담자는 면담에서 변화 결단의 표현을 할 수

있는 기회를 놓치지 않는 것이 중요하다.

■ **협동적**(collaborative)　면담자와 내담자는 한 팀을 이룬다는 개념이다. 면담자와 내담자는 서로에게 관심을 가지고 내담자가 드러낸 이슈를 함께 다루는 모습을 보인다. 한 팀을 이룬 두 사람이 불협화음이나 불화를 보이기보다 협동적인 마음이 될 때 내담자가 변화로 더 나아갈 수 있다. 협동은 다른 말로 하면 갑과 을의 관계가 아니라 면담자와 내담자의 파트너십이다.

■ **대화 스타일**(conversation style)　대화 스타일을 의사소통 스타일이라고도 하는데, 이는 면담자의 대화 방식이 내담자의 변화 동기와 실천에 영향을 준다는 의미다. 면담자의 대화 스타일에 따라 내담자가 저항적 · 반항적 · 수동적이 될 수도 있고, 개방적 · 수용적 · 적극적이 될 수도 있다. 질문을 하거나 질문이 아닌 진술을 어떻게 하는가가 대화 스타일이다.

다음으로, Miller와 Rollnick의 동기면담 정의를 요약하면 다음과 같다.

첫째, 동기면담은 내담자 중심이고 방향 지향적이다.
둘째, 동기면담은 면담자의 의사소통 스타일이다.
셋째, 동기면담의 면담자와 내담자는 협동하는 파트너다.
넷째, 동기면담은 양가감정을 해결하여 내담자의 내적 동기를 증진한다.
다섯째, 동기면담은 내담자의 변화 동기와 변화 결단을 견고히 하여 실천을 하
　　　도록 돕는다.

앞에서 제시했던 몇 가지 예 중에서 충치나 치주질환 때문에 치과 진료를 받고 있는 내담자를 떠올려 보자. 현재 올바른 양치 습관이 되어 있는 것 같지 않아서 의사가 염려를 하고 있다. 보통의 경우, 치과 의사는 바로 다음과 같이 대화를 시작한다.

치과 의사: 양치를 제대로 하는 것이 충치나 치주질환에 매우 중요합니다. 하루에 반드시 세 번 양치하시고, 양치할 때마다 최소 2분 정도는 철저하게 하세요! 치실은 하루에 한 번 꼭 사용해 주셔야 악화되지 않아요. 그렇게 하지 않으면 머지않아 이를 모두 빼야 할 수도 있어요.

이때 내담자는 치료를 받느라 이를 벌린 채로, '어~ 어~' 라고 '알겠다' 는 표시를 한다. 이 두 사람의 대화를 동기면담의 정의를 기준으로 살펴보면, 치과 의사는 자신의 경험과 지식을 중심으로 자기 위주의 교육을 하고 있다. 동기면담의 정의에서 볼 때, 내담자 중심이 아니며, 협동적인 대화를 하고 있다고 볼 수 없다. 이러한 경우는 외적 동기가 부여되는 상황이어서 내담자의 내적 동기가 유발되기 어렵다. 실제 이 내담자는 치과 의사가 염려하는 바와는 달리, 양치를 잘하고 있을 수도 있고, 그 외에 다른 염려가 있을 수 있다. 치과 의사의 의사소통 스타일은 일방적인 것으로 전문가의 지식과 경험을 내담자에게 전달하고만 있다.

만약에 동일한 염려를 가진 치과 의사가 진료를 마친 후에 내담자의 얼굴을 보면서 다음과 같이 대화를 한다고 하자.

치과 의사: 하루 동안 양치를 어떻게 하는지 말씀해 주세요.

이때 치과 의사는 자신의 염려를 내담자에게 일방적으로 전달하지 않고 내담자의 경험과 상황을 듣겠다는 협동적인 태도를 반영한다. 이것이 내담자의 경험과 생각을 이끌어 내는 내담자 중심의 태도다. 교육을 시키겠다는 의도가 아니라 먼저 내담자의 상황을 듣고 나서 함께 이야기를 하겠다는 태도다. 내담자는 치과 의사가 자신의 이야기를 들어주기 때문에 외적 동기가 아닌 내적 동기가 올라간다. 그리고 치과 문제에 대한 내담자의 진정한 염려나 의문을 자연스럽게 드러낼 수 있어서 올바른 방향으로 나아갈 수 있는 토대가 된다.

동기면담의 개발

동기면담은 Miller가 1982년 안식년으로 노르웨이에 가 있을 때 젊고 유망한 심리학자들과 만나면서 시작되었다. 훈련을 받은 지 얼마 되지 않은 심리학자들이 알코올과 기타 약물사용 문제를 가진 내담자들을 치료하는 일을 하고 있었다. Miller는 이들에게 자신의 면담 기법을 역할놀이를 통해서 시연하였다. 이때 보여 준 방법은 Miller 자신이 내담자들로부터 배운 것이었다. 이 심리학자들은 Miller가 내담자들로부터 배운 방법을 구체적으로 설명해 주기를 원했다. 역할놀이 중에 이 젊은 심리학자들은 Miller가 사용하는 언어 표현에 대해 "그런 말을 할 때에 어떤 생각을 하고 있었습니까?" "왜 다른 말로 하지 않고 이 말을 하셨습니까?" "특별히 그 단어를 사용한 이유는 무엇입니까?" "기법의 지침이 되는 기본 모델은 무엇입니까?" 등의 질문을 하였다. Miller는 이들에게 대답을 하는 동안, '내가 환자에게 하는 것은 환자가 나에게 가르쳐 준 것들이었구나. 그리고 이것은 지금까지의 인지행동치료 이론과는 전혀 다른 것이었구나.'라는 사실을 깨닫게 되었다.

젊은 심리학자들이 호기심과 흥미를 갖고 Miller에게 꼬치꼬치 질문 공세를 한 결과, Miller는 자신만의 방법을 타인에게도 이해하기 쉬운 언어로 설명할 수 있게 되었다. 이것이 동기면담을 체계화할 수 있게 된 계기가 되었다.

Miller는 노르웨이에서의 안식년 동안의 경험을 토대로 자신의 임상적 접근을 정리하기 시작하였다. 젊은 심리학자들의 관심과 호기심이 자극이 되어 1983년에 그의 논문, 「문제 음주자들과 함께하는 동기면담(Motivational Interviewing with problem drinkers)」(*Behavioral Psychotherapy*, 11, pp. 147-172)을 발표하였다. 이 논문은 알코올 중독자들에게 행동요법을 적용했을 때 실패한 경험을 토대로 동기면담의 개념과 방법을 정리하여 소개한 것이다. Miller는 "알코올 중독자들에게 이렇게 하라, 저렇게 하라고 말하는 임상가의 지시적인 생각이나 실제적인 개입을 하지 않고, 단지 알코올 중독자의 이야기를 몇 시간이고 듣는 과정에서 아주 새로운 경험을 하게 되었다. 단지 내담자에게 관심을 가지고 듣는 것에 큰 매력이 있음을 느끼기 시작하였다."고 회고하였다.

1989년, Miller가 동료 Rollnick을 만난 것은 행운이었다. 동기면담이 영국을 포함한 유럽 국가에서 알코올, 약물 중독 분야뿐 아니라 형사사법 분야, 손상 및 응급의료 분야에서 크게 수용되고 활용되는 동안, 두 사람은 호주 시드니의 국립 약물 및 알코올 연구 센터(National Drug and Alcohol Research Centre)에서 우연히 만나게 되었다. Miller는 ICTAB(International Conference on Treatment of Addictive Behaviors)에서 Nick Heather와의 공동연구를 통해 호주에 초대받았고, 거기에서 우연히 만난 Rollnick과 함께 프로젝트를 하게 되었다. Rollnick은 Miller에게 동기면담이 유럽에서 급속하게 확산되고 있는 사실을 설명하고 더 많은 논문을 쓸 수 있도록 격려하였다.

> Rollnick: 저는 Miller에게 내가 있던 곳에서도 동기면담이 얼마나 도움이 되었는지에 대해 확실하게 전했습니다. 그리고 단도직입적으로 말했습니다. '정말로 조금이라도 좋으니 동기면담에 대해 무언가를 써야 합니다. 그러면 모두가 동기면담을 사용할 수 있고, 그것이 정말로 크게 공헌하는 것입니다.' 라고 했습니다.

> Miller: 저는 Rollnick의 요청에 놀랐습니다. 왜냐하면 미국에서는 동기면담에 대해서 아무런 반응도 없었기 때문입니다. Rollnick은 동기면담에 대한 이해를 저에게 잘 전달해 주었고, 대단한 트레이닝 아이디어도 가지고 있었습니다. 그래서 저는 Rollnick에게 함께 책을 쓰자고 제안했습니다.

이 두 사람은 바로 의기투합하여 동기면담 정신의 중요성을 강조하면서 핵심 기술과 전략을 개발하고 정리하여 발표했다. 이들은 동기면담의 정의를 명료화하였고 동기면담의 본질에 대해 개념화하였다. 이들은 동기면담을 '방향 지향적이고 내담자 중심의 의사소통 스타일'로 정의하여 『동기면담: 중독행동 변화 준비시키기』(1991) 초판을 출판하였다.

Miller와 Rollnick(1991)은 동기면담 정신의 중요성을 강조하며 핵심기술과 전략은 정신에서 비롯된 것으로, 동기면담 정신과 핵심기술은 상호 보완적이기는 하나 근본이 되는 것은 동기면담의 정신임을 재차 강조하였다. Miller와 Rollnick(1991)은 "동기면담 정신은 기술이나 기법의 집합체 이상의 것이며 결코 단순한 상담이 아니다."라고 하였다. 동기면담을 면담(interview)이라고 하고 상담(counseling)이나 치료(therapy)라고 하지 않은 이유는 내담자와 면담자가 힘의 불균형으로부터 자유로워지고 동등한 위치에서 파트너로서 대화를 할 때 변화 동기가 높아지기 때문이다. 즉, 동등한 파트너십 관계에서 대화를 한다는 것이 바로 동기면담의 정신이자 진수다.

동기면담을 '노래'로 비유해 보자. 동기면담 정신은 '가락'이라고, 동기면담 핵심기술은 '가사'라고 비유할 수 있다. 동기면담 정신이 빠진 채 기술만을 앞세우면 내담자의 저항, 무례함, 윤리적 어려움 등이 따르게 된다. 1983년부터 동기면담이 발전해 온 발자취를 자세히 살펴본 연표는 〈표 2-1〉과 같다.

한편, 우리나라에서는 동기면담의 개발자 Miller가 2013년에 처음으로 동기면담 기본 워크숍을 진행하였고, 이에 앞서 한국동기면담연구회(Korean Association of Motivational Interviewing: KAMI)가 창설되었다. 프롤로그에서 밝힌 바와 같이 저자들은 2006년에 동기면담 훈련가 네트워크(Motivational Interviewing Network of Trainers: MINT) 회원으로부터 동기면담을 훈련받으면서 동기면담 관련 저서와 훈련 비디오들을 번역 · 출간하였다. 2007년에 한국인 MINT 회원이 탄생했고, 이후 2015년에는 처음으로 우리나라에서 MINT 회원을 배출하기 위한 새로운 훈련가들을 위한 훈련, 즉 TNT(Training for New Trainers: TNT)를 Miller가 진행하였으며, 우리나라의 공식적 MINT 회원들이 국내외에서 적극적인 활동을 할 것으로 기대된다.

TNT를 통해 MINT 회원이 된 동기면담 훈련가들은 국제적인 모임을 통해 동기면담의 수준을 높게 유지하기 위하여 매년 MINT 포럼을 개최한다. 더불어 동기면담과 관련된 연구 논문과 저서, 번역서, 평가도구 및 그 외의 출판물의 다양한 자료는 MINT 웹사이트에서 활용 가능하다(www.motivationalinterviewing.org 참조).

코딩랩(Coding Lab)은 국제적으로 인증된 동기면담 효과성, 면담자의 자질과

표 2-1 동기면담의 발전 연표

연도	내용
1947	1947년 6월 27일 미국 펜실베이니아 주에서 출생
1969	라이커밍 대학교에서 Cliff Smith로부터 내담자 중심 접근을 배움
1972	뉴멕시코 대학교의 교수가 되어 알코올 중독에 관한 연구 시작
1983	『행동심리치료지』에 동기면담 논문 첫 게재
1986	호주 시드니 국립 약물 및 알코올 연구 센터에서 Miller와 Rollnick이 만남
1991	『동기면담: 중독행동 변화 준비시키기』 초판 간행
1992	프로젝트 MATCH에서 동기증진치료(MET) 매뉴얼 간행
1993	뉴멕시코 주 산타페에서 처음으로 동기면담 훈련가 육성 워크숍(TNT) 개최
1995	로드아일랜드 주 뉴포트에서 처음으로 동기면담 훈련가 네트워크(MINT) 결성
1998	동기면담 훈련 비디오 간행
1999	Miller와 Monty Robert의 만남: 'Horse Whispering' 과 동기면담의 유사성 발견 Rollnick이 『건강관리에서의 동기면담(Motivational Interviewing in Health Care)』
2002	『동기면담: 변화 준비 시키기』 2판 간행
2008	스위스에서 제1회 국제 동기면담 컨퍼런스(ICMI) 개최
2010	MINT 법인화
2013	『동기면담: 변화 돕기』 3판 간행

오아시스

Miller와 Rollnick의 동기면담

• Miller(뉴멕시코 대학교)와 Rollnick(가디프 대학교)이 개발한 의사소통 스타일
• 면담자가 내담자의 변화 동기를 높이기 위해 사용하는 협동적인 의사소통 스타일로, 내담자의 양가감정에 초점을 둔다.

William R. Miller　　　　　Stephen Rollnick

동기면담 적용 능력을 검증하는 시스템으로, 국제적으로 각 나라마다 소수의 MINT들로 구성되어 있다. 각 나라의 코딩랩은 국제 MINT 포럼에서 정기적으로 신뢰도에 대한 피드백을 받는다. '황금 기준(Gold Standard)'이라 부르는 이 코딩 시스템은 각국의 코딩랩들이 유대 관계를 가지고 동기면담의 질적 수준을 유지하는 데 기여하도록 돕는다. 누구든지 자신의 면담 및 치료 적용 사례에 대해 신뢰도 있는 검증을 각국에서 코딩랩을 통해 받을 수 있다. 이 검증 활동은 면담자가 동기면담 슈퍼비전을 제대로 할 수 있도록 기반을 제공한다. 우리나라에도 KAMI에서 코딩랩을 운영하고 있고 국제 MINT 코딩랩과 긴밀한 유대관계를 가지고 질적 수준 향상에 기여하고 있다.

우리나라뿐 아니라 아시아의 여러 나라에서도 MINT들이 적극적인 활동을 하고 있다. 일본은 일본동기면담연구회(Japanese Association of Motivational Interviewing: JAMI), 중국은 중국동기면담연구회(Chinese Association of Motivational Interviewing: CAMI), 싱가포르는 싱가포르동기면담연구회(Singapore Association of Motivational Interviewing: SAMI)가 결성되어 있다.

오아시스

동기면담의 특성

동기면담에는 여러 가지 중요한 특성이 있다. 첫째, 동기면담은 Rogers의 인본주의 상담에 그 뿌리를 두고 있으므로, 내담자를 향한 동기면담의 태도는 내담자 중심이다. 그러나 동기면담은 인본주의 상담의 비지시적 접근이 아닌, 방향 지향적이다. 즉, 동기면담은 내담자의 변화 혹은 변화 행동이라는 구체적이고 명확한 목표에 초점을 둔 방향 지향적 특성이 뚜렷하다.

둘째, 동기면담의 특성은 면담자의 의사소통 스타일이 면담의 효과성을 결정한다는 점이다. 내담자의 변화에 대한 인식과 수용, 변화하려는 의지와 태도에 중점을 두는 것이 아니라, 면담자의 의사소통 스타일이 내담자의 변화를 주도한다는 점을 강조한다. 즉, 면담자의 의사소통 스타일에 따라 내담자가 변화하고 싶게 혹은 변화와 멀어지게 할 수 있다는 것이다.

셋째, 동기면담은 상담(counseling)이나 치료(therapy)가 아니다. 동기면담은 면담자의 권위와 힘이 내담자의 변화를 주도하지 않음을 강조하며, 동기면담에서 면담자와 내담자의 만남이 인격적으로 이루어져야 함을 강조한다. 동기면담에서는 기존의 치료와 상담에서처럼, 상담사나 치료자 혹은 전문가의 권위와 전문적 지식 및 경험이 내담자나 환자의 변화로 이끌어 간다고 보지 않고, 두 사람 간의 의사소통이 변화를 초래하는 힘임을 거듭 강조한다.

넷째, 동기면담의 방향 지향적 특성에서 이미 강조하였듯이, 동기면담은 내담자의 과거 혹은 어린 시절, 내적 갈등 등에 중점을 두기보다는 내담자의 구체적인 행동 변화에 초점을 둔다. 따라서 내담자가 변화하도록 돕기 위해서는 외적 동기나 요인보다는 변화의 내적 동기를 이끌어 내는 데 주력하는 특성이 있다.

다섯째, 변화에 대한 인식이 부족하고 변화에 대한 동기가 없어 보이는 내담자라 하더라도, 그들의 대화 속에는 자신의 중독 문제나 범죄로부터 멀어지고 싶은 동기, 중독 행동이나 범죄 행동을 중단하고 싶은 욕구, 중독에 빠지지 않거나 범행을 저지르지 않고 다른 사람과 함께 살아가고 싶은 마음이 내재되어 있다. 면담자는 내담자와의 면담 속에서 내담자의 이러한 변화에 대한 욕구, 능력, 이유, 필요 등을 선별할 수 있는 능력이 있어야 한다. 따라서 동기면담의 최종 목표는 내담자의 언어나 생각 속에서 변화 대화를 이끌어 내고 선별하는 데 있다.

동기면담의 적용

동기면담이 갖는 여러 가지 특성을 토대로 동기면담은 여러 분야에 적용되고 있다. 동기면담은 단독 혹은 인지행동치료와 조합되어 적용되는 경우가 많다. 건강관리, 중독, 정신장애, 질병 관리 등에서 동기면담은 내담자의 생활양식과 행동 패턴의 변화 동기를 유발하는 것을 공통적 핵심 이슈로 본다. 증상 중심이나 중독 문제 개선에 앞서 내담자 내면에 있는 변화 동기 이슈가 더 중요하다. 생활습관의 변화에 대한 필요성과 중요성, 자신감을 우선시해야 행동 변화를 기대할 수 있다. 증상 제거나 문제해결에 초점을 두고 내담자를 만나는 전문가들의 경우 장기적인 행동 변화나 일상 습관의 변화, 변화된 행동의 효과적인 유지를 달성하

38

지 못하는 것이 사실이다.

선진국에서는 알코올을 포함한 약물중독을 가진 사람에 대한 연구 결과들이 상당히 긍정적이다. MATCH 프로젝트를 수행하여 결과를 보고하는 과정에서 동기면담을 기반으로 하는 동기증진치료(Motivational Enhancement Therapy: MET)의 효과성에 대해 긍정적임을 밝혔다. 지금까지의 동기면담의 효과성 연구 자료는 웹사이트(www.motivationalinterviewing.org)에서 찾아볼 수 있다.

국내에서 동기면담은 4대 중독 분야(음주, 마약, 도박, 인터넷/게임), 형사사법 분야, 교정 분야, 보호관찰, 대학교 등 학교 장면, 가정폭력, 노인학대, 상담자 양성 교육, 응급실, 치위생 분야, HIV/AIDS 치료 분야, 흡연 대상군, 심장병 · 당뇨 · 고혈압 · 관절염 대사질환 등 건강관리 분야, 자살 위험군, 단기적 접근을 필요로 하는 치료 및 상담 장면에서 활용되고 있으며, 이 분야는 모두 행동 변화에 효과적인 접근을 매우 필요로 하고 있다.

동기면담의 간략한 역사

앞서 살펴보았듯이, 1980년대에는 내담자와 면담자 사이에서 면담자는 내담자의 문제를 직면시키고, 교육하고, 지시하는 면담이 만연해 있어서 이에 반하는 동기면담이 출현하였다. 당시 미국에서는 특히 중독 치료 분야에서 직면적 · 지시적 · 교육적인 면담자가 내담자를 만나면서 변화가 잘 일어나지 않아 동기면담이 새로운 모색점이 된 것이다. 연구에서는 이와 같이 주도적이고 직면적인 접근이 전혀 효과적이지 않음을 발견하였으나 뚜렷한 대안이 없던 중에 동기면담 적용의 효과성에 대한 적극적인 무선 통제 임상 연구가 시작되었다.

동기면담의 적용은 초기에는 알코올 관련 문제를 가진 내담자에게 집중하여 연구되었으나 점차 다른 약물 사용이나 다른 중독 행동에도 동기면담을 적용하기 시작하였다. 예를 들면, 마약이나 대마초, 처방약 등을 오랫동안 사용해서 중단하려는 노력이 더 이상 효과를 내지 못하는 경우 등에 동기면담을 적용하게 된 것이다. 당시의 동기면담은 혁신적인 접근 방법이라고 할 수 있었다. 면담자들이 동기면담을 하면서 발견한 것은 짧은 시간 동안에 동기면담을 적용해도 훌륭한 효과를 낸다는 사실이었다. 이후, 동기면담은 단기적인 개입으로 활용되기 시작하였고 얼마나 효과가 있는지를 밝히는 연구들이 지속되었다. 동기면담을 단기 개입으로 사용하기 때문에 경제적인 효율성이 있었던 것이다. 예를 들어, 정신분석으로 내담자를 변화시키려고 한다면 최소 1~2년 동안 만나는 회기를 가져야 했지만 동기면담은 1회기만으로도 내담자가 해야 하는 변화 행동이 나타났다. 이러한 경제 효율성 때문에 미국에서는 동기면담을 정책적으로 활용하는 방안을 입법화하게 되었고, 특히 교정 분야, 중독 분야에서 일을 하는 전문적인 면담자들은 직무교육이나 보수교육으로 반드시 동기면담을 배우고 반복 학습하도록 하고 있다.

　1980년대 후반부터 광범위한 중독 분야에서 동기면담 적용성에 대한 연구가 많이 시행되었다. 동기면담 적용성에 관한 연구들은 통계적으로 유의미한 효과의 크기가 유사하게 나타났다. 여기서 효과의 크기란 두 변인 간의 상관계수의 크기를 말한다. 즉, 치료적 개입과 치료 성과의 관계다. 동기면담의 효과성이 많은 연구에서 밝혀졌고, 이러한 결과는 단기 개입으로서의 동기면담을 향한 관심이 광범위한 건강문제 영역으로 확장되게 만들었다. 이러한 관심은 특정 건강 관련 행동에 동기면담을 적용하는 연구를 활발히 하도록 하였다. 예를 들어, 심장질환 환자의 운동 행동 혹은 위험한 성행위 습관에 대한 변화다. 그리고 집단 치료에서도 동기면담을 적용하였을 때, 동기면담을 적용하지 않은 통제 집단에 비해서 더 나은 효과의 크기를 보였다. 동기면담은 동기면담을 적용한 임상가, 상담사 혹은 전문가들의 주관적인 경험과 입담으로 그 영향력을 인증받은 것이 아니라, 여러 대상군에게 실시한 많은 연구 결과를 토대로 하고 있어서 그 영향력이 더 크다. 연구 결과에서 효과성이 밝혀진 치료적인 방법, 치료적인 개입을 가리켜 근거 기반 실천(Evidence Based Practice: EBP)이라고 한다. 최근에는 EBP가 아닌 상담 이론이나 상담 기술 등을 내담자에게 적용했을 때 오히려 피해를 주는 위험성이 있기 때문에 반드시 임상 실험을 거쳐 효과성을 검증받고 적용해야 한다. 동기면담은 EBP 개입이자 접근이라는 점에서 그동안 열정적으로 연구해 온 결과물이라고 할 수 있다.

중독 분야와 건강관리 분야에서 동기면담의 성공적인 혁신과 적용에 뒤이어 교정 분야에서도 동기면담을 적용·실천하고 있다. 공식적인 개입으로서의 동기면담은 이제 알코올과 약물 문제 및 기타 중독 문제, 광범위하고 다양한 건강 문제(예: 비만, 위험한 성행위, 의학적 회복을 위한 처방) 분야에 EBP 개입으로 인정받고 있다. 한편 제3차 휴먼 서비스 분야인 교정 분야에서는 동기면담의 성공적인 효과를 얻기 위한 더 많은 연구 노력이 필요하다. 최근에 동기면담 연구 조사에서 중요하고도 긍정적인 효과를 자아내는 동기면담의 기전 및 인과적 구성요소를 발견하였는데, 교정 분야에서는 아직까지 동기면담을 범죄자 대상을 위한 EBP로 인정하기에는 충분하지 않다고 본다. 교정 특정 연구가 재범률을 저하시키는 측면에서 동기면담을 더 많이 수행하고 연구하기까지 동기면담을 인지행동치료(CBT)나 기타 기존의 교정 EBP 방법과 비교하여 결론을 단정하기는 쉽지 않다. 또한 바람직한 개입 효과성을 자아내는 데 요구되는 동기면담 적용의 정확성 수준과 질적 보증에 관한 추가적 연구가 필요하다.

오아시스

교정 분야에서 동기면담을 왜 해야 하는가?

내담자의 초기 면접, 모니터링, 처벌에서부터 사례 종료, 이송에 이르기까지 면담자는 교정에서의 사례 과정의 거의 모든 부분에서 동기면담 정신과 핵심기술을 적절히 사용할 수 있다.

1. 정보 입수에 적합하다.
판결 전 조사, 초기 조사 결과서, 정기적 평가, 사례 계획서, 기타 많은 업무들이 보호관찰관으로 하여금 내담자로부터 정확한 정보를 수집하는 능력을 요구한다. 일반적으로 사람들은 자기의 말을 경청하고 존중하고 지지한다는 느낌을 받을 때 보다 개방적으로, 보다 정확하게 정보를 전달한다.
동기면담에서 능동적인 핵심기술, 즉 열린 질문하기, 인정하기, 반영하기, 요약하기 등은 보호관찰관으로 하여금 내담자의 방어적 태도를 감소시키면서 수집된 정보의 질적 수준을 높여 주는 대인관계적 분위기를 만들도록 도와준다. 수집된 정보는 종종 보호관찰 감독의 수준, 치료 유형, 기타 요인을 결정하는 데 사용되므로, 동기면담은 내담자에게 적합한 서비스를 할당하게 될 때 정확성을 높여 준다. 더 나아가 초기 정보 수집에 의거한 프로그램과 행정 사무 절차 면에서 효과성을 더 증진시켜 준다.

2. 내담자의 저항을 감소시킨다.

보호관찰, 교정 분야에서는 본래부터 강제적인 힘과 권위를 사용하므로 내담자의 방어적 태도와 저항을 증가시키는 역동을 가지고 있어서 보호관찰관에 대한 미묘한 혹은 드러나는 갈등이 존재한다. 내담자에게 어떻게 접근하는가에 따라서 내담자의 잠재적 갈등을 높이기도 하고 낮추기도 한다. 어느 정도의 통제와 방향성이 효과적인 내담자 관리를 위해서 필요하지만, 이 수위를 넘어서서 내담자로 하여금 변화하도록 적극적으로 설득하거나 위협하려고 하면 시간과 에너지가 엄청나게 소요되며 장기적으로도 비효과적이다.

동기면담을 성공적으로 적용한다는 의미는 권위적이고 호소적인 접근을 동기면담적으로 바꾸는 것을 말한다. 기법 중에는 내담자의 저항적인 표현에 대해 반동적으로 표현하는 대신 반영하는 것, 지각된 저항에 대해서 피드백을 교환하여 내담자가 의사소통을 효과적으로 할 수 있도록 돕는 것, 내담자의 행동 변화에 대한 양가감정을 자연스러운 것으로 탐색하는 것 등이 포함된다. 이러한 전략은 보호관찰관으로 하여금 내담자와 협동적인 파트너십을 형성하도록 돕는다. 교정 및 보호관찰 분야에서는 내담자-보호관찰관의 관계가 매우 중요하다. 내담자의 관점을 가치 있게 여기는 의사소통 전략은 내담자와 협동 관계를 형성하게 도우며, 권위와 통제의 사용을 막아 준다. 동기면담은 내담자가 화가 나 있거나 변화 단계 모델에서 초기 단계에 있는 내담자에게 특히 효과적인 것으로 밝혀졌다.

3. 행동 변화를 촉진시키는 구조를 제공한다.

매우 동기화된 사람들조차도 변화라는 것이 평탄하지 않은 과정임을 안다. 내담자가 높고 낮은 동기 수준으로 순환할 때, 보호관찰관은 변화를 향한 움직임을 방해하기보다는 촉진시키는 대화를 함으로써 이러한 순환을 알아차리고 대응할 필요가 있다. 보호관찰관은 동기면담 핵심기술을 사용하면서 내담자와 일상의 대화를 개선하여 내담자의 현재의 변화 위치를 알아차리고 이와 유사한 사례에서 효과적인 것으로 판명된 방식으로 반응해야 한다. 보호관찰관이 참고할 수 있는 중요한 일련의 원리를 제공하면, 일상적인 대인관계 대화를 보호관찰 기관과 사례의 목표에 연결 지음으로써 동기면담 접근이 보호관찰관으로 하여금 변화 과정을 더 용이하게 안내하도록 도와 줄 것이다.

동기면담은 내담자의 변화 동기를 이끌어 내는 데 중점을 둔다. 많은 고위험 내담자들은 다중적 범죄 유발적 욕구를 가지고 있어서 동시에 한 개 이상의 목표 행동을 변화해야 할 필요가 있다. 그들의 욕구를 우선시하는 한 가지 방법은 보호관찰관이 동기면담의 적극적 경청 기술을 사용하여 내담자가 그 순간에 어떤 행동을 변화시키려고 가장 동기화되어 있는지를 결정하는 것이다. 이후에 보호관찰관은 내담자와 함께 변화에 대한 양가감정에 대하여 이야기를 하면서 내담자의 행동을 우선시하고 그것에 적합하게 목표를 세우는 것이다.

내담자가 보호관찰관과의 작업 동맹 관계로 인하여 지지를 받는다고 느끼면서 행동 변화에 대한 양가감정을 더 많이 해소할 수 있는 기회를 가질 때, 동기면담 접근은 보호관찰관으로 하여금 내담자가 동기화되어 있는 영역을 알아내어 견고하게 하도록 도와준다. 일상적으로 보호관찰관은 내담자와의 대화에서 동기면담 핵심 기술을 사용함으로써 내담자가 어느 변화단계에 있는지를 알 수 있다. 경청을 통해서 내담자가 가장 동기화가 잘 된 변화 행동이 무엇인지 우선순위를 정할 수 있다. 더불어 보호관찰관은 동기면담을 사용하여 특정 변화를 하려는 내담자가 스스로 변화의 욕구와 능력, 이유와 필요성 그리고 결단을 표현하도록 도울 수 있는데, 장기적인 행동 변화를 예측해 주는 변인은 내담자의 변화대화다. 내담자의 바람, 능력, 이유, 필요, 결단을 언어로 표현하도록 이끌어 낼 수 있다.

4. 소진을 막아 준다.

내담자와 협동적인 관계에서 변화를 모색하기 때문에 불필요한 적대감이나 통제력 대결은 없다. 어려운 내담자와 관계 형성을 가능하게 해 주므로 보호관찰 시스템의 친사회적인 기여를 강조할 수 있고, 저항적인 내담자를 변화시켜야 한다는 부담감에서 자유로워진다. 변화해야 하는 짐을 서로 나누기 때문에 내담자의 행동 변화는 양측 모두를 동기화한다. 따라서 비효과적인 느낌과 대결적 느낌이 감소하므로 보호관찰관의 소진을 줄일 수 있다.

소진 혹은 정서적 탈진은 고위험 수준의 도전적이고, 의지가 없는 내담자와 함께 작업할 때 필요한 목표 지향적이고 효과적인 전략을 사용하도록 훈련되지 않은 보호관찰관에게 흔하다. 소진은 다음과 같은 교정 속담으로 파악할 수 있다. "첫 해에 우리는 그들을 위하여 할 수 있는 모든 것을 했다. 이듬해에 우리는 그들에게 우리가 할 수 있는 모든 것을 했다. 그다음 해에 우리는 더 이상 관심을 두지 않기로 했다." 이 속담에서 소진을 가져오는 요소는 바로 모든 노력을 '내담자를 위해서' 기울이고 '내담자에게 해 주어야 한다.' 라고 생각하는 보호관찰관의 입장이다.

보호관찰관은 교정적 · 통제적 방법보다는 동기면담 기술을 사용하면 어려운 내담자와 관계 형성을 할 수 있도록 힘을 부여받음으로써 교정 작업에서의 친사회적 기여도를 강조하는 흥미롭고 주도적인 방식을 지속하게 된다. 저항적인 사람을 변화하게끔 몰고 가야 한다는 부담감이 창조적 도전 과제로 바뀔 수 있으므로 내담자가 이미 동기화되어 있는 위치를 알아내고 이끌어 갈 수 있도록 해 준다. 동기면담 핵심기술은 전투적인 통제 투쟁이 아니라 협동적인 작업 동맹 관계를 촉진해 주기 때문에 내담자와 보호관찰관의 공동 작업이 가능해진다. 변화에 대한 부담이 나누어지기 때문에 결과적으로 나타난 행동 변화는 내담자와 보호관찰관 모두에게 동기를 유발할 수 있으며, 비효율성과 투쟁의 느낌을 감소시켜 줌으로써 보호관찰관의 소진을 막는다.

5. 교정 기관, 시설, 시스템을 보다 인간적이게 만들어 준다.

본질적으로 동기면담은 인간의 타고난 자율성을 존중하고, 이들의 복지를 중요시 여기며, 협동적이고 지지적이기 때문에 변화를 유지하게 해 주며 지지해 준다. 동기면담의 모든 기법은 존중과 협동의 정신에서부터 흘러나오므로 보호관찰을 포함한 교정 기관의 분위기를 바꾸어 준다.

보호관찰관-내담자의 즉시적 관계 이외에서 동기면담의 적용은 보호관찰 문화와 사기 개선에 도움을 줄 수 있다. 현재의 교정 패러다임은 명령과 통제 중심의 계급 지향적인 경향이 있다. 본질적으로 동기면담은 인간의 본래적인 자율성을 존중하고, 그들의 복지를 관리하며, 기꺼이 협동하여 변화를 확신시켜 주기 위한 파트너십을 형성하고 과업을 지지해 주는 데 기여한다. 모든 동기면담 핵심기술이 이처럼 인간 존중적이고 협동적 정신에서 흘러나오기 때문에 교정 패러다임을 완화하고, 인간화하고 변모시키는 데 도움을 줄 수 있다.

내담자와 작업하는 보호관찰관의 방법을 변모시킬 때 보호관찰관 상호 교육 방법도 변모될 수 있다. 보호관찰관이 이러한 중재 방식을 실천하게 되면 이것을 내담자에게 모델링해 줄 수 있으며, 이러한 정신은 보호관찰관의 상호 교류 및 보호관찰 기관의 공유된 가치와 방향성으로 흘러 들어갈 수 있다.

Chapter

03

의사소통 스타일

의사소통 스타일은 대화 스타일과 같은 의미다. 동기면담의 정의에서 동기면담을 협동적인 대화 스타일이라고 하는데, 우선 일반적인 의사소통 스타일에는 어떤 것들이 있는지 알아보자. 의사소통 스타일은 매우 다양할 수 있는데, 크게 세 가지로 구분될 수 있다. 즉, 지시하기, 따라가기, 안내하기 의사소통 스타일이다. 의사소통 스타일을 하나의 연속선상으로 본다면, 양극단에 지시하기 스타일과 따라가기 스타일을 놓고 중간 지점에 안내하기 스타일을 둘 수 있다. 우선 지시하기 스타일부터 살펴보자.

지시하기

지시하기 스타일은 면담자 자신이 중심이 되어 내담자와 소통하는 의사소통 스타일이다. 전문 지식, 힘, 권위 등에서 불균등한 힘의 관계를 유지하며 면담자는 내담자에게 무엇을 해야 하는지 혹은 하지 말아야 하는지에 대해 일방적으로 말한다. 행동 변화 측면에서 보면, 지시하기 스타일이 전달하는 의미는 '○○님이 이 문제를 어떻게 해결할 수 있는지는 내가 더 잘 알고 있습니다. ○○님이 해야 하는 것을 내가 더 잘 알고 있습니다.'다. 여기서 기대되는 내담자 역할은 하라는 대로 준수하거나 순응하는 것이다. 많은 면담자는 이러한 역할을 내담자에게 요구한다. 왜냐하면 상대방에게 지시하는 것이 상대방의 말을 듣고 있는 것보다 쉽게 느껴지기 때문이며, 문제를 쉽게 해결할 수 있는 방법으로 지각되기 때문이다. 지시하기 스타일은 내담자가 결정을 하거나 새로운 행동을 하는 데 있어서 전문적 조언을 얻고자 면담자에게 의존하는 상황에서는 적합하게 보일 수도 있다. 하지만 지시하기 스타일은 동기면담 스타일이 아니다.

예를 들어, 만성적인 관절염 때문에 처방약을 복용하며 약물 치료를 받아 온 60대 여성 내담자가 류머티즘 클리닉을 매달 한 번씩 방문한다고 하자. 한 달에 한 번씩 처방전을 받아서 약을 사야 하기 때문에 의사를 만나러 오는 것이다. 내담자는 약을 먹어도 관절의 통증이 여전히 있어서 염려하고 있다. 의사를 보자마자 내담자는 다음과 같이 말한다.

> **내담자:** 선생님, 약을 먹는 데도 무릎이 계속 아파요.
> **주치의:** 음, 제가 처방한 대로 약을 잘 먹고 있나요? (닫힌 질문하기)
> **내담자:** 예. 그래도 마찬가지예요.
> **주치의:** 음……. 이 병은 다 그렇습니다. 그냥 꾸준히 약을 드세요. 그리고 무리하지 마시고요. (지시하기)

여기서 의사는 내담자가 꾸준히 약을 복용해야 하는 것을 다시 한번 상기시키는 말을 한다. 내담자가 통증으로 어떠한 경험을 하는지, 무슨 생각을 하고 어떤 느낌인지, 복용 약에 대해서는 어떠한 생각과 느낌을 가지고 있는지에 대해 관심을 두지 않고 알려고도 하지 않는다. 한편에서 다른 한편으로 일방적인 외침처럼 느껴진다. 이것이 지시하기 의사소통 스타일이다. 다시 말하면, 면담자 중심의 대화 스타일이라고 하겠다. 의사가 처음에 질문을 하긴 했지만, 그 질문은 ("제가 처방한 대로 약을 잘 먹고 있나요?") 열린 질문이 아닌 닫힌 질문의 유형으로, 내담자의 말을 듣고 싶어서 했던 질문이라기보다 '약을 잘 복용하지 않으니까 통증이 계속 된다.'라는 가정을 깔고 미리 짐작하여 판단하는 말이다. 만약 내담자의 답을 기다리고 듣고자 했다면 질문을 한 다음에 잠시 내담자의 반응을 기다리며 내담자의 말을 경청할 준비를 하였을 것이다. 앞의 사례에서 내담자는 어떠한 기분일까? 지시하기와 유사한 의미를 가진 단어를 살펴보자.

지시하기의 동의어	
관리하기	처방하기
인도하기	말해 주기
책임지기	보여 주기
통솔하기	다스리기
통제하기	권한 갖기
영향력 미치기	주권 쥐기
지휘하기	명령권 갖기
결정하기	방향 제시하기
조정하기	감독하기

따라가기

따라가기 스타일은 연속선상의 의사소통 스타일에서 지시하기의 반대편에 있는 스타일이다. 따라가기 스타일은 경청하기가 주가 된다. 면담자는 주로 내담자가 이끄는 대로 따라만 간다. 행동 변화 측면에서 따라가기 스타일이 전달하는 의미는 '나는 ○○님을 변화시키거나 밀어붙이진 않을 것입니다. 나는 ○○님 자신이 가지고 있는 지혜를 신뢰하며, ○○님의 시간과 속도에 맞추어서 스스로 이것을 해결하도록 둘 것입니다.'다. 나쁜 소식을 전한 후에 눈물을 흘리는 내담자에게는 따라가기 스타일이 필요하다. 그러나 의사소통에서 따라가기만 할 경우, 면담의 목적과 방향성을 잃어버리게 된다. 매 회기의 면담이 시간 낭비로 흘러갈 수 있다. 따라가기 스타일 역시 동기면담 스타일이 아니다. 앞에서 살펴본 동일한 예를 들어보자.

내담자: 선생님, 약을 먹는데도 무릎이 계속 아파요.
주치의: 통증이 계속되어 많이 힘드시겠어요. 우울하시기도 하고요. 힘도 빠지시

고, 하고 싶은 일을 못하니까 짜증도 나겠고요. (반영하기)

내담자: 정말 그래요. 죽을 맛이에요.

주치의: 죽고 싶을 정도로 힘드시군요. 사는 낙이 없으시겠어요. (반영하기)

의사는 내담자가 통증으로 인해서 갖게 된 부정적인 느낌과 생각을 다양하게 읽어 주면서 공감하고 있는 모습이다. 흘러가는 대화를 보면, 내담자가 자신의 느낌을 점차 상당히 부정적인 방향으로 깊게까지 표현한다. 충분한 시간이 주어진다면 내담자가 긍정적인 측면으로도 자신을 표현할 수 있게 의사가 대화를 이끌어 갈 수도 있겠으나 여기서 대화가 멈춘다면 내담자는 약을 복용해야 하는 이유나 필요에 대해서도 자신감을 잃어버릴 가능성이 엿보인다. 의사와 내담자가 함께 향해야 하는 방향과는 정반대로 흘러간 것이다. 동기면담이 방향 지향적인 대화 스타일이라는 점에서 볼 때, 의사는 방향을 잃어버렸고, 내담자도 역시 답답한 느낌일 것이다. 따라가기 의사소통 스타일도 동기면담 의사소통 스타일이 아니다. 따라가기와 유사한 의미를 가진 단어를 살펴보자.

따라가기의 동의어	
나란히 가기	쫓아가기
허락하기	주의를 기울이기
허가하기	받아들이기
반응하기	그림자처럼 되기
믿음을 갖기	이해하기
관찰하기	경청하기

안내하기

안내하기 스타일은 연속선상에서 중간에 위치한 스타일이며, 동기면담 의사소통 스타일이라고 불린다. 왜냐하면 내담자와 면담자가 협동적인 파트너가 되어 가야 할 방향으로 걸어가고 있는 대화 스타일이기 때문이다. 안내하기 스타일은 면담자와 내담자가 서로 대화를 주고받는 것이지 지시하기 스타일처럼 일방통행의 대화를 하거나 따라가기처럼 경청하며 공감만 하는 것이 아니다. 안내하기는 내담자 스스로 자신의 길을 갈 수 있는 힘이 생길 수 있도록 돕는 의사소통 스타일이다. 안내하기는 내담자로 하여금 스스로 길을 발견하도록 도와준다. 내담자가 무엇을 보고 무엇을 하기 원하는지 결정해 주는 것은 면담자의 권한에 있지 않다. 어디로 갈지 결정하고 그곳에 갈 수 있도록 도와줄 지식이 많은 안내자나 여행 에이전트를 고용하는 당사자는 내담자다. 안내자는 내담자가 보다 자기 주도적으로 학습하기를 원한다. 훌륭한 안내자는 무엇이 가능한지 알고 있으며 어떤 것부터 선택할 수 있는지 대안을 내담자와 함께 탐색하고 내담자로 하여금 마지막 선택을 하도록 돕는다. 행동 변화와 관련하여 안내하기 스타일이 전달하는 의미는 '나는 ○○님 스스로 이것을 해결하도록 도울 수 있습니다.'다. 앞에서 살펴본 동일한 예를 들어 보자.

> **내담자**: 선생님, 약을 먹는데도 무릎이 계속 아파요.
>
> **주치의**: 무릎이 아파서 많이 힘드시겠어요. 아침에 일어나서 주무실 때까지 약을 어떻게 드시는지 말씀해 주세요. (반영하기, 열린 질문하기)
>
> **내담자**: 아침에 늦게 일어나면 아점을 먹고 약을 한 봉지 먹습니다. 저녁에 드라마를 보다 보면 약 먹는 시간을 놓치거나 잊어버려요.
>
> **주치의**: 약을 하루에 세 번 드셔야 한다는 것을 잘 알고 있지만, 개인적인 일과 때문에 그러지 못하는군요. 어떻게 하면 잘 복용할 수 있을까요? (반영하기, 열린 질문하기)

이와 같이, 의사는 내담자에게 질문을 하고 잠시 내담자의 반응을 기다리면서 들을 준비를 한다. 내담자 스스로 약을 규칙적으로 복용하고 있지 않다는 정보를 의사에게 제공하였다. 이러한 상황에서도 의사는 내담자를 비난하거나, 지시하

거나, 재교육하지 않고 내담자가 이를 해결할 수 있는 방법에 대한 아이디어를
이끌어 내고 있다. 의사는 내담자 중심으로 공감을 하면서 내담자의 처방 준수라
는 목표를 잊어버리지 않고 면담을 이끌어 간다. 동기면담이 가져야 하는 속성이
이 대화에 담겨져 있음을 볼 수 있다. 안내하기와 유사한 의미를 가진 단어를 살
펴보자.

안내하기의 동의어	
깨우치기	돌보아 주기
격려하기	동행하기
동기화하기	동반하기
지지하기	일깨워 주기
디딤돌 되기	이끌어 내기

지금까지 세 가지 의사소통 스타일에 대해 알아보았다. 지시하기, 따라가기,
안내하기 의사소통 스타일의 차이를 알게 되었는가? 세 가지 의사소통 스타일을
토대로 의사소통 스타일 각각의 특성과 동기면담 의사소통 스타일에 대해 좀 더
자세히 알아보자.

의사소통 스타일 자세히 살펴보기

동기면담은 의사소통 스타일로서 언어적 표현에 초점을 맞추는데, 언어로 어
떻게 표현하는가 하는 것은 말하는 사람의 태도, 가치관, 세계관을 반영한다. 의
사소통 스타일로서의 동기면담은, Rollnick 등(2008)이 말했듯이, 안내하기 스타
일이라고 불린다. 의사소통 스타일을 하나의 연속선상에 두고 설명을 하는 경우,
양극단에 지시하기 스타일과 따라가기 스타일을 놓을 수 있다. 지시하기 스타일
에서는 면담자가 면담자 중심의 의사소통을 하면서 내담자가 자기의 생각과 감
정과 욕구를 표현하는 시간을 충분히 주지 않고 면담자가 대부분의 시간을 사용

한다. 면담자는 지시적인 태도로 내담자가 알아야 하는 지식, 정보, 조언 및 충고
를 전달하는 데 에너지를 쏟는다. 내담자가 어떤 방향으로 행동을 변화해야 하는
지 면담자가 확고한 신념을 가지고 있으며 면담자가 하라는 대로 내담자가 따라
한다면, 모든 문제가 순조롭고 효과적으로 해결될 수 있음을 전제로 하여 일방적
인 대화를 하는 스타일이 지시하기 스타일이다. 지시하기 스타일의 정반대는 따
라가기 의사소통 스타일이다. 따라가기 스타일은 내담자 중심의 의사소통을 한
다. 안내하기 스타일도 내담자 중심의 의사소통이기는 하지만 따라가기 스타일
과는 다르다. 따라가기 스타일에서는 내담자의 생각, 감정과 기분, 가치관과 신
념, 문제해결 등이 고스란히 드러나며 내담자가 면담을 이끌어 가는 대로 면담자
는 따라간다. 따라가기 스타일에서 면담자는 주로 내담자의 이야기를 경청하고
공감만을 한다.

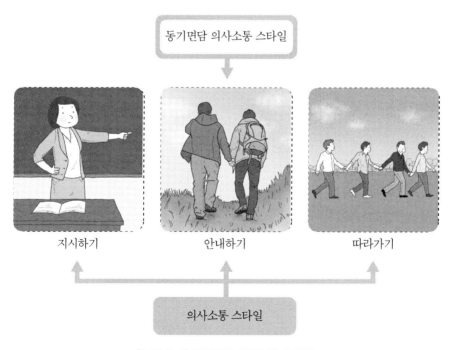

[그림 3-1] 동기면담 의사소통 스타일

출처: Miller (2013).

지시하기 스타일과 교정반사

지시하기 스타일을 고수하는 경우, 내담자가 말하는 시간을 빼앗는 것이 되므로 과연 내담자를 도와주려는 면담자의 열심과 온정을 내담자가 진심으로 감사하게 생각하며 받아들이고 있는지, 그리고 변화를 해야 하겠다고 내담자가 결단을 하고 있는지 알기가 쉽지 않다. 지시하기 의사소통 스타일에서 종종 일어날 수 있는 결과는 면담자가 내담자의 변화 준비 수준 또는 변화 동기가 얼만큼인지를 감지하지 못한다는 것이다. 면담자는 내담자의 모든 것을 잘 알고 있고 해결 방법까지도 가지고 있어서 내담자의 생각을 듣지 않기 때문에 내담자는 충분히 공감받았다는 느낌을 받지 못하고 만다. 오히려 내담자는 자신의 생각이나 감정, 욕구를 말할 기회가 없고, 자기가 하고 싶은 말을 면담자가 들어줄 여유가 없다고 느끼며, 자기가 이미 알고 있는 지식이나 정보를 다시 듣게 되면서 변화하려는 동기가 감소되는 역효과를 초래할 수도 있다. 지시하기 스타일을 주로 사용하는 면담자는 안타깝게도 내담자를 도와주려는 열정, 온정, 관심을 제대로 전달하지 못하고 마는 경우가 종종 있으며, 성급하게 문제해결 방법을 제시하고 설득하고 다소 위협적인 태도로 강요하는 데까지 이르게 되어 의도하지 않았던 저항, 역효과를 초래하기도 한다. 이러한 지시하기 의사소통 스타일은 Miller와 Rollnick(2002)이 언급했던 '교정반사(righting reflection)'와 밀접하게 관련된다. 교정반사에 대한 자세한 내용은 이후에 더 자세히 살펴보겠다.

따라가기 스타일과 공감

지시하기 스타일과 정반대인 스타일은 따라가기 스타일이다. 면담자가 최소한의 언어적 표현으로 대화를 이끌어 가는 스타일이며, 정보 제공이나 피드백하기를 최대한 자제하는 스타일이기도 하다. 온전히 내담자가 중심이 되어서 자신이 생각하는 바, 느끼는 바, 원하는 바 등을 말하는 가운데 면담자는 대부분 언어적 · 비언어적 공감 표현으로 내담자를 따라가는 경우다. 따라가기 스타일이 적절하게 사용될 수 있는 경우는 면담자가 인간적인 동정을 가지고 내담자의 말을 경청하는 것이 가장 필요할 때로, 화재나 지진, 태풍 등의 자연재해, 신체적 · 성적 폭력 상황, 급작스러운 재정적 위기, 그리고 내담자가 사랑하는 사람과의 사별 등의 트라우마로 인해 극도의 감정에 압도되어 있는 경우다. 이 상황은 감정적 카타르시스가 일차적으로 필요하고 그 이후 치료적 개입의 우선순위가 요구된다. 이 경우 행동 변화가 목적이라기보다는 차후에 필요한 행동 변화를 위한 정서적 안정과 회복을 목적으로 한다. 따라서 이러한 특별한 경우를 제외하고 행동 변화가 목표로 전제된 면담 장면에서 따라가기 스타일을 고수하면 동기면담의 중요한 특성인 방향성을 놓치고 마는 결과가 초래된다(Miller & Rollnick, 2013). 내담자가 경험하고 있는 특정 감정(예: 슬픔 혹은 분노)을 불필요할 정도로 과다하게 따라만 가면서 깊은 반영을 계속하면 내담자는 하나의 감정 속에 과잉으로 몰입하게 되어 경험하고 있는 그 밖의 감정(예: 안도감 혹은 희망)을 충분히 탐색하고 표현하지 못하게 되며, 더 나아가 의도되지 않았던 부정적인 행동이나 사고(예: 위축된 행동 혹은 자해적 사고)의 가능성을 높일 수도 있다.

반영을 통한 공감만을 위주로 진행하는 따라가기 스타일의 면담에서 흥미로운 사실은 내담자뿐만 아니라 면담자도 회기 종료 후에 느끼는 소감이 일반적으로 답답함이라는 점이다. 이는 역설적으로 들릴 수 있다. 왜냐하면 내담자가 경험하는 부정적인 감정(예: 슬픔, 분노, 절망감, 원망감, 외로움 등)의 정화가 목적이었던 면담 회기에서 답답함과 진전 없이 정체된 느낌을 가지기 때문이다. 따라서 면담자가 면담 중 어느 시점에서 따라가기 스타일을 중단하고 다른 접근 방법이나 다른 스타일을 활용해야 한다는 것을 알아차리는 것이 중요하다. 이때 면담자가 활용할 수 있는 훌륭한 동기면담 핵심기술이 바로 요약하기와 유발적 질문하기다. 저자들이 상담축어록을 가지고 종종 진행했던 슈퍼비전에서 내담자가 끊임없이 말을 하며 비슷한 이야기와 감정 표현을 주기적으로 반복할 때 면담자는 곤혹감을 느끼며 따라가기만 하다가 회기가 끝나는 경우를 본 적이 있다. 면담자는 회기가 끝날 때까지 곤혹스러워하며 반영과 공감을 지속하기보다는 요약하기와 유발적 질문하기를 통해 방향 전환을 하는 것이 매우 유용하다. 유발적 질문이란 열린 질문으로서 면담자가 내담자로 하여금 이제까지의 대화의 초점을 바꾸어서 이슈와 관련된 대화로 재개하도록 사용하는 것이다.

상담의 목표가 감정의 정화뿐 아니라 인지적 통찰, 더 나아가서는 행동의 변화와 대인관계 변화를 목표로 한다는 점을 고려할 때, 상담의 효과를 장기적으로 가져오기 위해서는 내담자의 정서, 인지, 행동의 세 가지 심리적 구성요인의 통합적인 변화가 필수적이며, 동기면담은 궁극적으로 내담자의 행동 변화를 효과적으로 달성하도록 돕는다. 따라가기 스타일은 정서적 변화에 유용하지만, 이것만으로는 상담의 목표인 총체적인 변화에 미치지 못한다.

안내하기 스타일과 동기면담

의사소통 스타일의 연속선상에서 중간 위치에 있는 스타일을 가리켜 안내하기 스타일이라고 부르며, 다른 말로 하면 동기면담 의사소통 스타일이다. Miller와 Rollnick(2013)은 동기면담을 '개인이 스스로 동기와 변화 결단을 견고히 하도록 돕는 협동적인 의사소통 스타일'이라고 정의하였다. '협동적'이라는 말은 면담자와 내담자 사이에 힘의 불균형이 없다는 의미다. 두 사람의 관계는 파트너 관계다. 파트너의 한 명인 면담자가 내담자와의 대화에서 맡는 역할은 가이드다. 가이드가 하는 일은 파트너가 가야 할 방향을 잊어버리지 않으면서도 동시에 동행하는 파트너의 속도에 맞추어서 스스로 발걸음을 옮길 수 있도록 대화를 하는 것이다. 안내하기 스타일은 내담자가 변화라고 하는 방향을 향해 나아가고자 하는 욕구, 가야 하는 이유, 갈 수 있는 능력, 가지 않으면 안 되는 당위성뿐만 아니라 이제까지 시도했던 노력과 방법, 과거의 경험, 도움이 될 수 있는 개인적 · 사회적 · 영적 자원, 미래에 대한 기대와 비전 등에 대해서 스스로 이야기를 해 나가도록 이끄는 스타일이다. 따라서 내담자 중심이자 방향성을 잊지 않고 진행하는 방향 지향적 의사소통 스타일이다. 가이드는 내담자를 대신하여 변화해 줄 수 없다. 또한 정답을 가지고 있을 필요도 없다. 아마도 최상의 답은 내담자로부터 유발될 것이다.

안내하기 스타일을 활용할 경우, 지시하기 스타일에서 초래된 부정적인 일반적 반응과는 다른 반응을 만나게 된다. 내담자는 개방적이고 협동적이 되며 대화에 몰입하고 힘을 부여받으면서 적극적인 태도를 보인다. 내담자가 어떠한 사람이 되게 만드느냐 하는 것은 면담자의 의사소통 스타일에 달려 있다고 본다. 훌륭한 가이드는 내담자의 뒤를 단순히 쫓아가며 이리저리 헤매게 만들지 않는다. 그렇다고 해서 앞장서서 이쪽 방향, 저쪽 방향이라고 가리키며 지시하지도 않는다. 훌륭한 가이드는 장차 있을 수 있는 걸림돌이나 방해 요소를 예측하여 내담자에게 가르치려고 하지 않는다. 훌륭한 가이드는 목표 지점에 다다를 수 있는 다양한 방법을 잘 알고 있으나 내담자가 요청하기까지 인내심을 가지고 기다린다. 만약 내담자가 목표와는 다른 방향을 고집하는 경우, 훌륭한 가이드는 교정반사적으로 대응하지 않고, 즉 끌고 가거나 밀고 가지 않고 또는 설득하거나 위협하지 않고 잠시 그 자리에 서서 내담자와 대화하는 시간을 갖도록 해야 한다. 이때 면담자는 저항과 함께 구르기, 논쟁 피하기 등의 동기면담 원리를 고수하면서 반영하기, 초점 바꾸기, 방향 틀어 동의하기, 나란히 가기 등 저항을 줄일 수 있는 효과적인 동기면담 전략을 적절하게 사용하면서 가이드 역할을 하도록 한다. 앞에서 언급한 동기면담 전략과 핵심기술에 대해서는 다음에 자세히 살펴보도록 하겠다.

안내하기 스타일을 활용하는 면담자는 기본적으로 내담자와의 관계 형성에 많은 에너지를 들인다. 관계 형성하기는 Miller와 Rollnick(2013)이 소개한 동기면담의 네 가지 과정 중 첫 번째 단계이며, 내담자의 변화에 대한 인식 수준에 따라서 관계 형성을 하는 데 1회기 이상의 다중 회기를 할애할 수도 있다. 가이드로서의 면담자는 내담자와 협동적인 관계를 유지하면서 적절한 시점에 이르면 초점 맞추기 단계에 들어서게 되는데, 초점 맞추기 단계는 변화단계에서 인식단계에 있는 내담자에게 적용 가능한 단계다.

요약하면, 의사소통 스타일의 연속선상에서 한쪽 극단에 있는 스타일이 지시하기 스타일이고, 정반대에 위치한 스타일이 따라가기 스타일이다. 이 두 가지 의사소통 스타일의 중간에 있는 것이 안내하기 스타일이며, 안내하기 스타일은 동기면담 의사소통 스타일이다. 지시하기 스타일은 직면, 지시, 명령, 교육, 설득, 판단, 원하지 않는 조언과 제안이 면담의 주를 이루며, 내담자가 마땅히 가야 할 방향을 면담자가 명확하게 내담자에게 제시한다. 정반대에 위치한 따라가기 스타일은 공감과 반영 위주의 면담으로, 내담자가 가는 방향으로 면담자가 따라만 가는 경우다. 이때 면담자는 주로 감정 반영하기를 많이 한다. 이 두 가지 의사소통 스타일의 중간에 있는 안내하기 스타일은 반영하기와 유발적 질문하기를 활용하면서 내담자의 변화를 촉진한다. 반영하기를 통해 내담자와의 공감이 증폭되고 유발적 질문하기를 통해 내담자가 가야 할 혹은 변화해야 할 방향이 설정 및 유지될 수 있다.

교정반사

여러 상담 및 치료 분야에서 일하는 실무자들은 종종 올바르지 않은 것을 보면 바로 고치도록 도와주려는 마음이 강하다. 누군가 잘못된 길에서 힘들어하는 것을 보면 우리는 그에게 다가가 무언가 즉시 해 주고 싶다. 본질적으로 이것은 칭찬할 만한 반사이기는 하나, 그것이 드러나는 방법에 따라 사실상 부정적 효과가 있기 쉽다. 예를 들어, '내가 더 건강해지는 방법으로 운동하는 것'에 대해 생각을 한다고 하자. 그런데 운동하는 것에 대해 사실 내가 두 가지 마음이 있다고 하자. 즉, 운동을 하면 기분이 더 좋아질 수 있음을 알고 있는 한편, 또 다른 한편은 운동을 할 만한 시간이나 에너지가 없다는 것이다. 정말로 나는 양가감정을 느끼고 있다. 이때 강력한 '교정반사'를 가진 친구를 만난다. 이 친구가 말하기를 "운동은 해야 해. 정말 너에게 도움이 될 거야. 진짜 기분이 좋아질 수 있어. 이제 운동을 정말 시작해야 할 때야."라고 하면, 나의 반응은 어떠할까? 가장 가능한 반응으로는 나의 생각을 통제하려는 상대방의 시도에 대해서 뒤로 물러나서 반대적인 진술을 할 가능성이 매우 높다. "응, 알아. 그런데 말이야……."로 시작할 가능성이 매우 높다는 것이다.

면담자가 자신의 교정반사를 억제하는 것은 내담자를 대신하여 변화에 대해 말하려는 욕구를 억제하는 것을 의미하며, 내담자를 대신하여 면담자가 변화 과정을 가로채는 욕구를 억제하는 것을 의미한다. 변화해야 하는 논리를 제시하거나 논리적으로 상대방을 설득하려고 하는 경우(이것이 바로 '교정반사'), 인간의 본성은 그것에 대해 저항하면서 변화하지 않아야 하는 논리를 펴기 시작한다는 것이다. 이러한 내담자의 반응에 대해서 우리는 "내담자가 저항한다."라고 하며 내담자를 비난하곤 한다.

면담자는 내담자의 변화를 지속적으로 유지해야 할 뿐 아니라, 내담자가 사회에 적응하고 현실을 직시함으로써 문제 행동을 중단해야 함을 내담자에게 강조하고 주지시킨다. 면담자가 짧은 면담 시간 동안에 이러한 점을 강조하는 데 대부분의 시간을 할애하게 되면 정작 내담자가 변화에 대해서 어떠한 태도와 준비 수준을 가졌는지에 대해 알 기회를 놓치고 만다. 면담자가 내담자에게 그가 해야 하는 변화 목표 행동에 대해 조급하게 일방적으로 교육하거나 말하는 것이 교정반사의 예가 될 수 있다.

교정반사란 상대방을 올바르게 만들어 주려는 반사적인 행동을 말하며, 상대방을 가르치고, 지시하고, 설득하고, 직면하는 행동이 여기에 포함된다. 동기면담의 정신과는 반대되는 접근이다. 교정반사가 초래하는 상대방의 반응은 일반적으로 부정적인데, 사람들은 자신의 자율성이 존중받지 못하고 스스로 선택하고 통제하려는 욕구가 존중받지 못한다고 느낀다. 면담 상황에서 교정반사의 역할은 면담자와 내담자 두 사람의 불화를 조장하는 원동력이 된다. 면담자는 내담자가 말하는 이야기 속에서 내담자가 반드시 고쳐야 하는 잘못된 습관, 행동, 사고 내용이나 감정 양상, 생활양식 등이 드러나면 그것을 올바른 습관이나 행동으로 바꾸어야 함을 즉시 알려 준다. 면담자로부터 이러한 피드백을 받을 때 내담자는 '나를 잘 모르는구나.' '내 이야기를 듣지 않는구나.' '내 말을 이해하지 못하는구나.' '나도 면담자에게 내가 생각하는 바를 제대로 이해하도록 바로 잡아 줘야 되겠네.' 라는 또 다른 내담자 편의 교정반사를 일으킨다. 내담자가 자신이 옳다고 생각하는 바를 면담자에게 전달하면, 면담자는 내담자가 자신의 이야기를 잘 이해하지 못했다고 판단하고 내담자를 다시 바로 잡아 줘야겠다는 교정반사가 반복하여 순환적으로 발생한다.

통상적으로 내담자의 교정반사를 가리켜 '저항'이라고 부른다. 내담자의 저항이라고 판단한 면담자는 내담자의 저항을 줄이고자 교정반사를 지속적으로 사용한다. 비유하자면, 면담자와 내담자의 줄다리기다. 면담자와 내담자의 팽팽한 긴장감과 승산 없는 힘 겨루기 게임이 드러난다. 내담자는 더 강한 주장을 피력하며 논쟁적이고, 방어적이고, 적대적이고, 합리화하는 모습을 드러내거나, 아니면 점점 더 수동적이 되고, 집중하지 않고, 딴청을 하고, 말이 없거나 침묵으로 일관하는 행동을 보이거나, 다음 회기에 나타나지 않는 결과를 초래한다. 면담자가 의도하지 않았던 저항의 증가는 변화 동기의 감소와 직결된다. 이와 같이, 교정반사는 쌍방적이고 상호작용적이다. 면담자와 내담자 두 사람 모두 교정반사를 사용할 경우, 면담 상황은 더욱 악화되고 긴장감이 고조되며 불화를 경험하게 만든다. 교정반사가 상호작용적으로 발생할 때, 누가 먼저 교정반사를 멈추어야 하는가? 면담 상황에서 면담자와 내담자 사이에 발생하는 교정반사는 면담자가 먼저 멈추어야 한다. 여기서 중요한 것은 면담자가 자신의 내면에서 발생하는 교정반사를 바로 알아차리는 것이다. 그리고 그 교정반사의 걸음을 멈추는 것이 중요하다.

교정반사는 내담자를 올바르게 만들려는 욕구인데, 교정반사 행동에 포함되는 언어적 표현과 내용을 살펴보면 내담자가 변화를 해야 하는 이유, 하지 않았을 때 초래되는 결과나 대가, 더 나아가 최악의 상황이 포함된다. 이 중에서 최악의 상황이 면담자에 의해서 제시될 때, 면담자가 기대하는 효과는 내담자가 상황의 심각성을 피부로 느끼는 것이지만 내담자의 입장에서 보면 매우 기분이 안 좋아지게 된다. 예를 들어, "음주 문제를 해결하지 않으면 언젠가는 가족이 떠나고 혼자 남게 될 것입니다. 그런 일이 비일비재하게 일어납니다." 혹은 "흡연을 멈추지 않으면 폐암이나 치매로 사망할 가능성이 높습니다." "고혈압 약을 꾸준히 복용하지 않으면 뇌졸중으로 쓰러지게 됩니다." 등의 진술은 내담자가 모르는 사실이 아니며 현재 상황이 악화되는 경우에 일어날 결과이기는 하나 아직 일어난 것이 아니기 때문에 내담자는 변화해야겠다고 결단하기보다는 먼저 기분이 나빠진다. 2013년에 열린 워크숍에서 Miller는 "사람의 기분을 나쁘게 하는 것은 그들의 행동 변화를 돕는 것이 아니다."라고 하였다. 즉, 변화 동기를 높이는 효과가 없다는 것이다.

면담자가 교정반사를 할 때 어떠한 생각을 가지고 교정반사를 하는지를 살펴보면 변화에 대한 잘못된 신념을 가지고 있음을 알 수 있다. 예를 들어, '금연, 다이어트, 운동, 처방약 복용을 설득할 때는 심장마비에 대해 반드시 이야기해야 효과가 있다.' '숙취, 대인관계 손상, 자동차 사고, 기억력 장애에 대해 말해 주면 내담자는 음주 문제에 대해 무언가를 시작하려는 동기가 반드시 생길 것이다.' '당뇨로 인한 신장 장애, 시력 상실, 신체 절단 등의 실제적 위협이야말로 체중 조절과 혈당 조절의 동기를 올릴 수 있다.' '교도소와 같이 비인간적인 상황에서 시간을 보낼 수 있다는 말을 해 주면 재범을 못하게 도울 수 있다.'라는 신념이 있다.

교정반사에서 내담자가 기분 나쁘게 느낄 정도로 상태를 악화시키지 않고 치명적인 대가를 언급하지 않으면서 부드러운 어조로 내담자에게 변화하라고 설득하여 조력하는 면담자가 종종 있다. 면담자의 태도가 아무리 정중하고 부드럽다 하더라도 설득하는 말이 면담자의 입에서 나오는 한 그것은 교정반사이며, 동기면담과는 반대다. 설득하는 태도가 부드럽고 정중하다고 해서 동기면담을 하는 것이 아니다. 면담자가 내담자에게 변화해야 하는 이유, 변화하지 않을 경우 얻게 될 대가, 결과나 변화의 최상의 방법 등을 제시하기보다는 이러한 것들을 내담자가 스스로 말하도록 대화를 이끌어 가고, 결과적으로 내담자가 자기 스스로를 설득하도록 해 주는 것이 바로 동기면담 정신과 일치하는 것이다.

내담자가 이러한 교정반사가 지속되는 가운데 위축되고 좌절감을 느끼면서 수동적인 태도를 보인다고 해서 내담자의 변화 동기가 증진된 것으로 착각해서는 안 된다. 내담자가 자신의 주장을 멈추고 조용히 앉아 있다고 해서 면담자의 조언이나 제안 혹은 설득에 귀를 기울이고 있다는 표시는 아니다. 오히려 내담자의 변화 동기가 꺾여 있거나 멈추어 있는 상태일 수 있다. 면담자가 전문가적 측면에서 볼 때 내담자에게 반드시 전달하고자 하는 유용한 정보나 피드백이 있는 경우에는 교정반사적 반응이 아니라 동기면담적 접근으로 전달이 가능하다. 동기면담에서 제시하는 방법은 내담자에게 사전에 유용한 정보가 있음을 알려 주고, 그 정보를 원하는지 질문함으로써 구두로 허락이나 동의를 구하는 것이다. 매우 간단하지만 동기면담 정신과 일치하는 태도를 반영해 주는 것으로, 내담자의 변화 동기를 증진하는 데 중요한 기능을 한다. 이에 덧붙여, 면담자가 정보나 피드백을 교환하고 나서 내담자가 어떻게 느끼고 생각하는지 열린 질문을 하여 내담자가 자유롭게 표현할 수 있는 기회를 주어야 한다. 이것은 Rollnick 등(2008)이 소개했던 이끌어 내기(Elicit)-정보 교환하기(Provide)-이끌어 내기(Elicit), 즉 E-P-E로 설명이 가능하다.

교정반사는 면담자-내담자가 상호작용적이다.
교정반사는 동기면담이 아니다.

오아시스

교정반사에 익숙한 면담자 특성

교정반사에 익숙한 면담자는 다음과 같은 책임을 느끼는 경향이 있다. 이와 같은 면담자는 엄격한 가치관, 생활 규범 등이 몸에 배어 있는 사람일 수 있다. 이와 같은 면담자는 내담자의 문제 행동이나 습관을 반드시 고쳐야 한다는 신념이 내재되어 있다. 교정반사를 익숙하게 활용하는 면담자도 내담자를 진심으로 도와주려는 마음에서 출발하지만, 내담자의 진정한 변화를 돕지 못하고 만다.

교정반사를 많이 활용하면 할수록 내담자의 저항이나 거부적 태도가 커지기 때문에 면담자는 쉽게 소진되고 만다. 이와 같은 유형은 교정 분야나 보호관찰 분야, 중독 분야에 소속된 면담자들에게서 흔히 볼 수 있다. 다른 사람의 마음을 불편하게 하여 변화를 하게 만들 수는 없다!

교정반사에 젖어 있는 면담자는 다음과 같은 책임을 느낀다.

- 나는 내담자의 문제 행동을 교정해야 한다.
- 나는 내담자가 사회 적응을 하도록 해야 한다.
- 나는 내담자가 현실을 직시하도록 해야 한다.

교정반사 체험하기: 지시하기 의사소통 스타일 맛보기

다음의 활동을 통하여 교정반사를 체험해 보자. 두 사람이 짝이 되어 한 사람은 화자, 다른 한 사람은 청자가 된다. 화자는 다음 화제 중 한 가지를 선택하여 말하는데, '최근에 삶 속에서 바꾸고 싶은 행동이나 습관, 바꾸어야 할 필요가 있는 행동이나 습관, 바꾸어야 한다고 생각하는 행동이나 습관, 혹은 늘 바꾸어야 한다고 생각하고는 있지만 아직까지 바꾸지 못하고 있는 행동이나 습관'을 떠올려서 대화를 시작한다. 한편, 청자는 열정을 다하여 화자를 도와 행동이나 습관을 반드시 바꾸도록 돕는다. 청자는 화자가 어떠한 변화를 고려하고 있는지 알아내고, 왜 바꾸어야 하는지에 대해 이유를 세 가지 이상 말하도록 하고, 어떻게 하면 행동과 습관을 바꾸는 데 성공적일 수 있는지 말해 주며, 이러한 변화가 얼마나 중요한지를 강조하고, 당장 바꿀 수 있도록 화자를 설득한다. 만약 화자가 변화에 대해 주저하거나 망설이거나 저항하는 태도를 보이면 처음부터 다시 반복하여 질문과 설득을 한다. 5분 후에 역할을 바꾸어서 동일한 활동을 시행한다. 다시

교정반사 체험하기

1. 두 사람이 짝이 된다.
2. 화자와 청자를 결정한다. (나중에 역할 교대)
3. 화자는 다음 화제 중에 하나를 선택하여 말한다.
    • 바꾸고 싶은 것
    • 바꿀 필요가 있는 것
    • 바꿔야만 한다는 생각하는 것
    • 계속 바꿔야 한다고 생각하고 있지만 아직 바꾸지 못하고 있는 것
4. 청자는 다음과 같이 한다.
    • 화자가 어떤 변화를 생각하고 있는가를 알아낸다.
    • 왜 변화해야 하는가에 대한 이유를 세 가지 이상 말한다.
    • 어떻게 하면 이룰 수 있는지 말해 준다.
    • 바꾸는 것이 얼마나 중요한지를 강조한다.
    • 바꿀 수 있도록 화자를 설득하고 교육한다.
    • 만약 화자가 저항하면 처음부터 다시 반복한다.

※ 주의: 교정반사는 동기면담이 아니다.

5분이 지나면 화자와 청자의 역할에서 각각 어떠한 느낌이 들었는지 서로 이야기를 나눈다.

사람의 기분을 나쁘게 하는 것은 변화를 하도록 돕지 못한다. 면담자는 양가감정, 즉 변화에 대해 딜레마를 가지고 있는 내담자를 올바르게 만들려는 교정반사를 하기 때문에 스스로 함정에 빠지게 된다. 설득과 일맥상통하는 것이라고 볼 수 있는 교정반사는 면담자와 내담자가 상호 충돌하게 한다. 올바르게 만들려는 교정반사는 내담자를 가르치고 지시하는 행동으로 나타나며, 이러한 반사행동에 대해서 일반적으로 다음과 같은 반응을 하는 것이 정상이다. 다음은 올바르게 만들려는 교정반사에 대해 일반적으로 느끼고 행동하는 반응들이다. 이는 크게 세 가지 반응 유형, 즉 무효화하기, 저항하기, 철회하기로 나눌 수 있다. 그리고 다음은 무효화하기, 저항하기, 철회하기와 같은 의미를 가진 행동들이다.

무효화하기	저항하기	철회하기
존중받지 못함	논쟁하기	딴청하기
이해 못함	무시하기	싫어하기
듣지 않음	방어적	집중하지 않음
화냄	적대적	수동적
창피해함	부인하기	피하기
불편해함	지연시킴	자리 뜨기
변화 불능	정당화하기	돌아오지 않음

동기면담 스타일 체험하기: 안내하기 의사소통 스타일 맛보기

다음의 활동을 통해서 동기면담 스타일이자 안내하기 스타일을 체험해 보자. 두 사람이 짝이 되어 한 사람은 화자, 다른 한 사람은 청자가 된다. 앞의 활동(교정반사 체험하기)에서 사용했던 대화 주제를 동일하게 사용한다. 청자는 화자가 하는 말을 주의 깊게 경청하면서 화자가 가지고 있는 양가감정 혹은 행동 목표를 알아차린다. 충고는 하지 않는다. 대신, 다음의 열린 질문을 하고 나서 화자의 대답을 경청한다. 열린 질문으로는 "무슨 이유로 ○○님은 그렇게 행동(혹은 습관)을 바꾸고 싶은가요?" "변화하는 데 성공하기 위해서 어떻게 하고 싶은가요?"라고 질문을 한다. "그렇게 하는 이유를 세 가지 말해 주세요." "10점에서 0점 척도에서, 점수를 매겨 본다면 변화는 ○○님에게 있어 얼마나 중요한가요?" "그 점수를 매긴 이유는 무엇인가요?"다. 화자가 대답을 마치면 청자는 화자가 한 말을 짧게 요약하여 화자에게 들려준다. 마지막으로 청자는 화자에게 "그래서 어떻게 하고 싶은가요?" 5분 후에 두 사람은 역할을 바꾸어 대화를 시작한다. 다시 5분이 지난 후에 청자와 화자의 역할에서 어떠한 경험을 했는지 대화를 나눈다.

동기면담 체험하기

1. 두 사람이 짝이 된다.
2. 화자와 청자를 결정한다. (나중에 역할 교대)
3. 화자는 다음 화제 중에 하나를 선택하여 말한다.
   - 바꾸고 싶은 것
   - 바꿀 필요가 있는 것
   - 바뀌어만 한다고 생각하는 것
   - 계속 바꿔야 한다고 생각하고 있지만 아직 바꾸지 못하고 있는 것
4. 청자는 다음과 같이 한다.
   - 무슨 이유로 ○○님은 그렇게 행동(혹은 습관)을 바꾸고 싶은가요?
   - 변화하는 데 성공하기 위해서 어떻게 하고 싶은가요? 그렇게 하는 이유를 세 가지 말해 주세요.
   - 10점에서 0점 척도에서, 점수를 매겨 본다면 변화는 ○○님에게 있어 얼마나 중요한가요? 그 점수를 매긴 이유는 무엇인가요?
   - (청자는 화자가 한 말을 짧게 요약하기를 한 후) 그래서 어떻게 하고 싶은가요?

다음은 경청, 유발, 공감적 면담 스타일, 즉 안내하기 의사소통 스타일에 대한 일반적인 반응이다. 크게 세 가지 유형, 즉 인정받음, 수용함, 다가감으로 나누어 진다. 그리고 다음은 인정받음, 수용함, 다가감과 같은 의미를 가진 행동들이다.

인정받음	수용함	다가감
이해된 느낌	개방적	말을 더 함
수용된 느낌	비방어적	좋아함
존중됨	관심을 보임	몰입함
잘 들음	협동적	행동화
편안함/안정함	경청함	돌아옴
힘을 부여받음	희망찬/변화 가능	

내담자는 어떤 의사소통 스타일의 면담자를 만나느냐에 따라 지킬 박사가 될 수도 있고, 하이드가 될 수도 있다. 그렇다면 당신은 어떤 의사소통 스타일의 면

담자가 되고 싶은가? 당신이 내담자라면 어떤 의사소통 스타일의 면담자와 대화를 하고 싶은가?

평형(equipoise)-중립적인 태도로 면담하기

내담자가 변화를 함에 있어 최종적인 선택과 결정 그리고 책임은 모두 내담자에게 있는데, 면담 중에 내담자는 면담자로부터 영향을 받지 않기가 어렵다. "어떤 행동을 선택하고 실천하기로 할 것인가?" 하는 질문은 다양한 상황에서 발생하며, 어떤 상황에서는 내담자의 선택 방향에 대해서 면담자가 절박하게 영향을 주어야 할 것 같은 경우도 있다. 예를 들면, '내담자의 현재 행동이 윤리적으로나 도덕적으로 잘못되었다.'라고 면담자가 믿는 경우다.

한편, '중립적인 태도로 면담을 한다.'는 것은 내담자가 마지막 결정을 할 때까지 이러한 역동에 대해서 끊임없이 의식하는 것이 포함된다. 이러한 면담 태도가 시사하는 것은 내담자에게 고지된 선택을 하도록 당연시하면서 동시에 어떤 특정 대안으로 넌지시 밀고 가는 것이 아니다. 평형(equipoise)이라고 하는 것은 면담자의 속성, 예를 들어 인내심이 있고, 정서적으로 안정성이 있고, 공정하고, 균형 잡힌 속성을 말하는 것이 아니다. 평형은 내담자를 향한 것이 아니라 면담자가 내담자의 선택이나 변화에 대해서 가지는 것을 말한다. 평형은 의식적이고 의도적인 결정으로서 면담자가 자신의 전문적 위치와 기술이 내담자로 하여금 특정 선택이나 변화를 하는 데 영향을 주지 않게 하기 위해서 기울이는 노력을 말한다. 평형은 면담자가 전문가적인 의견이나 소견을 가질 수는 있으나 내담자의 결정에 영향을 주지 않아야 한다고 믿기 때문에 실천하는 것이다. 예를 들어, 면담자는 내담자를 대신하여 개인적인 의견이나 바람을 가지고 있을 수는 있으나 면담자가 원하는 방향으로 내담자가 결정하도록 영향을 주어서는 안 된다. 다시 말해, 평형은 선택된 실천이지 감정이나 느낌 혹은 성격 특성이 아니다. 따라서 면담자는 의식적으로, 의도적으로 끊임없이 평형을 가져야 한다.

양가감정을 가진 내담자와 면담을 하게 되면 내담자가 되도록 빨리 양가감정이 해결되기를 원할 수 있다. 그러나 내담자는 충분한 시간을 가지고 양가감정을 탐색하여야 하며 내담자가 결정하기까지 무엇을 해야 하는지에 대해서 면담자는 온전히 중립적이어야 하고, 내담자의 자율성을 증진하기 위해 최선을 다해야 한다. 따라서 면담자가 내담자의 이슈와 관련하여 한쪽 편에 힘을 실어 주게 되면 진정한 동기면담 스타일, 즉 안내하기 의사소통은 되지 못하고 만다.

면담자가 중립을 유지하면서 동기면담 정신을 잃지 않는 것이 중요하다. 어떤 경우에는 내담자가 면담자에게 어떤 결정을 내려 달라고 요구할 때도 있다. 이때도 평형의 중립성을 상기해야 한다. 양가감정이 해결되고 어떤 결정을 내린 후라도 내담자는 여전히 양가적 태도와 생각을 가질 수 있기 때문에 면담자의 평형 태도의 유지는 중요하다. 중립적인 태도로 면담하기 원한다면 내담자의 양가감정이 초래하는 정서적인 불편감, 좌절감, 고통에 대해서 잘 기억해야 한다.

출처: Miller & Rollnick (2013).

안내하기 스타일로 대화하는 사람은 어떤 사람인가

면담자가 내담자를 만나서 사용하는 대화 스타일이 안내하기 스타일일 경우, 내담자는 변화하려는 의지와 욕구와 동기가 올라간다. 어떤 면담자가 처음부터 끝까지 회기 내에서나 1회기 이상의 연속적인 만남을 가질 때나 변함없이 안내하기 스타일을 한다면 가장 이상적일 것이다. 변함없이 안내하기 스타일을 고수하면서 내담자와 만나는 면담자는 어떠한 특성을 가지고 있을까? 이러한 특성을 모은 것이 동기면담 정신이다. 앞서 설명하였듯이, 지시하기 스타일, 즉 교정반사를 자주 사용하는 면담자는 내담자로 하여금 적대적이 되거나 논쟁을 하게 만들거나 불편하게 만들거나 화가 나게 만들거나 면담자를 싫어하게 만드는 반면, 안내하기 스타일을 사용하는 면담자는 내담자가 대화에 몰입하도록 해 준다. 간단히 말해서, 내담자가 면담자를 좋아하게 되고, 기억하고, 비슷해지고 싶어 하고, 다시 만나서 이야기를 나누고 싶도록 하는 대화 스타일이 동기면담 스타일이다.

한 가지 활동을 통해서 동기면담 정신의 특성을 모아 보도록 하자. "각자 학교에 다닐 때 자기가 좋아했던 선생님을 떠올려 봅시다. 초등학교, 중학교, 고등학교 시절의 선생님 중에서 한 분을 떠올리는 것입니다. '그 선생님의 수업은 항상 재미있고, 몰입하게 되었고, 기다려졌으며, 선생님이 해 주신 말씀들이 수업 시간 외에도 내 삶 속에서 적용되는 것을 보면서 좋아했던 선생님입니다. 나를 아이 취급하지 않고 한 사람으로서 존중해 주었던 선생님이며, 나의 의견을 부담 없이 말할 수 있었고, 선생님이 받아들이고 있다는 것을 알 수 있었습니다.' 이제 각자 떠올린 선생님이 지니고 있었던 좋은 면이나 행동을 이야기해 봅시다."

저자들의 경험으로는 앞의 활동을 했을 때, 공통적으로 드러난 속성은 예를 들어, '따뜻하다' '내 말을 잘 들어 준다' '나에게 관심을 쏟아 준다' '나를 이름으로 불러 준다' '공정하다' '편애하지 않는다' '일관성이 있다' 등이었다.

Chapter

04

동기면담 정신

Miller와 Rollnick은 그들의 저서 『동기면담』 초판(1991)과 2판(2002)에서 동기면담의 정신을 세 가지로 설명하였다. 즉, 협동, 유발, 자율이다. 3판(2013)에서는 동기면담 정신을 네 가지로 설명하고 있는데, 협동, 수용, 동정, 유발이다. Miller와 Rollnick이 세 가지로 동기면담 정신을 정리했던 것을 네 가지로 재정리한 이유는 자율이라는 정신을 수용이라는 조금 더 광범위한 공통 특성에 포함시켰고, 동정이라는 공통 특성을 새롭게 추가했기 때문이다. 수용에 포함되는 하위 특성으로는 자율성 지지하기 이외에 절대적 가치로 받아들이기, 인정하기, 정확한 공감하기가 포함된다. 동정은 내담자가 고통당하고 있는 것에 대해서 긍휼히 여기고 고통으로부터 자유로워지기를 소원하는 마음을 말한다. 자비 또는 사랑으로도 설명할 수 있다.

우선 내담자를 향한 면담자의 태도와 의사소통 스타일은 면담자가 동기면담 정신을 지니고 있는가 혹은 아닌가에 따라 많은 영향을 받는다. 동기면담 정신은 다른 어떤 동기면담 핵심기술보다 우선적이고 더 중요하다. 대화 기법이나 기술에 능수능란한 면담자라 할지라도 기본적으로 이런 정신과 관련 특성을 지니고 있지 않다면 내담자는 쉽게 이것을 알아차리고 존중받지 못한다는 느낌을 받거나 통제당한다는 느낌을 받아 면담의 효과성을 발휘하지 못하게 되고 만다. 타성에 젖어서 적절한 타이밍에 맞지 않게 면담 기술을 사용하거나 내담자의 말을 경청하지 않고 면담자가 자기의 타이밍에 맞추어 흔히 사용하는 기법을 의도적이고 맥락에 맞지 않게 사용한다면 진정한 동기면담을 한다고 볼 수 없다. 다시 말하면, 기술이나 기법 위주의 면담은 금물이다.

면담자가 지니는 동기면담 정신 혹은 내담자와 함께하는 스타일은 면담이나 대인관계 속에서 영향을 발휘한다. 내담자를 염두에 두지 않고 일방적인 방식으로 면담을 진행하는 경우에는 동기면담의 효과를 내지 못하고 만다. 내담자는 그 누구보다도 동기면담이 전달하는 정신(저자들은 동기면담의 '향기'라고도 부름)을 만끽하고 그것에 의해서 감동받고 희망을 가지고 변화를 향해 가야겠다는 결심을 다시 한번 하는 것이 사실이다. 정신과 향기가 전달되어야만 온전한 동기면담인 것이다. 그리고 내담자가 정신을 전달받았다고 하는 것을 대화 속에서 바로 보여 주는 것이 매우 흥미롭다.

앞서 언급하였듯이, 네 가지 동기면담 정신은 협동, 수용, 동정과 유발이다. 즉, 면담자와 내담자의 협동하기, 변화에 대한 내담자의 생각을 이끌어 내기, 변화 과정에서 내담자가 경험하는 인간적인 나약함, 고통, 행복을 향한 열망을 존중하고 있는 그대로 받아들이기, 내담자가 삶의 고통에서 스스로 빠져나와 자유를 느끼며 웰빙의 삶을 살도록 내담자의 복지와 최상의 이득을 도모하기다.

동기면담은 네 가지 특징으로 설명할 수 있는 동기면담 정신을 면담자가 가져야 할 필수적 자세이자 마음가짐, 태도라고 본다. 네 가지 동기면담 정신에 대해 자세히 살펴보자.

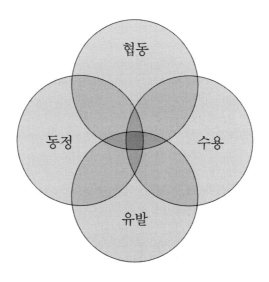

[그림 4-1] 동기면담 정신

협 동

협동은 파트너십을 말한다. 면담자가 내담자의 전문성을 존중하는 관계를 말한다. 흔히 상담을 처음 배우는 학생이나 초보자들은 이 문장에 대해 의아해하는 것이 사실이다. 내담자가 무슨 전문성이 있다는 말인가? 면담자의 전문성은 당연한 것인데 내담자는 자기의 문제를 해결하는 데 도움을 얻고자 면담자의 전문적인 지식과 경험을 필요로 하지 않는가? 여기서 내담자의 전문성이란 내담자가 자기 삶에서 당면하게 된 문제와 문제 관련 경험을 의미한다. 내담자는 문제가 발생된 경위를 포함하여 원인, 과정, 해결 가능한 방안, 걸림돌, 문제에 대한 인식 정도, 변화 준비 수준 등에 대해 알고 있을 가능성이 매우 높다.

예를 들어, 최근 정부 입법으로 인해 담배 값이 오르고 모든 음식점에서 금연을 해야 하는 현재 상황에서 금연 클리닉을 찾은 내담자를 생각해 보자. 금연 클리닉에서 근무하는 실무자는 니코틴 사용이나 중독 문제에 대해서 많은 지식과 임상 경험을 가진 중독 전문가다. 니코틴이 몸에 미치는 악영향과 지속적으로 흡연했을 때 경험하게 되는 신체 변화 증상의 악화 등에 대해 잘 알고 있고, 니코틴 중독이 될 수 있는 심리적 · 사회적 · 환경적 요인뿐만 아니라 유전적 · 생물학적 요인에 대해서도 정확한 과학적 지식을 갖고 있는 전문가다. 또한 이 전문가는 금연하였을 때 나타날 수 있는 금단 증상과, 금단 증상을 완화시킬 수 있는 의학적 방법, 금연 과정에서 주기적으로 경험하게 될 갈망과 재발 위험 요인, 재발을 예방하기 위해서 효과적으로 밝혀진 근거 기반 실천(EBP) 등에 대해 매우 잘 알고 있으며, 개인 상담뿐 아니라 집단, 가족, 직장에 활용할 수 있는 다양한 치료적 개입에 대해서 매우 잘 알고 있다.

그러면 내담자가 가진 흡연에 대한 전문성이란 무엇일까? 내담자는 자기가 처음 흡연을 시작했던 첫 경험에서부터 현재에 이르기까지 흡연과 관련된 개인의 특정적인 정보를 매우 상세하고 심도 있게 알고 있다. 흡연이 양적으로 늘어나고, 자기의 통제권을 벗어나기 시작하면서 생긴 신체적 · 심리적 · 사회적 변화 경험을 알고 있고, 금연을 시도했던 계기와 단기간 혹은 장기간의 금연의 성공 경험, 다시 흡연하게 된 계기와 그때의 느낌 그리고 신체적 변화 등을 모두 기억하고 있다. 금연 클리닉을 찾아올 때, 그가 가지고 있었던 생각 · 욕구 · 감정에서부터 금연 클리닉에 앉아 있는 자신의 생각 · 욕구 · 감정 등이 모두 내담자의 전문성에 포함된다. 면담자가 일반화된 전문성을 가지고 있다면 내담자는 개인 차별화된 전문성을 가지고 있다고 간단하게 구별할 수 있다.

또 하나의 예를 들어 보면, 정부는 초 · 중 · 고등학생뿐 아니라 성인에 이르는 다양한 연령층의 대상에게 인터넷 게임이 미치는 폐해를 절실하게 통감하고 이를 4대 중독 중 하나로 선고하여 막대한 지원금을 인터넷 관련 치료 기관과 시설, 학교 프로그램 등에 쏟고 있다. 인터넷 과다 몰입으로 중독의 위험성이 고위험군으로 평가된 청소년과 성인들이 변화를 목적으로 상담에 의뢰되고 있다. 이러한 내담자를 만나는 면담자의 전문성을 본다면, 인터넷 게임을 과다하게 사용하였을 때 그것을 촉발시켰던 신체적 · 심리적 · 사회적 · 환경적 요인을 포함하여 그것이 미치는 신체적 · 심리적 · 사회적 폐해와 중독으로 발전해 가는 과정에 대해서 전문적인 지식을 가지고 있고, 이러한 위험한 행동 문제를 중단시키고 재발을 예방하는 데 효과적인 개입으로 밝혀진 치료적 개입에 대해 잘 알고 있다. 그러면 인터넷 게임 중독 예방 센터를 찾은 내담자의 전문성은 무엇일까? 내담자는 온갖 종류의 게임에 대해서 면담자보다도 더 많은 지식과 사용 경험을 가지고 있고, 즐거움과 게임이 주는 불편함에 대한 구체적이고 자세한 정보를 경험을 통해서 가지고 있다. 어떤 상황에서 게임을 하고 싶은지, 얼마나 오랫동안 게임을 해야 중단하게 되는지, 게임을 하지 않았을 때 자신이 겪게 되는 불이익에 대해서도 잘 알고 있다. 이것이 바로 내담자의 개인 특정적 전문성이다.

협동은 동기면담 정신의 중요한 측면에서 첫 번째로 들고 있으며, 협동은 파트너십이다. 면담자와 내담자는 힘의 균형에서 동일한 위치에 서며 각각 전문가라고 일컬어진다. 내담자가 전문가라는 관점은 매우 중요한데, 문제행동과 관련되어 경험해 온 모든 측면이 내담자를 전문가로 만들어 주기 때문이다. 내담자의 전문성은 변화를 유발하는 열쇠가 된다. 면담자 스스로 전문가임을 자처하는 것은

[그림 4-2] 내담자가 1번이라면 면담자는 몇 번일까요?

동기면담 정신에 위배되는 것으로, 내담자로 하여금 수동적 위치에 서게 하고 힘의 불균형을 초래하여 변화 동기가 감소하고, 변화의 가능성은 낮아진다. 이것을 전문가 함정이라고도 부른다. 내담자를 능동적으로 면담에 몰입하여 참여시키는 것은 면담자의 협동적 동기면담 정신에서 가능하다. 비유로는 면담자와 내담자가 테니스 경기를 할 때, 한 팀이 되어서 상대 팀을 향하여 서 있는 모습이다.

[그림 4-2]에서 동기면담의 협동 정신을 가진 면담자는 내담자와 한 팀이 된 사람이다(즉, 2번). 이 그림에서 3번과 4번은 내담자가 해결하고 싶어 하는 목표 행동이다. 내담자와 면담자가 한 팀이 되어 목표 행동을 함께 생각하고 고려하고 해결하는 모습이 동기면담의 협동 정신에 해당한다. 면담자와 내담자는 나란히 한쪽 방향, 즉 변화 목표를 향하여 서서 대화를 나눈다. 만약 내담자가 면담자의 반대 코트에 가서 선 채 테니스 경기를 하려고 한다면 면담자는 어떻게 해야 할까?

예를 들어, 내담자가 다음과 같이 말한다.

내담자: 저는 여기에 오고 싶어서 온 게 아니라 상담을 하러 가지 않으면 제 마누

라가 이혼할 거라고 으름장을 놓는 바람에 온 것입니다. 딱히 제가 문제가 있어서 여기 온 게 아닙니다! 이 점을 꼭 알아주시기 바랍니다.

이 내담자는 면담실에 들어서자마자 면담자의 반대편에 선다. 즉, 내담자가 4번에 서고 면담자는 2번에 서는 경우다. 이런 경우는 매우 흔하다. 상담이나 심리치료에 대한 사회 인식이 증진되고 개입의 효과가 발표되면서 정부에서도 건강과 관련하여 이러한 치료적 개입이 필요한 사람들에게는 적극적으로 상담이나 심리치료를 받도록 지원하고 있다. 그런데 상담이나 심리치료에 의뢰되어 오는 많은 내담자를 보면, 스스로 문제가 있다고 인식하고 찾아오는 사람보다 문제가 없는데 상담을 받으러 가야만 한다며 불만과 볼멘 목소리로 불평을 하는 사람들이 더 많다. 가깝게는, 학교에서 학습 성과가 부진하거나 과도한 인터넷 게임으로 인해 문제가 되는 학생들을 담임교사가 교내 전문 상담 교사에게 찾아가 보도록 한다. 성인의 경우, 법적 제재를 받게 되어서 문제 행동을 중단할 필요가 있는 사람들에게 상담을 받으라고 강제적으로 명령을 하기도 한다. 예를 들어, 반복된 절도, 음주, 운전, 폭력, 성추행 등이 포함된다. 이렇게 의뢰되어 상담하러 오는 내담자는 매우 자연스럽게 면담자([그림 4-2]에서 2번)와 정반대 위치인 4번에 서서 논쟁을 하려고 하거나 상담의 필요성을 무산시키려는 다짐을 하고 있을 수 있다.

> **내담자**: 제가 왜 상담실에 와야 하는지 모르겠어요. 내 친구들은 수업 시간에 핸드폰으로 나보다 게임도 더 많이 하고, 문자 메시지도 하고 그런단 말이에요. 저에게는 문제가 없어요. 여기 오는 자체가 시간 낭비예요.

다시 말하면, 면담자는 변화를 향하여 서 있고 내담자는 변화의 반대 방향을 향하여 서 있다. 면담자가 동기면담의 협동 정신을 가지고 있다 하더라도 내담자가 면담자와 함께 협동할 마음이 현재로서는 없다. 이런 경우를 가리켜 인식전단계 내담자라고 하며, 저항을 하는 것으로 보이는 내담자의 모습이라고 할 수 있다. 동기면담의 협동 정신을 가진 면담자는 교정반사를 하여 자기가 서 있는 쪽으로 오도록 내담자를 설득, 강요, 교육 또는 직면하지 않으며, 그 대신 내담자와의 파트너십을 가지기 위해서 스스로 내담자가 서 있는 방향으로 자리를 옮겨 가서 같은 팀임을 느끼게 한다. [그림 4-2]에서 2번 위치에 서 있던 면담자가 4번에 있는 내담자를 향하여 '그 자리가 틀렸으니 1번으로 오라.'고 지시하지 않는 것이 동기면담 협동 정신의 실천이다.

  이것이 바로 동기면담에서 강조하는 저항과 함께 구르기 또는 논쟁 피하기와 맥락을 같이하는 협동 정신이다. 면담 초기의 협동 정신은 면담자에게 필수적인 태도인데, 왜냐하면 면담자의 협동 정신, 즉 파트너십이 저항을 보이는 내담자와의 관계 형성에 매우 핵심적인 역할을 하기 때문이다. 협동 정신은 면담자가 움직여서 2번의 위치에서 3번으로 가 4번에 서 있는 내담자와 동등한 한 팀이 되는 것이다.

오아시스

저항과 함께 구르기

저항을 어떻게 알아볼 수 있는가? 어떻게 하면 논쟁을 피하면서 저항에 적응할 수 있을까? 저항은 면담자에게 당연한 관심 문제다. 저항은 치료 과정에서 빈약한 치료 결과와 몰입 결여를 예측해 주기 때문이다. 저항을 보는 한 견해로는 '내담자가 반항적으로 행동한다.'고 보는 것이 있다. 또 하나는 '내담자가 상황을 다르게 보고 있는 신호다.'라는 견해다. 이 견해는 면담자에게 내담자의 관점을 이해하고 거기서부터 시작하도록 요구한다. 저항은 면담자에게 '내담자를 향한 방향을 바꾸거나 보다 신중하게 경청하라.'는 신호다. 저항은 놀랍게도 새로운 방법으로 반응하게 하는 기회를 제공한다. 저항을 통해 직면시키지 않고 그 상황을 이용할 수 있는 기회를 제공한다.
저항에 적응하는 것은 논쟁을 피하는 것과 유사한데, 비판하지 않고 존중하면서 내담자 스스로 대화하고 몰입하게끔 격려하며 공감을 표현하는 또 다른 기회를 제공해 준다. 가능하면 언제든 저항을 유발하지 않도록 해야 한다. 내담자가 저항에 쓰는 에너지의 방향을 바꾸거나 또는 떨어뜨림으로써 긍정적인 변화 쪽으로 가도록 시도해야 한다.

앞에서 제시한 예를 활용하여 협동 정신을 가진 면담자가 어떻게 반응하는지를 협동 정신을 가지지 않은 면담자와 비교하여 살펴보자.

> 내담자: 저는 여기에 오고 싶어서 온 게 아니라 상담을 하러 가지 않으면 제 마누라가 이혼할 거라고 으름장을 놓는 바람에 온 것입니다. 딱히 제가 문제가 있어서 여기 온 게 아닙니다! 이 점을 꼭 알아주시기 바랍니다.

- 동기면담의 협동 정신을 가진 면담자의 가능한 반응들

"본인에게는 어떤 문제도 없지만 아내와의 약속으로 이곳에 오셨군요."

"이곳에 오기까지 마음이 불편했음에도 불구하고, ○○님은 아내와의 약속을 반드시 지키시는 성실한 분이군요."

"아내와의 관계가 어떤 것보다도 가장 중요하다고 여기시는군요."

"가족이 깨지지 않도록 많은 노력을 하시는 분이시군요."

"어려운 발걸음을 하셨지만, 관계를 소중히 여기고 있네요."

"일단 이곳에 와 주셔서 감사합니다."

- 동기면담의 협동 정신을 가지지 않은 면담자의 가능한 반응들

"아내가 으름장을 놓은 이유가 있겠지요. 궁금하네요."

"본인 스스로 문제가 없다고 하는 부분이 걱정되네요."

"○○님으로 인해 아내가 매우 힘드셨겠네요."

"이혼의 위기에 서야지 정신을 차리는 분들이 있지요."

"그것이 ○○님의 문제이지요."

또 다른 예를 살펴보자.

내담자: 제가 왜 상담실에 와야 하는지 모르겠어요. 내 친구들은 수업 시간에 핸드폰으로 나보다 게임도 더 많이 하고, 문자 메시지도 하고 그런단 말이에요. 저에게는 문제가 없어요. 여기 오는 자체가 시간 낭비예요.

- 동기면담의 협동 정신을 가진 면담자의 가능한 반응들

"학생에게는 어떤 문제도 없는데 담임선생님이 가 보라고 해서 왔구나."
"이곳에 오기까지 마음이 불편했을 텐데 선생님이 가 보라 하시니까 선생님의 말씀을 따라야 한다고 생각했구나."
"학교생활을 잘하는 것이 중요하다고 보는구나."
"담임선생님과의 관계가 중요하다고 생각하는구나."
"일단 나를 찾아와 주어서 고맙구나."

- 동기면담의 협동 정신을 가지지 않은 면담자의 가능한 반응들

"선생님이 여기로 너를 보낸 이유가 있겠지. 궁금하구나."
"스스로 문제가 없다고 하는 부분이 걱정되는구나."
"수업 시간에 방해가 많이 되었겠구나."
"상담을 받고 도움을 받는 학생들이 많단다."
"그렇게 말하는 네 태도가 문제지."

면담 초기에 내담자의 편에 면담자가 있음을 느끼게 해 주는 것이 바로 협동 정신이며, 이러한 협동 정신은 면담 내내 그리고 다음 회기(들)에도 지속되어야 면담의 효과를 낼 수 있다. 내담자를 직면하는 것은 협동 정신에 위배되는 대표적인 경우다. 다음의 예를 보자.

직면하기(협동하기의 반대)

내담자: 저는 인지행동치료뿐만 아니라 가정폭력 상담을 받도록 명령을 받았습니다. 그런데 지불할 돈이 전혀 없습니다.

면담자: 그런 돈은 없지만 술을 살 돈은 있었군요. 상담에 지불할 돈을 어떻게 마련해야 할지 아실 거라는 확신이 듭니다.

동일한 내담자에게 협동 정신을 가지고 다가갈 때는 어떻게 달라질까? 다음의 예시를 보면서 앞의 면담과 비교해 보자.

협동하기

내담자: 저는 인지행동치료뿐만 아니라 가정폭력 상담을 받도록 명령을 받았습니다. 그런데 지불할 돈이 전혀 없습니다.

면담자: 이런 모든 명령을 동시에 해야 한다는 것이 많은 부담으로 들리는군요. 그 수업들이 어떤 것인지, 그 수업들이 어떻게 도움이 될 거라고 생각하는지, 그리고 ○○님에게 효과가 있을 것으로 보이는 몇몇 계획을 함께 이야기하도록 합시다.

직면하기뿐만 아니라 동기면담 정신에 위배되는 경우들이 있는데, 예를 들면 내담자가 원한다고 말하지 않았는데 조언을 하거나, 내담자에게 허락을 구하지 않은 채 충고를 하거나, 문제해결책을 지시하거나 비난하거나 진단명을 들이대며 공포 분위기를 조성하거나 단호하게 판단하거나 내담자에게 능력이 없다고 은연중에 무력화시키는 것 등이 포함된다.

문제가 있는 내담자를 만나는 전문가들은 내담자를 올바른 방향으로 이끌어서 사회에 적응시키거나 개인의 삶을 행복하게 하는 방법을 신속하게 가르쳐 주고 적용하도록 도와야 한다는 나름대로의 책임감이 강한 사람들이다. 따라서 문제 해결 방법을 서둘러서 제시하여 내담자와의 파트너 관계를 손상시킬 우려를 가진다. 즉, 교정반사에 익숙한 전문가들은 내담자의 전문성을 간과하고 전문가로서의 경험과 지식을 전달하고자 한다. 협동, 즉 파트너십은 교정반사의 정반대 개념이다. 내담자가 말을 하도록 기다리고, 생각을 표현하도록 유발하며, 경청한 바를 반영하는 면담자는 파트너십을 몸으로, 언어로 보여 준다고 말할 수 있다.

동기면담은 내담자 중심의 방향 지향적 의사소통 스타일로 정의되기도 하는데, 면담자들이 방향 지향적인 속성에 충실한 반면, 내담자 중심이라고 하는 동기면담의 속성에는 미흡한 것이 종종 관찰된다. 면담의 방향성이 내담자의 변화 행동을 촉진하는 중요한 요소이기는 하지만 방향성은 동기면담 정신과는 별개다. 내담자 중심의 면담을 한다는 것은 네 가지의 동기면담 정신의 특징, 즉 협동, 수용, 유발, 동정을 담고 있음을 의미한다.

수 용

수용은 내담자가 다른 사람들처럼 부족하고 잘못을 할 수 있는 존재이자 자율적인 존재임을 그대로 받아들이는 것을 말한다. 인간은 누구든지 실수하며 완벽할 수 없는 존재다. 이 점을 인정하는 것이다. 내담자가 최선의 선택을 하고자 노력할 것이며, 선택에 대한 책임을 지는 존재임을 믿는 것이다. 수용은 내담자의 현재의 문제 행동이나 과거의 실패 등에 대해 면담자가 잘잘못을 판단하지 않고 그대로 받아들이는 것이다. 그렇다고 해서 잘못된 내담자의 행동이나 생각 등에 '그럴 수 있다'고 동의하는 것은 아니다. 수용과 동의가 어떻게 다른지 몇 가지 예를 살펴보자.

예제 1

내담자: 아이가 거짓말을 해서 너무 화가 나서 뺨을 몇 번 때린 것뿐이에요. 선생님도 화가 나면 그럴 수 있지 않나요?

수용하는 면담자: 걷잡을 수 없이 화가 치밀 때가 있지요.

동의하는 면담자: 아이의 나쁜 행동을 바로 잡으려면 회초리를 들어야지요.

예제 2

내담자: 화장실에서 친구가 한번 해 보라고 해서 담배를 같이 피운 거예요. 재수
　　　 없이 걸려서 짜증나요.

수용하는 면담자: 친구가 하라는 대로 하지 않으면 안 될 것 같았구나.

동의하는 면담자: 친구가 권하면 피울 수도 있는 거지.

앞의 예제에서 보는 바와 같이, 수용과 동의의 큰 차이는 내담자의 문제 행동
을 합리화시켜 주느냐, 그렇지 않느냐로 볼 수 있다. 즉, '동조하느냐 그렇지 않
느냐'다.

Miller와 Rollnick(2013)은 수용을 네 가지 측면에서 설명하는데, 즉 절대적 가치
로 받아들이기, 정확한 공감하기, 자율성 지지하기, 인정하기다. 수용이란 내담자
를 절대적인 가치가 있는 존재로 받아들이며 내담자가 가지고 있는 관점이나 이
해하는 바를 정확하게 공감하는 것이다. 또한 내담자의 개인적 선택권과 통제력
등의 자율성을 지지하는 것이며, 내담자의 강점과 노력, 과거의 성공 경험에 대하
여 인정하는 것이다. 수용의 네 가지 측면을 구체적으로 살펴보면 다음과 같다.

첫째, 절대적 가치로 받아들이기는 내담자가 한 사람의 소중하고 독립된 존재
임을 받아들이는 태도로서, 내담자를 소유하거나 조건을 전제로 하여 받아들이
는 것과는 반대되는 정신이다. 독특한 개성을 가진, 그리고 다른 사람과 비교할
수 없는 개인으로서의 존재를 인식하고 받아들이는 것이다. 내담자의 마음을 조
종할 수 있거나 통제할 수 있다고 한다면, 이러한 태도는 절대적 가치를 받아들이
는 특징과는 반대된다. 내담자는 태어날 때부터 존엄성이 주어졌고 개인이 누릴
수 있는 모든 권리를 타고 난다.

둘째, 정확한 공감하기란 비록 내담자를 100% 완전히 이해하고 면담자 자신과
동일하게 느끼거나 경험하는 것은 불가능하지만, 내담자의 옷을 입고 신발을 신
고 내담자의 입장에서 느끼고 생각하고 이해하는 바를 면담자가 내담자에게 드
러내고 표현하는 것을 말한다. 내담자와 동일한 혹은 유사한 경험을 면담자가 하
지 않았을 수도 있다. 그러나 면담자는 자신의 가치관이나 도덕적 · 윤리적 기준

을 내담자에게 부과하지 않고 내담자를 존중하며 이해하는 것이다. 공감하기는 동의하기(agree)와 다르며, 연민하기(sympathy)와도 다르다. 동의하기는 앞서 예제를 들어 설명한 것 같이, 내담자의 문제를 합리화하는 데 동조하는 것이 되므로 공감하기와는 다르다. 연민하기는 상대방보다 내가 더 잘나고 우월하다는 뜻을 내포하는 개념이다. 면담자가 내담자에 대해서 연민을 한다면, 즉 내담자가 당면하고 있는 문제나 처지는 면담자와 같이 우월한 사람은 경험할 수 없는 것이며, 취약하고 결점이 많은 내담자는 경험할 수밖에 없다는 우월적 사고와 불평등의 가치관에서 스며 나오는 것이라고 볼 수 있다. 내담자만큼이나 면담자의 연민하기 또는 우월한 태도에 민감한 사람은 없을 것이다.

다음의 예제를 통해 수용의 한 가지 특성인 내담자를 정확하게 공감하기와 관련하여 동기면담 정신을 전달하는 면담자인지 아닌지를 살펴보자.

정확하게 공감하기

내담자: 이번 일로 개인 신상이 공개되면서 저를 아는 모든 사람에게 노출되어서 죽고 싶은 지경이에요.

면담자: 이번 일이 ○○님에게는 엄청난 불행이자 손실이군요. 만회할 만한 방법이 없다고 느끼시고요.

교육하기

내담자: 이번 일로 개인 신상이 공개되면서 나를 아는 모든 사람에게 노출되어서 죽고 싶은 지경이에요.

면담자: 이런 불행이 다시 일어나지 않도록 최선을 다해야겠지요.

'교육하기'의 면담자는 내담자가 현재 느끼는 수치심과 압도당하는 느낌, 절망감 등에 대해 공감하고 있다는 느낌을 주지 않는다. 그보다 이런 일이 다시 일어나지 않아야 함을 강조하고, 변화된 삶을 살아야 한다고 다소 시기 상조적으로 교육을 하고 있는 모습이다. 내담자는 자신의 감정에 압도되어 있으므로 면담자의 이러한 교육적 멘트가 귀에 들어오지 않으며 마음을 몰라주고 있다는 섭섭함과 거리감을 느낄 수 있다. 따라서 변화 동기를 올리는 대신에 오히려 면담자와의 대화를 내담자가 꺼리거나 면담의 효과를 무산시켜 버릴 수 있다.

셋째, 자율성 지지하기는 내담자가 스스로 최선의 선택을 할 수 있는 존재임을 믿고, 내담자의 선택을 존중하며, 내담자 자신의 통제력과 책임성을 지지하는 것을 말한다. 면담자가 교정반사에 익숙한 경우, 내담자의 자율성은 제대로 지지를 받지 못하고 만다. 왜냐하면 변화를 향한 구체적인 해결책이 내담자의 내면에서 나오는 것이 아니라 면담자의 경험과 지식에서 나오기 때문이다. 내담자가 변화를 결단하고 면담 장소를 떠날 때 행동으로 실천할 것인가 아닌가 하는 것은 온전히 내담자에게 달려 있음을 받아들여야 한다.

넷째, 내담자를 수용한다는 것은 내담자가 가지고 있는 장점과 강점, 긍정적 속성과 과거의 성공 경험과 미래를 향한 열망 등을 칭찬, 격려, 인정한다는 것을 말한다. 비록 내담자가 행동실천을 하지 못하고 있더라도 변화에 대해 생각을 한다거나 노력을 시도할 때라면 내담자의 노력을 인정해야 한다. 인식전단계의 내담자가 지속적으로 문제 행동을 반복적으로 드러낼 때, 면담자는 내담자에게 인정할 만한 부분이 아무것도 없다고 판단할 수 있다. 인식전단계의 내담자란 문제에 대한 인식이 없어 보이는 내담자를 말한다(5장 참조). 이러한 경우에도 면담자는 내담자가 면담을 하러 이 자리에 와 있다는 행동에서 칭찬, 인정할 만한 것들을 찾을 수 있다. 인정하기는 내담자가 가진 성품, 가치관, 의지, 강점, 칭찬할 만한 속성을 면담자가 찾아내어 내담자에게 말하는 것이다. 이때 면담자는 내담자가 가진 외적인 장점, 즉 직업, 외모, 재물, 명예, 학벌, 인적 네트워킹, 사회적 지위 등을 인정하는 데 초점을 맞추기보다 내담자 자신의 내적인 동기를 들여다보고 지속시킬 수 있는 내적인 강점이나 속성에 초점을 맞추어야 한다. 수용에 포함된 네 가지 특성은 다음과 같다.

다음 예제는 수용이라고 하는 정신 중 면담자가 내담자의 자율성을 지지하는 예제다. 즉, 내담자가 변화행동을 대안 중에서 선택하여 결정하는 당사자이자 그렇게 할 수 있는 능력을 가지고 있음을 믿고 있는 것이다. 선택에는 책임과 의무

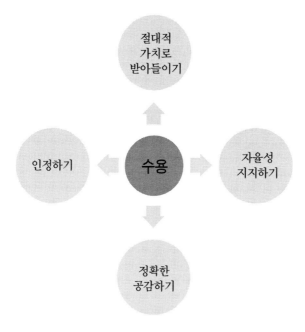

[그림 4-3] 수용의 네 가지 측면

가 동반된다. 이것을 내담자와 함께 공유하는 것을 다음 예제에서 볼 수 있다.

내담자의 자율성 지지하기

내담자: 제가 단주를 정말 원하는지에 대해 확신이 안 섭니다. 하지만 보호관찰을 받아야 한다는 것은 압니다.

면담자: 보호관찰을 받으면서 음주를 지속할 수도 있습니다. 그것은 ○○님께 달려 있습니다. 물론 어떤 결정을 하시든 거기에는 대가가 있습니다. 음주를 계속할 경우, 어떠한 대가가 있을 것으로 생각하나요?

이 예제를 동일하게 활용하여 수용적이지 않은 면담자가 어떻게 반응하는지를 살펴보자.

권위적인 면담자

내담자: 제가 단주를 정말 원하는지에 대해 확신이 안 섭니다. 하지만 보호관찰을
받아야 한다는 것은 압니다.

면담자: 여기에는 선택의 여지가 없습니다. 보호관찰을 받으며 음주를 하는 것은
법원 명령을 위반하는 것이고, 따라서 보호관찰을 받는 동안 음주를 해서
는 안 됩니다.

두 번째 면담자는 내담자가 잘 알고 있는 사실을 위협적인 분위기에서 상기시
킴으로써 내담자가 원하든, 원하지 않든 간에 선택의 여지가 없이 하라는 대로 해
야 함을 강조하고 있다. 내담자의 자율성을 지지하지 않으며, 선택과 결정권을 책
임을 지는 존재임을 인정하지 않는 태도다. 수용적 면담자의 반대되는 아바타가
권위적 면담자다.

동 정

동정(compassion)은 내담자가 고통으로부터 자유로워지기를 바라는 마음이다.
누구나 유형이나 정도가 다르기는 하지만 삶의 고통을 겪으며 살아간다. 이러한
가운데 서로가 삶의 고통이나 인생의 올가미로부터 빠져나와 자유로움을 느끼며
살아가기를 원한다. 고통당하고 있는 내담자를 보면서 면담자는 '불쌍히 여김'
'긍휼히 여김' '가엾이 여김' 등과 같은 마음을 갖게 된다. 동정은 내담자의 웰빙
을 바라는 마음이자, 내담자의 복지와 최상의 이득을 도모하고자 하는 마음이다.
면담자가 자신의 이득을 우선시한다면 동기면담 정신에 위배하는 것이다. 예
를 들어, 내담자의 면담 효과를 정량화하여 면담자의 역량을 제시하기 위한 목적
으로 내담자를 만나거나, 명성과 인기도를 증진시킴으로써 경제적 · 사회적인 이
차적 이득을 염두에 두고 내담자를 만나거나, 연구 내담자로서의 내담자로 간주
하거나 슈퍼비전 사례로 내담자를 보는 것 등은 모두 면담자 자신의 이득을 내담

자의 이득보다 우선시하는 경우다. 예를 들어, 물건을 많이 팔기 위해 동기면담의 핵심기술을 잘 습득하고 연마한 영업사원이 있다고 가정해 보자. 이 영업사원은 친절하고 따뜻하다. 그리고 협동적이며 수용적이다. 아울러 소비자의 내적 욕구도 잘 파악하고 잘 이끌어 낸다. 이 사원은 동기면담 정신을 가지고 있는가? 또한 소비자와의 만남에서 동기면담을 실천하는가? 대답은 "아니요."다. 왜냐하면 이 영업사원은 동기면담의 정신을 지니고 있지 않기 때문이다. 동기면담을 하는 것이 아니라 영업을 하고 있기 때문이다. 이 영업사원에게는 협동, 유발, 수용이라는 동기면담 정신이 있을 수 있다. 그러나 이 사람에게는 동정이라는 동기면담 정신이 빠져 있다. 이 사람이 소비자를 만나는 목적은 소비자의 웰빙이나 복지가 우선이 아니고 '물건을 판매하는 것'이 우선이기 때문이다. 소비자의 이득보다 자신의 이득이 더 우선인 것이다.

Miller와 Rollnick(2013)은 『동기면담』 초판과 2판에는 없었던 '동정'이라는 동기면담 정신을 3판에서 소개하였다. 이들은 면담자가 내담자를 향하여 무조건적으로, 절대적으로 내담자를 사랑하고 연민의 정을 느껴야 할 필요도 없고 내담자와 같은 심정으로 고통을 겪거나 느껴야 한다고 말하지 않는다. 면담자가 내담자를 향하여 사랑과 연민의 정을 느끼고 일심동체되어 고통을 함께 겪으면 좋겠지만 이는 현실적으로는 불가능한 일이다. Miller와 Rollnick(2013)은 동기면담을 하는 면담자들에게 부탁한다. 이들은 동기면담을 하는 면담자들이 내담자와 함께 동고동락해야 한다고 주장하거나 요구하지는 않지만, 최소한 동기면담을 하는 면담자는 내담자를 자신의 이득과 목적을 위해 '이용'하거나 '수단'으로 삼지 말 것을 당부하고 있다.

면담자의 이득이 내담자의 이득보다 우선시될 때, 면담자가 설정한 목표로 내담자를 끌고 가게 되어 내담자는 이용ㆍ착취당했다는 느낌을 받게 되거나, 존중받지 못하고 공감받지 못했다는 느낌을 받거나, 부당한 처우를 받았다는 느낌, 비인간적인 대우를 받았다는 느낌, 무시당했다는 느낌을 가질 수 있다. 결과적으로, 변화의 방향과 반대 방향으로 움직일 가능성이 높아진다. 면담자의 이득이 내담자의 이득보다 앞서게 되는 것은 동기면담 정신, 즉 동정과 반대다.

면담자가 내담자에게 느끼는 동정은 '아가페적 사랑'이다. 많은 사람이 이미 알고 있는 아가페적 사랑의 속성은 다음 페이지에 제시한 오아시스에서 찾아볼 수 있다. 어떠한 경우에도 면담자의 이득을 추구하지 않고 면담에 임하는 정신이 동정이다.

다음 예제를 가지고 동정이 있는 면담자와 그렇지 않은 면담자의 차이를 살펴보자.

동정이 없는 면담자
내담자: 내가 술 마시다가 죽겠다는데…… 가족이 왜 난리치는지 모르겠어요.
면담자: ○○님이 현재 힘들어하는 것은 저의 과거 경험과 비교해 보면 아무것도 아닙니다.

이 예제에서 면담자는 내담자가 현재 온몸으로 느끼는 아픔과 고통을 최소화하여 별것이 아닌 것으로 말하고 있다. 얼마나 고통스러운지를 통감하는 면담자라면, 즉 동정을 가지고 있는 면담자라면 우선적으로는 내담자의 고통을 공감하여 표현할 것이다.

동정이 있는 내담자
내담자: 내가 술 마시다가 죽겠다는데…… 가족이 왜 난리치는지 모르겠어요.
면담자: ○○님의 빈자리가 가족 분에게는 큰 안타까움으로 다가오겠지요.

앞의 예제에서 면담자는 내담자의 마음을 온전히 공감하고 있다. 면담자는 내담자의 웰빙을 바라는 마음, 즉 내담자의 복지와 최상의 이득을 도모하는 마음을 표현하고 있다. 내담자가 가족의 소중한 일원임을 다시 상기시키는 대화다. 이런 대화 속에서 내담자는 다시 자신의 존재를 확인할 수 있다. 면담자는 내담자를 향한 가족의 사랑까지도 함께 전달하고 있다.

동정, 내담자를 향한 아가페적 사랑

내가 사람의 방언과 천사의 말을 할지라도 사랑이 없으면 소리 나는 구리와 울리는 꽹과리가 되고, 내가 예언하는 능력이 있어 모든 비밀과 모든 지식을 알고 또 산을 옮길 만한 모든 믿음이 있을지라도 사랑이 없으면 내가 아무것도 아니오. 내가 내게 있는 모든 것으로 구제하고, 또 내 몸을 불사르게 내줄지라도 사랑이 없으면 내게 아무 유익이 없느니라. 사랑은 오래 참고, 사랑은 온유하며, 시기하지 아니하며, 사랑은 자랑하지 아니하며, 교만하지 아니하며, 무례히 행하지 아니하며, 자기의 유익을 구하지 아니하며, 성내지 아니하며, 악한 것을 생각하지 아니하며, 불의를 기뻐하지 아니하며, 진리와 함께 기뻐하고, 모든 것을 참으며, 모든 것을 믿으며, 모든 것을 바라며, 모든 것을 견디느니라. 사랑은 언제까지나 떨어지지 아니하되 예언도 폐하고, 방언도 그치고, 지식도 폐하리라. 우리는 부분적으로 알고 부분적으로 예언하니 온전한 것이 올 때는 부분적으로 하던 것이 폐하리라. 내가 어렸을 때는 말하는 것이 어린아이와 같고, 깨닫는 것이 어린아이와 같고, 생각하는 것이 어린아이와 같다가 장성한 사람이 되어서는 어린아이의 일을 버렸노라. 우리가 지금은 거울로 보는 것 같이 희미하니 그 때는 얼굴과 얼굴을 대하여 볼 것이오. 지금은 내가 부분적으로 아니 그때는 주께서 나를 아신 것 같이 내가 온전히 알리라. 그런즉 믿음, 소망, 사랑, 이 세 가지는 항상 있을 것인데 그중의 제일은 사랑이라.

– 「고린도전서」 13장–

유 발

유발이란 내담자가 가지고 있는 내적 자원, 예를 들어 가치관, 삶의 목표, 가족의 지지, 사회적 지원 체계, 장점, 성격 특성, 보호 요인, 변화 준비도, 동기 등을 이끌어 내는 것을 말한다. 여기서 전제되는 것은 내담자는 하나의 인간으로서 태어날 때부터 좋은 삶(good lives)을 살고자 하는 바람을 가지고 있다는 것이다. 좀 더 좋은 사람이 되고 싶고, 더 나은 삶을 살고 싶고, 더 행복하고 싶은 바람은 누구도 예외가 아니다. 심각한 중독 문제를 가진 내담자라 할지라도, 사회에서 규정한 법을 어긴 범법자라 할지라도, 그리고 자신의 문제를 부인하는 내담자라 할지라도 그들은 내면에서 조금 더 자기 자신에 대해 좋게 느끼기를 원하며 보다 나은 생활을 하고 싶어 한다. 이와 같은 그들의 내면의 선한 동기를 이끌어 내는 것이 유발이라는 동기면담 정신이다. 더불어 내담자가 살아오면서 보고, 듣고, 느끼고, 생각하고, 경험했던 바를 토대로 하여 나름대로의 내적 자원과 활용 가능한 자원, 해결 방식, 변화의 최종 목표, 삶의 궁극적 목표, 계발된 능력과 역량뿐 아니라 내적 가치관과 우선순위 등을 이끌어 내어 내담자로 하여금 확인하고 새로 발견하도록 도와준다. 더 나아가 변화에 대한 양가감정을 스스로 해결하여 행동 실천을 촉진한다.

오아시스

좋은 삶 모형

좋은 삶 모형(Good Lives Model: GLM)은 성범죄자 재활 이론으로, Tony Ward가 개발한 것이다. Ward는 현재 뉴질랜드 웰링턴 대학교의 임상심리학 교수이자 임상훈련 디렉터다. 유사 경력으로 호주 멜버른 대학교에서 임상 및 범죄심리학을 가르쳤고, 범죄 및 교정 심리학의 윤리적 이슈와 범행 과

Tony Ward

정, 인지, 진화적 접근, 범죄 행동의 중단 등을 주제로 한 다수의 저서와 300편이 넘는 연구 논문이 있다. Ward는 GLM의 개발자이며, 2002년 이후부터 지금까지 이 모형과 관련하여 수많은 저서, 공저, 학술적 연구 결과를 발표하였다. 현재 동료 연구자들 (Gwenda Willis, Jill Levenson)과 GLM의 기본적 개념을 기반으로 성범죄자 치료 프로그램을 개발하여 효과성을 검증하고 있다. 그의 저서 중 『*Desistance from sex offending: Alternatives to throwing away the keys*』(2011)에서 Ward는 Richard Laws와 함께 GLM을 범죄 행동 중단 이론과 통합하여 제시하였고, 이는 GLM의 으뜸 되는 버전으로 간주되고 있다.

GLM의 중요한 전제는 범죄자는 자신의 삶 속에서 중요한 것을 획득하는 능력과 기회의 결여로 인해 범죄를 저지른다는 것이다(Ward & Gannon, 2006; Ward & Maruna, 2007; Ward & Stewart, 2003). GLM은 본질적 가치관을 중시하는 재활이론이다. 그러한 가치관은 두 가지 주요 요소로 구성된다. 첫째, 개인의 목표와 목적 그리고 그 목표와 범죄 행동 간의 관계의 중요성, 둘째, 범죄를 감소시키는 동시에 이러한 내담자들의 욕구를 충족시키는 데 치료가 맞추어야 하는 초점이다. 범죄자 치료에서 GLM은 긍정심리학적 접근을 취한다(Aspinwall & Staudinger, 2003; Ward, Mann, & Gannon, 2007). GLM의 중요한 토대는 다른 사람들과 동일하게 범죄자들도 목표 지향적이며 자신의 일상생활 속에서 어떤 특정한 경험, 결과, 상태를 추구한다는 개념이다. GLM에서는 이러한 목표를 일차적인 인간의 선한 목표(primary human goods)라고 일컫는다. 모든 사람은 궁극적으로 더 좋은 삶을 살기 위해, 더 좋은 심리적 건강을 이루기 위해 선한 목표를 추구한다(Kekes, 1989; Ward et al., 2003; Ward, Vess, Collie, & Gannon, 2006).

범죄자와 일반인의 차이점은 범죄자는 종종 이와 같은 개인적인 욕구를 충족하기 위하여 타인을 향한 가해 행동을 사용한다는 점이다. 다시 말하면, 범죄자의 목표가 중요하고 가치 있는 반면, 일차적인 선함을 달성하고 인생에 있어서 자신의 목표를 성취하고자 사용하는 방법상에는 문제가 있다는 것이다. GLM을 추구하는 치료 방법은 그들로 하여금 보다 선한 삶을 살도록 돕고자 긍정적이면서 목표 접근적인 활동을 하도록 명백하게 구조화하여 제시한다. 이 분야의 연구(Aspinwall et al., 2003; Cummins, 1996; Deci & Ryan, 2000; Emmons, 1999; Linley & Joseph, 2004; Murphy, 2001; Nussbaum, 2000)에서는 인간이 적어도 11가지 유형의 일차적 선한 욕구를 획득하고자 노력한다고 말한다. 일차적·이차적 선한 목표에 대한 구체적인 내용은 다음 표와 같다.

일차적 선한 목표의 예	이차적 선한 목표의 예
• 생활 - 건강하게 살기, 기능하기	- 규칙적인 운동하기 - 좋은 영양 섭취하기 - 스트레스를 줄이는 활동에 참여하기
• 지식 - 자신과 세상에 대한 정보를 얻고, 이해하고, 알기	- 학교나 훈련 과정에 참여하기 - 자신과 타인을 이해하고자 적극적으로 노력하기
• 놀이에서의 유능함 - 놀이에서의 숙달감	- 스포츠, 기타 여가, 레크리에이션 활동이나 취미생활하기
• 일에서의 유능함 - 일에서의 숙달감	- 일이나 직업을 찾고, 일에서 성공하기
• 자립 - 자율성, 독립성 및 자기 주도성	- 자기 충족감을 갖게 하는 활동에 참여하기 - 타인에게 적극적으로 자기표현하기; 의사소통 욕구 - 타인을 통제하고, 지배하기; 타인 공격하기, 조종하기
• 내적 평화 - 정적 소용돌이와 스트레스에서의 자유	- 감정 상태를 조절하기 위해, 평정심을 얻기 위해 특별한 활동에 적극적으로 참여하기(예: 운동, 스트레스 감소 기법, 성적 활동의 활용) - 기분을 조절하거나 감정에 대처하기 위해 물질 사용하기 - 충동성을 조절하기 위한 시도
• 관계성 - 친밀한 관계, 낭만적인 관계, 가족 및 기타 대인관계	- 사회활동에 참여하거나 친구들과 함께 시간 보내기 - 타인과 함께 중요한 이슈에 대해 토론하기 - 친밀함과 로맨틱한 파트너를 얻기 위해 노력하기
• 공동체 - 공통적인 관심을 함께 나눌 수 있는 사람들과의 소속감	- 공동체나 자원봉사 활동에 참여하기(예: 사회봉사 집단) - 어려움이 있는 사람들을 실제적으로 도와주기 - 집단원들과의 응집력 있는 치료 활동에 참여하기
• 영성 - 삶의 의미와 삶의 목적을 폭넓게 찾으려는 마음	- 종교나 영적 모임에 참여하기(예: 교회, 사원) - 명상 및 기도와 같은 활동에 참여하기 - 개인적 철학을 적극적으로 개발하거나 실행하기
• 행복 - 개인의 삶에 대해 전반적으로 만족감을 갖는 상태	- 만족감, 자족감, 충만함을 주는 활동에 참여하기 - 즐거움을 주는 활동에 참여하기(예: 여가 활동, 성교) - 삶의 목적의식에 기여하는 활동에 참여하기(예: 일, 우정, 가족) - 상담, 치료, 면담에 참여하기
• 창조성 - 개인의 삶에서 새로움이나 혁신을 추구하려는 욕구	- 새롭거나 참신한 경험하기 - 창조적 활동하기 - 판에 박힌 일상 싫어하기

동기면담에서는 '유발하기'와 '부여하기'를 구별한다. 부여하기라는 말 속에는 내담자를 수동적으로 만들어 버릴 수 있는 위험 가능성이 내포되어 있다. 외적 동기로 인해서 내담자가 변화의 첫 걸음을 시작할 수도 있으나 변화의 유지를 가져오는 데는 외적 동기가 내적 동기로 전환되어야 한다. 또한 동기면담에서는 면담자가 내담자에게 동기를 부여하거나 불어넣거나 강화하여 내담자의 변화를 촉진시키기보다 내담자가 이미 가지고 있는 그만의 강점이나 자원을 재탐색하도록 도와주어 내담자가 자신의 변화를 촉진하도록 돕는다. 동기면담에서는 내담자를 면담자의 유발적 접근을 통해 자신의 변화를 적극적 · 능동적 · 주도적으로 탐색하고 실천해 나가는 존재로 본다. 다시 말하면, 인간은 자극을 받아 단순히 반응을 하는 자극-반응(S-R)의 존재가 아니라, 자극에 대해서 의미를 부여하고, 가치관을 형성하고, 미래의 방향을 설정하는 능동적이고 자기실현적인 존재다. 이러한 믿음을 가진 면담자가 유발이라는 동기면담 정신을 전달할 수 있다.

다음 예제를 보면서 면담자가 하는 대화에 동기면담 정신 중 유발성이 있는지 없는지를 살펴보자.

변화에 대한 아이디어 주입하기
내담자: 이번 주말에 친구들이 찾아올 겁니다. 친구들과 함께 약물을 사용하지 않을 수 있을지 모르겠습니다.

면담자: 글쎄요, 단약하는 것이 얼마나 중요한지 아시지요? 그러니까 친구들에게 ○○님이 치료를 받고 있어서 약을 할 수 없다고 말하십시오. 그래도 압박을 주면 자리를 뜨십시오.

이 예제에서 면담자는 내담자에게 유발적인가? 유발과는 반대임을 알아차릴 수 있다. 왜냐하면 변화가 얼마나 중요한지에 대해서 면담자가 내담자에게 주입을 하고자 하며, 대안 행동을 연속적으로 지시하고 있다. 면담자가 하는 질문("단약하는 것이 얼마나 중요한지 아시지요?")은 내담자의 생각을 들어보겠다는 태도에서 하는 질문이 아님을 알아야 한다. 우선, 질문 후에 내담자의 반응을 기다리지 않고 문제해결 방법을 제시한다. 따라서 면담자가 한 질문은 질문의 의미라기보다는 '단약하는 것이 당신에게 매우 중요하다.'는 문장을 질문형으로 바꾸어 기억을 상기시키려고 하는 것이 주목적이다.

그러면 면담자가 어떻게 대화를 하면 유발 정신이 있는 면담자가 하는 대화로 진행될까?

> **내적 동기 유발하기**
> **내담자**: 이번 주말에 친구들이 찾아올 겁니다. 친구들과 함께 약물을 사용하지 않
> 을 수 있을지 모르겠습니다.
> **면담자**: 친구들로부터의 압박에서도 단약을 유지하려는 마음이군요. 과거에는 이
> 런 상황에서 어떻게 대처하였나요?

두 번째 면담자는 내담자가 변화를 하고 싶어 하는 마음을 읽어 줌으로써 내면의 변화 동기가 있음을 인정하고 나서 과거의 성공적인 대처 경험이 어떤 것이었는지 내담자가 기억을 떠올려서 말할 수 있도록 열린 질문('어떻게~'라고 시작하는 질문)을 하고 있다. 내담자로부터 단약의 중요성, 유혹으로부터 어떻게 빠져나올 수 있는지 구체적인 방법을 직접 말하도록 이끌어 내는 것이 유발이다.

동기면담 정신

- 협동(Cooperation): 내담자와 협력하여 문제를 해결한다.
- 수용(Acceptance): 내담자의 자립성과 가치관을 존중한다.
- 동정(Compassion): 내담자의 고통을 공감하고 이를 돕는 데 적극적이다.
- 유발(Evocation): 내담자가 본래 가지고 있는 내적 동기를 이끌어 낸다.

동기면담 정체성과 면담자 윤리

　　동기면담의 탄생은 오로지 내담자를 위한 것이고, 오로지 내담자의 내적 변화 동기를 이끌어 내는 데 목적을 둔다. 다른 말로 하자면, 내담자가 주체며 내담자는 도구나 수단이 아니다. 내담자의 동기를 다루고 있는 점이 바로 동기면담이 다른 상담 혹은 심리치료 이론과는 구별되는 점이다. 내담자의 변화 동기가 증진되어 혜택이나 이득 혹은 긍정적인 결과를 얻게 되는 주체는 누구인가? 바로 '내담자'여야 한다.

　　동기면담의 모든 것을 습득한 영업사원이 있다고 가정해 보자. 이 영업사원의 궁극적인 목적은 무엇인가? 영업사원의 목적은 자신의 상품을 고객에게 파는 것이다. 만일 이 영업사원이 동기면담의 핵심기술을 활용하여 고객에게 상품을 소개할 때, 고객은 영업사원으로부터 상품에 대한 자세한 설명을 들으면서 따뜻함, 친절함, 자상함을 느낄 수 있다. 이럴 때 이 영업사원은 동기면담을 하였는가? 정답은 "아니요."다. 영업사원이 물건을 팔면서 자신의 목적을 달성하기 위해 동기면담의 정신을 드러내었다고 하면, 동기면담의 정신과 핵심기술을 아무리 잘 사용하였다 하더라도, 궁극적으로 동기면담의 정신에 어긋난다. 왜냐하면 이 영업사원에게 있어서는 고객의 이득보다 자신의 이득이 더 우선적인 목표, 즉 상위 목표이기 때문이다. 동기면담의 궁극적인 목적은 내담자의 웰빙과 복지를 생각하고, 내담자를 이용하거나 활용하지 않으며, 내담자의 이득을 최우선으로 삼는 데에 있다.

　　동기면담에서는 면담자가 가진 권위나 힘을 우선시하지 않음을 반드시 알아야 한다. 동기면담에서는 면담자가 가진 기술이나 기법으로 내담자에게 동기를 '부여하고, 강화하는 것'이 아니다. 면담자가 내담자의 동기를 증진시키기 위해 내담자의 동기를 부여하거나 강화하는 것은 외부 동기를 내담자에게 주거나 주입하는 의미다. 이것은 동기면담 정신에 어긋난다. 왜냐하면 동기면담에서는 내담자의 내적 자원을 면담자가 이끌어 내는 것이 중요하기 때문이다. 면담자가 고민하고 고민해야 하는 것은 '내담자의 내적 자원을 어떻게 이끌어 내는가?' 하는 질문이다. 이 질문에 성실하고 진실하게 답하기 위해서는 면담자는 기법이나 기술로만 내담자의 동기를 이끌어 내는 것이 아니라, 동기면담 정신과 기술을 잘 버무려 내담자의 동기를 이끌어 내야 한다.

동기면담에 매력을 느끼고 좋아하는 면담자 중에는 '내담자의 동기를 면담자가 생기게 만들 수 있다.' 혹은 동기면담을 배우면 '내담자의 변화 동기를 끌어 올리는 데 활용할 수 있을 것이다.'라고 하는 잘못된 이해를 하고 있는 사람도 있다. 내담자 중심과는 정반대의 면담자 중심이자, 면담자 위주의, 통제 중심의 대화를 하고 있는데도 불구하고 면담자가 동기면담을 하고 있다고 확신한다. 이 경우, 내담자에게 어떠한 잘못을 하고 있는지 알지 못하며, 내담자에게 어떠한 피해를 남기는지 인식하지 못한다.

내담자의 웰빙이 일차적 목적이어야 하는데, 이차적인 목적이 되는 경우도 있다. 예를 들어, 면담자가 재정 이윤 증진이 일차적이고, 면담자의 재정 이윤 증진이 내담자에게 부차적인 이득(예: 연봉 인상 등)을 가져다준다고 주장할지라도 이것은 동기면담 정신에 위배된다.

면담자가 기관이나 센터 내의 전문 실적 증진이나 긍정적 연구 결과를 창출하는 것이 일차 목적이고, 여기에 참여하는 내담자의 행동 변화(예: 금연, 단주, 범죄 행동의 중단)가 내담자의 이득이라고 주장할지라도 이것 역시 동기면담 정신에 위배된다. 내담자의 변화 동기 증진에 효과적인 동기면담이기 때문에 면담자의 윤리 및 가치관이 매우 중요하며, 면담자가 동기면담을 투명하게 적용하는 것이 요구된다.

동기면담을 사용하는 면담자가 반드시 명심해야 할 사항은 동기면담 정신(협동, 수용, 동정, 유발)과 어우러져 기술이나 기법을 사용해야 한다는 사실이다. 다시 말하면, 동기면담 정신이 없는 동기면담의 기술 활용은 동기면담이 아니다.

동기면담은 동기면담의 어떤 핵심기술보다 동기면담 정신이 상위다!

Miller와 Rollnick(2013)이 그들의 저서 3판에 동기면담 정신의 특성으로 '동정'을 추가하여 강조한 데는 이유가 있다. 동정 없는 면담자는 자신의 이익을 구하는 사람일 수밖에 없어서 동기면담 정신을 제대로 드러내지 못하기 때문이다. 협동, 수용, 유발만큼이나 중요한 정신이 '동정'이며, 내담자 중심의, 내담자만을 위한, 내담자로부터 이끌어져 나오는 동기에 온전히 초점을 두는 것을 말한다. 흔히 말하는 대로, 동정, 즉 사랑이 없으면 면담자의 대화는 그저 '허공에 울리는 꽹과리 소리'와 같다.

저자들은 동기면담 정신이 구체적으로 적용되는 다양한 현장(예: 건강관리, 상담 및 심리치료, 교정, 학교)에서 동기면담 면담자가 준수해야 하는 윤리 지침을 몇 가지로 정리하였다.

1. 면담자인 나는 협동, 수용, 동정, 유발의 동기면담 정신을 위배하지 않는다. 면담에서 동기면담 정신을 위배할 경우, 더 이상 동기면담이라 부르지 않는다.
2. 면담자인 나는 나의 개인적 이득을 위해서 동기면담을 사용하지 않는다. 나의 재정, 명예, 실적, 권위 등을 내담자의 이득보다 우선으로 하지 않는다. 이를 위배될 경우, 더 이상 동기면담이라 부르지 않는다.
3. 면담자인 나는 동기면담의 핵심기술(OARS 등)을 동기면담이라고 부르지 않는다. 동기면담 정신을 언급하지 않고서는 동기면담 핵심기술을 언급하지 않는다. 동기면담 정신은 동기면담의 어떠한 기술보다도 상위에 있다.

동기면담 면담자가 준수해야 하는 이와 같은 윤리 지침은 저자들이 처음으로 정리한 것이다. 이 윤리 지침의 본질은 동기면담의 정체성과 내담자 보호에 관한 것이다. 동기면담 실천 윤리 지침에서 소개한 '동기면담의 정체성'은 이 책에서 처음으로 언급되는 개념이다. 이 윤리 지침을 읽고 어떤 생각이나 질문, 피드백이 있을 경우 언제든지 저자들에게 연락이 가능하다.

> 동기면담의 어떤 핵심기술보다 동기면담 정신이 상위다!

동기면담을 위한 기도

동기면담을 개발한 Miller는 자작시를 통해서 동기면담을 하려는 많은 사람에게 훌륭한 동기면담을 할 수 있기를 염원하는 소망과 바람을 노래하였다. 매우 아름다운 그의 시를 통해서 면담자들은 다시 한번 자기 자신을 돌아보고 들여다보면서 내담자와의 만남을 준비할 수 있다. 한 줄씩 음미하면서 Miller가 함께 나누고, 느끼고, 바라는 동기면담 정신을 담아 보자. 이 시에는 네 가지 동기면담 정

A Motivational Interviewing Prayer

Guide me to be a patient companion,

to listen with a heart as open as the sky.

Grant me vision to see through her eyes,

and eager ears to hear her story.

Create a safe and open mesa on which we may walk together.

Make me a clear pool in which she may reflect.

Guide me to find in her your beauty and wisdom,

knowing your desire for her to be in harmony:

healthy, loving and strong.

Let me honor and respect her choosing of her own path,

and bless her to walk it freely.

May I know once again that although she and I are different,

yet there is a peaceful place where we are one.

-William R. Miller-

출처: Miller & Rollnick (2013).

신, 즉 협동, 수용, 동정, 유발을 담고 있다. 또한 이 시 속에는 내담자의 복지와 웰빙을 면담자가 얼마나 소망하고 염원하는지, 그리고 훌륭한 안내자가 되기를 얼마나 열망하고 소원하는지가 담겨 있다. 이 시는 내담자와 투명하게 만나고 싶은 면담자의 기도다. 면담자 자신이 내담자의 올바른 안내자가 되기를 소원하는 바람을 간절히 노래한다. 면담자로부터 내담자가 어떠한 피해나 고통을 받지 않기를 바라는 사랑을 노래한다. 내담자가 나만큼 소중한 존재임을 잊지 않으려고 노래한다. 마지막으로 이 시는 이 모든 바람을 면담자의 능력과 자원, 지식과 경험으로 해내려고 하기보다는 기도하는 마음으로 자신을 비우고 내려놓는 겸허함

동기면담을 위한 기도

기다리는 친구가 되게 나를 이끄시고,

하늘같은 열린 마음으로 듣게 하소서.

친구의 눈으로 바라볼 수 있게 하시고,

친구의 이야기를 듣는 지혜로운 귀를 허락하소서.

우리가 함께 걷는 길이 안전하고 평탄하게 하소서.

그가 비추어지도록 내 영혼의 호수를 맑게 하소서.

당신이 그와 연합하기를 원하시므로,

당신이 그가 건강하고, 사랑스럽고, 강인하기를 원하시므로,

당신의 아름다움과 지혜를 그에게서 보게 나를 인도하소서.

그가 길을 선택할 때, 경의와 존경을 품게 하소서.

자유롭고 기쁘게 걸어가도록 그를 축복하게 하소서.

우리가 다르더라도,

우리가 하나 되는 평화로운 처소가 있음을 다시 보게 하소서.

-William R. Miller-

출처: Miller & Rollnick (2013).

을 노래한다. 면담자가 소중한 만남의 도구로 사용하는 겸손함이 우러나오는 시다. 우리 함께 Miller의 〈동기면담을 위한 기도〉를 한 행, 한 행씩 그 의미를 담아 낭송해 보자. 동기면담을 공부하고 알아 가려고 노력하는 면담자들마다 Miller의 〈동기면담을 위한 기도〉는 각각 다른 느낌, 의미 그리고 깊이로 다가올 것이다. 혼자서 혹은 여러 명이 둘러앉아 이 시의 의미를 느끼고 생각해 보는 시간을 가져 보자. Miller의 〈동기면담을 위한 기도〉를 넘어 각자가 면담자로서 면담에 대해, 내담자에 대해 자신의 바람과 염원을 시, 춤, 노래, 그림 혹은 기도로 표현해 보는 시간을 가져 보자. 당신은 동기면담을 어떻게 표현하는가?

■ '기다리는 친구가 되게 나를 이끄시고,'　　첫 행에는 동기면담 정신 중에 협동이 담겨 있다. 두 사람이 파트너가 되어 어느 한편이 우월하거나 열등한 것이 아닌 사이가 되는 것이다. 우리말 중에 "친구 따라 강남 간다.'라는 말이 있다." "붕우유신(朋友有信)"의 의미다. 협동은 동반자라는 의미도 된다. 최근 몇 년간 청소년 상담과 관련하여 부적응의 위험성이 높은 청소년들을 대상으로 전문가들이 동반자 프로그램에 참여하여 일대일의 치료적 관계를 가지고 그 청소년의 전반적인 삶의 영역, 예를 들어 가족과의 관계, 학교생활, 학습, 친구 관계, 교사와의 관계, 지역사회 내의 건강하지 않은 환경 요인, 대상 청소년이 가지고 있는 잠재력과 강점 등을 이끌어 내어서 청소년이 건강한 발달과 성장 그리고 자기실현의 방향으로 갈 수 있도록 함께 걸어가는 프로그램을 만들었다. 동반자, 즉 친구는 나이의 차이를 넘어서고, 가치관이나 성장 배경의 차이를 넘어서고, 성격 및 취향의 차이를 넘어서고, 성별을 넘어서고, 학력이나 문화적 차이를 넘어서서 변함없이 서로의 웰빙을 위해서 지지하는 관계다. 한쪽이 힘들어할 때는 다른 한쪽이 위로하고, 한쪽이 좌절할 때는 다른 한쪽이 과거의 좋았던 경험이 기억나도록 돕는다.

첫 행은 친구가 기다리는데, 서두르지 않고 인내심을 가지고 옆에서 지켜보는 모습이다. 동기면담에서 면담자가 교정반사적 행동을 하지 않아야 동기면담을 할 수 있다고 설명하였듯이, 기다림은 막연하게 침묵하는 것이 아니라 고통을 당하고 있는 친구가 나의 말을 들을 수 있는 준비가 될 때까지 곁에서 기다린다는 의미다. 감정에 압도당하고 있는 친구에게, 특히 우울감, 분노감, 좌절감, 슬픔과 같이 부정적인 감정으로 가득 차서 주변의 소리나 사물이 인지되지 않는 상태에 있을 때는 기다릴 줄 아는 친구가 동기면담을 하는 면담자의 모습이다.

홍미로운 단어는 '이끄시고(guide to)'인데, 동기면담 정신을 자신이 인위적으로 만들어 내려고 노력하는 면담자가 아니라, 면담자의 삶 속에서 자연스럽게 동기면담 정신이 우러나올 수 있도록 간구하는 면담자의 바람이 엿보인다. Miller가 노래하는 '이끄시고'의 표현은 내담자 혹은 타인을 향한 자신의 소망과 소원을 자신의 힘으로 통제하지 않으려는 바람이 내포되어 있으며, 자신의 내면에 있는 긍정적인 강점과 자원이 내담자를 향하여 잘 풍겨나도록 바라는 겸손함이 묻어난다.

■ '하늘같은 열린 마음으로 듣게 하소서.'   두 번째 행에서 면담자는 친구의 말을 귀로만 듣는 것이 아니라 마음으로 듣기를 원한다. 친구가 느끼는 대로 면담자도 느끼려고 애쓴다. 면담자는 마음으로 듣기 위해서는 하늘과 같이 무한하게 뚫린 우주가 되고 싶어 한다. 흔히 말하듯이, 마음을 비운 상태다. 이 상태가 되면 친구가 하는 말들이 걸러지지 않고 있는 그대로 느껴지고 이해되고 공감된다. 면담자의 마음이 자신의 생각, 감정, 욕구, 욕망, 편견, 이득, 판단 기준, 이론, 지식 등으로 꽉 차 있으면 친구의 마음이 들리지 않는다. 면담자의 마음이 많은 것으로 채워져 있으면 면담자의 기준과 지식을 요구하거나 강요하여 진정한 만남을 가지지 못하고 만다. '하늘같은 마음'을 가진 사람은 포용적이고 관대하며 모든 것을 받아들이는 사람이고 사소한 감정이나 오해를 남겨 두지 않는다. 자기 자신을 끊임없이 비우는 사람은 매 순간 친구를 만날 때마다 새롭게 시작한다. 면담자가 열린 마음으로 듣기 위해서는 끊임없이 자신을 비우는 노력을 해야 한다. 이런 노력이야말로 친구를 진정으로 위하는 마음이다. 동기면담 정신에서, 특히 수용을 담고 있는 표현이며, 정확한 공감을 위한 토대다. 반영적 경청을 한마디로 표현한다면 '열린 마음으로 듣기'가 되겠다.

■ **'친구의 눈으로 바라볼 수 있게 하시고,'**   세 번째 행에서 면담자는 친구와 일심동체가 되어 공감하고 있는 모습을 표현하였다. 친구가 자기의 눈을 통해서 보았던 것과 상상의 눈을 통해서 보았던 것과 좌절하게 만들었던 이전의 경험을 눈을 통해서 다시 보고 있을 때 면담자도 친구처럼 보았던 것을 보고, 상상했던 것을 보고, 예전의 고통스러운 기억을 보고 있다. 면담자는 내담자를 온전히 공감하고 일심동체되는 경험을 하고자 한다. 이 행은 어떤 시인의 노래를 떠올리게 한다. Jacob L. Moreno는 〈만남〉(1914)이라는 시에서 인간과 인간의 만남 그리고 나와 너의 만남이 완전히 경험되는 순간을 다음과 같이 표현한 바 있다. '둘의 만남: 눈과 눈, 얼굴과 얼굴, 그래서 네가 가까이 있을 때, 나는 너의 눈을 뽑아내어 내 눈 속에 넣고, 너는 나의 두 눈을 뽑아내어 네 눈 속에 넣을 것이다. 그러면 나는 너의 눈으로 너를 바라보고, 너는 나의 눈으로 나를 바라보게 될 것이다. 그래서 공통의 관심사조차 침묵 속으로 사라지고 우리의 만남은 그 어떤 속박도, 목표도 갖지 않는다. 장소도, 시간도 미결정인 채 남겨지고 미결정된 채 우리에겐 언어조차 미결정으로 남겨진다⋯⋯.' Moreno가 노래하는 〈둘의 만남〉은 두 사람의 완전한 공감이다. 요즘 말로 하면 쌍둥이 아바타가 되는 상태일 것이다. 면담자의 눈이 내담자의 눈과 일치하여 온전한 공감을 할 수 있으려면 면담자가 자기 자신을 내려놓는 겸손한 마음이 있어야 하겠다. 이 행에서 면담자는 내담자와의 '온전한 공감'이 이상적이고 불가능하다는 사실을 안다. 하지만 면담자는 내담자와의 온전한 공감을 염원하며 기도로 노래한다. 면담자의 온전한 공감은 동정의 정신이다.

■ **'친구의 이야기를 듣는 지혜로운 귀를 허락하소서.'**   네 번째 행에서는 두 번째 행에서 노래한 열린 마음으로 듣기 위해서 필요한 지혜와 열정을 소원하는 면담자를 만나게 된다. 친구가 하는 이야기를 처음부터 끝까지 경청할 수 있는 기다림과 지혜로움이 필요하다. 섣불리 친구의 이야기를 중간에 끊어 버리거나 면담자가 성급하게 자기의 생각과 해결책을 제시하려고 친구의 말을 중단시킨다면 동기면담 정신, 특히 협동이 불가능해진다. 친구가 하고 싶은 이야기를 두서없이

논리가 부족한 상태로 해 나간다 하더라도 면담자는 친구가 중심이 되는 대화를 한다. 동기면담에서 말하는 내담자 중심의 대화 스타일이 가능해진다. 친구가 전하는 이야기는 열린 마음과 지혜로운 귀를 가지고 들어야만 그 안에 담겨진 슬픔, 기쁨, 분노, 원망, 고통과 희망, 미래에 대한 꿈과 열정, 아쉬움과 불안 등이 전달되어 온다. 반영적 경청에서 100% 주의 집중하여 경청을 해야만 친구의 느낌과 감정을 그대로 반영해 줄 수 있는 것이다. 비록 친구가 제대로 표현하지 못한 이야기의 토막들이 있지만 면담자는 그것까지도 메워서 이야기를 완성하도록 도와줄 수 있는데, 그러기 위해서는 모든 이야기에 인내를 가지고 귀 기울여야 한다.

■ '우리가 함께 걷는 길이 안전하고 평탄하게 하소서.'　　다섯 번째 행은 친구와 동반자가 되어 함께 걸어가는 면담자를 떠올리게 한다. 친구가 가고자 하는 방향을 향하여 두 사람이 다소곳이 눈과 눈을 마주하고 대화를 하며 걷고 있는 모습이다. 면담자는 내담자와의 면담을 '여행'으로 비유한다. 여행의 목적지는 내담자가 가고자 하는 목표다. 면담자는 내담자가 가고 싶어 하는 곳에 흔쾌히 함께 동행하려는 마음이다. 여행길에 오른 내담자는 이전에 이와 비슷한 여행을 가 본 적이 있을 수도 있고, 처음 가는 길일 수도 있다. 이전에 내담자는 그의 여행을 성공적으로 마친 경험이 있을 수도 있고, 실패했을 수도 있다. 면담자는 내담자가 가고 싶어 하는 길을 함께 걸으며 그 길을 헤매지 않게, 길을 잃어버리지 않게 안내한다. 간혹 목적을 향하여 가는 길에 친구가 옆길로 샐 수도 있지만 면담자는 그를 책망하거나 비난하거나 실수를 했다고 직면시키지 않고 친구가 스스로 다시 방향을 잡아 가려는 동기가 솟아나도록 안내한다. 이때 잠시 동안 시간을 가지고 나누는 여유로움, 만남의 풍요로움, 만족감과 자족감은 두 사람을 가득 채우게 한다. 친구는 어렵게만 느껴졌던 여행을 좀 더 편안하고, 설레고, 생동감 있게 마칠 것이다.

■ '그가 비추어지도록 내 영혼의 호수를 맑게 하소서.'　　여섯 번째 행은 매우 아

름답다. 이 행에서 노래하는 아름다움은 면담자 영혼의 아름다움이다. 호수로 비유된 면담자의 영혼은 동기면담을 하는 사람의 자질을 말한다. 동기면담을 하는 면담자는 마치 거울처럼 친구를 담을 수 있어야 한다. 투명하고 평온하고 평형을 유지하는 면담자를 만나게 해 주는 시행이다. 동요가 있다 하더라도 흔적을 남기지 않는다. 이것은 친구가 가지고 오는 고뇌와 고통, 불안, 슬픔, 분노에 면담자가 휩쓸리지 않고 친구의 마음을 그대로 비추어 반영하는 것이다. Miller가 말하는 평형(equipoise)이 이러한 상태다. 즉, 가치관의 차이가 있다 하더라도 친구에게 부과하거나 압도시키지 않고 대화를 하면서 친구는 서서히 자기 마음속에 지녀 온 내면의 세상을 드러낸다. 친구를 혼란시켰던 생각, 판단, 느낌, 외부로부터의 압박 등이 조금도 흐트러지지 않은 채 면담자의 마음을 통해서 거울처럼 비추어지고, 친구는 거울을 통해 자신의 모습을 있는 그대로 보면서 어떤 새로운 변화를 해야 할지 정리된 마음을 갖게 된다. 여기서 한 가지 기억해야 할 사실은 면담자 역시도 친구에게 도움이 되는 호수가 되기 위해서, 즉 정리된 마음을 가지기 위해서 지속적으로 자기를 들여다보고 성찰해야 한다.

■ '당신이 그와 연합하기를 원하시므로,'   일곱 번째 행은 다음의 여덟 번째 행과 더불어 동기면담 정신 중에서 수용, 특히 '절대적 가치'에 대한 면담자의 신념을 반영한다. 우선 면담자는 내담자가 삶의 조화를 경험하거나 회복하기를 원하고 있음을 안다. 친구는 본질적으로 자신의 삶이 평화롭고 행복하기를 소원한다. 면담자는 이러한 욕구가 매우 자연스럽고 삶의 에너지가 된다는 것을 확신하고 있다. 친구의 존재 이유와 목적, 그리고 더 나아가 실존적 측면을 보고 있는 면담자라고 말할 수 있겠다. 여기서 Miller는 종교적인 측면에서 창조주를 암시할 수도 있다고 보며, 그렇지 않다 하더라도 자연의 힘 또는 에너지를 염두에 두었다고 보았다 해도 타당하다. 긍정적이고 생산적인 삶을 영위하고자 하는 소원이 친구를 절대적으로 가치 있는 존재로 받아들이는 데 충분하다. 동기면담에서 절대적 가치란 생명체에 대한 절대적인 존중과 인간에 대한 존엄성이라고 보아야 할 것이다. 친구가 어떠한 장애를 가지고 있든, 어떠한 결함이나 오점을 가지고 있든

간에 삶을 영위하려는 힘과 에너지를 되찾기에 충분히 귀중한 존재임을 전제로 한다. 더 나아가 친구 내면에 이러한 힘이 살아있다고 면담자는 확신한다. 다시 일어날 수 있는 에너지가 친구에게 있으며, 이것을 이끌어 내는 것이 면담자가 해야 할 일이다.

■ **'당신이 그가 건강하고, 사랑스럽고, 강인하기를 원하시므로,'** 　 여덟 번째 행에서는 친구가 구체적으로 어떠한 삶을 사는 모습이기를 원하는지 노래한다. 삶의 에너지를 되찾고 걸어가는 친구가 신체적으로, 정신적으로 또한 영적으로 건강한 삶을 살기를 원하는 면담자다. 친구가 어떤 사람이라 할지라도 건강하고 사랑을 주고받으며 풍성한 내적 강점으로 채워져 있는 존재라고 면담자는 믿는다. 이러한 면담자의 믿음이 친구에게로 흘러가도록 염원하는 모습이다. 면담자는 친구가 자기 자신과 타인을 사랑하고, 타인으로부터 사랑을 받을 수 있기를 원한다. Aaron Beck(1967)은 인간의 두 가지 중요한 욕구를 사랑과 성취로 설명하였으며, William Glasser(1965)는 인간의 다섯 가지 욕구로, 생존, 사랑과 소속, 힘, 자유, 즐거움을 들었다. 친구의 욕구가 충족되어서 풍요롭고 행복하게 살기를 원하는 면담자다. 더불어 면담자는 친구가 강인하기를 원하는데, 이것은 내적인 강인함을 찾아낼 수 있도록 돕고자 하는 모습이다. 친구가 건강하고 사랑스럽고 강인하게 되는 모습을, 면담자는 자기 자신의 바람이나 염원 속에 담아두기보다 우주 혹은 창조주, 자연의 근원적 에너지에게 기도하는 모습으로 노래한다. 이 노래 속에서 건강하고, 사랑을 주고 받는 강인한 친구의 모습은 너무나도 당연한 모습으로 비춰진다. 이러한 바람의 기도가 친구에게 닿아 이뤄지기를 소망하며 노래한다.

■ **'당신의 아름다움과 지혜를 그에게서 보게 나를 인도하소서.'** 　 아홉 번째 행의 면담자는 친구에게 내면적 선함과 아름다움이 있음을 믿고 있다. 이러한 확고한 신념을 가지고 면담자는 친구의 내적 선함과 아름다움을 이끌어 낸다. 면담자는 친구가 결점이 많다 하더라도, 실수가 잦다 하더라도, 무기력하다 하더라도 친구

의 내면에는 겉으로 보이는 것과는 다름이 있음을 안다. 면담자는 친구의 내면에는 좋은 사람이 되고자 하는 열망과 긍정적인 에너지가 있음을 본다. 면담자도 완전한 사람이 아니기 때문에 이 점을 간과할 수도 있고, 왜곡하여 보거나 보지 못하는 경우도 있을 수 있기 때문에 겸손하게 면담자 스스로 도움을 요청하는 바람이 곁들어 있다. 친구에게 실망하지 않도록, 냉소적인 마음을 갖지 않도록 도움을 구하는 모습이다. 사실 면담자가 자기 자신의 선함과 아름다움과 지혜를 자각하고 있을 때, 친구의 선함과 아름다움과 지혜를 볼 수 있을 것이다. 자기 자신을 미워하는 면담자는 친구의 마음속에 있는 미움을 보게 되는 것이 사실이다. Freud에 따르면 투사라고 설명될 수도 있는데, 긍정적이고 생산적이고 진취적인 에너지가 면담자에게 필요하다.

■ '그가 길을 선택할 때, 경의와 존경을 품게 하소서.'   열 번째 행은 동기면담 정신 중에 수용을 떠올릴 수 있다. 면담자는 특히 친구의 자율성과 스스로 선택하고 결정할 수 있다는 확신, 더 나아가 친구가 자신의 선택과 결정에 책임을 질 수 있는 존재임을 믿는다. 친구의 선택을 존중하고 존경하는 면담자는 내담자 중심의 대화를 할 수밖에 없다. 면담자는 친구가 자기에게 가장 합당한 결정을 내릴 것이라고 믿는다. 면담자는 친구가 좋은 결정과 선택을 할 것이라고 믿는다. 물론 면담자는 친구를 위해서 많은 유용한 정보나 자기만의 경험이나 지식을 기꺼이 나누지만 최종 결정은 면담자가 해 주는 것이 아니라 친구가 온전히 하는 것임을 알고 있다. 간혹 면담자가 보기에 친구가 탐탁하지 않은 선택과 결정을 내리더라도 친구의 선택과 결정을 기꺼이 수용하는 것이다. 친구의 선택과 결정에 대한 면담자의 경의와 존경에는 동기면담 정신에서 수용과 협동이 어우러져야 한다. "네 문제이니 네가 알아서 결정해."와 같이 협동, 즉 파트너십이 빠져버린 친구의 선택과 결정에 대한 표현은 친구에게 거리감과 소외감, 버림받은 느낌을 갖게 할 수 있다. 온전한 경의와 존경에는 적극적 경청, 반영, 협동과 수용이 필요하다.

■ **'자유롭고 기쁘게 걸어가도록 그를 축복하게 하소서.'**　　열한 번째 행은 친구가 선택한 길을 걸어가는 모습에 대해 크게 기뻐하며 좋은 결과를 고대하는 모습이다. 이 행에서는 여행을 마친 내담자가 오래도록 행복하고, 건강하고, 만족하게 살아가길 바라는 면담자의 염원이 담겨 있다. 이 염원 속에는 면담자의 이타심, 자율성의 존중, 친구의 행복을 흐뭇해하는 따뜻한 마음이 있다. 면담자는 언제 대화를 중단할 수 있는지를 잘 알고 있고, 더 이상 면담자의 도움이 필요 없을 때를 잘 아는 사람이다. 불필요한 도움, 원하지 않는 도움이 무엇인지도 잘 알고 있는 사람이다. 그리고 최상의 도움을 친구에게 실천하는 사람이다. 의도적이든 아니든 친구가 불필요하게 의존하게 하지 않고, 또한 면담자가 친구에게 의존하지도 않는다. 친구의 강함을 믿고 기꺼이 기쁘게 손을 놓을 수 있는 사람이다. 이것은 동기면담 정신의 수용에서 자율성을 지지하는 것과 같은 맥락이다. 친구가 매 순간 선택하고 결정하는 모습을 상상하며 그가 원하는 목적지에 접근하여 마침내 도달하는 모습을 그리는 면담자다.

■ **'우리가 다르더라도,'**　　열두 번째 행은 '다름'을 수용하는 노래다. '다르다는 것은 틀리다는 것이 아니다.'라는 의미다. 친구와 면담자의 개성과 개인차를 존중하고 있는, 그대로 수용하는 동기면담의 정신이 드러난다. 관계에서 서로 간의 '다름'을 인정하고 수용할 때, 강요나 설득, 단념, 비교하기의 차이가 적든 크든 간에 사라진다. 그리고 마침내 동등한 관계에 선다. 관계에서 불필요한 저항이나 불화의 요소가 최소화되거나 사라진다. 면담자가 자신의 옳고 그른 가치관, 자신이 설정한 방향과 해결책을 친구에게 교육하거나 제안하거나 조언으로 제시하는 것은 서로 간의 '다름과 개성'을 인정하지 않는 것이다. 이것은 동기면담 정신이 아니다. 그리고 더불어 친구와 관계가 나빠진다. 더 나아가 친구와의 불화는 동행을 어렵게 만들어 버린다. 이 동행은 더 이상 즐겁지도 않고, 유익하지도 않고, 상호 존중하지 않는 상태로 머물러 버린다.

■ **'우리가 하나 되는 평화로운 처소가 있음을 다시 보게 하소서.'**　　열세 번째, 마

지막 행에서 면담자와 친구는 하나의 마음으로 통하는 시간을 고대한다. 여러 가지 다른 점이 있지만 만남이 가능하다는 것을 믿고 있는 면담자다. 동기면담 정신이 전달되는 순간부터 친구와의 다른 점이 더 이상 장애물이 아니며 정확한 공감이 가능하고, 친구의 절대적 가치와 존귀함을 확신하고, 자율적인 선택과 결정을 기뻐하며, 너와 내가 동등한 파트너로서 길을 떠나는 동기면담의 시간을 상상한다. 여기에는 감동이 있고 변화를 향한 열의와 다짐이 있음을 믿고 있다. 동기면담 정신을 가지고 친구를 만나는 면담자는 혼돈이나 불안과는 거리가 먼 평화로움과 평온함을 함께 경험한다. 동기면담 면담자는 친구와 불화가 있거나 장애물이 있다 하더라도 한 발짝 뒤로 물러나서 볼 수 있는 여유로움이 있다. 동기면담 면담자는 친구와의 대화가 어렵더라도, 친구가 한 발짝도 움직이지 않으려고 고집을 피운다 하더라도 이를 극복할 수 있는 지혜로움과 힘을 느낀다. 면담자는 친구와의 어떤 불화와 어려움 속에서도 함께 공유할 수 있는 자락이 남아 있음을 언제나 믿는다.

마지막으로, 동기면담은 친구와의 여행을 노래한다. 친구와의 여행은 즐겁고 행복하고 여유롭다. 그 여행은 친구에게 이롭다. 그리고 여행을 안내하는 면담자는 기쁘고 흐뭇하다. 이들은 어려운 여행을 상상하기보다 즐거운 여행을 기대하고 노래한다. 그들은 목적지에 잘 도착한 멋진 여행을 꿈꾸며 상상한다. 그리고 면담자는 또 다른 친구와의 멋진 여행을 기대로 남겨둔다.

동기면담의 향기

동기면담 정신을 가진 면담자와 대화를 나누는 내담자는 어떤 경험을 할까? 우선 내담자는 면담자와 함께 있는 느낌을 가진다. 내담자는 자기 자신이 중심이 되어서 이야기를 이끌어 가고 있는 사실을 발견한다. 면담자에 의해서 지시되거나 끌려 다니거나 억눌리는 느낌이 아니라, 이와는 반대로 정중하고 존중받는 느낌으로 대화를 하고 있음을 경험한다. 더불어 내담자는 심리적 · 사회적 자원, 다양

동기면담의 향기

- 내담자는 동기면담을 어떻게 경험하는가?
  - 면담자와 함께 있는 느낌: 협동
  - 내담자가 중심이 되는 관계: 내담자 중심
  - 안내받는 느낌: 지시되거나 끌려가거나 억눌려지는 것이 아님
  - 유발되는 느낌: 내담자의 자원, 생각, 동기가 생김
  - 의욕이 솟는 느낌: 변화 동기 증진

- 면담자는 동기면담을 어떻게 경험하는가?
  - 내담자와 함께 있는 느낌: 협동
  - 내담자가 중심이 되는 관계: 내담자 중심
  - 안내자가 되는 느낌: 지시하거나 끌고 가거나 억누르는 것이 아님
  - 유발되는 느낌: 내담자의 자원, 생각, 동기가 자연스럽게 표현됨
  - 의욕이 솟는 느낌: 내담자의 변화 동기가 강해짐

한 아이디어, 변화하고자 하는 동기를 스스로 이끌어 내는 느낌을 받는다. 마침내 의욕이 솟아나서 변화 동기가 증진된다. 동기면담 정신을 가진 면담자에게는 동기면담의 향기가 배어 난다. 동기면담의 향기를 가진 면담자와 함께 작업하는 내담자는 다음과 같은 경험을 할 수 있다.

　동기면담의 향기는 내담자뿐만 아니라 면담자의 변화도 가능하게 한다. 저자들이 진행한 많은 동기면담 워크숍에서 동기면담의 핵심기술을 연습하는 동안, 동기면담 정신을 담아서 내담자에게 전달하는 연습 활동을 한다. 이때 내담자뿐 아니라 면담자도 내적 변화를 경험하고 매우 신선하고도 놀라운 언어적 표현을 하는 것을 목격한다. 한 예로, 에이즈 환자를 돌보며 정기적으로 면담 회기를 가지는 실무자를 대상으로 한 동기면담 워크숍에서 참가자 한 사람이 자기가 경험한 내담자 사례를 역할로 연습하고자 했다. 이 내담자는 에이즈 치료를 받고 있는 중년의 남자로, 이 사실을 가족에게 알리지 않고 혼자서 약을 복용하며 정기적으로 진료와 상담을 받고 있는 사람이다. 자녀와의 관계에 대해서 늘 가까워지지 못

해 안타까워하고 있었는데 치료로 인해 스스로를 더욱 비난하고 자책하며 심한 우울감과 자살 충동을 호소하였다. 왜냐하면 이 내담자는 자녀들과 함께 식탁에 둘러 앉아 식사를 하는 것이 그가 가장 원하는 소원이었음에도 불구하고, 혹시라도 식사 중에 음식물이 가족에게 옮겨져서 전염될지도 모른다는 막연한 불안감을 가지고 있었기 때문이다. 내담자의 염려와는 반대로 장기간의 치료와 정기적인 검사 결과, 전염성이 없는 상태였는데도 불구하고 매우 불안해하였고, 이 부분에 대해 면담자가 여러 차례 반복하여 안심시키고 믿을 만한 정보를 전달하였지만, 내담자의 막연한 불안감은 지속되었고 점점 더 우울해하였다. 그의 면담자는 동기면담을 활용하여 내담자가 우려하는 바를 해소하고 자신감을 가지고 자녀들과 한 식탁에서 식사를 한 번이라도 하도록 돕고 싶은 인간에 대한 애정과 동정을 가진 참가자였다. 지금까지 내담자를 향한 면담자의 애정과 동정에도 불구하고 내담자가 원하는 방향으로 한 번도 변화 동기를 이끌어 내는 데 성공하지 못하였다.

워크숍에서 역할놀이를 통해 면담자가 통상적으로 하는 실제 대화 방식을 보여 주도록 요청했다. 내담자와의 실제 대화를 재현하는 것을 관찰하면서 저자들은 면담자가 의학적으로 밝혀진 자료와 정보를 반복해서 들려주는 것을 보았고, 내담자는 주로 면담자의 이야기를 듣고 있었다. 내담자에게 전염되는 상태가 아니므로 염려하지 않아도 되며 내담자가 원하는 대로 가족과 함께 식사를 하라고 설득하고 있었다. 내담자는 이러한 설득에도 불구하고 '못하겠다' '불안하다' '걱정이 된다.' 등 짧게 답하는 모습이었다. 같은 대화 장면을 가지고 면담자는 내담자의 역할을 맡았고, 저자들은 동기면담을 적용하는 면담자의 역할을 하여 어떻게 내담자에게 대화를 하는 것이 동기면담인지 시연하였다. 우선 내담자의 우려와 불안과 걱정에 대해 충분히 공감하고 반영하였고, 동시에 내담자의 자녀에 대한 사랑과 아버지로서의 책임감, 그리고 자녀들의 건강에 대한 소망에 대해 인정하고 격려하며 칭찬을 하였다. 반영에 대해 내담자는 자기의 감정이나 생각을 더 많이 이야기할 수 있었고, 동기면담 면담자가 내담자의 자녀에 대한 깊은 사랑과 소망에 대해서 진정성 있게 언급할 때 내담자의 얼굴 표정이 밝아지고 기분이 나아지며 자신감이 올라가는 모습이었다. 짧은 회기이지만 내담자가 말을 더 많이 하였고, 관계 형성하기가 더 견고히 되었으며, 면담자가 제공한 의학적 정보에 대해 신뢰하고, 변화 행동을 한 번 시도하려는 동기가 올라갔다.

이 역할 연습을 마치고 나서 내담자 역할 속에서 면담자가 어떠한 느낌이고 어떠한 생각이 들었는지 질문하였을 때, 내담자로서 존중받는 느낌이 들었고 진정으로 자기의 감정을 이해하고 공감해 주는 사람으로 면담자를 가깝게 느꼈으며 자녀들이 잘 되기를 얼마나 소원하고 바라는 아버지인가를 새롭게 들여다보는 순간이었다고 말했다. 더 나아가서 이 참가자는 자기가 내담자에게 "지금까지 왜 이렇게 하지 못했는지 매우 안타까워요."라고 했고, 다음 회기에 내담자가 방문하면 동기면담 스타일로 대화하겠다고 말했다. 이어서 내담자를 향한 자신의 동정이 이러한 동기면담을 통해 내담자에게 더 잘 전달될 것 같다고 참가자는 덧붙였다.

저자들은 이제 참가자가 동기면담을 직접 연습하도록 다시 역할 연습을 통해서 내담자와 대화를 하도록 하였다. 동일한 상황에서 참가자는 모델링을 통해서 배운 것을 활용하여 내담자 역할을 하는 사람에게 반영하기와 인정하기를 하였다. 즉, 참가자는 내담자가 얼마나 외롭고 안타까우며 고통스러운지를 충분히 읽어 주었고, 더불어 내담자의 강점을 상세하게 열거하며 칭찬하고 인정하는 대화를 이끌어 갔다. 이렇게 동기면담을 적용하는 역할 연습을 하는 동안 참가자는 뜻밖에도 내담자에게 다음과 같이 말했다. "○○님, 오늘 점심을 저와 함께 하시면 어떨까요?" 이 질문은 모든 참가자들과 저자들에게 의외의 반응이었고, 이후에 참가자는 자신에게도 "새로운 반응이었다."고 말했다. 이러한 질문이 동기면담 대화를 하면서 자기도 모르게 자연스럽게, 의도하지 않은 채 반응으로 표현되었다는 것이다.

저자들이 전달하고자 하는 것은 동기면담 정신을 가진 면담자는 내담자에게뿐만 아니라 자기 자신에게도 내적 변화 동기를 이끌어 내는 경험을 한다는 것이며, 이것이 바로 동기면담의 향기로서 면담자와 내담자가 공유하는 것이라고 본다.

간혹 상담이나 심리치료 전문가들이 동기면담을 접하면서 동기면담과 다른 상담 및 치료 이론, 기법과 혼동하는 모습을 경험하였는데, 저자들은 이 책에서 동기면담을 쉽게 설명하는 일환으로 동기면담이 아닌 것들을 열거하고, 그 차이점을 설명함으로써 혼동을 줄이거나 없애는 데 도움을 주고자 한다. 간혹 어떤 전문가들은 변화단계 모델과 동기면담이 어떻게 다른지 알기 어렵다고 도움을 요청하는 경우도 있고, 동기면담이 일반 상담과 어떠한 차이점이 있는지 알 수 없다고 단정하는 경우도 있으며, 동기면담을 일련의 기법을 활용하는 것으로 잘못 알고 있는 전문가들도 있고, 동기면담을 코칭이나 피드백으로 간주하는 경우도 있으며, 동기면담을 동기증진치료와 혼동하는 경우도 많다. 이들에게 동기면담이 안내하기 대화 스타일이며, 그들이 생각하고 있었던 것이 아니라고 말하면 상당히 놀라워하고 혼란스러워한다.

다음에 나오는 동기면담이 아닌 것에 대한 기술은 이러한 혼동과 혼란을 제거하는 데 도움이 될 것으로 기대한다. 사람들은 동기면담을 '배우기 쉽다.' 혹은 '이미 알고 있던 것이다.'라고 오해하기 쉽다. 특히 이러한 오해들은 이미 상담이나 심리치료를 오랫동안 해 왔던 상담사나 치료자들에게서 쉽게 생겨난다. 동기면담에서 오해하기 쉬운 부분들을 다시 검토해 봄으로써 동기면담의 본질에 한층 더 깊이 들어가는 기회를 만들어 보자.

동기면담이 아닌 것과 쉽게 오해하는 것

동기면담은 변화단계 모델이 아니다

저자들의 동기면담 훈련 경험에서 볼 때, 몇몇 참가자들이 종종 변화단계 모델을 동기면담으로 오해하는 것을 본다. Miller와 Rollnick이 『동기면담』 초판(1991)에서 변화단계 모델을 인용하면서 동기면담을 설명하였으나, 2판(2002)에서는 변화단계 모델을 인용하여 설명하지 않고도 동기면담 정신과 핵심기술을 이해시키는 데 충분하다고 보았고, 3판(2013)에서는 동기면담의 네 가지 과정이 수록되면서 내담자의 변화단계를 언급할 필요가 사라졌다.

사람들은 동기면담을 Prochaska 등(Prochaska, Norcross, & DiClemente, 1994; Prochaska & Velicer, 1997)이 개발한 초이론적 변화단계 모델로 종종 혼동하고 있다. 동기면담과 변화단계 모델은 모두 1980년대 초반, 1984년에 동일한 학회에서 발표되는 등 비슷한 시기에 동시적으로 발표되었지만, 각각 다른 개발자에 의해 개발되었다. 초이론적 변화단계 모델은 중독 치료에 개혁을 일으켰고, 치료뿐만 아니라 전문가들이 변화에 대해 생각하고 있었던 바를 명확하게 보도록 하였다. 내담자가 준비단계 혹은 행동실천단계에 있다는 전제하에 치료를 진행하였는데, 초이론적 변화단계 모델에서는 내담자들이 인식전단계, 인식단계에 속해 있을 수 있으므로 변화 준비 수준에 따라서 개입이 달라져야 함을 알렸다.

동기면담은 임상 및 상담 현장에서 면담자와 내담자의 의사소통에 유용하다고 밝혀진 연구 결과를 중심으로 구축된 것이어서 동기면담은 이론, 즉 구성개념으로 이루어져 있지 않다. 초이론적 변화단계 모델에서는 사람들의 행동 변화 과정과 밟아 가는 일련의 단계를 소개하였는데, 이러한 변화단계는 동기면담을 적용·활용하는 데 한 가지 틀이 되어 준다. 특히 동기면담은 변화의 초기 단계에 있는 사람에게 매우 유용하다. 초이론적 변화단계 모델은 변화에 대해 생각조차 하지 않는 단계에서부터 이미 변화를 이루어 유지하는 단계에 이르기까지를 소개한다. 변화단계에는 변화 준비도 개념이 녹아 있다. 변화의 과정은 새로운 행동을 고려하고, 시도하고, 유지하는 동안 사람들이 점진적으로 거쳐 가게 되는 일련의 단계로 정리될 수 있다(Prochaska & DiClemente, 1984). 변화단계 모델은 내담자의 변화단계를 파악할 수 있도록 이에 필요한 정보를 제공해 주는 반면, 동기면담은 각 단계에 속한 내담자가 어떻게 변화를 이루어 갈 수 있는지, 어떻게 동기가 생겨나는지, 변화를 위해 내담자와 면담자가 어떻게 대화를 하는지에 초점을 맞춘다. 초이론적 변화단계 모델과 동기면담은 서로 윈윈(win-win)의 관계에서 내담자를 도왔다. 초이론적 변화단계 모델은 내담자의 변화 준비도 수준을 명확하게 알도록 한 반면, 동기면담은 각 단계로의 이동을 어떻게 할 것인지에 관한 구체적인 면담 개입에 관한 정보를 제공하였다.

결론적으로 초이론적 변화단계 모델은 변화가 어떻게, 왜 일어나는지에 관한 포괄적인 개념 모델이라면, 동기면담은 내담자의 개인적 변화 동기를 증진시키는 구체적인 의사소통 스타일이다. 초이론적 변화단계 모델을 토대로 동기면담이 이루어진 것이 아니다! 동기면담은 변화이론과는 거리가 멀다. 따라서 동기면담을 적용할 때, 초이론적 변화단계를 설명하는 것은 반드시 필요하지도 않고 중요하지도 않다. 내담자가 어느 단계에 있는지를 평가해야만 동기면담을 적용할 수 있는 것도 아니다. 2판에서 Miller와 Rollnick이 초이론적 변화단계 모델을 수록하지 않았던 이유는 이 두 가지를 많이 혼동하였기 때문이다. 초이론적 변화단계 모델에 대한 자세한 내용은 5장에서 다루고 있다.

동기면담은 동기를 부여하는 것이 아니다

몇몇 임상가들은 동기면담을 처음 배우면서 내담자가 원하지 않더라도 전문가가 생각하기에 그들이 해야 한다고 보는 것을 하게끔 이끄는 트릭(trick)을 배울 것으로 기대하였다. 일종의 어떤 최면 후에 암시를 한다거나 또는 역설적 의도와 비유될 수 있는 트릭을 기대하였다. 그러나 이와는 정반대였다. 동기면담은 내담자 개인의 자율성을 신뢰하고 존중하면서 시작하기 때문이다. 즉, 사람은 자신의 행동 선택을 스스로 한다는 것이다. 이러한 선택의 힘은 타인에 의해서 조종될 수 없다. Frankl(1963)은 "아우슈비츠 수용소와 같은 극단적으로 박탈된 상황에서도 개인이 어떻게 존재하는가에 대한 선택권은 그 누구도 빼앗을 수 없다."라고 말하였다. 만약에 사람이 변화하고자 하는 내적 동기를 전혀 가지고 있지 않다면 동기면담은 내담자의 변화 동기를 만들어 낼 수 없을 것이다. 다시 말하면, 동기면담은 내담자 자신의 내적 동기를 이끌어 내는 것이지 누군가가 변화에 대한 논쟁을 하면서 동기를 부여하는 것이 아니다. 강요되어서 온 내담자든 아니든 간에 동기면담이 제공되는 곳에서는 이것이 진실이다. 행동 변화는 내담자 자신의 이득이지 다른 사람이나 단체, 조직의 이득을 위한 것이 아니다. 동기면담을 사용하여 제품을 판다거나, 병원의 병상을 채운다거나, 연구에 참여하여 연구비를 받게 한다면, 그것은 동기면담이 아니다. 동기면담은 '동사형'이 아니다. 전문가가 수혜자라면 동기면담 정신과는 불일치한다. 동기면담은 내담자가 스스로 변화 동기화하도록 면담자가 함께하는 것이다. 전문가나 면담자가 동기면담으로 내담자와 대화를 하면 내담자의 내면에 없던 동기가 생겨나고, 살고 싶은 의욕이 솟고, 자신이 마땅히 가야 할 방향으로 갈 수 있는 의지와 아이디어가 생겨난다고 가르치고 배우는 사람들이 우리 주변에 아직도 있다. 동기면담 정신은 내담자가 본래 지니고 있는 내면의 동기와 의지와 힘을 믿는다. 그리고 그런 내면의 동기와 힘을 면담자와 내담자가 함께 믿고 협력하여 내담자의 삶과 복지에 이롭게 활용하는 것이다. 내담자의 내적 동기를 이끌어 낼 수는 있지만 부여할 수는 없다. 면담자는 동기면담으로 내담자의 없던 동기를 있게 만드는 마술사가 아니다!

동기면담은 Rogers의 내담자 중심이 아니다

동기면담이 Carl Rogers(1902~1987)의 내담자 중심치료의 다른 이름으로 재탄생한 것인가? Rogers의 통찰과 방법은 동기면담을 실천하는 데 토대가 될 수 있으며, 이 방법에 의해 발전되었던 것은 사실이다. 유사점으로는 동기면담 정신이 Rogers의 중요한 변화 조건일 수도 있어서 어떤 면에서 동기면담은 내담자 중심 상담에서 진화한 것이라고 할 수 있겠다. 그러나 동기면담은 내담자 중심 상담의 전통적인 개념으로부터 떠나 왔으며, 그것이 가능했던 것은 동기면담이 변화를 향한 의도적인 방향을 가지고 의식적으로 목표 중심적이라는 점 때문이다.

동기면담에서 면담자는 변화대화라고 일컬어지는 내담자의 언어 표현을 전략적으로 경청하고 이끌어 내고 선별적으로 반응한다(8장 참조). 동기면담 회기에서 면담자는 목표 행동 변화 동기를 높임으로써 현상을 유지하려는 방어적인 태도를 감소시킨다. 내담자의 언어적 표현을 특정하게 구별하는 부분은 Rogers가 몹시 싫어하는 것이었다. 그러나 Rogers의 제자인 Truax(1966)는 그의 논문에서 "Rogers 역시 그의 상담에서 그렇게 했던 것 같다."라고 말하였다. 내담자 중심 상담에서는 내담자가 상담사보다 더 많은 말을 하고 많은 정보를 제공함으로써 상담사가 무엇을 반영해야 할지, 무엇에 대해 질문할지, 무엇을 요약할지를 선택하게 한다. 내담자 중심 상담에서 이러한 선별 과정에 유일하게 안내가 되는 것은 표현된 느낌이나 표현되지 않았지만 존재하는 느낌에 특별히 초점을 두는 것이었다.

동기면담은 이와 달리, 행동 변화로 이끄는 내담자의 언어 표현에 대해서 명료한 이유와 지침을 제공하고 있고, 이러한 내담자의 언어를 어떻게 유발하는지, 그리고 견고히 하는지에 대해서 이유와 지침을 제공하고 있다. Rogers가 비지시적이라고 기술한 바 있는 내담자 중심 상담은 동기면담과 다르다. 정의된 바와 같이, 동기면담은 내담자 중심이자 방향 지향적 의사소통 스타일로서 분명히 방향성을 강조한다. 한 가지 이상의 구체적인 행동 변화가 목표이자 방향이며 이것을 향한 의도성과 전략성이 깔려 있는 것이 동기면담이다. Rogers의 비지시적 치료 과정에서는 치료자와 내담자의 관계를 중요시한다. 치료자가 내담자로 하여금 자신의 느낌과 내면 세계를 자유롭게 탐색하도록 허용하면서 내담자의 감정과 생각을 반영해 주는 것이 Rogers의 비지시적 상담에서의 가장 핵심적인 치료 기법이다. 이러한 치료적 관계 속에서 내담자는 자신의 생각과 감정을 더 잘 이해할 수 있게 되는데, 치료자는 내담자의 '현상적 장'을 있는 그대로 수용하면서 내담자가 주도적으로 치료와 상담에 임하도록 하였다. Rogers는 이러한 치료 방법을 '비지시적(nondirective)'이라고 지칭하였다.

Rogers는 치료자가 내담자에게 이전에 부모가 제공하였던 조건적이고 가치 평가적인 관계와는 다른 새로운 관계를 제공해야 한다고 주장하였다. 내담자와의 이러한 새로운 관계를 형성하기 위해 치료자가 필수적으로 지녀야 할 세 가지 태도, 즉 무조건적인 긍정적 존중, 공감적 이해, 일치성을 강조하였다. Rogers는 치료와 상담에서 내담자가 주인공이 되어 내담자 자신의 생각과 감정 그리고 경험을 있는 그대로 드러낼 수 있는 분위기 마련이 매우 중요한 치료와 상담의 토대가 된다고 보았다. 치료자가 갖추어야 하는 필수적 태도로 형성된 치료 및 상담 분위기 속에서 내담자가 주도적으로 상담을 이끌어 가도록 하였다. 이러한 면이

Rogers의 내담자 중심의 비지시적 상담의 핵심이다.

이와는 달리 동기면담은 지시적, 즉 방향 지향적(directive)이다. 동기면담에서 지시적이라는 의미는 치료자가 주도적으로 지시적인 역할, 상담이나 면담을 이끌어 간다는 의미가 아니다. 동기면담에서 지시적, 즉 방향 지향적의 의미는 내담자의 주관적인 경험, 생각과 감정에 따라 면담이 흘러가는 것이 아니라 구체적인 내담자의 변화 목표를 향하여 한 걸음 한 걸음 내담자가 중심이 되어 면담자와 함께 나아간다는 뜻이다.

동기면담에서는 면담자에게 협동, 수용, 동정, 유발이라는 네 가지 동기면담 정신을 강조하며, 동시에 동기면담 면담자가 지녀야 할 태도를 분명하고 명확하게 제시하고 있는데, 이는 Rogers의 상담자가 지녀야 할 태도를 강조하는 부분과는 다르다. 즉, Rogers의 내담자 중심 상담에서 강조하는 태도와 동기면담 정신은 다르다. Rogers의 내담자 중심 상담은 '비지시적'인 반면, 동기면담은 '지시적, 즉 방향 지향적'이다. 따라서 Rogers의 내담자 중심 상담과 동기면담은 매우 다르다.

어떤 상담사 혹은 면담자가 Rogers의 내담자 중심의 상담에서 강조하는 태도를 지니고 상담을 아주 훌륭하게 이끌어 간다 하더라도 내담자의 변화 목표를 향하지 않으면, 즉 '방향 지향적'이지 않으면 동기면담을 하는 것이 아니다.

> 동기면담은 방향 지향적인 안내하기 의사소통 스타일이다.

동기면담의 핵심기술이 동기면담은 아니다

저자들의 경험에 따르면, 동기면담이 열린 질문하기, 반영하기, 인정하기, 요약하기의 핵심기술을 대표적으로 제시하는 기법 중심의 접근이라고 오해하는 사람들을 보곤 한다. 그러나 핵심기술을 아무리 화려하게 사용한다 하더라도 면담자가 동기면담 정신을 전달하지 못하는 경우, 그 면담은 동기면담이 아니다. 그래서 동기면담 적용 역량을 측정하는 동기면담 효과 검증 부호화(Motivational Interviewing Treatment Integrity: MITI) 평가 기준을 보면 (Moyers et al., 2010), 행동 점수를 매기기 전에 동기면담 정신 점수, 즉 면담자의 협동, 유발, 공감 능력, 방향성, 자율성을 평가하도록 한다.

　동기면담 핵심기술은 상담을 공부하는 학생들이나 이미 전문가가 된 사람들에게 매우 익숙할 수 있지만, 동기면담의 기법을 잘 알고 있다고 해서 동기면담을 실천하는 것은 아니며, 그 면담이 동기면담은 아니다. 예를 들어, 아주 숙련된 인지행동 치료자가 인지행동치료에서 내담자에게 동기면담의 네 가지 핵심기술, 즉 열린 질문하기, 반영하기, 인정하기, 요약하기를 매우 능수능란하게 적용하고 실천하고 있다고 가정해 보자. 이 인지행동 치료자는 동기면담을 하고 있는 것인가 아닌가? 정답은 '아니다.'다. 왜냐하면 이 치료자가 동기면담 핵심기술을 능숙하게 활용한다 하더라도 동기면담의 핵심기술과 함께 동기면담 정신이 전달되지 않으면 그것은 동기면담이 아니기 때문이다. 보다 더 극단적으로 말하자면, 어떤 면담자가 동기면담의 훈련을 받고 동기면담 전문가가 되어 동기면담의 핵심기술을 활용한다고 하더라도, 그 면담자가 동기면담 정신과 함께 핵심기술을 활용하지 않는다면, 그것은 동기면담이 아니다. 왜냐하면 동기면담의 핵심기술 중 하나인 반영하기에서 복합반영을 할 때 동기면담의 동정과 유발의 정신이 가미되지 않으면 직면처럼 내담자에게 전달할 수 있기 때문이다. 면담자가 매우 훌륭한 동기면담 활용 전략가라고 하더라도, 그에게 동기면담 정신이 없으면 그 사람이 하는 면담이나 상담, 치료는 동기면담이 아니다.

　동기면담 핵심기술은 오랜 시간 연습을 통해서 습득할 수 있다. 동기면담 정신이 깃들지 않은 핵심기술만의 활용을 동기면담이라고 할 수 없다. 마치 가락이 없는 가사와 같다. 기술만 있는 것은 본질적인 것이 빠진 것이다. 이와 관련된 이슈가 구조화된 치료 매뉴얼의 사용인데, 구조화된 치료 매뉴얼의 사용이 때로는 근거 기반 실천의 질적 수준 확증에 필수적인 것으로 간주되어 오고 있다. 그러나 동기면담 적용의 질적인 수준은 치료 매뉴얼 없이도 신뢰도 있게 측정 가능하다. 메타 분석 연구에서처럼, 동기면담은 매뉴얼이 없어도 매뉴얼을 가지고 실험했을 때보다 2배의 효과 크기를 보였다. 고도의 동기면담 매뉴얼을 적용한 한 연구 (Miller, Yahn, & Tonigan, 2003)에서는 동기면담의 효과가 거의 없었던 것으로 나타났다. 동기면담을 어떠한 특정 기법으로 혼동하거나 기법과 동일한 것으로 간주해서는 안 된다. 예를 들어, 변화 중요성과 자신감 척도의 경우 동기면담의 적용 내에서 효과적으로 사용될 수 있고, 또한 쉽게 교육시킬 수는 있지만 동기면담이 되는 것이 아니며, 동기면담의 중요한 구성요소가 되는 것도 아니다.

동기면담은 결정저울 활용이 아니다

종종 동기면담으로 혼동하는 한 가지 기법이 있는데, 그것이 결정저울이다. 결정저울은 사실 오래전에 Benjamin Franklin이 설명한 바 있고, Janis와 Mann(1977)이 적용하였다. 이 기법에서는 개인이 가진 갈등과 양가감정을 해결하기 위해서 면담자가 변화에 대한 찬반 모두를 이끌어 내고 철저하게 탐색한다. 결정저울은 종종 2×2 표에서 현상 유지의 이득과 손실, 변화의 이득과 손실을 상세하게 기술하는 것이다. 양쪽을 철저하게 탐색하면 사람들은 자신의 양가감정을 명료화하고 합리적으로 해결하도록 도울 수 있다고 생각한다. Miller와 Rollnick도 역시 이 기법을 사용하면서 면담자가 변화 쪽으로 옹호하는 것을 피하거나 어느 특정 방향으로 저울을 기울이려고 하지 않는다면 적절하다고 본다. 동기면담에서 Miller와 Rollnick(1991, 2002)은 결정저울 기법의 잠재적 사용에 대해서 간략하게 언급하였다. 결정저울 사용하기는 변화대화를 이끌어 내는 여덟 가지 전략 중 하나다. 특별히 변화 준비도 면에서 초기에 있는 내담자인 경우, 즉 변화에 대해서는 언급을 하지 않은 채 저항적인 경우 결정저울 기법은 면담 시작을 위한 한 가지 방법이 된다. 예를 들어, 음주에 대해 먼저 좋은 점이 무엇인지 묻게 되면 자연스럽게 좋지 않은 점에 대해서 묻는 것과 같은 효과를 가져온다. 저자들이 통상적으로 사용하는 기법은 아니지만, 친변화적인 진술, 즉 변화대화를 이끌어 내는 것이 어려운 내담자의 경우에 사용하고 있다.

동기면담의 적용에서 결정저울 기법이 기본적이거나 결정적인 것은 아니다.

Miller와 Rollnick은 동기면담의 본질적인 개념화를 할 때 내담자 자신의 변화대화를 이끌어 내는 데 결정저울 기법을 활용하였는데, 이는 저항대화나 유지대화를 이끌어 내기 위한 것이 아니었다. 양가감정을 가진 사람들에 대해서는 반(反)변화적인 진술이 자연스럽게 드러날 수 있고, 유지대화에 반응하는 방법은 다양하기 때문에 결정저울 기법이 아니더라도 유지대화를 이끌어 내거나 견고화하지 않으면서 내담자로 하여금 변화대화로 돌아갈 수 있도록 돕는 기법이 많다. Miller와 Rollnick이 결정저울 기법을 꺼린 이유가 있다면, 그것은 결정저울 기법이 내담자의 유지대화를 찾아가면서 의도적으로 유지대화를 이끌어 내고 탐색하게 만든다는 점이다. 결정저울 기법을 사용해서는 안 된다는 말이 아니라, 변화 목표를 향해 갈 때 효과적인 기법이기는 하지만, 이 기법은 내담자가 자신의 양가감정을 명확하게 보고 의식적이고 의지적으로 변화로의 방향 선택을 할 수 있을 때 유용하다. 결정저울 기법이 동기면담 내에서 유용할 수 있는 상황이 있는데, 여기서 포인트는 결정저울은 하나의 기법이지 동기면담이 아니라는 사실이다. 결정저울을 통상적으로 사용하게 된다면 동기면담 정신에 반대가 될 수도 있다.

동기면담은 평가 피드백하기가 아니다

동기면담과 평가 피드백하기를 혼동하는 것은 프로젝트 MATCH 연구(1993)로 거슬러 올라간다. 이 연구에서 Miller는 알코올 연구 치료의 세 가지 유형—인지행동치료, 12단계 촉진치료, 동기증진치료(MET)—을 비교하고자 선별하여 고안했던 프로젝트에 참여하였다. 전망 있는 방법으로 이미 널리 알려진 동기면담을 기반으로 하여 4회기 치료를 설계하였다. 이 4회기 개입을 가리켜 동기증진치료(Motivational Enhancement Therapy: MET)라고 부른다. 이때 동기면담에 추가적으로 초기 평가에서 나온 결과를 구조화하여 개인적인 피드백하기를 사용하였다. 따라서 동기면담은 동기증진치료와 다르다. 개인의 평가 결과에 대한 피드백을 하는 것이 동기증진치료의 부분적인 구성 요소이기는 하나 동기면담은 아니다.

평가 피드백하기는 동기면담의 본질적 요소가 아니다. 피드백하기가 동기면담을 말하는 것도 아니다. 동기면담 스타일은 평가 결과 피드백을 하든 하지 않든 진행이 가능하기 때문에 평가 피드백이 필요 충분 조건은 아니다. 다시 말하면, 동기증진치료는 구조화된 평가 피드백을 가지고 동기면담 의사소통 스타일과 조합한 특별한 개입 방법이다.

동기면담은 동기증진치료가 아니다

동기면담과 동기증진치료(MET)는 모두 Miller가 개발하였다. 1983년 논문에서 Miller는 문제 음주자의 행동 변화 동기를 효과적으로 이끌어 내는 의사소통 스타일을 소개하였는데, 이 스타일을 '동기면담'이라고 명명하였다. 그는 변화 동기를 이끌어 내는 데 핵심이 되는 정신과 그 특징을 설명하였고, 실천적 적용에서 핵심이 되는 기술과 전략을 소개하였다.

더불어 동기면담을 토대로 2~4회기의 구체적인 프로그램을 만들어서 매뉴얼화한 것을 가리켜 '동기증진치료(MET)'라고 일컫는다. 다시 말하면, 동기증진치료는 동기면담의 실천적인 실체라고 볼 수 있다.

동기면담의 발달은 1990년대에 Miller와 Rollnick이 상호 협력하면서 보다 이해하기 쉬운 용어와 개념으로 정리하면서 가능하였고, 중독 분야뿐 아니라 건강관리 분야에서 활발한 연구가 진행되었다. 동기면담은 내담자 중심의 협동 관계를 형성하면서 내담자가 가려는 변화의 방향, 즉 변화 목표를 향해 같은 편이 되어 접근하는 의사소통 스타일이다. 전문가와 수혜자의 관계가 아니라 상호 존중하고 협동하는 관계를 유지하는 파트너 관계의 대화 스타일이다.

동기증진치료는 변화를 유발하는 체계적 개입 방법으로써 신속하게 내적 동기화된 변화를 이끌고자 고안되었다. 내담자 자신이 스스로 변화 자원을 동원하도록 동기 전략을 활용하는 것인데, Miller와 Sanchez(1994)는 '프레임즈(FRAMES)'로 요약되는 영향력 있는 여섯 가지 요소를 제안하였다.

- 개인적 위험과 손상에 대한 피드백(**F**eedback)
- 변화에 대한 개인의 책임(**R**esponsibility) 강조
- 변화에 필요한 명료한 조언(**A**dvice)
- 변화 대안에 대한 메뉴(**M**enu)
- 전문가의 공감(**E**mpathy)
- 내담자 자기효능감(**S**elf-efficacy) 및 낙관성의 촉진

이 치료 요소는 무엇이 변화를 위해 동기를 유발하는지에 대한 연구 문헌과 일치하고 있다(Miller, 1985; Miller & Rollnick, 1991, 2002, 2013). 이와 같은 동기 유발 요소를 담고 있는 치료 개입 방법이 치료를 시작하게 하고, 만성적인 알코올 사용, 알코올 관련 문제, 알코올로 인한 건강 문제를 감소시키는 데 있어서 효과적인 것으로 연구 논문에서 밝혀졌다.

동기증진치료 접근법은 자연 회복 과정과 관련된 연구에 기반을 두고 있는데, Prochaska 등(1983)은 전문가의 도움을 받든 받지 않든 간에 사람들이 중독행동에서 어떻게 변화하는지에 대해서 초이론적 변화단계 모델을 제시하였다. 변화단계 측면에서 볼 때 동기증진치료 접근법은 내담자가 지금 변화단계에서 어디에 와 있는가를 제시하고 내담자로 하여금 성공적으로 변화 유지를 향해 가도록 단계를 거쳐 조력한다. 동기증진치료 전문가들에게 있어서 인식단계와 준비단계는 매우 중요하다. 전문가의 목표는 다음 두 가지의 기본적인 이슈를 심각하게 내담자가 고려하도록 돕는 것이다. 첫 번째 이슈는 내담자의 현재 행동이 그들 자신에게 있어 얼마만큼의 문제를 가져오는가, 그리고 그 문제가 긍정적·부정적으로 얼마만큼 영향을 주는가이며, 변화하려고 할 때의 이득과 손실이라고 하는 두 가지 점에서 균형을 저울질해 보는 것은 인식단계에서 준비단계로 움직이도록 하는 데 필수적이다. 두 번째 이슈는 인식단계의 내담자가 행동 변화의 가능성과 변화 시 갖게 되는 이득과 손실을 평가하는 것이다. 내담자가 스스로 변화할 수 있음이 가능한지 아닌지 고려하면서, 변화했을 때 자신의 삶에 어떻게 영향을 주는지 스스로 탐색해야 한다. 준비단계의 내담자는 행동실천을 하고자 단호한 결

심을 한다. 이 결심은 과거 변화 시도의 경험에서부터 영향을 받는다. 과거에 내담자가 문제 행동을 바꾸려는 시도에서 실패했을 경우, 변화단계 주기를 다시 시작하도록 결심할 수 있게 격려해야 한다.

변화단계 주기를 이해하는 것은 동기증진치료 전문가에게 있어 내담자와 공감할 수 있도록 돕는다. 또한 개입전략을 사용하는 데 방향을 제시해 준다. 내담자들마다 나름대로 변화단계를 거쳐 가는 방법이 다를 수 있는데, 그 주기는 동일하다. 한편 변화단계 주기를 따라가는 속도와 움직임의 효율성은 내담자 각자마다 다양할 수 있다. 전문가의 과제는 가능한 한 내담자가 한 단계에서 그다음 단계로 넘어갈 때 신속하고 효율적으로 움직여 가도록 조력하는 것이다.

동기증진치료는 변화 동기 면에서 이론과 연구로 그 효과가 매우 잘 밝혀진 것이다. 동기증진치료는 행동 변화에 깔려 있는 변화단계 및 변화 과정의 이해와 일치한다. 실험 및 임상 연구 모두에서부터 나온 동기 원리에 토대를 둔다. 이 동기유발 접근법은 알코올 문제를 대상으로 한 임상 연구에서 효과성이 매우 잘 밝혀졌다. 동기증진치료의 전반적인 효과성은 기타 치료 기법의 효과성과 비교했을 때 더 선호된다. 그리고 비용 효율성 면에서도 동기증진치료는 여타 어떤 접근법보다도 훨씬 더 효과적이다.

동기면담은 동기증진치료와는 달리 어떤 특정 치료 프로토콜이나 프로그램으로 구조화된 것이 아니다. 면담자가 질문을 하고, 반영을 하고, 내담자가 답하고, 반응하는 방식으로 서로 이야기를 나누는 특정한 대화 스타일이다. 중요한 것은 변화에 대한 이야기를 하는 데 유의미한 기여를 한다는 점이다. 몇 마디 안 되는 대화라 할지라도 동기면담의 핵심기술을 사용하면 대화의 효과가 바뀔 수 있다. 몇 분 동안이나마 내담자가 변화에 대해서 깊은 생각을 하도록 돕고 이것을 표현하도록 유발하는 것이 동기면담이며, 만들어진 질문이나 지시사항을 형식에 맞추어서 순서대로 따라가는 것이 아니다. 핵심기술을 형식에만 맞추어서 사용하게 되면 동기면담 정신을 잃어버리기가 십상이다.

동기면담은 인지행동치료의 한 유형이 아니다

Miller가 학업을 하고 있던 시대에는 인지행동치료와 내담자 중심 치료가 알려져 있었고, 이 두 가지에 노출되었던 것이 사실이다. 무엇보다도 Miller는 실용적 경험주의 훈련, 즉 연구 결과를 신뢰하면서 결과를 따라가도록 훈련받았다. 치료 연구에서 예측되지 않았던 결과로 인해 동기면담의 문이 열렸다. Miller가 동기면담을 개발하면서 인지부조화나 자기 지각 이론을 활용한 것이 있었으나 동기면담은 이론적 토대로 유래된 것이 아니다. 동기면담은 임상적ㆍ경험적 연구 결과가 모여서 개발된 것이다.

인지행동치료는 일반적으로 내담자가 부족한 것을 채울 수 있도록 고안된 것이다. 부족한 부분이 새로운 대처 기술일 수도 있어서 행동학습을 위한 개념적 교육이거나 역조건화이거나 환경적 유관성 또는 결함이 있는 인지를 재구조화함으로써 보다 적응적인 사람이 되도록 하는 것이다. 인지행동 치료자의 전문성은 학습 원리를 적용하는 지식과 기술에 의존한다. 그런데 동기면담은 1~2회기로 새로운 기술을 가르치거나 재교육하거나 역조건화하거나 환경을 변화시키거나 또는 보다 합리적이고 적응적인 신념을 부여하는 것과는 관련이 없다. 동기면담은 어떤 것도 부여하거나 강화하는 것이 아니라 이미 존재하는 것을 이끌어 내는 것이다. 동기면담은 전문가가 마치 "당신이 필요로 하는 것을 내가 가지고 있습니다."라는 방식의 의사소통이 아니라, 파트너로서 "당신이 필요한 것이 있군요. 함께 찾아봅시다."라고 말하는 촉진적 스타일인 것이다. 내담자가 가진 잘못된 신념을 전문가가 수정하는 인지치료와는 거리가 멀다. 동기면담에는 상당한 정서적 토대들이 존재하며, 동기면담의 개념적 틀이 되고 있는 정신은 '행동주의'라기보다는 근본적으로 '인본주의'적이다.

동기면담은 상담 및 치료가 아니다

동기면담은 면담자의 말하는 스타일이다. 종종 동기면담을 상담으로 오해하는 경우가 많고, 동기증진치료에서의 치료를 동기면담으로 오해하는 경우가 적지 않다. Miller(1983)는 동기면담을 처음 소개하면서 면담자와 내담자가 동등한 위치에서 협동하며 변화로의 결심을 견고히 하는 데 매우 유용한 의사소통 스타일이라고 정리하였다. 이후 Miller와 Rollnick(1991, 2002, 2013)은 그들의 저서에서 일관성 있게 동기면담을 의사소통 스타일로서 규정하였다. Miller와 Rollnick(2002)은 다음과 같이 언급하였다.

'동기(motivational)'란 부분은 군이 설명하지 않아도 충분하겠지만, 왜 '면담하기(interviewing)'라고 할까? 영어의 '면담(interview)'이라는 의미는 '치료(therapy)' '치료(treatment)' '상담(counseling)'과 같은 단어들과는 내포하는 뜻이 상당히 다르다. 면담(Interview)'이라는 단어에는 평등의 의미가 더 많으며, 때로는 종속적인 의미까지도 있다. 기자들이 유명 인사들을 인터뷰한다. 학생들이 새로운 주제에 대해 배우려고 전문가들을 인터뷰한다. 물론 고용주도 입사 지원자를 인터뷰한다. '면담(interview)'이라는 단어 자체에는 누가 더 많은 힘을 가지거나 더 중요한 사람이라는 의미가 들어 있지 않다. 무언가를 향하여 함께 보는 것이 '면담(inter-view)'이다. 이 의미로 면담이라는 말을 사용할 때, 그려지는 한 장면은 두 사람이 나란히 앉아 가족사진 앨범을 넘겨 가며 한 사람은 이야기를 하고 다른 사람은 관심을 가지고 다정하게 귀를 기울이는 장면이다. 이야기하는 사람이 앨범의 페이지를 넘기고, 듣는 사람은 어떤 사진에 대해서는 가끔씩 정중하게 자세히 물어보기도 하며 그 사진에 대해 알고 이해하고 싶어 한다. 이런 장면은 검사, 처치, 치료, 전문가 자문에서의 이미지와는 사뭇 다르다. '면담(inter-view)'은 함께 바라보며 일정한 시간을 같이 보내는 것이다.

출처: Miller & Rollnick (2002: 25).

　동기면담은 어떤 하나의 상담학파나 상담 이론이나 접근이 아니다. 동기면담의 구성 내용은 심리학적 구성개념이나 가설로 구축된 이론이 아니다. 동기면담은 기존의 상담 및 치료 분야에서 이루어진 많은 연구 결과를 토대로 한 근거 기반 실천이다. 동기면담 정신과 스타일은 모든 상담 및 심리치료의 접근을 관통하여 적용 가능한 면담 스타일이다.

동기면담은 코칭이 아니다

최근 들어서 동기면담은 적용 분야가 더욱 광범위해졌다. 그중에서 코칭이 생활 코치에 의해서 광범위한 주제를 가지고 자문을 제공함으로써 내담자가 특정한 기술을 습득하도록 조력하는 과정으로 정의되고 있고, 다양한 직업군에서 공통적으로 사용되고 있다. 인생 코치들은 동기면담의 훈련을 받지 않고도 자격증을 받아 활동하는데, 행동 변화를 위한 코치들이 사용하는 기법을 보면 동기면담의 과정 중 유발하기가 자연스럽게 담겨져 있음을 알 수 있다. 그러나 코치들이 사용하는 방법은 상담이나 심리치료 방법만큼이나 다양하거나 특정화되어 있지는 않다. 사람들이 긍정적인 인생 변화를 하도록 도와주려는 의도에서 볼 때 동기면담 의사소통 스타일과 유사할 수 있지만, 코치들이 사용하는 대화 스타일은 안내하기라기보다 지시하기와 안내하기의 중간 정도라도 볼 수 있다. 만약 코치가 안내하기에 더 많은 중점을 두어 의사소통을 한다면 동기면담과 유사해질 수 있다. 따라서 교육이나 코칭이나 치유에서 훌륭한 실천을 하고자 할 경우, 동기면담과 매우 유사한 방식으로 사람들의 학습 경험을 이끌어 내는 것이 중요하다. 따라서 코칭에서 보다 효과적인 결과를 이끌어 내기 위해서는 동기면담의 학습이 필요하다고 본다. 즉, 변화 동기와 관련되어 면담자가 가져야 하는 협동, 수용, 유발, 동정의 동기면담 정신과 더불어 핵심기술을 적합하게 활용하여 변화 동기를 높은 수준으로 유지할 수 있도록 하는 것이다.

동기면담은 쉽지 않다

동기면담은 간단하나 쉽지는 않다. 내담자 중심 기술로서 기본이 되는 정확한 공감(반영적 경청)이 그러한 것처럼, 동기면담이라고 하는 보다 광범위한 의사소통 스타일 역시 그렇다. 동기면담을 적용하는 숙련된 임상가를 보면 마치 부드럽게 흘러가는 대화처럼 보이고, 그 대화 중에 내담자가 점점 변화를 향해서 가는 것처럼 보일 수 있다. 실제로는 동기면담을 할 때 상당히 많은 기술을 복합적으로 사용하여 융통성 있게 활용하면서 내담자가 하는 말 속에 담긴 순간순간의 변화에 반응한다. 동기면담을 배우는 것을 마치 스포츠나 악기를 배우는 것으로 비유한다. 2일간의 동기면담 기본 훈련은 기초에 불과하며, 동기면담의 능숙한 안내자로부터 피드백과 코칭을 받아 연습을 함으로써 기술 활용 역량과 편안함이 늘어난다. Miller와 Rollnick은 간혹 두 시간 워크숍을 요청받거나 점심시간 동안 해달라는 요청을 받기도 한다고 말했다. 그 시간 동안 바이올린을 가르치거나 테니스를 가르치거나 또는 정신분석을 가르칠 수 있겠는가? 동기면담은 쉽게 배우고 완성할 수 있는 트릭이나 기법이 아니다. 의식적이고도 훈련된 의사소통 원리와 전략을 구체적으로 사용하면서 내담자의 변화 동기를 이끌어 내는 것이 동기면담이다. 훈련 연구 결과, 동기면담의 전문적 능력은 자기 학습이나 한 번의 워크숍에 참여함으로써 바로 개발되는 것이 아니라 오랜 시간을 통해 피드백과 코칭을 받아 연습해야 한다고 하였다.

동기면담은 이미 하고 있었던 것과 다르다

앞서 살펴보았듯이, 저자들은 구체적인 훈련 없이 이처럼 특별한 치료적 접근에 자연스럽고 직관적으로 가는 길을 찾는다는 것이 면담자들에게는 어렵다고 믿는다. 저자들이 진행하는 워크숍에서 참여자들은 동기면담을 처음 배울 때 흔히들 "저는 그것을 이미 하고 있는데요."라는 말을 종종 한다. "저는 물론 내담자의 동기를 올리고 있어요." "잘 경청하고 있습니다."라는 말도 한다. 그런데 면담자가 반영적 경청에 대한 자기 지각 능력과 연습 사례에서 관찰된 그들의 실제적인 동기면담 역량 사이에는 거의 상관관계가 없음을 연구에서 밝히고 있다. 그들은 2일간의 동기면담 기본 훈련 워크숍에 참석한 후에 동기면담을 배웠고 더 이상의 훈련이 필요하지 않다고 했으나, 그들의 적용 사례를 살펴보면 내담자의 변화 결과가 불충분하게 나타났다. 그럼에도 불구하고 어떤 면담자들은 동기면담을 처음 만났을 때, '동기면담을 알고 있는 것처럼' 느낀다. 이것이 시사하는 바는 면담자의 직관적 적용과 동기면담이 공통 요소를 가지고 있다는 것이다. Miller와 Rollnick이 동기면담을 설명했듯이, 내담자가 문제를 해결하도록 도울 때 안내하기라는 자연스럽게 발생하는 의사소통 스타일의 정련된 형태가 동기면담이다. 안내하기란 정보 교환하기, 질문하고 경청하기를 융통성 있게 조합하는 것이며, 마치 훌륭한 부모와 교사가 하는 것처럼 숙련된 면담자들이 이것을 실천하고 있다. 이처럼 동기면담은 익숙한 조력 접근과 닮은 점이 있으나 행동 변화에 대한 양가감정을 해소하도록 안내하며, 반영적 경청을 사용하는 정련된 방식으로 많은 연습이 요구된다.

동기면담은 만병통치약이 아니다

동기면담은 어떤 심리치료 학파나 종합적 치료 방법이 결코 아니다. 동기면담은 내담자가 행동이나 생활양식의 변화를 필요로 하면서 그것에 대해 꺼리거나 양가감정을 가질 때 그 특정 문제를 다루는 데 유용한 도구다. Rogers의 내담자 중심 상담은 광범위한 변화 이론이자 방법으로 개발되었고, Rogers의 방법에 따라서 심리치료의 전체적인 실천에 적용할 수도 있다. 그러나 동기면담만을 하나의 실천으로 활용한다는 것은 의미가 없을 수 있다. 왜냐하면 모든 상황과 모든 문제를 다루기 위해서 만들어진 것이 아니기 때문이다. 변화할 준비가 되어 있는 사람의 경우 동기면담을 필요로 하지 않을 수도 있고, 행동치료와 비교했을 때 내담의 호전이 늦추어질 수도 있다는 증거도 있다. 동기면담 자체는 면담자가 결정저울을 이쪽저쪽으로 기울게 할 만한 이유가 없으며, 인생의 선택을 내담자가 하도록 돕는 데 사용되지 않는다. 왜냐하면 동기면담은 특정 방향으로 양가감정을 해결하는 것을 선호하도록 고안되었기 때문이다. 한편 동기면담은 다양한 치료 방법과 조합하여 사용 가능하다. 그렇게 함으로써 두 가지 모두의 효과성을 증가시킨다는 근거가 있다.

연관적인 이야기로, 동기면담은 상당히 단기적인 개입이다. 프로젝트 MATCH 연구에서는 4회기로 늘어서 적용하고자 구조화된 평가 피드백과 두 번의 추후 회기를 추가한 동기증진치료를 개발하였다. 일상적으로 50분의 회기를 진행하는 심리치료에서라면 동기면담이 1~2회기 이상 포함되지 않는다고 본다. 내담자가 변화 방향으로 움직이지 않는다면 동기면담을 16회기까지 진행할 필요가 없다. 동기면담은 자율성, 즉 스스로의 행동을 결정하는 권리와 능력을 존중한다. 짧은 자문 회기에서는 동기면담을 여러 차례 단기적으로 사용하여 내담자의 내적 변화 동기를 탐색하고 활성화하는 목적으로 진행이 가능하다. 때로 "동기면담을 5분 내로 할 수 있나요?"라는 질문을 받는다. 이것은 "피아노를 5분 동안 칠 수 있나요?"라는 질문으로 들린다. 물론 그렇게 할 수 있다. 동기면담의 분량이 '행동 변화에 충분한 촉매제가 될 것인지 아닌지'는 또 다른 질문일 텐데, 참고 문헌에서 볼 때 상당히 단기적인 회기에서 동기면담이 긍정적인 효과를 가져왔다는 수많은 결과가 있다. 최근에 Rollnick(2015)은 2분 정도에도 내담자의 행동 변화 동기를 이끌어 내고 계획하기까지 함께 갈 수 있음을 보여 주기도 하였다.

이제까지 동기면담이 아닌 것과 쉽게 오해할 수 있는 것을 통해서 동기면담을 보다 더 정확하게 이해하였다. 다음에서는 동기면담과 관련된 용어와 흔히 혼동되어 사용되었을 수 있는 심리학적 전문 용어 및 개념을 구별하고자 한다. 예를 들면, '동기 유발하기'와 '동기 부여하기'의 차이다. '내적 동기'와 '외적 동기'가 동기면담에서 어떤 위치에 있는지 내담자와의 관계에서 면담자의 '수용하기'와 '동의하기'가 어떻게 구별되는지, 또한 동기면담 정신 중 하나인 '동정'과 '연민'이 어떻게 구별되는지, 그리고 '자율성 존중하기'와 '체념하고 거리두기'가 어떻게 다른지에 대해서 살펴본다.

동기면담에서 구별하는 용어와 개념

'유발하기'와 '부여하기'

동기면담에서 인간의 동기는 내재되어 있는 것이기 때문에 기본적으로 면담자가 동기를 유발한다고 설명한다. 여기서 유발한다는 의미는 '이끌어 낸다' '촉진한다' '퍼낸다' '밖으로 나오도록 한다' 등의 의미다. 마치 내담자의 마음을 우물에 비유하여 우물에서 물을 끊임없이 퍼내는 것으로 동기 유발을 비유할 수 있다. 우물의 깊은 물을 퍼내면 퍼낼수록 내담자의 변화 동기는 새로워지고 증진된다. 내담자에게 전혀 없었던 변화 동기를 면담자가 부여하여 무에서 유를 창조한다는 의미가 아니라, 내담자 안에서 원래 잠자고 있었던 변화 동기를 깨어 나오게 하는 것이다. 내담자의 동기 유발의 개념 속에는 면담자와 내담자 간의 파트너십이 스며들어 있다. 면담자가 내담자의 변화 동기를 부여한다는 것에는 내담자에게 동기를 불어넣는다는 의미가 내포되어 있다. 자원이나 능력이 있는 자가 부족한 자에게 제공한다는 의미가 숨어 있기 때문에 면담자와 내담자 간의 파트너십이 손상되기 쉽다. '부여하기'와 같은 맥락의 용어는 '넣어주기' '제공하기' '쏟아 붓기' '채우기' 등으로, 이 용어들은 외부에서부터 필요한 것을 공급한다는 의미다. 이러한 맥락의 용어나 더 강한 의미를 지닌 용어들은 동기면담 정신에 어긋난다. 왜냐하면 내담자의 동기가 고갈되어 부재할 수 있다고 보는 태도는 동기면담 정신인 '유발'을 면담자가 가지고 있지 않음을 의미하기 때문이다.

'내적 동기'와 '외적 동기'

동기면담에서는 내담자의 변화 동기를 유발하고 지속하기 위해 외적 동기보다는 내적 동기에 초점을 맞춘다. Skinner의 주장과 같이, 외적 동기, 즉 보상, 강화가 인간의 행동 변화에 영향을 줄 수 있다. 그러나 내담자가 지속적으로 변화를 유지하는 것은 자신의 내적 동기를 외적 동기보다 더 중시할 때 가능하다. 외적으로 제공되는 보상이나 강화가 중지될 때, 내담자의 변화 동기는 약화되거나 소멸될 수 있지만, 자기 내면에 있는 내적 동기로 변화를 이루어갈 때는 변화 동기가 지속될 가능성이 높기 때문이다. 따라서 동기면담에서는 변화를 위해 인간의 외적 동기보다는 내면 속의 진정한 내적 동기를 더욱 중요시한다. 또한 외적 동기로 면담이 시작되더라도 내면화된 동기로 변하도록 동기면담이 활용된다.

'수용하기'와 '동의하기'

동기면담 정신에서 살펴보았듯이, 수용은 변화 동기를 이끌어 내는 데 매우 중요한 요소로서, 내담자를 있는 그대로 받아들이면서 자율성을 존중하고, 스스로 선택하고 결정하며 책임을 질 수 있는 존재로 신뢰하며, 비난이나 정죄나 교육을 하지 않는다. 한편 동의하기는 내담자가 잘못된 행동을 한 것에 대해서 얼마든지 그럴 수 있다고 허용하는 것이다. 예를 들면, 부부 싸움을 하다가 격분하여 아내에게 신체적인 학대를 하는 내담자와 면담을 할 때 내담자가 매우 화가 나 있었다는 것을 받아들이는 것은 수용하기이지만, 화가 나서 신체적 학대를 할 만하였다고 내담자의 행동 자체까지 타당화하고 받아들이는 것은 수용하기가 아니라 내담자의 행동 반응에 대한 동의 · 동조하기와 허용하기다.

'동정'과 '연민'

동기면담 정신에서 동정(同情)은 매우 중요한 요소다. 'compassion'은 한국어로 '동정' 혹은 '연민', '측은하게 여기는 마음'으로 번역된다. 한국어로 동정은 한자인 '한 가지 동(同)' 자에 '뜻 정(情)' 자의 뜻을 지닌 글자로 구성된다. 라틴어 어원에서 compassion의 접두어 com은 together로 '함께'라는 의미이고, pass는 to suffer, to feel의 뜻으로 '~을 겪는' '~을 느끼는'의 의미로, compassion은 '~함께 겪다' '~함께 느끼다' '~함께 고난 · 고통하다'의 뜻이다. 한국어 '동정'을 영어로 번역하면 ① pity, ② sympathy, ③ compassion이 된다. 영어 위키백과에 따르면, 동정은 "다른 사람의 고통에 대해 느끼는 감정으로, 다른 사람을 도우려는 동기를 불러일으킨다(compassion is the emotion that one feels in response to the suffering of others that motivates a desire to help)."로 되어 있다(Merriam-Webster Dictionary, 2011; Sherlyn Jimenez, 2009)(http://en.wikipedia.org/wiki 참조)

Miller와 Rollnick(2013)은 동정에 대해 "적극적으로 다른 사람의 복지를 촉진하는 것, 자신의 필요보다 타인의 필요를 우선시하는 것"으로 설명하였다. 또한 Miller, Baca, Matthews 및 Wilbourne(2013)는 동정을 '다른 사람을 염려하고, 염려에 따라 행동하기'로 정의하였다. 동정의 뜻 속에는 단순히 다른 사람의 어려움과 고통을 염려하고 걱정하고 타인의 처지를 가엾게 여기는 감정적 반응을 넘어, 타인의 고통에 대한 도움으로 반응하는 행동실천, 공정성, 정의와 상호 의존성의 의미가 함께 녹아 있다(http://en.wikipedia.org/wiki 참조).

국립국어원 표준국어대사전에 따르면, 명사 '동정'의 사전적 의미는 "① 남의 어려운 처지를 자기 일처럼 딱하고 가엾게 여김, ② '남의 어려운 사정을 이해하고 정신적으로나 물질적으로 도움을 베풂."(http://stdweb2.korean.go.kr 참조)이다. 동정을 감정적인 의미로만 여기는 경우가 흔하지만, 동정에는 남이 처한 일이나 상황에 대해 '한마음'을 갖는 것이 포함된다. 또한 타인의 어려움과 아픔을 공감하고 경험한 연민의 정을 돕는 행동양식이 포함된다.

동정과 혼동될 수 있는 단어가 연민이다. 국립국어원 표준국어대사전에 따르면, 명사 '연민(憐憫/憐愍)'의 의미는 "불쌍하고 가련하게 여김"이다. 이에 덧붙여 한국어 위키백과에 따르면, 연민은 '다른 사람의 처지를 불쌍히 여기는 마음이다. 동정과 비슷한 의미로 사용되지만, 도와주고 싶은 마음이 드는 동정과는 달리 연민은 그 자체의 감정을 의미한다."(http://ko.wikipedia.org/wiki 참조)로 되어 있다.

연민의 의미는 타인이 처한 일이나 상황에 대한 감정적 반응이 주가 되는 반면, 동정의 의미에는 '한마음' '협동과 조력'의 의미가 포함되어 있다(국립국어원 표준국어대사전 참조). 동정의 의미 속에는 연민의 의미가 포함되어 있다. 동정의 뜻에는 '타인의 고통을 향해 느끼는 감정'과 '도우려는 동기'가 함께 어우러져 있다. 동기면담 정신에서 나타난 동정의 의미는 '타인의 고통을 불쌍하고 가련하게 여기는 연민의 정'을 넘어 '타인의 고통에 동참하고 도우려는 면담자의 자세, 마음가짐과 생활태도'를 나타낸다. 따라서 동기면담 정신인 compassion의 의미를 잘 반영하는 한국어는 '연민'보다 '동정'에 더 가깝겠다.

'자율성 존중하기'와 '체념하고 거리 두기'

동기면담은 내담자 스스로 선택하고 결정하는 자율성을 존중하는 것이 매우 중요하다. 내담자와의 관계 형성이 파트너십을 말하고 적극적인 관여를 전제하고 있으므로 이러한 관계 형성이 부족한 채 내담자의 자율성을 존중하게 되면 마치 면담자는 제삼자의 입장이 되고 수동적이 되고, 관망하거나 지켜보거나 내담자를 그대로 내버려 두는 소극적인 자세가 된다. 이러한 소극적인 자세는 내담자의 자율성을 존중하기보다는 체념하거나 거리 두기로 나타날 수 있다. 면담자의 제삼자적 수동성과 소극성은 동기면담 정신에 위배된다. 진정한 의미의 자율성 존중하기는 내담자의 선택과 개인적 통제, 책임성이 포함된다. 이에는 또한 내담자의 개인적 선택, 통제와 책임성을 믿고 존중하며 내담자와 함께하려는 면담자의 태도도 포함된다. 자율성을 존중하는 면담자는 내담자와의 대화에 능동적이며 적극적으로 관여한다.

동기면담 정신과 일치하는 전제와 불일치하는 전제

인본주의적이고 강점 기반의 관점을 기반으로 하는 동기면담 정신은 면담자가 내담자에 대해서 가지는 태도와 신념이 명확하다. 즉, 내담자를 올바르게 지지해 줄 경우 긍정적인 방향으로 변화할 지혜와 능력을 가지고 있다고 믿는다. 이러한 패러다임에서 볼 때 동기면담 실천가들은 내담자와의 협동 관계를 개발하도록 고무되며 내담자를 변화시켜야 한다는 잘못된 책임에서 자유로워진다.

면담자가 동기면담 정신에 일치하는 전제에 개방적이면 개방적일수록 동기면 담을 실천하는 것이 더욱 용이해진다. 흥미로운 사실은 면담자가 동기면담을 많이 실천하면 할수록 이러한 전제를 수용하기가 더욱 용이해진다는 사실이다. 동기면담 정신과 일치 혹은 불일치되는 구체적인 전제는 다음의 표와 같다. 다음의 표에서 동기면담 정신과 불일치하는 전제들을 살펴봄으로써 동기면담에 대한 이해를 높이고자 한다.

동기면담 정신과 일치	동기면담 정신과 불일치
변화를 대면하게 되면 우리는 양가감정을 느낀다.	사람들은 변하지 않는다.
공감으로 다가오면 우리는 변화에 대해 개방적이 된다.	양가감정은 병리적인 것이다.
변화하도록 설득하거나 논쟁으로 다가오면 우리는 저항을 하거나 변화하지 말아야 하는 논쟁을 하게 된다.	사람들이 변하지 않을 때는 충분히 고통을 받지 않았기 때문이다.
변화에 대하여 큰 소리로 이야기할 때 우리는 변화할지의 여부에 영향을 받는다.	사람들이 변화를 원하지 않을 때는 변화를 하도록 강요할 필요가 있다.
행동에 불일치를 보게 되면 우리는 변화에 대해 생각하게 된다.	결과물을 가지고 위협을 하게 되면 사람들은 변한다.
이 불일치를 해소할 때, 내적 변화 동기가 생긴다.	동기는 내담자 특성이다. 어떤 사람은 동기화되고 어떤 사람은 그렇지 않다. 그것에 대해 할 수 있는 사람은 아무도 없다.
대인관계 교류를 통해서 동기가 발생하고 발전한다.	내담자의 말에 경청하는 것은 시간 낭비다. 면담자는 내담자에게 무엇을 해야 할지 말하면 된다.
행동 변화에 대한 답은 내담자로부터 나온다.	내담자는 무엇이 그들에게 도움이 되는지에 대한 통찰을 가지고 있지 않다. 그들에게 무엇을 해야 성공하는지 가르쳐 주어야 한다.
내담자들은 자신의 변화에 대해 책임이 있다.	면담자는 내담자가 변화하도록 만들 책임이 있다.

　사람들은 변하지 않는다는 신념을 가진 면담자가 있다면 어디에서 그러한 신념이 나온 것일까? 이러한 신념을 가진 면담자는 매우 고통스러울 것이다. 왜 이러한 신념을 가지게 되었는지 추론해 본다면, 매우 어려운 내담자들을 많이 만났거나 좌절감을 많이 경험했던 면담자일 수 있다. 반복되는 문제 행동을 보이거나 재발하거나 거부적이고 저항적인 내담자와 그 가족들에게 많이 시달렸던 면담자라면 변화에 회의적일 수 있다. 초기에 사람을 돕는 일에 보람을 느끼고 좋아해서 시작했더라도 오랫동안 좌절감을 가지면 이러한 신념을 견고하게 가질 수 있게 된다. 어떤 면담자는 내담자들이 결함이 많고, 통찰이 없고, 거짓말을 하고, 속이고, 타인을 조종한다는 매우 부정적인 시각을 가질 수 있는데, 면담자의 과거 실패 경험이 이러한 시각에 기여했을 가능성이 높다.

　어떤 면담자는 내담자가 양가감정을 가지고 결정을 하지 못한 채 현재 문제 행동에 머무르고 있는 것을 보면서 이러한 양가감정이 내담자에게 도움이 되는 것이 아니라 문제를 유발하는 원인이 된다고 간주하기도 한다. 그러면서 양가감정을 빨리 해결하는 것이 정신적·심리적 건강에 도움이 된다고 강조할 수도 있다.

　'사람들이 변하지 않을 때는 충분히 고통을 받지 않았기 때문이다.'라고 생각하는 면담자들은 '사람은 고통을 받아야지 변화한다.'라고 강조한다. '사람들이 변화를 원하지 않을 때는 변화를 하도록 강요할 필요가 있다.'라고 생각하는 면담자는 내담자에게 변화를 강요한다.

　다음 5장에서는 동기면담이 아닌 것으로 제일 먼저 소개한 변화단계 모델을 자세히 살펴보고자 한다. 많은 전문가가 동기면담과 가장 많이 혼동하는 변화단계 모델을 정확하게 알고 있으면 내담자의 변화 동기 수준을 정확하고 빠르게 파악할 수 있어서 동기면담의 효과를 증폭시킬 수 있다.

동기면담과 변화단계 모델

변화단계 모델은 중독을 이해하는 데 생물적·심리적·사회적 틀이 되는 구성요소를 포함하여 어떻게 변화가 일어나는지 설명하는 18개의 심리 및 행동 이론을 통해 나왔다. 이러한 이유로 초이론적 변화단계 모델이라고 한다(Institute of Medicine, 1990). 이 모델은 또한 치료적 환경이 아닌 장소에서 어떻게 변화가 일어나는지를 보여 준다. 면담자는 변화 과정 내의 어떤 지점에서든 내담자의 변화단계에 적합한 동기면담 전략을 사용하여 도움을 줄 수 있다. 변화단계 모델을 사용하여 면담자가 내담자의 동기를 증진시켜서 다음 단계의 변화로 발전할 수 있는 방법을 체계화하고 개념화할 수 있게 돕는다. 이러한 맥락에서 변화단계란 면담자가 내담자를 위해 일련의 과제를 제시하는 것이다(Miller & Heather, 1998).

변화단계 모델은 각 단계마다 활용할 수 있는 개입을 결정하고 행동 변화 과정을 이해하는 데 필요한 구조적 틀을 제공한다. 변화단계 모델에서는 동기를 변화단계를 거쳐 가는 '준비도' 상태로 본다. 이것은 행동 변화에 예측 가능한 경로를 제안한다. 면담에서 내담자의 변화단계는 왜 파악해야 하는가? 내담자의 변화단계 파악하기는 내담자에게 맞는 최선의 동기면담 핵심기술을 결정하기 위해서 필요하다. 변화단계의 실천적 의의는 동기면담 핵심기술을 각 단계에 따라 맞추어 적용할 수 있다는 점이다. 변화단계는 한 번에 한 단계씩 이동하므로, 면담자는 내담자의 변화단계에 맞추어 인내심을 갖고 내담자의 변화 속도에 맞추어 면담을 진행한다. 변화는 내담자의 책임이지만 변화 동기를 증진시키는 일은 면담자의 몫이다.

변화단계를 하나의 바퀴라고 상상해 본다면, 이 바퀴는 여섯 가지 부분—인식전단계, 인식단계, 준비단계, 행동실천단계, 유지단계와 재발—과 지속적 회복으로 가는 출구로 나뉜다. 여기서 중요한 것은 변화 과정이 순환적이라는 것이며, 사람마다 자유롭게 이동하며 제각기 다른 속도로 이 단계를 순환한다는 것이다. 순환을 좀 더 설명하자면, 바퀴가 앞으로만 직진하지 않고 후진할 수도 있다는 의미다. 물론 변화 목표를 향하여 내담자는 직진해야 한다. 하지만 때로는 반대 방향으로 되돌아가는 경우가 흔하고, 변화 목표를 달성하여 변화를 수년간 혹은 수

십 년간 잘 유지하던 사람이 실수나 재발을 보이는 경우도 많다. 간단한 예로, 담뱃값 인상으로 많은 흡연자들이 금연을 시작하였는데 이러한 변화 행동실천이 유지되다가도 작심삼일만에 혹은 한 달만에 혹은 석 달만에 다시 흡연을 하고 있는 자기 자신을 본다. 이것이 변화 바퀴의 후진이며, 여러 차례 직진과 후진을 반복하는 것을 가리켜 순환적이라고 기술한다.

　같은 사람이라도 행동이나 목표에 따라 단계 간의 이동이 다를 수 있다. 사람에 따라 단계를 빠르게 이동할 수도 있다. 때로는 변화가 역동적인 과정이어서 너무나 빨리 이동하면 자신의 위치를 파악하는 데 어려워질 수 있다. 그러나 대부분의 사람은 흔히 초기 단계에 머무른다. 변화 과정을 통한 발전은 성격상 직선형이 아니라 순환형 혹은 나선형이다. 변화단계 모델에서 재발이란 당연한 사건이며, 많은 내담자가 여러 차례, 여러 단계를 순환하다가 안정적인 단계를 달성하기도 한다. 사람의 변화 과정은 [그림 5-1]과 같이 여섯 가지 과정으로 이루어진다. 다음에서는 동기면담의 각 변화단계를 구체적으로 살펴본다.

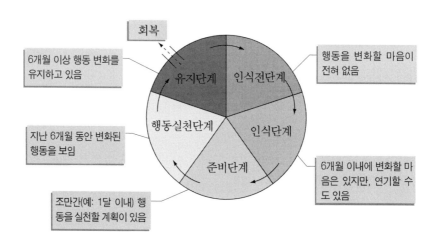

[그림 5-1] 동기면담의 변화단계

인식전단계

　인식전(precontemplation)단계의 내담자는 자신의 문제 행동에 관심이 없고, 행동을 변화하려는 마음도 없다. 내담자는 문제의 존재에 대해, 변화해야 한다는 것에 대해, 변화 노력에 도움이 필요하다는 것에 대해 모를 수 있다. 또는 내담자 자신의 문제 행동을 변화하기 꺼려하거나 너무나 좌절되어 있을 수 있다. 이 단계의 내담자는 아직까지 자신의 문제 행동으로 인해서 부정적 결과나 위기를 경험해 보지 않았을 수도 있다. 따라서 이들은 자신의 행동 패턴이 문제이고, 위험할 수 있다는 사실을 믿지 않는다.

　동기면담은 인식전단계의 내담자로 하여금 인식단계로 나아가게 하는 데 매우 효과적이라고 밝혀졌다. 이 단계의 내담자는 면담자에게 상당히 저항적이거나 무관심한 사람으로 보일 수 있는데, 동기면담은 면담자로 하여금 적극적으로 관계 형성을 할 수 있도록 돕는다. 복식 테니스 경기를 비유로 들면([그림 4-1] 참조), 같은 편이 되어야 문제 행동을 함께 이야기 나눌 수 있고 변화할 수 있게 도울 수 있는데, 내담자는 같은 쪽에 서 있는 대신, 테니스 네트의 반대 방향에 가서 자리를 잡고 서 있는 것이다. 이때 내담자를 설득하거나 교육하거나 위협적인 분위기를 조성하여 면담자가 서 있는 쪽으로 오도록 노력하는 것은 그다지 효과가 없다. 이 단계에서 동기면담은 내담자의 저항을 줄이고 문제에 대한 인식을 증진하도록 돕는다. 동기면담을 적용하는 면담자는 네트 건너편에 서 있는 내담자를 보고 면담자 자신이 자리를 움직여서 내담자가 서 있는 곳으로 이동하는 대화를 진행할 수 있다. 이렇게 해서 내담자는 면담자가 자기편이고 파트너라는 것을 느끼게 되어 자기의 이야기를 시작할 수 있도록 해 준다. 많은 면담자가 관계 형성의 중요성을 강조하고 있으나 상세하고 정확하게 어떠한 방법으로 그리고 어떠한 정신을 가지고 관계 형성을 해야 하는지에 대해서는 확신이 없어 보인다. 대화 기술만 가지고는 인식전단계의 내담자를 인식단계로 이동하게 할 수는 없다는 사실을 알게 된다.

인식단계

내담자가 자신에게 문제가 있음을 알게 되면 염려하고 있는 것과 변화해야 하는 이유가 있음을 지각하기 시작한다. 일반적으로 이들은 변해야 할 이유와 변하지 말아야 할 이유를 동시에 보면서 양가적이 된다. 인식(contemplation)단계의 내담자는 문제 행동을 여전히 하고 있으나 머지않아 이 행동을 중단하거나 줄여야 할 가능성을 재고하는 중이다. 이 점에서 이 단계의 내담자는 변화 관련 정보를 얻고자 하거나, 자신의 문제 행동을 재평가하거나, 행동 변화의 가능성을 도와줄 누군가를 찾을 수 있다. 일반적으로 이들은 변화가 가져오는 긍정적·부정적 측면의 무게를 재어 본다. 흔히 내담자는 이 단계에서 오랫동안 또는 수년간 머무르기도 하는데, 변화하려는 바람과 변화를 바라지 않는 두 마음으로 갈등한다.

이 단계에서도 역시 동기면담은 내담자로 하여금 준비단계로 이동할 수 있도록 하는 데 효과적이다. 면담자는 여전히 내담자와 파트너라고 하는 것을 확신시키면서 내담자 스스로 자신의 양가감정을 안전하고 편안하게 이야기할 수 있도록 돕는다. 인식단계에서 동기면담은 내담자에게 변화와 관련된 유발적 질문을 하고 반영하기, 인정하기 등의 핵심기술을 잘 활용하여 내담자의 문제 인식이 증진되도록 돕는다. 동기면담 과정 중에 관계 형성을 하고 나서 변화를 향한 초점을 맞추는 시간을 면담자가 내담자와 함께 나누게 되는데, 인식단계의 내담자의 경우 바로 초점을 맞추면서 대화를 나눈다.

준비단계

내담자가 자신의 문제 행동이 가져오는 부정적 결과와 변화할 때 오는 긍정적 측면을 떠올리면서 현재의 문제 행동을 같은 수준으로 유지하는 것이 긍정적 측면을 넘어선다고 지각하면 결정저울은 변화 쪽으로 기운다(오아시스 '결정저울 활용하기' 참조). 일단 변화하려는 움직임이 일어나면 내담자는 준비(preparation)단계로 들어가서 결심을 굳힌다. 준비단계에는 구체적인 변화 계획이 있다. 예를 들어, 치료가 필요한지, 필요하다면 어떠한 치료가 필요한지에 대한 선택 등이 포함된다. 내담자의 변화와 관련하여 지각된 능력 또는 자기효능감에 대한 탐색 역시 포함된다. 이 단계의 내담자들은 문제 행동을 여전히 할 수 있으나 곧 중단하려고 결심한다. 내담자는 스스로 문제 행동을 줄이거나 중단하는 시도를 하였을 수 있으며, 또는 여러 방법을 시도하고 있을 수도 있다(DiClemente & Prochaska, 1998). 여기서 그들은 자신을 위한 목표를 설정하기 시작하고, 행동을 중단하려는 결심을 하며 자신의 계획에 대해 친구나 중요한 타인에게 이야기하기도 한다.

준비단계의 내담자는 구체적인 변화 행동 대안을 탐색하는 시간을 가지기 때문에 면담자는 파트너로서의 관계 형성을 지속하면서 목표 행동에 초점을 맞춘 채 내담자가 할 수 있는 다양한 대안 행동을 이끌어 내고 실천하려는 동기를 유발한다. 동기면담에서는 이 과정을 유발하기 과정이라고 부른다.

준비단계의 내담자는 변화 목표 행동을 실천하기 직전에 있는 상태여서 면담자는 내담자의 변화대화와 결단대화에 주의를 많이 기울여야 한다. 여기서 변화대화란 변화와 관련된 내담자의 언어적 표현을 말하며, 변화하고 싶은 욕구, 바람, 능력, 필요, 이유, 의지에 대한 이야기다. 결단대화란 변화 행동을 실천하겠다는 결심을 표현하는 내담자의 언어적 진술이다. 예를 들어, 신랑과 신부가 주례 앞에 서서 결혼 서약을 하는 장면을 떠올려 보자. 주례는 신랑에게 먼저 묻는다. "○○군은 ○○양을 검은 머리가 파뿌리 될 때까지 평생 사랑하며 살겠습니까?" 이 질문에 만약 신랑이 "평생 사랑하며 살고 싶어요."라고 말한다면 이것은 바람이나 소망일 뿐이다. 만약 신랑이 "평생 사랑하며 살 수 있어요."라고 한다면 능력이긴 하지만 결단은 아니다. "평생 사랑하며 살면 좋겠어요."라고 하면 이유이지만 결단은 아니다. 결단한 신랑이라면 "예, 평생 사랑하며 살겠습니다."라고 할 것이다. 이것이 결단대화다.

따라서 내담자가 "담배를 끊고 싶어요." "담배를 끊어야겠지요." "언제든지 끊을 수 있어요." 또는 "끊으면 좋지요."라고 말한다면 아직까지 실천하기로 결단한 것이 아니기 때문에 행동 계획을 조급하게 세우려고 하거나 행동실천을 할 것이라고 추정해서는 안 된다.

또 다른 예로, 법정에서 증인으로 나와 사건에 대한 증언을 하는 사람이 있다고 하자. 증인은 사람들 앞에서 다음과 같은 질문을 받는다. "○○씨는 앞으로 오로지 진실만을 말할 것을 맹세합니까?" 이 질문에 대해 만약 증인이 "진실을 말하고 싶어요."(욕구) "진실을 말할 수 있어요."(능력) "진실을 말하면 좋겠어요."(이유) "진실을 말해야 해요."(필요)라고 말한다면 이는 모두 변화대화이기는 하

오아시스

결정저울 활용하기

어떤 결정이든 간에 대부분의 사람은 하고자 하는 행동으로 인해 야기되는 손실과 이득을 저울질한다. 행동 변화에서는 이러한 저울질을 가리켜 '결정저울(decisional balance)'이라고 하며, 문제 행동의 좋은 측면―변화하지 말아야 하는 이유―과 덜 좋은 측면―변화해야 하는 이유―을 인지적으로 평가하는 과정이다. 자기 변화에 대한 연구에 따르면, 문제 행동을 성공적으로 보았던 많은 사람이 이러한 절차가 자신의 문제를 해결하는 데 있어서 좋은 도구임을 밝혔다.

변화의 장단점 또는 득실을 탐색하는 개념은 새로운 것이 아니다(Colten & Janis, 1982; Janis & Mann, 1977). 결혼 또는 이직과 같은 인생의 중요한 선택에 대해 장점과 단점을 탐색하는 것은 자연스러운 일이다. 변화의 맥락에서 볼 때 내담자는 자신의 문제 행동을 바꿀 것인가, 아니면 그대로 있을 것인가의 무게를 재어 보게 된다. 내담자로 하여금 문제 행동의 좋은 점과 그렇지 않은 점을 말로 표현하게 한 후 그것을 적도록 하여 이 과정을 명료화한다. 문제의 장단점을 탐색하도록 하는 목적은 긍정적인 변화로의 결정에 대해 저울질해 보는 것이다. 결정저울 용지 양쪽에 내담자가 기록하는 이유의 수가 각 이유의 중요성과 가치만큼 중요한 것은 아니다. 예를 들면, 20세의 흡연자의 경우 나이가 많은 흡연자만큼 폐암에 걸릴 이유에 대해 동일한 무게를 두지 않을 수 있다. 하지만 감소하는 폐활량이 테니스나 농구를 하는 데 장애가 된다는 것에는 매우 염려를 보일 수 있다.

나 결단대화는 아니다. 결단대화는 "진실만을 말하겠습니다."다.

행동실천단계

　행동실천(action)단계의 내담자는 대안을 선택하여 그것을 따라간다. 이 단계의 내담자는 자신의 습관과 환경을 적극적으로 바꾼다. 삶의 방식에 상당한 변화를 가져옴으로써 특별히 도전적인 상황에 직면할 수도 있고, 다양한 변화의 걸림돌도 경험할 수 있다. 내담자는 자신의 문제 행동으로부터 행동 중단 또는 변화된 행동으로 옮겨 가면서 자신의 자아상에 대해 재평가하기 시작한다. 많은 내담자의 경우 행동실천단계는 3~6개월 정도 걸릴 수 있는데, 이 단계 이후에 문제 행동의 중단 또는 감소가 따라온다. 어떤 내담자에게는 더욱 주춤하게 만들거나 오랫동안 지속되는 도전 상황을 만나기 전인 허니문 기간이 되기도 한다.

　동기면담은 변화 행동을 실천하는 내담자와 지속적으로 관계를 유지하며 많은 격려와 칭찬 그리고 인정하기를 하면서 대화를 하여 이 단계의 내담자가 성공적으로 변화의 길을 걸어갈 수 있도록 돕는 데 매우 효과적이다. 왜냐하면 이 단계의 내담자라 할지라도 변화에 대한 양가감정은 여전이 남아 있을 수 있기 때문이다. 긍정적인 변화 쪽으로 결정저울이 계속 기울어질 수 있도록 돕는 데 동기면담이 유용하다.

유지단계

　유지(maintenance)단계에서는 행동실천단계를 통해 달성한 이득을 지속시키기 위한 노력을 한다. 이 단계의 내담자는 문제 행동 중단 유지와 재발 예방을 위한 노력을 한다(Marlatt & Gordon, 1985). 재발하지 않기 위한 각별한 주의가 요망된다. 내담자는 문제 행동을 초래할 수 있는 위험한 유발 상황을 알아차리는 방법과 이러한 상황에서 자신을 보호하는 방법을 배운다. 대부분의 경우, 장기간 행동 변화를 보였던 내담자라 할지라도 한 번 정도는 실수 혹은 재발하기도 하며 초기 단계로 퇴행하기도 한다(Prochaska & Diclemente, 1992). 증상의 재발을 학습 과정의 부분으로 볼 수도 있다. 유발 단서 또는 재발로 이끄는 위험한 유발 상황에 대한 지식은 미래의 변화 시도를 위한 유용한 정보가 된다. 최소 6개월에서 3~4년 동안 유지단계는 지속적인 행동 변화를 요구한다. 예를 들면, 단주를 하거나 음주량을 목표 수준으로 줄이는 등을 말한다. 문제 행동에 따라서 최소 6개월에서 수년에 이르기까지 지속적으로 경계를 해야 한다(Prochaska & Diclemente, 1992).

성공적으로 변화를 유지하는 내담자에게 동기면담은 즐거움과 유익을 준다. 이제까지의 성공 경험에 대해서 면담자가 진정성을 가지고 격려하고 칭찬하며 인정하기 때문이다. 기본적으로 관계 형성은 두 사람의 만남에서 유지된다.

〈표 5-1〉은 HIV/AIDS 문제를 가진 내담자의 변화단계 사례다. 각 변화단계마다 면담자가 들을 수 있는 내담자의 진술을 제시하였다. 면담자는 내담자의 말이나 진술을 듣고 내담자가 현재 어느 단계에 속해 있는지를 파악할 수 있어야 한다. 내담자의 변화단계를 정확히 파악하면 동기면담을 적용하여 보다 효율적인 내담자 변화를 도모할 수 있다.

표 5-1 각 변화단계별 사례

변화단계	사례
인식전	○○(33세): "전 HIV에 대해 걱정하지 않아요. 결혼하기 전까지 제가 하고 싶은 대로 살아봐야죠."
인식	○○(28세): "HIV에 대해 듣긴 했는데요. HIV에 감염되었다면 끔찍하겠죠."
준비	○○(29세): "제 아내에게 충실하려고요. 제 건강에 문제가 생기면 큰일이지요."
행동실천	○○(35세): "전 매번 콘돔을 사용합니다."
유지	○○(30세): "전 HIV 감염을 피하기 위해 매번 콘돔을 사용해요. 그렇게 하는 것이 제게 유익이지요."

〈표 5-1〉에서 보면, 인식전단계의 내담자는 문제에 대한 걱정도 없고 고위험 성행위를 그만둘 마음도 없다. 변화를 해야 하는 이유도 없고, 욕구도 없고, 필요도 느끼지 않는다. 이때 동기면담은 우선 관계 형성하기를 첫 번째 과정으로 강조하며, 변화에 대한 이야기를 바로 하기보다는 내담자의 현재 행동과 관련되어서 호기심을 가지고 내담자가 자신의 이야기를 많이 할 수 있게 유발적 질문을 하면서 공감을 표현하여 파트너가 된다.

인식단계의 내담자는 자신의 무분별한 성행동이 문제가 될 수 있음을 알고 있고 염려하고 있는 상태다. 하지만 아직까지 결단하여 현재의 행동 습관을 바꾸려는 의지는 강해 보이지 않는다. 이때 동기면담을 통하여 관계 형성을 하면서 내담자의 가치관과 현재 행동의 불일치에 대해 내담자가 스스로 탐색할 수 있도록 공감을 표현하면서 유발적 질문을 한다.

준비단계의 내담자는 변화에 대한 이유와 필요를 강하게 느끼고 있다. 건강한 삶을 살아야 하는 이유가 충분히 있으며, 현재 행동을 바꾸어야 한다는 긍정적 변화 쪽으로 많이 기울어져 있음을 알 수 있다. 이때 동기면담은 파트너 관계를 지속적으로 유지하면서 많은 격려와 칭찬, 인정하기를 하고, 결단대화가 내담자로부터 자연스럽게 표현될 때까지 초점을 맞추어 대안을 함께 탐색한다. 일단 내담자가 결단을 확고히 하는 진술을 한다면 면담자는 지체 없이 구체적이고 즉각적인 행동 계획을 함께 수립해야 할 때임을 놓치지 말아야 한다. 이때도 역시 관계 형성은 매우 중요하며, 내담자의 강점과 변화 의지를 인정하고 내담자가 스스로 걸림돌을 떠올려서 이야기를 해 나갈 수 있도록 유발적 질문을 적극 활용한다.

행동실천단계의 내담자는 자신의 건강을 위해서 이미 행동 변화를 실천하고 유지하고 있음을 알 수 있다. 변화해야 하는 이유와 욕구, 필요, 능력뿐 아니라 실천하고 있는 내담자에게 동기면담은 파트너로서의 관계 형성을 바탕으로 하여 내담자가 꾸준히 긍정적 변화를 지속할 수 있도록 격려와 칭찬과 인정하기를 한다.

유지단계의 내담자는 자신의 행동 변화를 유지할 뿐만 아니라 주변에 있는 사람들의 행동 변화에도 긍정적인 영향을 준다. 동기면담은 이러한 내담자가 자신의 친변화적 태도와 가치관을 자랑스럽게 느낄 수 있도록 하는 데 유용하다. 변화 행동을 유지하는 내담자는 더 이상 외적 동기로 움직이지 않고 내면화된 동기, 즉 내적 동기가 강하게 유발되고 있음을 보인다. 이러한 내적 동기가 지속적으로 내담자 실천과 변화의 원동력이 되도록 칭찬, 격려, 인정하기가 매우 필요하다.

오아시스

내담자의 변화단계를 쉽게 알아차리기

일반적으로 첫 면담에서 면담자가 내담자의 변화단계를 쉽게 알아차리기 위한 유용하고 구체적인 질문들을 예를 들면 다음과 같다.

- 오늘 면담에 오게 된 이유를 말씀해 주세요.
- 오늘 여기에 오게 된 것에 대해 어떻게 생각하나요?
- 여기에 오게 만든 문제를 현재 해결하는 것이 ○○님의 삶에서 얼마나 중요한가요? 10점에서 0점까지의 척도에서 얼마나 중요한지 이야기해 주세요. 그 점수의 의미는 무엇입니까?
- 만약에 이 문제를 오늘부터 해결하여 변화를 한다면 어느 정도의 자신감이 있습니까? 10점에서 0점까지의 척도에서 얼마나 자신감이 있는지 이야기해 주세요. 그 점수의 의미는 무엇입니까?
- 오늘 여기에 오게 된 이유나 문제에 대해 ○○님에게 중요한 사람들(가족, 연인이나 배우자, 친구 등)은 어떻게 생각하나요?
- 이 면담에서 제가 도움을 드린다면 어떤 도움을 받고 싶으세요?
- 이 면담에 오기를 잘 했다고 느끼려면 이 시간에 무엇을 하면 될까요?
- 이곳에 오시면서 어떤 생각을 하고 오셨나요?
- 이곳에 오기까지 어떤 일이 있었는지 말씀해 주세요.
- 여기에 와 계시는데, 지금 어떤 기분인지 말씀해 주세요.

이와 같은 질문에 내담자가 어떤 말을 하는지 매우 유심히 관찰하고 경청한다. 내담자의 응답에 따라서 면담자는 내담자가 현재 어느 변화단계에 있는지를 가늠한다. 예를 들어, 내담자에게 "오늘 면담에 오게 된 이유를 말씀해 주세요."라는 질문에 내담자가 만약 "제가 왜 여기에 왔는지 모르겠어요. 제가 문제가 아니라 내 화를 돋운 아

내가 문제이고 어쩌다 보니 제가 여기에 왔네요." 라고 말한다면 이 내담자는 인식전
단계에 있는 것이다.

재 발

대부분의 내담자는 시도하고 있는 새로운 행동 변화를 지속적으로 유지하지
않는다. 얼마간의 유지 이후에 재발하는 것은 흔히 있는 일이다(Brownell et al.,
1986; Prochaska & DiClemente, 1992). 이러한 경험으로부터 변화단계를 통해 한 단
계씩 발전해 나가는 것을 촉진하거나 방해하는 것이 무엇인지 알게 되는 것이다.
재발(relapse)이란 변화의 초기 단계로 되돌아가서 그 과정을 순환하도록 유발하
게 되는 경우를 말한다. 이것을 통해 내담자는 어떤 목표가 비현실적인지, 어떤
전략이 비효과적인지, 어떤 환경이 효과적 변화를 일으키지 않는지 배우게 된다.
행동 문제가 있는 내담자는 대부분 성공적인 회복을 달성하기 위하여 변화단계
를 여러 차례 반복해야 한다(DiClemente & Scott, 1997). 재발하면 내담자는 초기
변화단계로 되돌아가는데, 유지단계 혹은 행동실천단계로 되돌아가는 것은 아니
며, 많은 경우 인식단계로 되돌아간다. 혹은 인식전단계로 다시 돌아가는 경우도
생긴다. 이때 곧바로 변화를 시도하기 꺼려하거나 시도하지 못하게 되기도 한다.
재발 및 전단계로의 귀환을 실패로 여겨서는 안 된다. 또한 운이 없었다거나 오랫
동안 재발을 유지하는 것도 아니다. 증상의 재발이 반드시 내담자의 변화 결심 포
기를 의미하는 것도 아니다.

전문가들은 재발과 구별하여 실수(lapse)라는 개념을 활용하고 있다. 비록 두
단어가 종종 혼용되지만 실수와 재발은 같은 것이 아니다. 실수는 가벼운 것이다.
예를 들어, 금연하였다가 회식 자리에서 담배 한 개비를 다시 피우는 것, 운동 경
기를 보다가 맥주 한 캔을 마시는 것, 야식을 먹지 않다가 피자를 시켜 먹는 것 등
이다. 실수는 이전의 문제 행동의 재발을 뜻하는 것이 아니라 짧은 에피소드다.
맥주 한 캔을 마시지만 예전에 술을 함께 마시던 친구들을 부르지 않고, 고주망태

가 되지도 않는다. 한 개비의 담배를 피우지만 담배를 사러 가지는 않는다.

한편, 재발은 예전의 문제 행동과 습관으로 완전히 돌아가는 것이다. 예를 들어, 맥주 한 캔을 마신 후 바로 술집으로 가서 취할 때까지 마시거나 담배 한 개비를 피운 후 편의점에 가서 한 보루를 사 가지고 와서 연속적으로 피우는 것을 말한다.

 오아시스

Prochaska의 아버지와 변화단계 모델

Prochaska(1943~)는 로드아일랜드 대학교의 임상 및 건강심리학 교수이자 암 예방 연구 센터장이다. 그는 1977년부터 시작된 행동 변화의 초이론적 모델(Transtheoretical Model: TTM)의 개발자다. Prochaska는 일생 동안 사람들이 성공적으로 행동을 변화하도록 돕기 위해 많은 시간을 보냈다. Prochaska는 행동 변화 및 TTM과 관련된 300여 편 이상의 논문과 여러 권의 책을 집필하였다. Prochaska의 책 중에서 『*Change for Good*』(1994)

James O. Prochaska

는 우리나라에서 『생각만 하고 실행하지 못하는 사람들을 위한 변화 프로그램』(2003)이라는 제목으로 번역되기도 하였다. 이 책은 홀로 변화를 이룩한 사람과 전문가의 도움으로 변화에 성공한 사람 수천 명을 대상으로 12년 넘게 '변화의 원리'를 연구한 것이다.

Prochaska의 아버지는 조울증, 알코올 중독, 폭력과 무기력 증상이 있었다. Prochaska는 자신의 아버지와 같은 사람들에게 상담이나 심리치료가 도움이 되길 바랐다. Prochaska는 왜 어떤 사람은 변화에 성공을 이루는 반면, 어떤 사람은 성공하지 못하는지 의문이 생겼다. Prochaska는 이미 행동 변화를 이룬, 특히 금연에 성공한 사람들의 행동 패턴을 조사하였는데, 변화가 달성 목표가 아닌 수개월에서 수년에 걸쳐 이루어지는 과정이라는 사실을 알게 되었다. 사람들은 변화하는 동안 여러 번의 실수나 재발을 경험하기도 하지만 변화 과정을 꾸준히 밟아 가다 보면 새로운 행동 습관을 갖게 된다는 사실도 알게 되었다.

1980년대 초반에 Prochaska와 DeClemente는 변화단계라 불리는 모델을 제안하였다.

변화단계 모델은 어떤 사람들은 새로운 습관을 쉽게 형성할 수 있는 반면, 어떤 사람들은 행동 변화에 큰 어려움을 겪는지에 대한 이해를 돕는다. 이 모델에 따르면, 사람들은 여섯 단계—인식전, 인식, 준비, 행동실천, 유지단계, 재발—를 거쳐 가면서 새로운 행동 습관을 형성한다.

Prochaska는 "아버지에 대한 기억이 변화단계 모델 연구에 헌신하게 해 준 힘이었습니다."라고 회고하였다. 회고의 마지막에 Prochaska는 "저는 매우 중요한 문제에 직면했을 때 아버지처럼 무력해지고 싶지 않습니다."라고 말하였다.

출처: Surwit (2013).

각 변화단계별 내담자의 특성

내담자가 머무르고 있는 변화단계에 따라서 공통된 특성을 찾아볼 수 있다. 각 변화단계별로 어떠한 특성이 군집해 있는지 조금 더 자세히 살펴보고 가자. 내담자들은 하나의 변화단계에서 다음 변화단계로 옮겨갈 때, 내적 동기가 유발되기까지 움직이지 않는 경향이 있다. 이때 외적인 압력이나 보상물이 변화단계의 이동에 효과적인 것으로 보일 수는 있으나, 일시적이고 제자리에 머문 내담자를 발견하게 된다. 따라서 성공적이지 못한 결과를 가져오거나 오히려 내담자로부터 그 자리에 머무르기를 고집하는 저항 행동을 유발할 수가 있다. 내담자의 변화단계를 정확히 알아차리고, 그 단계를 경험하는 내담자의 양가감정을 읽어 주며, 내담자의 가치관과 현재 행동의 불일치감을 극대화함으로써 내담자 스스로 다음 단계로 이동하는 준비가 되도록 하는 것이 바람직하다. 대부분의 문제 행동에 이러한 단계별 특성은 모두 적용된다. 변화에 대한 중요성을 많이 느끼면서 자신감이 적은 내담자라면 행동실천단계로 이동하기가 어려울 수 있다. 변화에 자신감이 많다고 하더라도 변화의 중요성을 덜 느끼는 내담자라면 행동실천의 가능성이 낮아진다. 따라서 변화의 중요성과 자신감이 모두 높아지기 위하여 무엇이 도움이 되며, 무엇이 걸림돌이 되는지를 내담자와 함께 탐색하는

표 5-2 각 변화단계별 특성과 접근 방법

단계	특성	접근 방법
인식전	문제에 대한 인식이 없고, 변화하려는 생각이 없음	관계 형성, 적극적인 아웃리치, 현재의 내담자 수용하기, 구체적인 관리 제공하기
인식	변화에 대해 생각하기, 가까운 미래에 변화하려고 고려 중임 (보통 6개월 이내)	희망 고취하기, 폐해 감소에 대한 긍정적 보상, 결과에 대한 논의, 양가감정 유발하기
준비	행동 계획 세우기 점진적 목표 세우기	구체적인 행동 실천을 하도록 돕기, 문제나 걸림돌 해결, 기술 형성하기, 작은 행동실천 격려하기
행동실천	지난 6개월 동안 생활양식에서 구체적 변화를 이룸	상실감 대처하기, 장기적 이득 강조하기, 대처 기술 증진하기, 자조 모임 활용하는 법 배우기, 건강한 생활 기술 개발하기, 고위험 상황 피하기
유지	바람직한 행동실천의 유지	대처 방식 지지하기, 변화 되새기기, 대안 찾아내기, 재발 예방
재발	변화 과정의 일부	재발 유발인자 찾아내기, 향후 예방을 위한 계획 세우기

시간이 필요하다.

각 변화단계마다 내담자와 대화하는 면담자는 권위적인 자세가 아니라 파트너의 자세, 강압적인 자세가 아니라 자율성을 존중하는 자세를 가져야 하며, 또한 직면하고 지시하는 방식의 대화가 아니라 협동 관계로, 내담자에게 변화의 중요성과 자신감을 가지라고 방법을 교육하는 태도가 아니라, 내담자의 자신감을 이끌어 내는 태도로 대화할 때 변화 동기가 증진된다. 그리고 각 변화단계에서 내담자의 변화 동기를 이끌어 내고 증진하기 위한 면담자의 과제는 〈표 5-3〉과 같다.

| 표 5-3 | 각 변화단계별 면담자 과제 |

변화단계	면담자 과제
인식전	의구심을 제기하여 불일치감 만들기, 현재 행동의 위험과 문제에 대한 내담자의 지각 증진시키기
인식	결정저울 활동하기, 변화의 이유 유발하기, 변화하지 않을 때의 위험 유발하기, 행동 변화를 위한 내담자의 자기효능감 견고히 하기
준비	변화에 적합한 행동실천 과정을 결정하도록 내담자 돕기, 행동 변화 계획 세우기
행동실천	계획을 실행하도록 돕기, 기술 활용하기, 문제해결하기, 자기효능감 지지하기
유지	재발을 파악하도록 돕기, 재발 예방을 위한 전략을 활용하도록 돕기, 관련 문제 해결하기
재발	재발로 인해 정체되지 않도록 지지하기, 재발 비난하지 않기

변화단계와 동기면담 전략

내담자가 현재 어떤 변화단계에 있으며, 그리고 어떤 단계로 움직여야 하는지에 따라서 여러 가지 다양한 동기면담 전략이 필요하다. 내담자가 속해 있는 단계가 아닌 다른 단계에 해당되는 전략을 사용하려고 하면 내담자는 치료 저항, 비협조를 보일 것이다. 예를 들어, 인식단계의 내담자가 문제 행동의 변화에 대한 장단점을 저울질하는 동안, 면담자가 행동실천단계에 해당되는 변화전략을 쫓아간다면 내담자가 저항하는 것을 예측할 만하다. 이러한 반응이 나오는 간단한 이유는 면담자는 논쟁의 긍정적 변화 쪽에 서 있고, 내담자는 그 반대편에 서서 논쟁하도록 만들기 때문이다. 내담자가 가지도 오지도 못하는 상황을 만드는 것이다.

인식전단계의 내담자가 변화를 고려할 때는 '깨달음'이 있어야 한다. 인식단계 내담자가 자신의 양가감정을 해소하기 위해서는 현재 처해 있는 상황에서 긍정적 변화를 선택하도록 도움을 주어야 한다. 준비단계의 내담자에게는 변화의 잠재적인 전략을 알아내어 상황에 가장 적절한 전략을 선택하도록 돕는 것이 필요하다. 행동실천단계의 내담자에게는 변화 전략을 수행하게 하는 도움이 필요하다. 유지단계의 내담자는 회복을 유지할 새로운 기술과 생활양식을 발전시켜야 한다. 더 나아가 만약 내담자의 문제 행동이 재발할 경우, 변화 과정에 다시 돌아올 수 있도록 최대한 빨리 내담자의 회복을 도와줘야 한다. 각 변화단계마다 면담자가 사용할 수 있는 적절한 동기면담 전략의 예를 좀 더 구체적으로 살펴보자.

변화에 대해 생각하지 않고 있으며, 변화하고자 하는 마음이 없고, 변화를 시도할 수 없는 인식전단계의 내담자에게 도움이 되는 동기면담 전략은 관계를 형성하고, 신뢰감을 형성하고, 정보를 교환하기 전에 내담자로부터 동의나 허락을 구하는 것이 포함된다. 내담자가 면담에 오게 된 사건의 의미를 탐색하고 이전에 있었을 치료의 결과에 대해 서로 대화하는 것이 매우 필요하다. 내담자에 대해서 염려를 표현하고 문제 행동의 위험에 대해서 사실적인 정보를 교환하고 평가를 했을 경우, 개별화된 피드백을 동기면담 정신과 핵심기술로 하는 것이 매우 중요하다. 내담자가 동의한다면, 문제 행동의 장단점, 이득과 손실에 대해 내담자의 의견이나 느낌을 이야기하도록 한다. 필요하다면 내담자의 중요한 타인(들)이 면담 장면에 함께하는 것이 매우 도움이 된다. 문제 행동에 대한 내담자의 인식과 중요한 타인의 인식의 불일치감을 자연스럽게 이끌어 내는 것이 동기면담 전략이다.

문제에 대한 염려를 인정하고 변화의 가능성을 생각하기는 하지만 아직 양가감정이 많아서 변화에 대해 확신이 서지 않는 인식단계의 내담자에게 적합한 동기면담 전략은 무엇보다도 수용하기다. 양가감정이 정상적인 경험이라는 점과 변화를 했을 때 내담자가 경험할 수 있는 부정적 결과, 고통, 불쾌감 등은 있는 그대로 받아들여져야 할 것이다. 외부로부터의 압력으로 면담을 하는 내담자라면 대화를 통해 변화의 필요성과 중요성이 내적인 동기로 바뀔 수 있다. 내담자의 자기효능감을 이끌어 내고 변화의 선택과 결정이 내담자에게 달려 있다고 하는 자율성을 강조하는 것이 중요하다.

준비단계의 내담자는 변화하려는 마음이 견고히 되고 있는데, 어떻게 할 것인지에 대해서는 아직 계획한 것이 없다. 내담자가 변화의 결단을 향해서 한 걸음 한 걸음 다가가도록 면담자는 인정하기와 함께 내담자의 동의를 받은 후에 전문적인 지식과 조언을 교환할 수 있으며, 변화를 실천하는 데 기반이 되는 변화 계획을 함께 만들어 간다. 내담자가 어떠한 자원을 가지고 있는지 함께 탐색하는 것이 매우 중요하며, 변화의 이유, 욕구, 능력, 필요에 대한 이야기가 내담자로부터 빈번하게 나올수록 결단에 가까워지고 변화 실천의 가능성이 높아진다.

행동실천단계의 내담자의 경우, 변화 행동을 실천하고 있으나 아직은 안정적인 패턴을 보이지 않을 수 있다. 문제 행동의 중단에 대한 많은 격려와 칭찬, 지지, 인정하기가 제공되어야 하고, 작은 변화에 대해서 현실적인 측면에서 지지하여야 한다. 면담에 지속적으로 참여하도록 동기를 높이는 것도 필수적이며, 여의치 않을 경우에 면담자는 전화, 이메일, 문자 등으로 후속 연계를 유지해야 한다. 가족을 포함한 중요한 타인의 지원 체계가 기능을 어떻게 하고 있는지 동기면담의 협동 정신을 가지고 업데이트해야 할 것이다.

유지단계의 내담자는 문제 행동 중단이라는 초기 변화 목표를 이미 달성하였고 현재는 그 이득을 유지하는 중이다. 문제 행동이 아닌 변화 행동에서 기쁨과 행복의 자원을 찾아내도록 지속적으로 지지하고 인정하기를 해야 한다. 내담자의 결심과 자기효능감, 대처 능력에 대해서도 인정하기를 잊지 않아야 하며, 지속적인 관계 형성이 장기적인 변화 효과를 가져온다는 것을 기억해야 한다. 일상에서 새롭게 드러나는 어려움이나 걸림돌에 대해 면담자와 이야기를 나눌 수 있도록 관계 형성이 유지되어야 하며, 문제 행동이 재발했을 때 어떻게 탈출하는지에 대해 구체적으로 이야기를 나누고 계획을 만들어야 한다. 실수와 재발의 의미에 대해 내담자가 정확하게 알고 있고 구별할 수 있도록 이야기를 나누는 시간도 있어야 하며, 재발을 경험했을 경우 변화단계 주기에서 준비단계로 다시 들어올 수 있도록 격려해야 할 것이다. 무엇보다도 면담자-내담자 간의 협동적 관계 형성이 기본적인 성공 요인이 되며, 면담자는 어느 변화단계에 있든지 내담자가 다음 단계로 이동할 수 있는 원동력이 되어 주어야 한다.

동기면담의 핵심기술

동기면담을 선호하는 면담자들은 동기면담 정신이 매우 중요하다는 사실을 알고 있다. 동기면담에서는 내담자가 자신의 문제 행동에 대한 양가감정을 자연스럽게 언급하도록 도와주는 것이 성공적인 시작점이 된다. 다음의 동기면담 핵심기술(OARS)은 면담자가 내담자를 지지하도록 도와주며, 내담자가 안전한 공간에서 자신의 양가감정을 탐색하도록 이끈다. 동기면담의 핵심기술(OARS)은 열린 질문하기, 인정하기, 반영하기, 요약하기다. 우선 열린 질문하기부터 살펴보자.

동기면담의 핵심기술(OARS)

- O: 열린 질문하기(Open-ended questions)
  내담자의 자유로운 발언을 이끌어 낸다.
- A: 인정하기(Affirmations)
  목표 행동을 향한 변화 동기를 증진한다.
- R: 반영하기(Reflections)
  내담자의 말을 면담자가 이해한 대로 말한다.
- S: 요약하기(Summaries)
  내담자의 말이나 생각을 선별하여 목차를 쓰는 것처럼 열거하여 정리한다.

열린 질문하기

질문이란 진술과 구별되는데, 질문은 말꼬리를 올리는 것이다. 열린 질문은 많은 양의 정보를 이끌어 내고, 다양한 가능한 반응을 하도록 허용하고, 내담자의 관심을 전달하는 질문이다. 닫힌 질문은 특정 정보나 대답 혹은 '예/아니요'로 이끌어 내는 질문이다. 닫힌 질문은 어떤 가정이 내포되어 있는 한편, 열린 질문은 내담자가 자신의 관점을 확장하고 공유하도록 돕는다. 닫힌 질문이 틀린 것 혹은 사용하지 말아야 하는 것은 아니지만, 과다 사용하지 않도록 유의해야 한다. 가능하면 내담자가 자신의 관심을 공유하도록 허용해 주는 열린 질문을 사용한다.

열린 질문의 예	닫힌 질문의 예
• 의문사 '무엇' '어떻게' 로 시작하거나 '말해 주세요.' '설명해 주세요.' 로 마무리 - 무엇이 ○○님을 위반하도록 만들었나요? - 어떻게 갈망을 조절하고 있나요? - 지난번 면담의 경험에 대해 말해 주세요. - 현재 생활 상황에 대해 설명해 주세요. - 면담을 어떻게 생각하시는지 말해 주세요.	• '인가요?/어느 것이/얼마나 많이/했나요?/언제?' 등으로 시작하는 질문 - ○○을 따르지 않으면 힘들어지지 않을까요? - 갈망을 느낀 적이 있나요? - 얼마나 많이 그런 일을 하셨나요? - 마지막 직장생활이 언제였나요? - 면담에 대해 말해 주실 수 있나요?

구체적으로 열린 질문은 '예/아니요' 혹은 '단답형'으로 대답을 하지 않고 여러 가지 대답을 할 수 있도록 돕는 질문 형태다. 내담자가 취조받는 느낌이 아니고 수용과 신뢰의 분위기를 만들어 주는 데 도움이 된다. 따라서 내담자는 자신의 경험, 염려, 바람 등을 자발적으로 말하게 유도되고, 내적 양가감정을 자연스럽게 표현하도록 도움을 받는다. 더불어 일상의 이슈에 대해서 막연하게 가지고 있는 생각이나 논리를 명확하게 보도록 도와준다. 면담자는 열린 질문을 하고 내담자가 답을 하는 동안 경청함으로써 장점을 발견하여 칭찬·격려·인정하기를 할 수 있고, 내담자의 표현되지 않은 감정이나 생각을 반영할 수 있으며, 중요한 말을 정리·요약하는 기회를 가질 수 있다. 궁극적으로 열린 질문을 하면 내담자가 자신의 문제를 구체적으로 인식하고 있는지를 확인할 수 있고, 내담자는 재발이 갖는 이득과 손실에 대해 스스로 생각을 이끌어 내어 표현함으로써 양가감정을 탐색하고 해결하는 기회를 갖게 해 준다.

반면, 닫힌 질문은 '예/아니요' 혹은 '단답형'으로 답하게 만드는 질문 유형으로, 내담자의 자유로운 진술을 제한한다. 주로 사실 정보를 확인하기 위해서 사용하게 되는데, 내담자와의 관계 형성에는 효과가 적고 내담자로 하여금 소극적인 태도를 취하게 만들기가 쉽다. 닫힌 질문을 자주 사용하면 취조받는 느낌을 갖게 만들어서 비난 또는 재촉하는 인상을 주기가 쉽고, 내담자가 가지고 있는 유용한 정보를 말할 수 있는 기회를 빼앗게 된다.

열린 질문
• '예/아니요'가 아닌 여러 가지 대답을 할 수 있는 질문이다.
• 수용과 신뢰의 분위기를 만드는 데 도움을 준다.
• 내담자가 말하도록 촉진한다.
• 내담자가 자신의 양가감정을 찾도록 해 준다.
• 이슈에 대한 애매한 표현을 명확하게 하도록 한다.
• 면담자에게 인정하기, 반영하기, 요약하기의 기회를 준다.

열린 질문
1. 문제의 인식
– 내담자가 구체적으로 문제를 인식하는지 확인할 수 있다.
2. 현상 유지를 하고 있는 이유
– 현상 유지의 이익, 행동 변화의 불이익에 관한 생각을 이끌어 낸다.
– 양가감정
– 현상 유지의 불이익, 행동 변화의 이익에 관한 생각을 이끌어 낸다.

다음 활동은 각각의 질문이 열린 질문인지, 닫힌 질문인지를 확인하는 데 도움이 된다.

질문 연습하기 1

• 다음은 열린 질문인가? 닫힌 질문인가?

　1. 매일 일하러 다니고 있습니까?

　2. 당신은 주로 무엇을 걱정하고 있습니까?

　3. 하고 싶은 마음이 있습니까?

　4. 무엇이 그런 것을 하도록 만들었습니까?

　5. 당신은 지금의 생활 그대로를 원하고 있습니까?

　6. 약물에 대해서는 어떻게 하고 싶습니까? 그만둔다, 줄인다, 아니면 지금 그대로?

　7. 당신의 자녀에 대해 가장 걸리는 것은 어떤 것입니까?

　8. 이것은 열린 질문입니까?

열린 질문: 2, 4, 7

닫힌 질문: 1, 3, 5, 6, 8

　　열린 질문은 닫힌 질문과 비교하여 내담자의 관계 형성에 보다 더 신뢰적이고 수용적인 분위기를 마련해 준다는 실무적 경험을 지지한다. 면담자의 목소리 톤이 보다 부드럽고 내담자의 말을 적극적으로 경청하겠다는 태도를 전달하게 해 주는 것은 열린 질문을 할 때의 분위기에서 비롯된다.

　　다음 활동은 두 사람이 짝이 되어, 한 사람이 닫힌 질문을 하면 상대방은 열린 질문으로 바꾸는 것이다.

질문 연습하기 2

• 두 사람이 짝이 되어 한 사람이 닫힌 질문을 하면 상대방은 열린 질문으로 바꾼다.

　예: 노력하고 있습니까? (닫힌 질문) → 어떻게 노력하고 있습니까? (열린 질문)

　1. 체중을 줄이고 싶습니까?

　2. 금연하고 싶습니까?

　3. 약을 그만두고 싶습니까?

　4. 술을 줄이고 싶습니까?

　　다음 활동은 두 사람이 짝이 되어 화자와 청자를 정한다. 청자는 화자에게 열린 질문을 한다. 예를 들어, '이번 연휴를 어떻게 보내실지 이야기해 주세요.'라고 질문을 한다. 그러면 화자는 자유롭게 대답한다. 청자는 열린 질문만 한다. 5분 후에 역할을 바꾸어서 연습한다.

질문 연습하기 3

1. 두 사람이 짝이 되어 화자와 청자를 정한다.
2. 청자는 화자에게 열린 질문을 한다.
   예: 이번 연휴를 어떻게 보내실지 이야기해 주세요.
3. 화자는 자유롭게 대답한다.
4. 청자는 열린 질문만 한다.
   예: 어디에 갑니까?
      얼마 동안 갑니까?
5. 닫힌 질문을 열린 질문으로 바꾼다.
6. 5분 후에 역할을 교대한다.

동기면담을 활용하는 면담자가 열린 질문을 할 때 유념해야 하는 사실이 있는데, 열린 질문이기는 하지만 동기면담 정신과 불일치하는 경우가 있다. 이런 경우는 지양해야 한다. 예를 들어, "왜 아직까지 변화하지 않았나요?" "성공하지 못했던 이유들을 말해 주세요." 등과 같이 질문 속에 내담자의 실패나 최선을 다하지 못한 것, 문제 등에 초점을 맞추어 표현된 경우가 해당된다. '왜'라고 시작하는 질문들은 대부분 동기면담의 정신과 불일치한 열린 질문이 될 가능성이 높다. 이러한 잘못된 열린 질문들이 가지는 기본적인 태도에는 내담자가 실패를 하였고 책임을 추궁하거나 비판하려는 내용이 포함되어 있다.

열린 질문과 닫힌 질문 부호화하기

열린 질문하기

열린 질문하기(Open Question)의 약어를 사용하여 'OQ'로 부호화한다. 면담자가 다양한 범위에 가능한 답변을 할 수 있도록 질문을 할 때 OQ로 부호화한다. 한 단어로 대답하기가 어려운 질문이다. 저항적인 내담자는 한 단어로 반응할 수 있는데, 이 질문은 내담자로 하여금 특정 이슈에 대해 한 가지 설명을 하게 하기 보다는 자세하게 이야기하도록 요청한다. 이런 이유로 열린 질문이 보다 내담자 중심으로 간주된다. 복잡한 대인관계와 감정에 대해 정보를 찾으려고 할 때, 특히 이 질문이 중요하게 사용된다. 정보를 찾도록 해 주기도 하고, 내담자의 관점을 말하도록 요청하기도 하며, 자기 탐색을 고무하게도 해 준다. 이 질문은 질문자에 게 놀랄 만한 대안을 만나게도 해 준다. 열린 질문하기의 예는 다음과 같다.

- 이제까지 사시면서 법과 관련된 점을 말씀해 주세요. (OQ)
- 지금 살고 계신 곳에 대해서 어떻게 느끼시나요? (OQ)
- 교사와의 최상의 관계에 대해 말해 주세요. (OQ)
- 보호관찰을 처음 받게 된 것은 무엇 때문인가요? (OQ)
- 여가에 어떤 것을 하고 싶으신가요? (OQ)
- 이 프로그램을 성공적으로 마친다고 상상한다면 무엇이 떠오르세요? (OQ)
- 지난 번 면담 이후로 갈망에 어떻게 대처했나요? (OQ)
- 그것에 대한 입장은 어떤 것인가요? (OQ)

닫힌 질문하기

닫힌 질문하기(Closed Question)의 약어를 사용하여 'CQ'로 부호화한다. 하나 의 단어로 답을 하게 하거나 '예/아니요' 또는 여러 가지 대안 중에서 하나를 고 르게 하는 질문이다. 다변적이거나 개방적인 내담자는 면담자가 무엇을 말하든 간에 많은 정보를 교환하는 한편, 이 질문은 한 단어로 답하게 만든다. 면담자는 일반적으로 질문의 내용과 답변의 방향성에 책임을 갖기 때문에 이러한 질문은 덜 내담자 중심적이므로 가능한 한 적게 사용해야 한다. 닫힌 질문에 대한 대답은 그리 놀랄 만하지 않다. 닫힌 질문하기의 예는 다음과 같다.

- 아내가 ○○님을 지지한다고 느끼세요? (예/아니요) (CQ)
- 교도소에 몇 번 갔다 왔나요? (숫자) (CQ)
- ○○님은 외향적인가요? 아니면 내향적인가요? (CQ)
- 언제 고등학교를 졸업하였나요? (CQ)
- 그런 일은 다시 할 계획은 아니지요? (CQ)
- 부모님에 대해 말해 줄 수 있나요? (예/아니요) (CQ)

질문을 열린 질문이냐 닫힌 질문이냐로 생각하기보다는 하나의 연속선상에서도 생각할 수 있다. 다음의 예를 보자.

- 그 친구들과 외출하지는 않으실 거지요? (매우 닫힌)
- 어느 과목을 좋아하세요? (많이 닫힌)
- 좋아하는 운동은 어떤 것인가요? (약간 닫힌)
- 성적은 어떠세요? (약간 열림)
- 가장 어려웠던 경험은 어떤 것인가요? (상당히 열림)
- ○○님에 대해서 말씀해 주세요. (매우 열림)

질문에 대한 채점 기준

- "말씀해 주세요." 혹은 "좀 더 말씀해 주세요."는 열린 질문이다. 그러나 말을 할 때 지시적이거나 직면적이지 않아야 한다. 지시적이거나 직면하는 목소리 톤 또는 맥락이면 직면하기가 되어서 동기면담 정신과 불일치하게 된다.
- "하실 수 있으세요?"라는 질문과 "저에게 말씀해 주실 수 있으세요?"라는 질문의 경우 모두 닫힌 질문의 예다. "가족력에 대해서 말씀해 주실 수 있으세요?" 역시 닫힌 질문이다. "오실 수 있나요?" "진짜 먹을 수 있나요?"도 닫힌 질문이다.
- 반영은 내담자의 마음을 읽어 주려고 의도한 경우다. 면담에서 반영을 의도

168

했으나 목소리 톤이 끝에 올라가서 질문이 되는 경우도 있다. 이 경우 모두 닫힌 질문이 된다.

질문하기에 대한 동기면담 지침

면담자는 내담자와 면담을 하면서 질문하는 횟수를 되도록 적게 하고, 질문을 하더라도 연속해서 세 번 이상 질문하는 것을 지양해야 한다. 왜냐하면 어떤 질문이라도 연속적으로 세 번을 하는 경우, 내담자는 취조받는다는 느낌을 받기 때문이다. 더불어 닫힌 질문보다는 열린 질문을 하며, 질문을 한 번 하면 반영을 두 번 이상 하는 것이 바람직하다.

면담자는 전체 질문의 개수 중에서 50% 이상 열린 질문을 하는 것이 바람직하며, 열린 질문을 한 다음에는 내담자가 답을 한 것에 대해서 면담자가 그대로 말을 반복해서 들려주거나 내담자의 마음을 좀 더 깊이 있게 다른 말로 해 주는 것이 유용하다. 이것을 반영이라고 부른다(반영하기에 대해서는 차후에 설명을 할 것이다). 따라서 면담자가 열린 질문을 한 다음에는 한 번 혹은 두 번의 반영을 사용하는 것이 유용하다. Miller와 Rollnick(2013)은 열린 질문과 반영을 왈츠로 비유하였는데, 저자들은 '쿵'~'짝'~'짝'으로 기억하도록 면담자들의 훈련을 돕고 있다. 여기서 말하고자 하는 것은 열린 질문이든, 닫힌 질문이든 두 개 이상이 연속될 때, 내담자는 취조받는다는 느낌을 갖게 되어 관계 형성에 부정적인 영향을 준다는 것이다.

간혹 면담자는 열린 질문으로 시작하고 바로 이어서 두 개 이상의 대안을 제시하여 내담자가 선택을 하도록 질문의 폭을 줄이기도 한다. 엄격히 말하면, 닫힌 질문이 되는데, 간혹 심한 우울감으로 사고의 흐름이 지연되거나 부정적인 감정에 압도되어 집중력이 떨어지는 내담자의 경우, 이와 같이 열린 질문으로 시작하고 선택 대안을 제시하는 것이 대화를 이어가는 데 도움이 될 수 있다. 예를 들어, "요즘 어떻게 지내는지 말해 주세요." "가족 관계에 대해 말씀해 주세요." "오늘은 무엇에 대해서 이야기를 나누면 좋을까요? 공부하는 방법, 여가 활용, 친구관계에서 고를 수도 있습니다." 등이다.

정중하게 의견을 묻는 질문이 간혹 닫힌 질문으로 내담자에게 제시될 수도 있다. 예를 들면, "제가 ～에 대해 말해도 될까요?" "제가 ～에 대해 제안해도 될까요?" "○○님이 ～에 대해서 좀 더 설명해 주실 수 있을까요?" 등이다. 이러한 질문은 닫힌 질문이기는 하지만, 면담자가 내담자의 동의를 구하는 것이므로 동기면담 정신과 일치하는 것으로 본다. 따라서 모든 질문을 열린 질문으로만 해야 한다는 것은 아니다.

질문하기와 반영하기에 대한 동기면담 지침

- 반영하기보다 질문하기를 약간 적게 한다.
- 연속해서 세 번 질문하지 않는다.
- 닫힌 질문보다도 열린 질문을 한다.
- 하나의 질문을 한 후에는 최소 두 개의 반영을 한다.

동기면담 과정에서 질문하기

내담자와 관계 형성을 할 때도 질문과 반영의 비율을 1 : 2로 유지하는 것이 중요하다. 관계 형성에서 특히 유의할 점은 면담자가 내담자에 대해서 파트너라고 느끼게 하는 기회가 되므로 질문을 많이 한다고 좋은 것이 아니다. 관계 형성에서 특히 유의할 점은 면담자가 내담자에게서 많은 사실이나 정보를 수집해야 한다는 평가 함정에 빠지지 않도록 하는 것이다. 닫힌 질문뿐만 아니라 열린 질문도 연속적으로 내담자에게 제시될 때 관계 형성의 걸림돌이 될 수 있다. 닫힌 질문, 특히 질문 안에 면담자의 의도가 다분히 표현되어 있는 경우에는 관계 형성에 치명적인 부정적 영향을 줄 수 있다. 예를 들어, "단주하는 것이 중요하지 않을까요?" 혹은 "자조 모임을 중단하면 재발된다고 생각하지 않으세요?" "면담을 받지 않는다면 아내와의

질문하기 집중연습

• 다음은 열린 질문인가? 닫힌 질문인가?

1. 안 하려는 이유는 어떤 건가요?

2. 하실 건가요?

3. 얼마나 자주 이웃이 집에 들르나요?

4. 비싼 물건들을 빌려 가나요?

5. 이웃이 그런 짓을 하는 이유가 있는 건가요?

6. 이웃에게 피해를 주고 싶으세요?

7. 이웃을 기분 나쁘게 한 적이 있나요?

8. 이웃이 물건을 돌려준 때를 생각해 낼 수 있나요?

9. 얼마나 늦은 시간에 이웃이 방문하나요?

10. 그 밖에 어떻게 하고 싶나요?

11. 말을 한다면 어떻게 말할 거라고 생각하나요?

12. 10점에서 1점 척도에서, 어느 정도인가요?

13. 이런 이야기를 저에게 하는 이유가 있나요?

14. 무언가 다른 것을 해야만 할 때라고 생각하지는 않으세요?

15. 그 이웃이 다른 어떤 사람을 생각나게 하나요?

열린 질문: 1, 10, 11
닫힌 질문: 2, 3, 4, 5, 6, 7, 8, 9, 12, 13, 14, 15

관계가 더욱 나빠지지 않을까요?" 등이다. 관계 형성을 할 때, 하나의 특정 주제에 대해서 대화를 시작하도록 열린 질문을 활용한다. 이후에 많은 반영을 하면서 내담 자로 하여금 특정 주제에 대해 생각해 보고 탐색하도록 독려한다. 이것이야말로 내 담자 중심이자 방향 지향적 면담 스타일, 즉 동기면담에 충실한 것이다.

인정하기

내담자에 대해서 그리고 내담자의 노력과 성취에 대해서 존경 혹은 인정과 감 사를 전달하는 표현이다. 실무 분야에서 면담자는 때로 내담자가 어떤 나쁜 일을 하고 있는지 감독하느라고 또는 내담자의 문제해결에 너무 빠져 있느라고 내담자를 인정해 줄 만한 것을 찾기 어려울 수 있다. 관점을 조금만 바꾸고 내담자가 올바로 하는 것을 보려고 노력한다면 인정하기는 훨씬 용이하다.

Miller와 Rollnick(2013)은 인정하기를 할 때 주어가 면담자가 되기보다는 내담자가 되는 문장으로 표현하도록 설명하고 있다. 예를 들면, "○○님은 열악한 환경이지만 불굴의 의지를 보여 주셨군요." 또는 "○○님은 가족의 소중함을 잘 아시는 분이시군요." 등이다. 내담자 중심의 인정하기와는 달리 면담자 중심의 인정하기도 인정하기에 속할 수 있다. 예를 들면, "○○님의 노력에 제가 감탄했습니다." "○○님의 ~이 자랑스럽습니다." "○○님의 ~에 놀랐습니다." "○○님의 ~이 부럽습니다." 등이다. 동기면담에서는 면담자가 주어가 되는 인정하기보다 내담자가 주어가 되는 인정하기를 할 때, 더 효과적인 인정하기가 될 수 있다.

인정하기는 내담자의 내적 자원과 개인적 속성을 말해 주는 것이 중요한데, 내담자의 외모, 학력, 인맥, 재력 등과 같은 외적 자원이나 결과물에 초점을 맞추어 칭찬을 한다면 내담자의 변화 동기를 높이고 유지하기가 어렵다.

인정하기는 구체적인 예를 들면서 내담자가 가진 개인적 속성을 말하는 것이다. 어떤 경우에는 구체적이지는 않지만, 진정성을 가지고 보다 더 광범위한 관점에서 인정하기를 할 수도 있다. 예를 들어, "참 잘 오셨습니다." "이렇게 만나서 반갑습니다." "대단하십니다." 등이다. 저자들은 면담자들이 내담자를 인정하는

인정하기

- 내담자의 강점 또는 긍정적 행동을 발견한다.
- 진정성을 전달한다(명확하게 언어화한다).
- 존중과 배려를 표현한다.
- 협동 관계를 견고히 해 준다.
- 내담자가 자존감이 낮다면 그의 겸손함과 엄격함을 인정하여 방어가 줄어들게 한다.

★ 인정하기는 기분 좋게 이야기를 계속하도록 돕는다.

데 상당히 인색한 것을 보곤 한다. 면담자의 인정하기에 대한 어색함과 쑥스러움은 인정과 칭찬, 격려가 부족한 우리나라 문화를 반영해 주는 것일 수 있다. 인정하기가 어색한 면담자일수록 인정하기 연습을 많이 하여 몸에 배도록 습관을 들여야 한다. 내담자의 변화하려는 노력을 촉진시키기 위해서 교육적인 멘트를 자주하는 경향이 있다. 한편 교육적 면담 스타일은 동기면담과는 위배되는 스타일로서 관계 형성에 매우 비효과적일 수 있다.

인정하기의 예는 다음과 같다.

- 오늘 정각에 와 주셔서 감사합니다.
- 이것에 대해 솔직하게 해 주셔서 감사합니다.
- 성공적으로 보호관찰을 마치려고 열심히 노력해 오셨군요.
- 사회봉사 명령 시간을 잘 마치셨어요.
- 상담에서 보고서를 받았습니다. 모든 집단에서 잘 하셨군요.

인정하기는 또한 내담자가 자신의 느낌과 경험, 가치관에 대해 이야기하는 것에 대해서 면담자가 자신의 정서 반응을 전달하는 표현이기도 하다. 예를 들면, 다음과 같다.

- 가족들로부터 지원이 거의 없었는데도 이렇게 한다는 것이 정말 힘들었음이 틀림없네요.
- ○○님은 정말로 친구들을 소중하게 여기는군요. 친구들과 떨어진다는 것을 생각만 해도 무척 힘들었던 것임이 틀림없다는 것을 알겠습니다.
- ○○님이 자녀를 염려하면서 정말 이것을 해 주고 싶어 하는 점에 감동이 됩니다.
- 그건 어려웠음에 틀림이 없군요.

인정하기는 면담자가 내담자에게 긍정적인 면 혹은 칭찬할 거리를 찾아 말하는 것이다. 내담자가 자신에 대해 말했던 긍정적인 부분을 단순히 반영하는 것을 넘어서야 하며, 내담자가 누군가에 대해 말한 것이 아니라 자기 자신에 대해 말한 내용이어야 한다. 어느 분야든지 내담자의 강점, 능력 혹은 노력에 대해 칭찬하거나 코멘트를 함으로써 개인적으로 인정하고 있음을 면담자가 표현해야 한다. 간단하게 "훌륭하세요."라고 해도 인정하기가 되기는 하지만, 내담자의 방어를 낮추는 데 보다 효과적이려면 칭찬과 격려, 인정하는 내용을 구체적으로 한다. 예를 들면 다음과 같다.

- 오늘 저를 보러 오신 것은 용기를 내신 것입니다.
- 이번 학기에 ○○님의 성적이 올라서 제가 감격했어요.
- 어려운 결단을 하신 걸 보니 대단하네요!
- 그렇게 성취해 낸 것에 대해 스스로 자랑스러우시겠어요.
- 보여 주신 행동은 매우 감동적입니다!
- 사랑하는 사람에게 직면한다는 것이 고통스러울 수 있는데 정말 잘하셨어요.
- 내담자의 속성에 대해 긍정적인 코멘트를 한다.
  - ○○님은 진정한 생존자입니다.
- 호의적 평가 진술을 한다.
  - 끈질김과 자신을 소중하게 대하는 것에 감탄했습니다.
- 내담자가 잘한 점을 찾는다.
  - 잘 오셨습니다.
  - 잘 결심하셨네요.
  - 좋은 아이디어를 생각하셨네요.
- 희망이나 배려, 지지를 표현한다.
  - 보호관찰 규정을 계속 잘 준수하셨네요.
- 마음에 들지 않는 언행에도 수용적으로 반응한다.

　　인정하기는 칭찬과 격려를 포함하는데, 유의해야 할 사항은 사실에 근거하여 내담자의 강점을 이끌어 내어 말해야 한다. 인정하기가 사실에 근거하지 않으면 '진정성'이 감소하기 때문이다. 또한 인정하기는 '적시성'이 있어야 한다. 내담자에 대한 인정하기는 면담 중 타이밍이 매우 중요하며, 이러한 적시성이 갖추어질 때 인정하기의 효과가 높아진다. 내담자에 대한 인정하기는 면담자의 가치관을 변화시킬 수 있다. 즉, 인정하기는 면담자가 내담자에 대한 긍정적 관점, 세상에 대한 긍정적 관점, 자원에 대한 긍정적 관점을 점차 갖출 수 있도록 도와준다. 인정할 만한 것이 하나도 없는 내담자라 하더라도, 즉 문제에 대한 인식이 없거나, 저항이 심할 때도 마치 '무'에서 '유'를 창조하듯이 면담자는 내담자로부터 긍정적 속성을 찾아낼 수 있음을 기억해야 한다. 예를 들어, 보호관찰 내담자가 "시간이 없어요. 빨리 면담을 끝내세요."라고 말할 경우, 일반적으로 면담을 하는 보호관찰관들은 짜증을 느끼는 것이 공통적이다. 한편 짜증스럽게 만드는 내담자의 이러한 표현에도 훌륭한 면담자는 "○○님이 열심히 살고 있군요." "○○님은 시간을 소중하게 생각하는 분이시군요."라고 진정성 있게 인정하기를 할 수 있다.

　　내담자가 칭찬, 격려, 인정의 말을 들었을 때, 그것이 자신의 내적 자원임을 수긍할 수 있어야 한다. 또한 칭찬, 격려, 인정하기는 적시에 할 때만 변화 동기를 높이는 데 효과가 있다. 다음 활동은 두 사람이 짝이 되어 칭찬과 격려, 인정하기를 체험하는 것이다. 화자와 청자를 결정한다. 화자는 '지금 바꾸려고 생각 중인 행동이나 습관'을 한 가지 떠올려서 3분간 이야기를 한다. 청자는 경청하면서 화

인정하기 체험

- 화자: '지금 바꾸려고 생각하는 것'을 3분간 이야기한다.
- 청자: 경청하면서 화자의 장점을 찾는다. 화자가 이야기하는 3분 동안 장점만을 찾아 화자에게 반영하기를 한다.

　　예: "○○님은 포기하지 않는군요."
　　　　"○○님은 이전에 5km를 뛴 적이 있었군요."
　　　　"○○님은 정말 아내를 소중하게 생각하고 있군요."

자의 장점을 찾는다. 3분 동안 화자가 이야기할 때, 장점만을 찾아 화자에게 말한다. 3분이 지나면 역할을 바꾸어서 연습한다.

인정하기와 동의하기의 차이

면담자가 내담자와 대화를 하면서 칭찬과 격려, 인정하기를 할 때 유의해야 할 또 한 가지는 인정하기와 동의하기는 다르다는 점이다. 인정하기는 내담자가 자신의 강점, 잠재력, 내적 자원으로 수긍할 수 있는 속성을 면담자가 말하는 것인 반면, 동의하기는 내담자가 가지고 있는 가치관이나 판단을 그저 옳다고 말하는 것이다. 엄격하게 말하면, 내담자의 가치관이나 판단 기준이 그릇되어 있을 때 동의해서는 안 된다.

인정하기와 동의하기의 차이
• 내담자: "화가 나서 때렸습니다."
• 면담자: "때리는 것 이외에는 생각할 수 없었군요." (인정하기)
• 면담자: "누구나 화가 나면 때리게 되지요." 혹은 "나라도 때렸을 것입니다." (동의하기)

인정하기에서의 유의점

 - 인정하기는 '단순히 칭찬하는 말'이 아니다.

 - 사실에 근거하여 내담자의 강점을 반영한다.

 - 내담자가 자신의 자원을 이끌어 낸다.

동기면담 과정에서 인정하기

관계 형성하기에서 인정하기는 긍정적인 영향을 준다. 사람은 자신의 강점을 찾아내어 칭찬하고 격려하는 사람을 신뢰하고, 그 사람의 말에 경청하고, 그 사람에게 개방하며, 그 사람과 시간을 더 많이 보내고자 한다. 따라서 인정하기는 면담에 참여하려는 의지를 높일 수 있으며 방어적인 태도가 줄어들게 돕는다. 인정을 받고 더불어 공감을 받았다는 느낌을 갖는 내담자는 자신에게 위협이 될 수 있는 정보나 과거의 경험에 대해서도 부담 없이 자유롭게 이야기를 나누게 된다. 때로는 면담자가 인정할 만한 거리를 찾기 위하여 내담자에게 열린 질문으로 장점이 무엇인지, 과거에 성공했던 것이 무엇인지, 자랑스럽게 여기는 노력 또는 경험이 어떤 것인지를 질문하게 되는데, 이때 내담자의 반응을 경청하여 표현하는 것이 인정하기가 된다.

반영하기

반영하기는 경청을 토대로 가능하다. 반영하기는 면담자가 내담자의 언어적 표현에 내포된 의미에 대해서 가설을 세운 후, 그 가설의 진위 여부를 확인할 기회를 갖게 해 준다. 반영하기는 공감을 표현하는 가장 으뜸이 되는 방법이다. 동기면담에서는 언어적인 표현으로 반영하는 것에 중점을 두고 있는데, 면담자가 정확하게 공감을 표현하기 위해서는 내담자의 비언어적인 단서, 자세, 얼굴 표정, 목소리 톤, 시선 접촉, 제스처 등이 전달하는 의미를 잘 포착하여 언어적으로 반영하는 데 깊이를 더하여야 한다.

Gordon(1970)은 반영을 정확하게 하는 데 걸림돌이 될 수 있는 몇 가지 요인을 의사소통 과정을 통해 알 수 있다고 하였다([그림 6-1] 참조). 의사소통 과정은 면담자가 내담자 말의 의미와 의도가 면담자가 이해한 의미와 같은지를 확인하는 과정이다. [그림 6-1]에서 반영하기(4번)는 두 개의 상자를 잇는 것이다. 이 의사소통 과정에서 의사소통이 잘못될 수 있는 장소에는 세 부분이 있다. 즉, 1, 2, 3번에서 의사소통의 불화가 일어날 수 있다. 1번은 내담자가 자신의 의미를 정확하게 전달하지 못한 경우다. 1번에서 내담자가 자기가 하고 싶은 말을 제대로 표현하지 못했거나 반대어로 말을 하거나 축소 또는 과장하여 말할 수 있다. 의사소통에서 첫 번째 오류가 초래되는 장소이기는 하지만 면담자는 대화를 하면서 내담자의 특성을 포착하게 되므로 1번에서의 오류를 걸러 낼 수도 있다. 2번은 면담자가 내담자의 말을 잘못 알아들었을 경우다. 2번은 면담자가 오류를 범할 수 있는 장소로서, 말 그대로 내담자의 말을 잘못 알아듣는 경우다. 내담자의 목소리가 매우 작거나 말의 속도가 매우 빨라서 못 알아들을 수도 있다. 그럴 경우, "다시 한번 말씀해 주세요." 혹은 "좀 더 상세하게 말씀해 주세요."와 같은 열린 질문을 하여 오류를 제거해야 한다. 3번은 면담자가 내담자가 한 말의 의미를 잘못 이해한 경우다. 3번의 경우에 면담자가 가장 쉽게 오류를 범하고 가장 빈번하게 오류가 초래된다. 면담 상황에서 3번에 의한 의사소통 오류가 초래될 때는 면담자 자신의 의사소통 스타일을 들여다볼 필요가 있다. 3번에서의 오류는 면담자의 의사소통 스타일을 바꾸라는 신호가 될 수 있다.

　Gordon(1970)은 4번에서 반영하기가 나타날 때 가장 적합하다고 하였다. 그러나 반영하기 이외에 9가지의 부적합한 반응(예: 명령하기, 지시하기, 충고하기, 논리

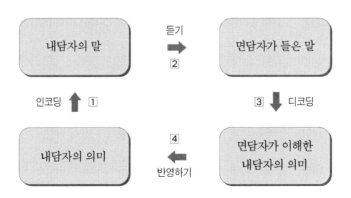

[그림 6-1] Gordon(1970)의 의사소통 모델

적으로 설득하기, 논쟁하기, 설교하기, 동의하기, 수치심 주기, 분석하기)이 나타날 수 있다고 하였다. 다시 말하면, 반영하기는 동기면담적 반응이고, 그 이외의 반응은 모두 비동기면담적이다. 내담자의 말의 의미를 잘 공감하는 반영하기는 쉽지 않다. 따라서 많은 연습이 요구된다.

3번에서 면담자가 들은 말을 이해할 때, 면담자의 가치관, 오리엔테이션, 인간관, 철학, 세계관 등 면담자가 지닌 다양한 내적 틀 때문에 다양한 반응을 초래할 수 있다. 이때 면담자의 반응이 동기면담 정신과 일치하는가 혹은 그렇지 않은가가 매우 중요하다. 반영하기에 면담자가 담을 수 있는 내용은 무궁무진한데, 내담자가 변화 목표를 향하여 움직이게 하는 반영이어야 유용하다.

오아시스

나 전달법(I-message)과 반영하기는 어떻게 다른가?

이 둘의 차이를 판단할 수 있는 기준은 다음과 같다.

① 표현되는 감정, 생각, 욕구 등의 주체자는 누구인가?
② 사용 목적이 무엇인가?

나 전달법은 화자가 자신의 감정, 생각, 욕구 등을 솔직하게 상대방에게 표현하는 것이다. 상대방이나 상황을 비난하지 않고 자기가 경험하고 느낀 바를 그대로 말하는 표현 방법이다. 주로 부정적인 감정을 상대방에게 전달할 때 사용하는데, 상대방을 탓함으로써 악화될 관계를 그렇게 하지 않고 유지하는 데 효과적이다. 더불어 교육적인 목적이 다분하다. 자녀와의 관계에서의 효율적인 부모 역할 훈련에서 많이 연습된다. 예를 들면, "방이 어질러진 것을 보니까 엄마가 속상하구나." "그런 말을 들으니까 제가 매우 당황스러워요." "소리를 지르시니까 제가 큰 잘못을 한 것처럼 느껴져요." 등이다.

반영하기는 표현된 내용이 화자의 것, 즉 말하는 사람의 감정, 생각, 욕구가 아니라, 상대방의 감정, 생각, 욕구 등을 화자가 언어로 표현하는 것이다. 반영하기는 동기면담의 대표적인 핵심기술로 강조되며, 상대방의 변화 동기를 올리는 데 효과적이다. 예를 들면, "매우 화가 나신 거네요." "정말 기쁘셨군요." "어떻게 말해야 할지 모르셨던 거군요."와 같이 말하는 것으로 이때 주체는 상대방이다.

　반영하기에 익숙하지 않은 면담자는 처음에는 반영하기가 매우 어색하게 느껴질 수 있으나, 반복적인 연습과 훈련을 통해서 자신감이 증진되고 보다 자연스럽게 반영하기를 하게 된다. 실무에서 내담자의 반응을 통해 면담자는 자신이 방금 한 반영이 제대로 된 것인지를 즉시 평가받을 수 있다. 동기면담 과정에서의 초점 맞추기 또는 유발하기 과정 중에 반영 시 방향성을 분명하게 하는 것이 변화 촉진적이다. 관계 형성하기에는 변화 목표의 방향성이 배제될 수 있다고 하더라도 내담자의 부정적 감정에 너무 몰입하여 반영을 할 경우, 면담자나 내담자 모두 답답하게 느껴지고 방향을 잃어버린 느낌을 가지게 되며, 제자리에 정체된 느낌도 가질 수 있다.

　반영하기는 두 가지 특성이 있다. 반영은 진술이며(즉, 질문이 아니다), 내담자가 전달하고자 하는 것에 대한 가설이다. 반영에는 몇 가지 수준이 있다. 면담자는 내담자가 말했던 것을 다시 반복하거나, 내담자가 전달하고자 하는 동일한 수준의 깊이에서 비슷한 말을 사용하여 재진술하거나, 내담자가 말하는 것의 뒤에 숨겨진 의미를 이해하고자 노력하면서 다르게 표현하기다. 후자를 가리켜 복합반영이라고 하며, 복합반영은 내담자가 말하는 것의 의미 혹은 강조를 추가하는 것이다. 복합반영은 대화를 이끌어 가면서 행동 변화와 관련된 이슈를 내담자가 깊이 이해하도록 돕는다.

반영의 수준

- 반복하기: 내담자가 말했던 것을 그대로 말하기

- 재진술하기: 약간 다른 말로 말해 주기

- 다르게 표현하기: 의미에 대해 추측하여 직접 말하지 않았던 것을 추가하기

반영하기는 새로운 의미나 새로운 말을 하는 것이기도 하고, 내담자가 방금 말한 내용 중 몇 가지 부분을 포착하여 되돌려주는 것이기도 하다. 반영하기에서는 내담자가 말했던 생각 중에서 최소 두 가지 내용을 한꺼번에 재진술하거나 다르게 표현한다(세 가지 이상의 내용을 반영한 경우는 요약하기가 된다). 반영하기는 동기면담 기술에서 가장 중요한 기술인데, 왜냐하면 내담자로 하여금 자기가 한 말을 면담자가 들었음을 알게 해 주고, 오해한 부분이 있으면 명료화할 기회를 제공할 수 있기 때문이다. 반영을 할 때 내담자가 말하는 것을 점까지 정확하게 반복할 필요는 없다. 사실상, 다소 부정확한 반영을 하여 내담자가 면담자에게 또는 자기 마음속으로 내용을 고치거나 의미를 명료하게 해 줌으로써 더 많은 정보를 모을 기회가 되기도 한다(그러나 부정확한 반영이 많이 나오면 내담자가 이해받았다는 느낌이나 공감받았다는 느낌을 가지지 못한다).

반영하기

- 잠시 동안 청자는 자신의 생각을 접어 두고, 화자를 잘 경청하면서 화자가 말하고 싶어 하는 것을 포착한다.
- 자세, 태도는 화자에게 맞춘다.
- 화자의 이야기를 촉진시킨다.
- 변화의 방향으로 이야기를 계속 가게 한다.

반영하기 부호화하기

단순반영

단순반영은 일반적으로 내담자와 면담자의 대화에서 이해하였음을 전달하거나 대화를 촉진한다. 내담자의 말을 똑같이 해 주며 의미나 강조 혹은 깊이를 더하지 않는다. 단순반영(simple reflection)을 부호화할 때는 'Rs'라고 표기한다. 단순반영의 예는 다음과 같다.

> **내담자1**: 제 여동생처럼만 되었으면 좋겠어요.
>
> **면담자1**: 동생처럼 되고 싶으시군요. (단순반영)
>
>
> **내담자2**: 정말로 제 남편을 귀하게 생각합니다.
>
> **면담자2**: 남편이 중요하시군요. (단순반영)
>
>
> **내담자3**: 요즈음 항상 피곤할 뿐이에요.
>
> **면담자3**: 항상 피곤하시군요. (단순반영)

이러한 예제는 모두 단순반영의 예다. 내담자의 언어적 진술을 그대로 따라서 반복하고 있다. 내담자의 말을 면담자가 듣고 있음을 알려 준다는 점에서 의의가 있다. 한편 단순반영이 여러 차례 반복되면 공감받고 있다는 느낌을 감소시킬 수 있으므로 몇 번의 단순반영 이후에는 보다 심층적인 복합반영을 할 수 있어야 한다.

단순반영(Rs)

- 화자가 말한 것과 거의 같은 말로 의미를 더하지 않는다.
- 중요한 부분이나 내담자의 격한 감정 부분에 주의를 기울인다.
- 내담자가 의도한 발언 내용에서 앞서 가지 않는다.
- 대화를 유지하며 의사소통 자체를 안정되도록 해 준다.

예:
내담자: 이것을 계속 할까 말까 잘 모르겠네요.
면담자: 확실하지 않군요. (단순반영)
　　　　당황하고 있군요. (단순반영)

복합반영

복합반영은 내담자가 한 말에 의미, 강조, 깊이를 더해서 말한다. 복합반영 (complex reflection)은 'Rc'로 부호화한다. 복합반영을 할 때, 내담자는 어떤 이슈에 대해 자기가 생각하는 바를 더 발전시킬 수 있다. 이때 내담자의 말을 그대로 따라 하는 것이 아니라, 내담자가 하는 말의 부분을 강조하여 그 방향으로 대화가 진행되도록 대화의 방향을 정한다. 물 위에 떠오르지 않은 부분을 면담자가 감지하고 표현하는 것이 바로 복합반영이다. 복합반영이 많으면 많을수록 면담은 보다 발전될 수 있다. 추측을 한다는 자체가 면담자로서 처음에는 다소 불편하게 느껴질 수 있지만, 그럼에도 불구하고 시도를 해 보면 의사소통과 이해의 정도가 증진되는 것을 경험할 것이다. 물론 과도하게 비약된 표현은 비효과적이다. 반영의 깊이는 연습을 함으로써 증진되며 내담자에게뿐 아니라 면담자에게도 성장할 수 있는 기회가 되어 준다. Miller와 Rollnick(2013)은 추가적으로 반영하기의 강도에 따라서 과장되게 반영하기(overshooting)와 소극적으로 반영하기(undershooting)로 나누어 설명하였다. 과장되게 반영을 할 경우, 일반적으로 강도가 높은 형용사를 사용하게 되는데, '매우 엄청나게' '완전히' '놀랄 정도로' '무척' '상당히' 등이 있다. 소극적으로 반영을 할 경우에는 '조금' '약간' '다소' '어느 정도는' 등의 형용사 및 형용구를 사용하게 된다.

복합반영의 유형

복합반영은 여러 유형이 있다. 면담자가 내담자의 진술에 어떻게 반응하는가에 따라 다양한 복합반영이 나타날 수 있다. 다음은 면담자의 내담자 진술에 대한 반영 기술로, 복합반영을 구체적으로 어떻게 하는지, 어떻게 내담자에게 반응하는지에 대한 것이다.

■ **내용을 추가한다**　　면담자는 내담자가 표현하지 않은 의미나 느낌을 추가해서 말하여 반영한다. 면담자는 내담자의 진술에 내용을 추가하거나 보태어 복합반영을 할 수 있다. 다음의 예에서 보면, 내담자가 말하지는 않았으나 면담자가 임의적으로 의미를 추가하여 표현하고 있다. 다소 저항적인 내담자에게 적절히 사용하면 저항을 감소시키는 효과를 가져오기도 한다.

> 내담자: 제 담당 보호관찰관님은 저에게 정말 심하게 합니다.
> 면담자: 그러니까 담당 보호관찰관을 존중하지만 한편 요구가 많다고 느끼시는군요. ('존중'이라는 내용을 추가함)

■ **비유나 은유를 사용한다**　　내담자가 평이하게 표현한 것을 상징적 언어로 말한다. 다음의 예제에서 보면, 내담자의 부정적인 느낌을 간단하게 비유함으로써 그 느낌의 정수를 보여 준다. 매우 적절한 비유나 은유는 내담자에게 공감받았다는 느낌을 확실하게 주며 약간의 유머와 재치도 있을 수 있어서 내담자의 저항이 감소되는 효과를 가져오기도 한다.

> 내담자: 이 직장에 꽉 잡혀 있는 느낌이에요. 매일매일이 똑같고 출구가 없어요.
> 면담자: 독 안에 든 쥐로군요.

■ **과장되게 말한다**　　내담자가 사용했던 말보다 더 강한 언어를 사용하여 의미를 강조한다. 다음의 예제에서 보면, 내담자의 부정적인 느낌이나 생각을 오히려 확대하거나 과잉하여 일반화함으로써 내담자는 자신의 진술에 대해 잠시 재고하게 된다. 면담자의 확대반영이 맞을 수도 있고 아닐 수도 있기 때문이다. 면담자는 주로 '전혀' '완전' '절대' '하나도 없다' 등으로 단정적인 부사를 사용한다.

> 내담자1: 마누라 때문에 짜증이 납니다.
> 면담자1: 엄청 화가 많이 나셨군요.

내담자2: 저는 잘하는 게 하나도 없습니다.

면담자2: 완전히 실패자로 느끼시는군요.

■ **양면반영을 한다**　내담자가 말한 것의 두 가지 '반대되는' 측면을 모두 반영한다. 다음의 예제에서 보면, 내담자의 두 가지 상반된 상태를 반영하고 있다. 새로운 내용을 추가한 것이 아니라 내담자의 언어적 표현에서 이끌어 낸 양가감정이다. 양면반영 역시 'Rc'로 부호화한다.

내담자: 정말 혼란스러워요. 저는 아이들을 사랑합니다. 정말 그래요. 아이들이 가장 중요한 존재라고 생각해요. 그런데 제가 애들에게 상처 주는 선택만 하고 있으니 말입니다. 제가 무엇을 하든 간에 결국에는 바보 같은 짓을 하게 되는 거예요.

면담자: 한편으로는 가족을 정말 사랑하시고 또 한편으로는 가족에게 상처 주는 선택을 하시는군요.

■ **재구조화한다**　표현된 상황을 동일하게 반영하는데, 내담자가 이전에 생각했던 것과는 다른 측면으로 표현한다. 다음의 예제에서 보면, 면담자는 음주와 관련하여 전문적인 지식과 정보를 주입시키려고 하지 않고 내담자의 경험을 토대로 해서 다른 관점으로 반영하고 있다. 내담자가 생각하지 못했던 측면이자 관점으로 통찰을 이끌어 낼 수 있는 반영이다.

내담자: 저는 정말 술을 잘 마십니다. 남자들 대부분이 나가 떨어져도 저는 하나도 아무렇지 않아요.

면담자: 몸에서 무언가 잘못되었다고 알려 주는 능력이 사라질 때까지 마시는군요.

■ **표현되지 않은 감정을 언어화한다**　내담자가 내포하기는 했으나 정작 말하지 않은 감정을 명명한다. 다음의 예제에서 보면, 내담자의 상황적 경험을 정서적 표

현으로 간단하게 반영함으로써 내담자가 자기 감정을 이해하는 데 도움을 주며, 감정의 이해는 면담자와의 대화를 촉진시키는 데 효과가 있다.

> 내담자: 제가 어릴 때 엄마가 저를 밀쳐 버리곤 했어요. 이제는 제 남편이 그럽니다.
> 면담자: 무시되고 상처받은 느낌이군요.

■ **한쪽 편을 강조한다**　　내담자가 많은 것에 대해 이야기하더라도 면담자는 특별한 효과를 내기 위해서 하나만을 선택하여 강조한다. 한편 면담자가 의식적으로 선택하지 않고 간단히 반영한다면 단순반영으로 머무른다. 다음의 예제에서 보면, 면담자가 복합반영으로 할 수 있는 기회를 단순반영에 머무르고 있는 것을 볼 수 있다. 복합반영은 면담자와의 대화를 촉진시키는 효과가 있다.

> 내담자: 저는 사법 시스템 자체를 증오합니다. 그곳 사람들은 누구에게도 좋은 일을 해 준 적이 없어요. 물론 강간범 같은 사람들을 잡을 때는 괜찮지만 대부분 하는 일이 전혀 없습니다.
> 면담자1: 사법 시스템이 좋은 일을 해 주는 것을 아시는군요. (복합반영)
> 면담자2: 사법 시스템을 증오하는군요. (단순반영)

복합반영(Rc)
• 내담자의 발언 안에 있는 것을 반영하려고 한다.
• 보다 깊은 의미를 추측하여 견해를 바꾼다.
• 감정적인 부분도 포함하지만, 동시에 가치관, 행동, 방향성이라는 요소를 포함한다.
• 내담자가 거기까지 생각하지 않았던 것을 반영함으로써 내담자의 이해를 깊게 한다.

단순반영과 복합반영의 차이

다음의 예제들은 내담자의 동일한 표현에 대한 단순반영과 복합반영의 차이를 보여 준다. 복합반영은 단순반영과 비교해서 면담자와 내담자가 변화 목표를 향해 한 걸음 더 대화를 진행할 수 있도록 촉진하는 효과를 가져온다.

예제 1

내담자: 석 달 만에 세 번째 속도위반이네요. 보험료가 하늘을 찌를 거예요. 정말 죽이고 싶어요. 우리 가족에게 들어가는 돈이 얼마나 많은지 알지 못하나 봐요.

면담자1: 아이가 가족에게 심각한 문제를 가져오는군요. (단순반영)

면담자2: 이번이 마지막 지푸라기라는 말씀이군요. (복합반영: 이번이 마지막이라는 의미로 비유를 하면서 표현을 확대하였다.)

예제 2

내담자: 약물 사용 때문에 수강 명령과 상담을 받았어요. 어떻게 해야 나아질지 온갖 종류의 조언을 알고 있습니다만 그렇게 하게 되질 않네요. 왜 그런지 모르겠어요. 아마도 제가 죽고 싶은 바람이 있는가 봐요. 무슨 말인지 아시겠어요?

면담자1: 이것 때문에 상당히 풀이 죽어 있군요. (단순반영: 면담자는 감정에 대해 이야기하는데, 내담자는 이미 '죽고 싶은 바람'이라는 말로 자신의 감정을 알고 있다. 따라서 감정이 표현되지 않은 것은 아니다.)

면담자2: 어떠한 변화도 원하지 않는 마음이 부분적으로 있어서 걱정이 되시는군요. (복합반영: 강조하기를 추가하였다.)

다음 표에 단순반영과 확대반영의 예를 더 추가하였다. 복합반영은 쉽지 않으나 많은 연습과 슈퍼비전을 통해서 역량을 증진할 수 있다. 복합반영이 효과가 있었는지 아닌지는 내담자의 즉각적인 반응으로 확인이 가능하므로 면담자는 실제 장면에서 내담자에게 적극적으로 적용하는 것이 필요하다. 다음의 표에서 단순반영과 복합반영의 차이를 자세히 살펴보자. 내담자가 한 말이 부정적으로 표현되었다고 하더라도 면담자는 새로운 관점으로 바꾸거나 긍정적인 의미를 도출하여 반영하고 있는 것을 볼 수 있다. 더불어 내담자의 작은 노력에 대해서 면담자가 강점으로 드러내는 반영은 인정하기의 예가 될 수 있다.

내담자의 말	단순반영(Rs)	복합반영(Rc)
저는 정말 ○○가 마음에 들지 않습니다. 거기서 만나는 사람들은 밖에서 만나고 싶지 않은 사람들입니다.	○○가 어떤 점에서는 도움이 되지만 어떤 점에서는 도움이 되지 않는군요.	함께 시간을 보낼 수 있는 단주 친구들을 찾는 것이 중요하시군요. (변화의 가능성을 내포함)
누구도 저 같은 전과자를 고용하지 않을 겁니다.	전과 기록이 일자리 구하는 것을 어렵게 하는군요.	전과 기록이 미래에 어떤 의미를 가질지 염려하시는군요. (감정을 정확하게 명명함)
새로운 집단이 훨씬 좋습니다. 졸지 않으려고 노력하고 있어요.	새로운 집단에 가치 있는 것이 있군요.	새로운 집단에서 얻을 수 있는 모든 것을 얻으려고 애쓰시는군요. (강점으로 인정하기)

다음 활동을 통해 반영의 유형 중에서 단순반영인지, 확대반영인지를 알아내는 연습을 해 보자.

반영하기 연습

"남편에게 진저리가 나요. 일은 하지 않고, 도박으로 생활비도 써 버리고……. 제가 필사적으로 가계를 돌리고 있는데, 가계 관리가 엉망이라고 책망만 해요. 저도 참는 것에 한계가 있다 보니, 이혼 밖에 생각나지 않아요."

• 이미 진저리가 났군요. (단순반영)

- 어떻게 해도 용서할 수 없군요. (복합반영)
- ○○님이 가게를 지켜 왔군요. (단순반영)
- 노력을 인정받지 못하는군요. (복합반영)
- 할 수 있는 것은 다 했군요. (복합반영)
- 이제 참을 수 없군요. (단순반영)
- 이혼 밖에 생각나지 않는군요. (단순반영)

질문인가 아니면 진술인가

한편 이전에도 언급한 것처럼, 반영은 문장의 말꼬리를 내리는 것이다. 문장은 동일하지만 질문 식으로 말꼬리를 올리게 되면 내담자로 하여금 자기가 말했던 것을 합리화하게 만들어 버릴 수도 있다. 질문형이 아닌 문장으로 내담자가 말한 것을 반영하여 내담자가 좀 더 많은 것을 나누도록 이끌어야 한다. 반영할 때, 면담자는 때로 말꼬리를 올려야 할지 아니면 내려야 할지를 어려워한다. 다음의 몇 가지 사항이 이 점에서 도움이 될 것이다.

먼저, 면담자가 비디오테이프이나 시연을 보면서 질문과 반영을 구별하도록 연습한다. 기억할 것은 진술과 질문의 차이는 면담자의 문장의 말꼬리가 어떻게 들리는가다. 그리고 나서 유사한 진술을 만드는 연습을 한다(예: "어제 경기가 대단했어요." "그 음식점의 요리는 형편없어요." "오늘 정말 피곤하군요." "이번 내담자는 정말 힘듭니다."). 마지막으로 내담자에게 흔히 하는 반영을 가지고 면담자가 연습한다.

말꼬리의 올림과 내림 활동

- 반영은 말꼬리를 내린다.
- 두 사람이 짝이 되어, 다음 문장의 말꼬리를 올리거나 내려서 읽는다.

"동기면담은 정말 재미있어요."

- 말꼬리의 올림과 내림에는 어떤 차이가 있는지 서로 나눈다.

연습 시 힘들면 다시 유사한 표현(동의어 등)으로 반영한다.

반영하기에 유용한 말머리

반영의 사용을 단순화하는 또 다른 유용한 전략은 면담자에게 반영을 시작하도록 말머리를 제공하는 방법이다. 이 말머리로 반드시 시작할 필요는 없으나, 반영을 시작할 장소를 주어서 반영하기가 쉬웠다고 면담자들이 보고한 바 있다. 예를 들면, 다음과 같다.

- "그러니까……."
  "○○님이 느끼기로는……."
- "○○님이 뜻하는 바는……."
- "저에게 들리기에는……."
- "○○님이 말하는 것은……."

이러한 말머리가 면담자로 하여금 반영을 시작하도록 도와주며, 반영하기가 편해지고 자연스러워지면 이러한 말머리 사용을 중단한다.

> **내담자**: 보호관찰을 받는 동안 단주해야 한다는 것을 알고 있어요. 하지만 정말 힘이 듭니다.
> **면담자**: 단주하려고 힘든 시간을 보내는군요. (단순반영)
> **내담자**: 예, 정말 힘들어요.

> **내담자**: 보호관찰을 받는 동안 단주해야 한다는 것을 알고 있어요. 하지만 정말 힘이 듭니다.
> **면담자**: 술을 멀리한다는 것이 특히 힘들지요. (복합반영)

내담자: 예, 가장 힘든 부분은 퇴근해서 집에 오면 스트레스를 어떻게 풀어야 할지 모른다는 점입니다.

반영하기의 길이와 강도

면담자가 내담자가 한 말을 반영할 때는 내담자가 한 말보다 짧게 하는 것이 바람직하다. 면담자는 반영을 함으로써 내담자로부터 더 많은 이야기를 이끌어 낼 수 있기 때문에 반영을 하나의 문장으로 끝내는 것이 바람직하다. 반영하기는 강도의 차이를 가지게 되는데, 처음에는 강도를 약하게 말하여 내담자가 감정적 내용을 표현할 부담이 적어지게 하는 것이 바람직하다. 따라서 관계 형성 초기에는 면담자가 소극적으로 반영을 하는 것이 유용하다. 한편 내담자로 하여금 특정 감정에 몰입하여 표현하도록 촉진하고자 할 경우, 면담자는 내담자가 표현한 감정에 강도를 과장되게 반영하는 것이 유용하다. 이때 내담자가 부인하거나 최소화하면 바로 단순반영을 함으로써 대화를 지속적으로 이끌어 나가도록 한다.

반영하기 길이의 일반적 원칙

• 내담자의 진술보다 짧은 것이 좋다.
• 내담자의 반응을 원하는 면담자는 반영하기로 문장을 끝낸다.

반영하기 강도의 일반적 원칙

1. 소극적으로 말한다.
   • 내담자가 자신의 가치관이나 목표를 탐색하도록 촉진하려면, 내담자가 진술한 것을 조금 소극적으로 말하는 것이 도움이 된다. 감정적 내용이 얽힌 경우에는 특히 유용하다.
   • 내담자에게 특정 감정을 계속 찾기를 원한다면, 소극적으로 말하는 편이 좋다.

예:

내담자: 제 아이를 키우는 데 어머니가 간섭하는 것이 너무 마음에 들지 않아요.
면담자: 어머니에게 조금 화가 나셨군요.
내담자: 그래요. 언제나 제가 한 것을 고치면서 비판하니까 속이 부글부글해요.

2. 과장되게 말한다.
- 표현된 감정의 강도를 과장되게 진술하면 내담자는 원래의 진술에서 벗어나 부인하거나 최소화하는 경향이 있다.
- 유지대화와 저항에 반응하기 위해서는 과장된 표현을 하라.

예:
내담자: 제 아이를 키우는 데 어머니가 간섭하는 것이 너무 마음에 들지 않아요.
면담자: 어머니에게 정말로 격노하고 있군요.
내담자: 아니요. 그 정도로 화나는 것은 아니에요. 제 어머니이니까요.
　　　　아이 키우는 것을 도와주시기도 해요.

다음에 제시한 체험 활동은 반영을 연습하도록 도와준다. 두 사람이 짝이 되어 화자와 청자를 정한다. 화자는 한 문장으로 자기 자신에 대해서 어떠한 사람인지 말로 표현한다. 청자는 화자가 의미하는 바를 추측하여 서술문으로 말한다. 이때 화자는 청자의 말이 맞으면 '예', 그렇지 않으면 '아니요'로만 답한다. 세 번 반영을 한 후에는 역할을 바꾸어 연습한다.

반영하기 체험

1. 두 사람이 짝이 되어 화자와 청자를 정한다.
2. 화자는 한 마디로 자신을 표현한다.
   예: "저는 확실한 사람입니다."
3. 청자는 화자가 무엇을 말하려고 하는지 추측하여 이번에는 질문이 아닌 서술문으로 말한다.
   예: "책상을 잘 정돈하신다는 거군요."
   "매일 정해진 일과대로 생활하시는군요."
   "논리적으로 생각을 한다는 거군요."
4. 화자는 '예/아니요'로만 대답한다.
5. 3가지 반영을 한 후, 역할을 바꾼다.

반영하기 집중연습

36세 남자가 다음과 같이 말한다.

> "이웃에 사는 사람 때문에 정말 미치겠어요. 우리 집에 와서 귀찮게 하거나 물건을 빌려 가고는 돌려주질 않아요. 밤늦게 자는데 집에 올 때도 있어서 정말 꺼져 버리라고 말하고 싶을 정도예요."

• 다음과 같은 반응은 단순반영인가, 복합반영인가?
  1. 이웃 때문에 정말 미칠 지경이군요.
  2. 이웃이 그다지 배려 있지 않군요.
  3. 이웃이 선생님을 깨울 때가 있군요.
  4. 이웃이 스스로 알아서 하기를 원하시는군요.
  5. 이웃이 정말 골칫덩이군요.
  6. 그 사람이 이웃이 아니었으면 하는군요.
  7. 이웃이 정말 귀찮게 하는군요.
  8. 선생님이 노여움을 참고 있군요.
  9. 꺼지라고 말하고 싶군요.
  10. 인내심이 바닥이 날 정도군요.
  11. 이웃이 물건을 빌려 가서 돌려주지 않아 싫으시군요.
  12. 이웃이 정말 짜증나게 하는군요.
  13. 이웃이 그냥 멀리 떨어져 있으면 싶군요.
  14. 많이 참고 계시군요.
  15. 선생님의 물건을 돌려주지 않는군요.

단순반영: 1, 3, 7, 9, 11, 15
복합반영: 2, 4, 5, 6, 8, 10, 12, 13, 14

질문하기-반영하기 집중연습

41세 여성이 다음과 같이 말한다.

"어제 남편이 술에 만취돼서 늦게 귀가했어요. 서로 크게 싸웠어요. 남편이 소리 지르고, 나도 덩달아 소리 지르고. 그랬더니 나를 세게 때렸어요! 그리곤 창문이며 텔레비전을 깨어 버렸어요. 미친 사람 같았어요. 정말 저는 어떻게 해야 할지 모르겠어요!"

• 다음 문항을 읽으면서 표시한다.
  – 반영인가? 반영이라면 단순반영인가, 확대반영인가?
  – 질문인가? 질문이라면 열린 질문인가, 닫힌 질문인가?

1. ○○님의 안전에 위협을 느낄 정도였군요.
2. 정말 두려우셨네요.
3. 경찰을 불렀나요?
4. 얼마나 심하게 남편이 때렸나요?
5. 남편분이 제정신이 아닌 것 같았군요.
6. ○○님이 혼란스럽게 느끼시는군요.
7. 상황에 대해 조금 더 자세히 말씀해 주세요.
8. 남편과의 관계가 걱정이 되시는군요.
9. 이와 같은 일은 처음인가요?
10. ○○님이 어떤 행동을 취하지 할지 난감한 거군요.
11. 남편분이 알코올 중독인가요?
12. 이런 관계를 지속하게 하는 것은 무엇인가요?
13. ○○님이 정말 힘든 상태군요.
14. 텔레비전이 부쉬졌군요.
15. 진퇴양난이시군요.

열린 질문: 7, 12
닫힌 질문: 3, 4, 9, 11
단순반영: 5, 14
복합반영: 1, 2, 6, 8, 10, 13, 15

동기면담 과정에서 반영하기

반영하기는 동기면담에서 말하는 방향성에 큰 역할을 한다. 물론 관계 형성을 하는 첫 면담 회기에서는 내담자가 가지고 있는 문제나 모순을 이해하는 데 중점적으로 반영하게 되므로 방향성이 크게 관련이 없을 수 있다. 하지만 일단 초점이 맞추어지고 동기를 유발하는 과정에서 반영하기란 변화를 가속화하기 위해 전략적으로 사용될 수 있다. 면담에서 열린 질문을 하고 난 후 내담자가 답을 한 직후에 반영하기를 하는 것은 매우 중요하다. 다시 말해서, 일단 열린 질문을 하고 나면 내담자가 대답을 한 것에 대해 반영으로 답을 하는 것이다. 관계 형성하기에서 이러한 반영은 내담자를 이해했다고 하는 사실을 전달하는 데 특히 중요한 역할을 한다.

요약하면, 반영할 경우에는 내담자가 했던 말보다 길지 않아야 한다. 요약하기를 할 때는 예외이지만, 일반적으로 반영의 길이가 짧을수록 효과가 높다. 반영이 길어지면 내담자는 면담자의 마지막 말에 반응을 할 가능성이 높아지므로 면담자가 특정한 내용을 강조하고자 하면 문장의 마지막에 그 내용을 넣어 반영하는 것이 효과적이다.

일반적으로 하나의 질문에 대해 두 개 이상의 반영을 하는 것이 바람직하며 따라서 면담자의 언어적 표현 중 절반 이상이 반영이 되어야 한다. Miller와 Rollnick(2013)에 따르면, 동기면담 회기와 비교해 보면 일상적인 상담 회기에서는 질문의 비율이 반영의 10배를 넘는다.

요약하기

　　세 개 이상의 반영을 한 번에 모아서 말하는 것은 요약하기가 된다. 이것의 목적은 내담자가 표현한 많은 것을 모아서 정보를 수집하여 표현 사이에 연결고리를 만들거나 하나의 탐색 영역에서 다음 탐색 영역으로 이동하도록 하는 데 있다. 요약하기는 본질적으로 방향 지향적인데, 왜냐하면 면담자는 요약하기에 무엇을 포함시킬 것인지에 전략적이 될 수 있기 때문이다. 요약하기는 '요약을 할 것이다.'라는 신호를 해 주는 말(예: "제가 이해를 했는지 보도록 하지요.")로 시작할 수 있으며(그러나 그렇게 하지 않을 수도 있다), 요약하기의 마무리 말은 내담자가 좀 더 상세히 설명하도록 이끌거나 표현한 것들이 어떻게 연결되는지 보게 하거나, 다음 주제로 넘어갈 수 있도록 이끈다. 내담자가 많은 이야기를 두서없이 하거나, 목표 행동과는 관련이 없는 말을 장황하게 하고 있는 경우가 종종 있다. 이때 그대로 내버려 두는 것은 동기면담적이 아니다. 내담자가 다시 방향을 향하여 걸어갈 수 있도록 면담자가 도와야 하는데, 이때 유용한 기술이 요약하기다. 예를 들어, "○○님이 지금까지 말씀하신 것을 정리하면 ~이군요. 오늘 저와 함께 다루고자 했던 식이요법과 어떠한 관련성이 있을까요?"라고 요약하기를 한 후에 열린 질문을 하면서 식이요법이라고 하는 내담자의 목표 행동에 대해 다시 다룰 기회를 함께 가진다.

요약하기

- 이제까지의 내담자의 말을 열거하며 반영한다.
- 양가감정, 모순점, 중요점, 자원을 주의 깊게 듣고 선택적으로 정리한다.
- 내담자가 한 여러가지 꽃 중에서 변화에 중요한 꽃들만 골라서 내담자에게 꽃다발을 전해 주듯이 요약하기를 한다.
- 요약하기는 간결하게 한다.
- 이후에 면담의 방향성을 제시하기도 한다.
- 모순된 내용을 열거할 때 접속사는 '그렇지만' 이나 '하지만'을 쓰는 대신에 '그리고' '한편'을 사용한다.

요약하기의 예시는 다음과 같다.

요약하기의 예시

"지금까지의 이야기를 제가 이해했는지 확인해 보겠습니다. 그러니까, 일하면서 불안하고, 싫어하는 일이 있으면 각성제를 쓰고 싶고, 정맥주사가 아니라서 안전하다고 이야기하셨고요. 한편으로, 약물을 계속한다면 의존이 되어서 다른 일도 못 할까 봐 걱정이 되시고요. 빠뜨린 부분이 있으면 말씀해 주세요."

요약하기의 유형

요약하기의 세 가지 유형은 모으기, 잇기, 전환하기다. 모으기는 변화와 관련된 내담자의 진술을 모아서 요약하는 것이다. 잇기는 내담자의 양가감정을 찾아서 불일치감을 느끼도록 연결해서 요약하는 것이다. 전환하기는 면담자가 내담자와의 대화의 방향을 바꿀 때 지금까지 내담자가 말했던 내용을 요약한 후에 방향을 잡아서 본래의 주제로 넘어가는 데 사용한다. 더불어 내담자의 결단대화를

요약하기의 세 가지 유형

• 모으기
  – 변화로 이어지는 말들을 모은다.

• 잇기
  – 양가감정을 찾아서 불일치감을 만들도록 이어 준다.

• 전환하기
  – 대화의 방향을 바꿀 때 사용한다.
  – 한 주제에서 다른 주제로 넘어간다.
  – 결단대화를 이끌어 낸다.
  예: "그래서 어떻게 하고 싶나요?"

이끌어 내는 데 도움이 되는 열린 질문을 추가하면 유용하다.

요약하기 유형별 예시

• 모으기 요약하기의 예

"제가 이것을 이해했는지 보도록 하지요. ○○님은 분노관리 기술을 배울 필요가 있다는 것을 아시고요. 분노를 통제하지 못하는 것이 가장 문제를 일으킨다는 것을 알고 계시고요. 이것을 바꾸기 위해 몇 가지 단계를 밟으려고 하시는 거고요. 어떻게 생각하세요?"

• 잇기 요약하기의 예

"지금 말씀하시는 것이 제게 흥미롭습니다. 왜냐하면 성공적으로 보호관찰을 마치는 것이 ○○님에게 더 중요해진 것 같아서요. 지난번에 만났을 때는 보호관찰의 중요도가 더 낮았던 것 같았어요. 하지만 이제 바뀌었네요. 어떻게 생각하세요?"

• 전환하기 요약하기의 예

"○○님의 가족력에 대해 많은 이야기를 나누었습니다. 부모님이 사망하시고 지금은 여동생과 그 가족과 함께 살고 있다고 하셨어요. 여동생이 ○○님의 인생에 상당히 긍정적 영향을 주는 것 같이 들려요. ○○님의 친구와 그 친구가 ○○님에게 미치는 영향에 대해 조금 말해 주세요."

요약하기의 일반적 규칙

• 면담자는 무엇을 하고 싶은가?
  – 이야기를 계속 이어 가고 싶을 때: 모으기 요약하기
  – 양가감정을 강조하고 해소하고 싶을 때: 잇기 요약하기
  – 면담의 방향을 바꾸고 싶을 때: 전환하기 요약하기

요약하기는 내담자가 한 말 중에 세 가지 이상의 내용을 재진술하는 경우다. 목적은 어떤 한 핵심을 명료화하거나 내담자가 한 말을 새로운 방식으로 보도록 하는 데 있다. 요약하기는 짧을 수도 있고 길 수도 있는데, 적어도 내담자가 한 말에서 세 가지 아이디어를 포함해야 한다. 그렇지 않을 경우, 요약이 아니라 반영이 된다.

예를 들면 다음과 같다.

- 그러니까 이것을 확실하게 해 볼게요. ○○님은 서울에 사셨는데 부산으로 이사 갔다가 지금은 인천에 살고 있다는 거군요. 맞습니까? (요약하기)
- 그러니까 ○○님은 서울에 사셨는데 부산으로 이사하셨군요. (반영하기)
- 그러니까 재정적으로 지금은 괜찮지만 늘 업무 스트레스가 많고, 가족의 씀씀이를 따라가기가 어려울 거라는 말이군요. (요약하기)
- 그러니까 재정적으로 지금은 괜찮지만, 가족의 씀씀이를 따라가기가 어려울 거라는 말이군요. (반영하기)

요약하기의 힘

하나하나의 반영을 묶어서 꽃 부케를 만들어 놓으면, 상당히 새로운 느낌으로 다가온다. 마치 게슈탈트 선언문에서 이야기 한 "전체는 부분의 합 이상이다."라는 말과 같다. 두서없이 내담자가 사고의 흐름에 따라 이러저리 방황하면서 이야기를 했던 내용을 면담자가 선별하여 하나로 묶어서 다시 들려 주기 때문에 내담자는 희망과 새로운 탐색의 의지를 갖게 된다. 특히 양가감정을 가진 내담자는 요약하기를 통해서 뚜렷하게 자신의 모습을 보게 된다.

동기면담 과정과 요약하기

요약하기는 본질적으로 내담자가 한 말 중 여러 개를 합친 반응이다. 요약하기를 할 때 내담자는 공감받는 느낌뿐만 아니라, 인정받는 느낌도 들 수 있다. 반영하기에서처럼 요약하기도 역시 방향성을 가지고 변화를 가속화하는 데 사용 가능하다. 요약하기가 인정하기와 관련이 된다는 의미는 면담자가 내담자의 말을 잘 기억하고, 소중하게 여기고 있으며, 그 말들이 어떻게 연결되는지에 대해 진정으로 이해하기를 원한다는 뜻을 내포하기 때문이다. 내담자의 변화와 삶의 방향이 다양한 과거의 경험과 밀접한 관계가 있음을 말해 줌으로써 내담자는 요약 내용을 토대로 하여 계속해서 더 많은 이야기를 하고자 한다. 요약하기에 '어떤 내용을 담을 것인가?' 하는 것은 '면담의 방향을 어디로 잡을 것인가?'와 관련있다. 어떤 면에서는 면담자의 의도가 다분히 내포될 수 있는 것이 요약하기다.

요약하기가 효과적이기 위해서는 열린 질문을 하고 이어서 "그밖에 어떤 것이 있나요?"를 추가로 질문하여 특정 주제에 대한 내담자의 다양한 아이디어나 경험을 많이 이끌어 내는 것이 중요하다. 앞서 언급하였듯이, Miller와 Rollnick (2013)은 요약하기를 세 가지 유형, 즉 모으기, 잇기, 전환하기로 설명하였다. 그중 하나인 모으기 요약하기는 내담자가 말한 내용 속에서 서로 관련 있는 것을 수집하여 반영하는 것이다. 관계 형성에서 모으기 요약하기는 내담자의 긍정적인 속성들을 요약하거나 변화에 대한 욕구 또는 바람, 이유, 능력을 요약하는 것이다. 더불어 내담자의 장점, 강점, 변화하려는 의지를 인정하는 요약하기가 더욱 효과적이다. 잇기 요약하기는 이전의 면담에서 내담자가 말했던 것을 기억해 내어 방금 내담자가 말했던 것을 이어 주는 것이다. 전환하기 요약하기는 중요하게 보이는 것을 끌어내어 한 회기를 마무리 하기 위해 사용하거나 또는 새로운 주제로 옮기겠다는 것을 알리기 위해서 사용한다. 이때 면담자가 마무리하게 될 것임을 알려 주는 방향성 있는 진술로 시작하는 것이 대부분이다.

동기면담 핵심기술 연결하기

지금까지 동기면담의 네 가지 핵심기술(OARS)인 열린 질문하기, 인정하기, 반영하기, 요약하기를 익혔으며, 각 전략의 예시는 다음과 같다.

동기면담의 핵심기술: OARS
• O: "전에는 이런 상황에서 어떻게 잘 대응했나요?" • A: "자퇴하지 않고 보충 수업도 받고 학교 공부나 활동을 열심히 했군요." • R: "힘들지만 약속한 것을 해 내려고 특별한 노력을 했군요." • S: "그러니까 어떻게 하면 잘해 나갈까 생각했고, 분노 조절 집단에 참여했고, 배운 것을 ○○님이나 아내, 자녀를 위해서 하려고 노력했군요. 지금과는 다른 생활을 원하시는 군요."

　　관계 형성 과정에서 동기면담 핵심기술을 사용하면 많은 정보를 얻을 수 있다. 많은 정보를 캐내기 위해서 스스로 함정에 빠지는 것을 유의해야 한다. 문제해결로 바로 들어가고자 하는 교정반사도 커다란 걸림돌이 된다. 무엇보다도 반영하기와 인정하기가 관계 형성 과정에서 자주 활용되어야 하는 핵심기술이다.

　　동기면담의 네 가지 핵심기술을 사용할 때, 각 전략이 동기면담 정신인 협동, 수용, 동정, 유발과 일치되어야 비로소 동기면담 의사소통 스타일이 완성된다. 다음 예시를 참고한다.

기본 기술	동기면담 불일치 예시	동기면담 일치 예시
열린 질문하기 (O)	"지금 당장 보고서를 내야 하는데 지금까지 보고서를 안 낸 이유가 뭡니까?"	"지난주에 보고서를 제출하지 못한 어떤 일이 있었는지 이야기해 주세요."
인정하기 (A)	"드디어 진지하게 받아들이셨군요."	"여기까지 현명하게 해 오셨네요."
반영하기 (R)	"조금도 시도해 보고 싶지 않고, 자기 자신을 도우려고 생각하지도 않는군요."	"지금은 정말로 희망이 없다고 느끼는군요."
요약하기 (R)	"좋은 친구 관계를 계속하고 있으니까, 대단한 일이 아니어서 문제가 없다는 거군요." (유지대화 유발)	"준수사항을 지키려고 노력하고 있고, 동료와의 관계에서 얻을 수 있는 장점이 무엇인지 알기까지 시간이 걸릴지 모른다는 말이군요."

이 예시에서는 각 전략이 어떤 면에서 동기면담 정신과 일치하고 있는지 혹은 불일치하고 있는지에 대해 두 사람씩 짝이 되어 이야기를 나눈다. OARS가 동기면담 불일치가 되는 경우를 조금 더 살펴보면, 열린 질문하기에서 내담자가 보고서를 제출하지 못하는 것에 대한 설명을 기꺼이 듣고자 하는 태도가 아님을 알 수 있다. 이 열린 질문의 면담자에게는 동기면담 정신 중 하나인 협동하고자 하는 태도가 없다. 이와 같은 열린 질문하기 직후에 또 다른 질문이나 제안을 한다면, 이것은 더욱 동기면담이 될 수 없다. 인정하기에서 내담자가 변화한 것에 대해 칭찬이나 격려하는 태도가 아니라 내담자가 깨닫고 변화를 실천하기까지 상당히 시간이 걸렸다는 것을 강조하고 있는 면담자로 보인다. 이것은 동기면담 정신 중 동정이 표현되지 않고 있다. 이와 더불어 인정하기를 하지만 동기면담과 불일치한 예를 보면, 내담자가 과거에 진지하게 받아들이지 않았다고 하는 것을 더 강조를 하고 있다. 과거에는 하지 않았더라도 지금 내담자가 받아들이려고 하는 것을 칭찬하고 격려한다고는 보기 어렵다. 반영하기에서 면담자는 내담자의 현상 유지에 대해 다그치는 표현을 하고 있으며 내담자에 대한 면담자의 직면적인 태도가 두드러진다. 이때 내담자는 '공감받고 있다는 느낌을 가지기보다 야단 맞거나 잘못을 했구나.' 하는 위축감을 경험할 수 있다. 내담자로 하여금 이러한 감정을 유발하는 면담자의 반영하기는 동기면담에 불일치한다. 다시 말하면, 내담자가 최선을 다하지 않고 있음을 강조하는 의미가 내포되어서 공감받는다는 느낌보다는 판단받고 있다는 느낌을 갖게 한다. 요약하기에서 앞의 예시에 언급된 짤막한 요약하기는 내담자가 언급한 부정적인 부분만 요약하고 있어서 내담자의 변화 행동에 반하는 행동이나 대처에 초점을 두고 있다. 이러한 요약하기는 내담자의 변화 동기를 부추기기보다 내담자가 변화를 하지 않으려 하는 유지대화, 즉 내담자가 문제 행동을 하는 것과 관련된 표현을 유발할 수 있다. 면담자가 내담자의 소극적인 태도에 대해 판단하거나 비난하고 있는 태도가 엿보인다. 내담자의 긍정적 변화와 반하는 요약하기는 동기면담에 불일치한다. 따라서 기술의 활용이 중요하기는 하지만 그보다 더 동기면담에서 중요시하는 것은 동기면담 정신과 일치하도록 핵심기술을 활용하는가에 있다.

　다음 활동을 통해서 동기면담의 핵심기술 네 가지를 자유롭고 융통성 있게 적절히 사용하면서 대화하는 연습을 해 보자. 두 사람이 짝이 되어 화자와 청자를 정한다. 화자는 '지금 바꾸고 싶은 행동이나 습관 한 가지'를 떠올려서 대화를 시작한다. 청자는 경청하면서 열린 질문하기, 칭찬 · 격려 · 인정하기, 반영하기(최소 2회 이상), 요약하기를 사용하여 대화를 이끌어 간다. 5분이 지나면 역할을 바꾸어 연습한다. 5분 후, 화자와 청자의 역할에서 소감을 서로 나눈다.

열린 질문하기-인정하기-반영하기-요약하기(OARS) 체험

1. 두 사람이 짝이 되어 화자와 청자를 정한다.
2. 화자는 '지금 바꾸고 싶다고 생각하는 것'을 말한다.
3. 청자는,
   - 열린 질문으로 상세하게 말하게 한다.
   - 반영한다(단순 혹은 복합반영 최소 2회).
   - 인정한다.
   - 다시 열린 질문을 한다.
   - 다시 반영한다(단순 혹은 복합반영 최소 2회).
   - 요약한다.
   　(참고: 의견이나 충고하기는 피하고, 양가감정 이해하기에 주력한다)
4. 역할 교대를 한다.

　이러한 동기면담의 핵심기술은 내담자의 관계 형성하기와 초점 맞추기, 변화 동기 유발하기, 계획하기에 중요한 도구로 사용된다. 여기서 한 가지 기억해야 할 사항은 핵심기술을 사용한다 하더라도 동기면담 정신을 담고 있을 경우에 한해서 변화 동기를 높이는 데 효과적이 된다는 점이다. 따라서 동기면담과 일치하는 OARS가 있는 반면, 동기면담과 불일치하는 OARS의 사용이 있을 수 있다. 동기 면담 정신, 즉 협동, 수용, 동정, 유발이 OARS와 내담자의 허락을 구하고 정보 제 공하기 및 조언하기에 담겨 있도록 유의해야 한다.

　Miller와 Rollnick(2013)은 그들의 책 제 3판에서 다섯 번째 핵심기술로 OARS에 추가하여 내담자의 허락을 얻어서 정보를 교환하기와 조언하기를 언급하였다.

정보 교환하기

　기본적인 인간 행동의 이해와 특정 분야의 전문 지식과 경험을 가지고 있다. 내담자가 이미 알고 있는 전문 지식이 있고, 문제에 대한 개인의 경험이 축적되어 있음을 존중하는 것이 동기면담 정신에 적합하다. 한편, 전문적 면담자의 역할 중 하나는 내담자가 이미 알고 있는 정보가 최근의 전문 지식과 근거 기반된 내용인지의 여부를 살펴보는 것이다. 더불어 내담자가 알고 있지 않으나 행동 변화에 있어서 필수적으로 인지해야 하는 전문적 지식이나 근거 기반 내용을 나누어 줄 의무도 있다. 면담자와 내담자가 서로의 정보를 교환하는 것을 정보 교환하기라고 하는데, 이전에는 면담자의 정보 제공하기로 알려져 온 것으로, 최근에 들어서는 상호 간에 주고받는다는 의미에서 정보 교환하기라는 용어를 사용하고 있다. 한 사람이 상대방에게 일방적으로 정보를 주는 것은 상대방의 행동 변화 동기를 유발하는 데 오히려 지장을 초래할 수 있다. 왜냐하면 이미 알고 있는 내용을 주입식으로 정보를 제공함으로써 시간 경제적 효율성이 저하되기 때문이며, 내담자가 존중받는다는 느낌을 갖지 못할 수 있기 때문이다. 특히 면담자의 조언의 경우, 내담자에게 매우 유용하고 필요하지만 면담 중 어느 시점에서 제공되느냐에 따라서, 그리고 내담자의 사전 동의를 구했느냐에 따라서 변화 동기의 효과성이 크게 달라진다. 면담자는 부단히 자신의 전문 분야에서 최근의 객관적·과학적 정보를 배우고 습득해야 하며, 이러한 정보를 적용하여 임상에서의 효과성을 경험적으로 축적해야 한다.

　정보 교환하기는 동기면담의 네 가지 과정 모두에서 매우 효과적으로 적용될 수 있다. 이 네 가지 과정에서 모두 정보 교환을 할 때 유의해야 할 점은 동기면담 정신을 기반으로 해야 한다는 사실이다. 즉, 교정반사적인 정보 제공은 금물이다. 정보 교환하기에 앞서서 열린 질문을 통해서 내담자의 일상에 대한 이야기를 풀어가는 것이 관계 형성에서 우선적이며, 내담자가 이야기를 한 일상생활에서의 행동이 면담자에게 유용한 정보를 교환하여 전문적인 정보를 언제 나누어야 할지에 대한 판단을 할 수 있도록 돕는다.

정보 교환하기와 관련하여 면담자가 특히 유의해야 할 몇 가지 교정반사적 사고는 다음과 같다. 첫째, 전문가 함정이다. 이는 진료 장면에서 특히 두드러진 현상으로, 면담자가 자신의 전문성과 권위를 내세울 때 내담자는 좌절감과 두려움, 반항적인 감정을 느낄 수 있다. 둘째, 질문-대답 함정으로, 면담자가 스스로 문제해결을 해 주기 위해서 정보를 수집해야 한다는 생각이다. 이때 면담자는 수많은 닫힌 질문을 하게 되며, 사실 정보를 수집할 수 있어 보이나 내담자는 취조받는 느낌을 가지기 때문에 관계 형성에 지장을 주고, 더 나아가 방향을 설정하는 초점 맞추기 과정에서도 불필요한 저항을 유발할 수 있다. 또한 면담자가 정보를 수집해야 한다는 강박적 사고가 내담자를 하나의 검사 대상으로 보고, 검사 결과를 얻기 위해 성급하게 검사를 실시함으로써 결과의 신뢰도가 저하되는 실수를 범할 수도 있다. 셋째, 내담자가 모르고 있는 부분을 면담자가 신속하게 메꾸어 주어야 한다는 교정반사적 사고다. 따라서 동의나 허락을 구하는 여유를 가지지 못하고 성급하게 원하지 않는 정보를 제공함으로써 역시 정보 교환하기의 효과성을 감소시킨다. 넷째, 많은 전문적 정보 중 내담자를 두렵게 하여 충격을 주는 정보를 주면 행동 변화를 할 것이라고 하는 생각이다. 내담자의 현재 행동이 지속될 경우, 많은 부작용과 부정적 결과가 초래될 것임을 과다하게 중점적으로 제공하는 경우다. 다섯째, 면담자는 내담자의 시간을 절약해 주기 위해 서둘러서 새롭게 행동을 해야 하기 때문에 대안을 말해 주어야 할 의무가 있다는 생각이다. 이러한 생각은 대화가 내담자 중심이 아니라 면담자 중심의 대화로 진행되게 만든다. 여섯째, 교환해야 할 정보를 일방적으로 제공하게 만드는 생각으로 인해 면담자가 먼저 포기하는 경우도 해당된다. 내담자가 자기 방식의 관점을 주장하면서 면담자의 전문적 지식과 정보에 대해 받아들이려고 하지 않을 때, 면담자가 노력을 중단하고 포기한 채 내담자를 수용하기보다는 방치하는 태도가 해당된다. 예를 들어, 관절염 치료에 대하여 많은 환자들이 증상의 만성화로 인해 의학적 치료법보다는 민간요법이나 인터넷에서 얻은 비의료적 정보를 고집하며 그 효과성 유무를 알려 달라고 면담자에게 재촉할 수 있다. 이러한 경우 면담자가 정확한 전문적 지식에 대해 확신이 없거나 최근의 근거 기반 정보가 부재하는 경우, 면담자는 기존에 알고 있는 지식과 접근법을 일방적으로 반복 주장하게 될 수 있다.

정보 교환하기의 예는 다음과 같다.

> **내담자**: 약을 먹어도 무릎 통증이 가라앉지 않고 효과가 없는 것 같아요. 노인정에 가 보니까 사람들이 약보다는 건강보조 식품이나 찜질을 하면 낫는다고 하더라고요. 약 대신에 사람들이 효과 좋다고 하는 것을 해 보려고요.
>
> **면담자**: 빨리 낫고 싶으시군요. (반영하기) 제게 관절염 치료에 약물이나 다른 건강보조 식품 중에 어느 것이 더 효과가 있는지를 알려 주는 정보가 있습니다. 이 정보를 ○○님에게 드려도 될까요? (허락 구하기)

앞의 대화에서 만약 면담자가 내담자의 말에 대해 강하게 반박하면서 직설적으로 약물치료의 효과를 교육하려고 했다면 동기면담 정신에 매우 불일치한 결과를 가져왔을 것이다. 협동이 부족하고 내담자의 고통에 대해 동정을 하지 못하는 면담자로서 관계 형성의 어려움을 계속 가지게 된다.

앞에서 보는 바와 같이, 교정반사적이고 일방적인 정보 제공하기와는 대조적인 동기면담 방식의 정보 교환하기는 기본적으로 몇 가지 원칙을 가지고 있다. 첫째, 면담자는 자신의 전문성을 인정하고 동시에 내담자 역시 자신의 문제나 삶에 있어 전문가임을 믿는 것이다. 이러한 원칙은 동기면담 정신의 협동에 해당하는 것으로서 파트너십으로 설명되며, 면담자와 내담자는 자연스럽게 상호 유용한 정보를 교환하면서 초점 맞추기를 할 수 있다. 둘째, 동기면담 정신 중 유발과 관련된 생각으로, 내담자가 어떤 정보를 원하고 있으며, 어떤 정보를 필요로 하고 있는지 알아봐야 한다는 생각이다. 따라서 면담자는 열린 질문을 하여 최대한 내담자가 생각을 표현하도록 돕는다. 내담자가 제시한 많은 설명을 면담자는 내담자의 언어를 사용하고 동시에 전문적 뉘앙스가 담겨 있는 다른 말로 반영할 수 있다. 셋째, 면담자가 자신의 전문성, 전문적 지식과 경험 중에서 특별히 지금 내담자가 필요로 하는 것과 내담자의 강점과 적절하게 연결될 수 있는 정보가 무엇인지 살펴서 적시에 나누어야 하겠다는 생각이다. 넷째, 면담자는 내담자가 스스로 많은 정보 중에서 자기에게 도움이 되는 정보를 선택할 수 있는 능력과 권리가 있다고 생각하여 기다린다. 다섯째, 면담자는 일방적인 조언을 하기보다는 허락과 동의를 구한 초대의 형식으로 내담자의 욕구와 자율성을 증진시키도록 면담을 이끌어 가야 한다는 생각을 가진다.

정보 교환하기에서 제기될 수 있는 이슈들

정보 교환하기로써 조언하기

내담자가 조언을 요구하기도 하고 면담자가 보기에 조언해야 할 시기라고 느낄 때가 있다. 조언이라는 자체는 변화해야 한다고 하는 절박성을 담고 있는 경우가 많다. 따라서 조언을 할 때는 특별히 내담자로부터 허락 또는 동의를 구하고, 더 나아가 '지금부터 하려는 조언이 내담자가 원하는 것인지 아닌지 모르겠다.'라는 말을 활용하는 것이 유용하다. 더불어 면담자가 제공한 조언을 선택하여 실천하는 것은 온전히 내담자에게 달려 있음을 알려 주어야 한다.

평가 결과와 피드백하기

평가 결과와 피드백하기는 정보 교환하기의 한 유형이 될 수 있다. 면담자는 내담자가 면담 이전에 시행한 심리평가 결과나 그 외에 의학적 검사 결과 등을 토대로 내담자에게 평가 결과를 알려 주거나 피드백할 수 있다. 평가 결과와 피드백하기는 내담자의 내적 변화 동기를 증진시키고 견고히 하는 데 유용하다. 그러나 정기적으로 평가하여 그 결과를 피드백하거나, 타성에 빠져서 평가를 실시하고 피드백하는 것은 금물이다. 이러한 경우에는 내담자의 변화 동기를 촉진시키지 못하고 오히려 저해할 수 있다.

Chapter

07

동기면담의 과정

이전 장에서 동기면담의 핵심기술은 내담자의 관계 형성에 어떻게 활용되는가, 그리고 어떻게 효과적인가에 대해 앞서 언급하였다. 동기면담 정신과 일치하는 핵심기술의 사용이 진정한 동기면담이라는 점을 배웠다. 이 장에서는 Miller와 Rollnick(2013)이 소개한 동기면담의 네 가지 과정에 대해 살펴본다.

Miller와 Rollnick(2013)은 동기면담의 과정을 네 가지 과정—관계 형성하기, 초점 맞추기, 변화 동기 유발하기, 계획하기—으로 나누어 설명하였다. 이 네 가지 과정을 통해 동기면담은 내담자가 스스로 해야 할 것을 찾고, 목표로 설정하고, 실천하기로 결단하고, 구체적인 계획을 세우는 데까지 내담자의 변화 동기를 지속적으로 이끌어 내는 데 매우 효과적으로 작용한다.

첫 번째 과정은 관계 형성하기 과정으로, 면담을 시작하는 내담자와 면담자가 대화에 몰입하면서 상호 교류하고 공감하는 과정이다. 내담자가 변화단계 중 어떤 단계에 있든지(인식전단계, 인식단계, 준비단계, 행동실천단계, 유지단계, 재발) 간에 관계 형성은 초기 과정이자 필수 과정이다. 왜냐하면 관계 형성이 실제적으로는 동기면담의 네 가지 과정에 토대가 되어 주기 때문이다. 만약 내담자가 인식전단계에 있다면 관계 형성이 지연될 수도 있으나 이 첫 번째 과정에서 내담자와 면담자 두 사람은 조력 관계에 함께 있음을 느끼고 내담자는 면담자에게 자기가 염려하는 바에 대해 이야기를 풀어 간다. 관계 형성 과정을 간과하면 내담자의 저항이나 방어적인 면을 줄이는 데 면담자가 많은 어려움을 경험할 수 있다. 이 과정을 촉진하는 동기면담의 핵심 전략과 기법은 동기면담 정신과 어우러져서 활용될 때 효과적이다. 관계 형성하기 과정에서 잊지 말아야 하는 것은 내담자의 관계 형성은 면담의 첫 회기에서뿐만 아니라 매 회기마다 새롭게 관계 형성하기를 다시 해야 한다는 점이다(Rollnick, 2015).

면담이 진행되면서 자연스럽게 두 사람은 특정 의제에 초점을 맞추는 초점 맞추기 과정에 돌입한다. 이것이 두 번째 과정이다. 내담자가 가야 할 방향, 즉 면담의 구체적인 목표 행동과 관련된 특정한 행동 변화가 언급되는 과정이기도 하다. 이때 내담자의 가치관과 면담자의 가치관이 충돌할 수 있으므로 면담자는 평형

(equipose)을 유지하면서 대화를 이끌어 가야 한다.

초점 맞추기 과정에서 하나 이상의 변화 행동 목표가 언급되고 내담자가 면담에서 이러한 변화 행동 목표에 우선순위를 매겨 기꺼이 의제를 다루고자 한다면 면담자는 자연스럽게 내담자의 변화 동기를 높이기 위해 다음 과정, 즉 변화 동기 유발하기 과정에 돌입한다. 이 세 번째 과정에서 내담자는 행동 변화에 대해 많은 이야기를 하게 된다. 이 과정이야말로 동기면담 정신과 핵심기술이 가장 활발하게 적용되는 시간이라고 볼 수 있다. 내담자의 변화대화 빈도가 올라가고 반대로 유지대화의 빈도가 감소하면서 내담자의 변화의 필요성과 자신감 수준이 최대한 상승하게 된다. 내담자는 마침내 실천을 결의하는 결단대화를 표현하고 강도 높은 결심을 한다. 이때 네 번째 과정인 계획하기 과정이 이어진다.

계획하기 과정 자체는 동기면담의 네 가지 과정 중에서 반드시 필요한 과정은 아니라고 말하고 있다(Miller & Rollnick, 2013). 내담자의 변화 동기가 유발되고, 행동실천을 결단하는 지점에 이르면 내담자는 면담이 종료되더라도 행동을 실천할 가능성이 매우 높다. 따라서 계획하기까지 가지 않더라도 동기면담의 과정이 완성될 수 있다.

변화는 과정이지 사건이 아니다. 변화의 연속선상에 과정이 있다. 내담자가 서 있는 위치에 따라 어떤 과정과 어떤 개입이 가장 적합한지 결정된다. 이 과정은 앞뒤로 움직일 수 있는데, 대상과 변화 준비도 수준에 따라 다시 관계 형성하기 과정을 시작해야 할 때가 있고, 초점 맞추기와 유발하기 과정이 거의 동시에 일어날 수도 있다. 네 가지 과정 중에서 관계 형성하기와 변화 동기 유발하기 과정이 면담의 성공 여부를 가늠하는 분기점으로 보인다. 계획하기 과정에는 내담자의 행동 변화를 촉진하는 데 추가적으로 도움을 제공할 수 있는 타 접근이나 타 기관의 프로그램을 의뢰하는 것이 포함되기도 한다. 만약 내담자의 정서적인 문제가 다루어지고 나서 행동 변화를 위한 면담이 효과적일 것으로 예상된다면 면담자는 내담자에게 동의를 구하고 이와 관련한 정보를 교환한 후 기타 적절한 자원을 찾아보도록 돕는다.

네 가지 과정 중에서 먼저 관계 형성하기 과정에 대해 좀 더 살펴보면서 실제

사례에 동기면담을 어떻게 적용하여 관계 형성하기를 도모할 수 있는지 보고자
한다.

동기면담의 과정

• 동기면담 과정은 다소 직선적이다.
1. '관계 형성하기' 가 우선적으로 이루어져야 한다.
2. '초점 맞추기' 는 '유발하기' 를 위한 선행 과제다.
3. '계획하기' 는 논리적으로 마지막 단계다.

관계 형성하기　　누구와?

초점 맞추기　　무엇?

변화 동기 유발하기　왜?

계획하기　　어떻게?

오아시스

동기면담의 네 가지 과정

동기면담의 네 가지 과정은 관계 형성하기, 초점 맞추기, 변화 동기 유발하기, 계획하
기다. 관계 형성하기 과정은 면담자와 내담자가 신뢰하는 작업 관계를 촉진하는 과정
으로, 대인관계적 토대를 만들어 가는 과정이다. 이 과정 중에는 내담자와 만나는 회
기마다 새롭게 관계가 형성되고 유지되어야 한다. 초점 맞추기 과정은 '무엇'에 해당
하는데, 내담자가 자신의 양가감정을 매 순간 경험하고 있음을 인지하여 양가감정을
탐색하고 변화를 향해서 긍정적으로 삶을 영위할 수 있도록 면담자가 전략적으로 초
점을 맞추는 과정이며, 초점이란 변화라고 하는 방향을 전제로 하는 것이다. 면담을
하는 동안 면담자는 변화의 방향으로 은연중에 주제와 화두를 맞추어 가는 효과적인
동기면담을 해야 할 필요가 있다. 변화 동기 유발하기 과정은 '왜'에 해당하는데, 내
담자 스스로가 변화에 대한 이유와 욕구를 말하고, 행동실천을 결단하며, 이미 변화
행동을 하고 있다면 지속적으로 실천을 유지하는 동기를 견고히 하는 과정이다. 따라

서 면담자는 동기면담의 핵심 전략과 기술을 융통성 있게 그리고 적절하게 사용하여야 이 목표를 달성할 수 있다. 마지막으로, 계획하기 과정은 '어떻게'에 해당하며, 내담자가 새로운 변화 계획을 설정할 수도 있고, 이미 실천하고 있는 계획을 견고히 하여 다음 회기에서 내담자와 면담자가 만날 때까지 사회에서 성공적으로 삶을 살아가도록 돕는 과정이다. 중요한 것은 관계 형성하기 과정이 우선적으로 이루어져야 하며, 초점 맞추기는 변화 동기 유발하기를 위한 선행 과제다.

관계 형성하기

어떤 종류의 상담 혹은 심리치료 유형이든 간에 내담자와의 만남에서 제일 먼저 이루어져야 하는 단계는 관계 형성으로, 소위 라포 형성하기라고도 불린다. 면담자가 어떠한 유형의 이론적 배경과 슈퍼비전을 받았든 간에, 또는 어떠한 장면에서 전문적 실천을 수행하든 간에 마찬가지다.

관계 형성하기는 대인 관계의 토대, 즉 실제적으로 도움이 되는 관계 형성을 의미한다. 관계 형성하기는 면담자가 협동, 수용, 동정, 유발이라고 하는 동기면담 정신을 내담자에게 전달할 때 가능한 과정이다. 이 단계에서야말로 동기면담 정신이 백분 드러나야 한다. 즉, 상호 신뢰하는 협동을 말한다. 면담자에 대해서 내담자가 어떻게 느끼는가에 따라 이후에 발생할 행동 변화가 가능할 수도 있고 그렇지 않을 수도 있으며 조기 탈락에도 영향을 준다. 무엇보다도 면담자는 자신의 삶 속에서 해결해야 하는 개인 심리적·정서적 과제가 탐색되고 해결되어 내담자와의 만남에서 평형 상태를 효과적으로 유지할 수 있는 면담자여야 한다. Miller와 Rollnick(1998)의 〈동기면담 훈련을 위한 비디오〉에서는 관계 형성의 함정을 제시하였다. 이 함정에 대해서는 '저항을 높이는 함정이나 걸림돌' 부분에서 구체적으로 살펴볼 것이다(8장 참조).

면담자가 내담자의 저항적인 태도를 만날 때, 예민해지고 또 개인적인 감정으로 받아들이게 되는 경우가 있다. 그럴 때일수록 면담자는 내담자가 꺼리는 바를 개인적 감정 없이 솔직하게 대화하여 서로의 입장을 충분히 이해해야 한다. 관계 형성하기가 어렵게 느껴지는 경우는 내담자가 원하지 않는 상담이나 심리치료를 받으러 올 때다. 변화가 필요하다고 생각하지 않으며, 더 나아가 변화를 요구하는 가족이나 형사사법체제 또는 치료 전문가에게 저항을 보일 수 있다. 어려운 내담자를 만나는 보호관찰 또는 중독 치료 장면에서 면담자가 어떻게 동기면담을 적용하는지 살펴보자. 다음의 몇 가지 예제를 읽으면서 관계 형성하기에서 동기면담의 핵심기술을 어떻게 적용하는지 살펴보고, 실제 사례를 활용하여 적용해 본다. 이외에도 가능한 면담자의 반응을 동기면담 정신과 핵심기술에 일치하여 작성해 본다.

예제 1

"저는 이 보호관찰 명령 자체가 거지 같아서 도저히 따를 수가 없어요. 상식이 통하지 않는 시스템입니다. 이것 때문에 직장을 구할 수도 없고, 또 구해 봤자 오라 가라고 해서 스트레스를 받느라 제대로 직장 생활도 못할 것 같습니다. 이 보호관찰이 열받게 만들어요."

면담자1: 이 조건을 완수해야 한다는 것이 시간 낭비라고 느끼는군요. (반영하기)

면담자2: 돈을 벌어서 자립하고 싶은 마음이 많군요. (인정하기)

면담자3: 보호관찰 조건을 무시하고 싶은 마음이 있는 반면에, 또 한편으로는 준수해야 한다는 마음이 있어서 이곳에 오셨군요. (양면반영하기, 인정하기)

면담자4: 보호관찰이 신경을 많이 쓰게 해서 괴롭군요. 어떻게 하면 좀 더 쉽게 보호관찰을 받을 수 있을까요? (반영하기, 열린 질문하기)

면담자5: _____ (반영하기)

면담자6: _____ (열린 질문하기)

면담자7: _____ (인정하기)

예제 1의 보호관찰 명령을 받은 내담자는 매우 부정적인 반응을 하고 있다. 형사사법체제에 대해서 거부적이며 면담을 하러 와야 하는 것에 대해 불만과 불평이 심하다. 이 내담자는 보호관찰 시스템이 자신의 변화를 위해서 존재한다는 것을 도저히 받아들이지 못한다. 삶의 우선순위에서 법적인 제재가 제1순위임을 인식하지 못하고, 내담자 자신은 직장을 구하는 것이 제1순위라고 주장한다. 다시 말하면, 직장 생활을 하지 못하게 된 원인이 내담자의 문제 행동으로 인한 법적 제재였음에도 불구하고, 이 사실을 받아들이려고 하지 않거나 잊고 있는 것으로 보인다.

이런 경우, 면담자는 우선적으로 관계 형성에 동기면담 핵심기술을 매우 적절하게 활용하여 파트너가 되어야 한다. 동기면담 핵심기술(OARS)을 활용할 때 동기면담 정신과 일치하여야만 내담자가 관계 형성에 자연스럽게 몰입된다. 동일한 핵심기술을 사용한다 하더라도 동기면담 정신, 즉 협동, 수용, 동정, 유발이 전달되지 않으면 동기면담이 아니다. 직면, 지시, 냉소적 태도, 체념, 정죄나 판단같이 동기면담 정신과 불일치한 요소가 담겨서 전달된다면 관계 형성의 어려움은 물론 내담자의 저항조차 발생 가능하다. 기본적으로 면담자의 목소리 톤과 말의 속도, 강세 역시 매우 중요한 요소이므로 세심한 주의를 기울여서 동기면담 정신을 전달하는 데 효과적으로 기여할 수 있어야 한다.

다음 예제 2를 살펴보자.

예제 2

"전자 발찌를 차고 살아보세요! 사는 게 사는 것이 아니라 보이지 않는 철장 속에 갇혀 있는 것입니다. 부모님 보기에 민망하고, 사람들 눈이 두렵습니다. 이렇게 살 바에야 죽는 게 낫지 않나요?"

면담자1: 늘 감시받는다는 느낌이 들어 힘드시군요. (반영하기)

면담자2: 이렇게 힘든데도 불구하고 보호관찰 개인 면담 시간에 맞추어 오신 걸

보면 법은 준수해야 한다는 마음이 크시군요. (인정하기)

면담자3: 포기하고 싶은 마음도 있지만, 가족과 좋은 관계를 새롭게 시작하고 싶은 마음도 있으시네요. (양면반영하기, 인정하기)

면담자4: 마음이 많이 힘들고 자유롭지 못한 느낌이군요. 최근에 포기하고 싶었지만 어떻게 잘 견딜 수 있었는지 궁금합니다. (반영하기, 열린 질문하기)

면담자5: _____ (반영하기)

면담자6: _____ (열린 질문하기)

면담자7: _____ (인정하기)

　예제 2의 내담자는 자신의 상황을 이해하는 사람은 한 사람도 없다고 확신하는 상황이다. 사법 시스템에 대한 좌절감과 원망감 그리고 무력감을 표현하고 있다. 이때 면담자가 내담자에게 시스템의 정당성에 대해서 강조하거나 이러한 상황에서 내담자가 해야 하는 대안을 교육한다면 이것 역시 동기면담 정신과 불일치하므로 동기면담이 아니다. 내담자는 면담자가 하는 말을 듣고 싶어 하지 않을 것이며, 면담자로부터 더욱 거리감을 느끼게 되어 침묵해 버리거나 화를 내게 될 가능성이 매우 크다. 내담자의 감정을 면담자가 예민하게 그리고 공감적으로 반영하는 것은 관계 형성에 매우 필요하다.

오아시스

인식전단계의 내담자와 관계 형성하기

내담자 혹은 내담자의 가족이 변화하려는 동기가 낮을 경우, 즉 인식전단계에 있을 경우 변화에 대해 필요가 없다고 말하거나 고집을 부리거나 변화하지 못하는 다양한 이유를 말한다. 면담자는 내담자가 가진 문제와 동일했던 문제나 유사한 문제의 경험을 나눔으로써 내담자와의 협동을 모색하고자 노력하지만 대화를 진전하기가 어렵다. 인식전단계의 내담자, 그리고 내담자의 가족, 중요한 타인과 만나는 면담자는 내담자가 머무르고 있는 단계에 함께 머물러 주는 것이 그다음 단계로 옮겨 가는 데 필수적이다. 인식적단계의 내담자와 관계 형성하기에 가장 많이 사용해야 하는 동기면담 핵심기술은 반영이며, 내담자가 많은 이야기를 할 수 있도록 이끌어 주는 적절한 열린 질문하기 또한 유용하다.

오아시스

면담자의 자기 노출과 내담자의 변화 동기

면담자의 자기 노출의 효과성에 대한 연구에서 자기 노출이 내담자의 변화 동기를 유발하는 데 유의미한 영향을 주지는 않는 것으로 나타났다. 자기 노출은 내담자의 과거 경험이나 현재의 문제 상황에 대해서 면담자가 과거에 그러한 경험을 했다거나 현재 그러한 상황에 있다고 말하는 것이다. 면담자의 과거 경험 노출은 두 가지 기준 모두에 맞을 경우에만 하는 것이 바람직하다.

① 면담자의 자기 노출이 내담자의 변화 동기를 높이게 될 경우
② 면담자 자신의 자기 노출을 차후에 후회하지 않을 경우

이 두 가지 기준 중 한 가지라도 맞지 않을 경우, 면담자의 자기 노출은 내담자의 변화 동기에 긍정적인 영향을 주지 않으므로 면담자는 자기 노출을 하기 전에 신중해야 한다.

다음 사례를 살펴보면서 면담자와 내담자의 관계 형성하기를 파악해 보자. 또한 내담자가 변화단계 중 어느 단계에 와 있는지 생각하고, 동기면담 접근을 적용해 보자(박차실, 2014, 개인적 교신).

사례 1

"아내가 원해서 여기에 오기는 했지만 이제 저 혼자서도 충분히 술을 끊고 생활을 잘할 수 있습니다. 퇴원하고 싶습니다."

사례 1의 내담자는 자신이 알코올 의존임을 인정하나 병원 치료를 거부하고 스스로 단주에 도전해 보고 싶다고 주장하면서 자기 의지로 단주할 수 있다고 말한다. 입원한 지 2주 정도 된 내담자다. 변화단계 모델에 비추어 보면, 이 내담자는 알코올 문제에 대해 스스로 인정하므로 인식단계에 있다고 볼 수는 있으나 의료진들이 권하는 입원치료에 대해서 협조하려는 의지는 매우 낮다. 그는 치료가 입원 2주만으로 충분하다고 스스로 확신하고 있다. 현재 입원치료에 대한 참여 동기를 높이기 위해서 면담자는 우선적으로 내담자와의 관계 형성에 힘써야 한다. 일반적으로 면담자의 반응은 다음과 같은데, 동기면담과는 거리가 멀다.

면담자1: 아내가 ○○님을 여기 데리고 오셨을 때 기억나시죠? 얼마나 상태가 나쁘셨는지요. 지금은 정말 많이 나아지신 거예요. 그러니까 이렇게 말씀하시는 거고요. 하지만 아내가 또다시 ○○님을 전과 같은 상태가 되어서 다시 이곳에 데리고 오는 걸 원하진 않을 거예요.

또는 면담자는 다음과 같이 반응하기도 한다.

면담자2: 입원하실 때 말씀드린 것처럼 최소 3개월은 입원하셔야 해요. ○○님과 가족을 위한 것이지요. 조기 퇴원하실 경우, 재발될 확률이 높아요.

면담자1, 2의 반응은 모두 흔히 보이는 것인데, 겉으로 보기에는 하자가 없어 보인다. 즉, 상황에 대한 당연한 설명이기 때문이다. 면담자1은 아내의 입장이 되어 말해 줌으로써 내담자를 설득하고자 한다. 면담자2는 약간의 위압적 분위기를 자아냄으로써 내담자가 순응하도록 밀고 간다.

앞의 두 가지 반응에서 면담자는 모두 행동실천단계에 있고, 내담자는 인식단계에 머물러 있다. 면담자의 치료 목표는 '최소 3개월 입원치료를 하기'로, 내담자는 이 목표를 받아들이기를 거부한다. 내담자는 이 목표가 처음부터 외적 동기(아내가 강제로 입원시킨 것)에 의해 주어진 것이어서, 즉 상태가 나빠지자 아내가 병원에 데려온 것이어서 상태가 조금 호전되자 입원치료의 필요가 없다고 스스로 확신하며, 이 정도의 호전 상태라면 퇴원해서도 얼마든지 잘 유지할 수 있다고 내심 확신한다.

동기면담은 내담자의 외적 동기를 내적 동기로 변환시키는 데 목적을 둔다. 따라서 면담자는 내담자의 내적 동기를 유발해야 할 때다. 다음에 제시한 면담자 반응은 관계 형성하기를 놓치지 않고 동기면담 접근을 시도하는 예다. 면담자는 단순반영 혹은 복합반영으로 내담자의 현재 마음 상태를 공감하고 그동안의 노력을 인정한 후에 유발적 열린 질문을 한다.

> **면담자:** ○○님이 입원하실 때보다 나아지셨고 그래서 퇴원하고 싶으시네요. 지난 2개월 동안 치료를 잘 따르셨다는 증거입니다. ○○님의 건강 회복을 중요하게 생각하고 동시에 아내를 아끼는 마음이 있으시네요. (반영하기, 인정하기)
>
> ○○님이 최소 3개월은 입원하셔야 한다는 말을 처음 들었을 때 어떠한 마음이셨는지 말씀해 주세요. (열린 질문하기)

이 반응에서 면담자는 우선 내담자가 퇴원하고 싶어 한다는 것과 그런 이유가 호전 상태임을 알아들었음을 단순반영으로 내담자에게 다시 들려 준다. 면담자가 귀를 기울여서 내담자의 말을 들어 주고 있다는 사실만으로도 관계 형성이 되곤 한다. 즉, 면담자가 내담자와 같은 복식 테니스 경기의 같은 편임을 느끼게 해 준다.

앞의 반응에서 면담자는 반영을 한 다음에 내담자의 가치관과 가족 사랑을 칭찬하고 격려한다. 이러한 인정하기는 동기면담에서 중요한 핵심기술이며, 내담자의 속성을 긍정적으로 설명하거나 애쓴 노력을 칭찬한다. 인정하기를 할 때는 반드시 타당한 근거를 제시해야 한다. 예를 들어, "○○님은 대단한 인내심을 가지고 계신 분이에요."라고 할 때 이러한 말을 하게 된 타당한 근거를 제시해야 한다. 앞의 사례에서, "○○님은 자유롭게 살아오셨는데 입원병동이라는 틀이지만 늘 밝은 표정으로 지내는 모습을 보니 대단한 인내심을 가지고 계시군요."라고 할 때 내담자는 보다 적극적으로 변화에 대한 생각을 하게 된다.

앞의 반응에서 면담자는 인정하기 이후에 유발적인 열린 질문을 하고 있다. 열린 질문은 대부분 '어떠한' '어떻게' '어떤 이유로' '어떤 방법으로' 등의 의문사로 시작한다. 내담자가 처음 입원할 때 아내의 강권과 병원의 권고가 있었지만 자기 자신도 입원에 동의하였으므로 그 당시 어떠한 마음이었고, 어떤 상태였으며, 얼마나 절실했는지를 묻는 유발적 열린 질문을 한다.

동기면담에 익숙한 면담자는 알지만 모르는 척, 호기심과 순진함 그리고 능청스러움을 가지고 대화한다. 만약 면담자가 내담자를 대신하여 입원 직전의 내담자의 심각했던 심신 상태를 상기시키는 말을 한다면, 내담자는 그 말을 듣게만 되기 때문에 정작 자기가 자신의 상태에 대해 스스로 말할 기회를 박탈당하고 말 것이다.

동기면담은 내담자 중심의 의사소통 스타일이다. 다시 말하면, 내담자가 말을 더 많이 하도록 유발된다. 내담자가 자기 이야기를 두서없이 말하는 가운데 혼란스럽게 왜곡된 자신의 생각을 객관적으로 보게 되고 다시 정리하게 된다. 많은 말을 하는 가운데 내담자는 자기에게 소중한 것, 바라는 것, 후회스러운 것, 하고 싶은 것 등을 내어 놓게 되고, 면담자는 주의 깊게 들으면서 변화와 관련된 내용을 주섬주섬 모아 간다. 내담자의 변화 관련된 모든 언어적 표현을 일컬어 '변화대화'라고 한다.

앞의 사례에서 내담자는 인식단계에 있으며, 양가감정이 많은 단계에 있다. 양가감정을 많이 드러내면서 내담자는 변화해야 할지 아닐지를 더욱 고민하게 된다. 동기면담에서 양가감정은 변화 동기를 높이는 열쇠라고 한다. 왜냐하면 변화에 대한 생각이 묻어 있기 때문이며, 면담자가 이러한 변화대화를 이끌어 낼 수만 있다면 내담자는 변화를 실천할 가능성이 높아지기 때문이다.

사례 1에서 내담자가 처음 입원하기로 동의했을 때 도움을 받고자 하는 동기 수준이 상당히 높았을 것이며, 배우자, 가족, 의료진이 지지하였을 때 내담자가 안심하였을 가능성이 높다. 중독 문제를 해결하기 위한 도움이라면 무엇이든지 받고자 하였던 초기 심정과 비교하여 2개월의 입원 기간을 지나면서 안정을 회복하고 신체적 상태가 호전되면서 필요한 입원 기간을 마치고자 하는 동기 수준이 낮아졌다. 권장되는 입원치료에 대한 이러한 양가감정을 읽어 주는 것이 양면반영이다. 양면반영은 내담자로 하여금 처음과 지금의 차이를 보게 하고 다시 생각하게 하는 기회를 준다.

사례 2

"상담자를 교체해 주세요. 저 상담사가 하는 교육은 참석하지 않겠습니다."

사례 2와 같은 내담자와 면담을 해야 하는 팀장이나, 상담 슈퍼바이저 혹은 시설장은 내담자와의 관계 형성을 먼저 해야 하므로 열린 질문하기와 반영하기를 많이 사용하여야 한다. 이러한 내담자를 만나는 면담자는 다음과 같이 대화를 이어갈 수 있다.

> **면담자:** 담당 상담자에게 화가 많이 나셨네요. (반영하기)
>
> 어떤 점이 가장 화가 나시는지 구체적으로 말씀해 주세요. (열린 질문하기)
>
> **내담자:** 내가 하는 말을 이해를 못 해요. 자기 말만 하고요. 우리를 마치 어린애 다루듯이 하는데 정말 마음에 안 들어요.
>
> **면담자:** 어린애 다루듯이 느끼게 해 드려서 상담사 선생님 대신 제가 먼저 사과드립니다. (사과하기)

어떻게 달라지면 ○○님께서 교육에 적극적으로 참여할 마음이 들까요?
(열린 질문하기)

면담자가 내담자에게 잘못하였든 혹은 잘못하지 않았든 간에 내담자가 불쾌하게 느꼈던 것에 대해 우선적으로 사과하는 것이 관계 형성을 시작하는 데 도움이 될 수 있다. 주관적인 느낌이자 주관적인 관점에서 왜곡된 지각일 수도 있으나 그러한 느낌을 갖게 한 것은 부분적으로 의사소통, 관계 형성에서의 오류일 수 있고, 면담자의 의도하지 않았던 실수일 수도 있기 때문이다.

일반적으로 지시적인 의사소통에 익숙한 면담자(상담사, 의사, 간호사, 약사 등)의 경우, 환자에게 사과를 한다는 것에 대해 저항한다. 사과할 경우, 내담자가 권위에 도전하고 권위를 무시하게 된다고 주장한다. 사실 이러한 주장을 입증할 만한 근거는 부재한다.

실제로 면담자를 대상으로 내담자와의 관계 형성에 대한 정기적인 보수교육이 있어야 한다. 현재 선진국에서 동기면담은 면담자 보수교육으로 제공되고 있으며, 특히 중독 및 교정 분야에서 그러하다. 면담자는 또한 개인 분석을 통해 자신의 문제를 해결하고 내담자와의 관계 형성에서 걸림돌이 될 만한 것에 대해 통찰과 변화를 지속적으로 모색해야 할 것이다.

사례 3

"○○○ 상담자는 거짓말을 하고 있어요."

"거짓말하는 상담자하고는 대화하고 싶지 않습니다."

사례 3의 내담자와 관계 형성을 시도할 면담자의 개입이 도움이 된다. 사례 2에서처럼 사과하기와 열린 질문하기, 반영하기를 적극 활용하면서 내담자가 많은 이야기를 하도록 한다. 내담자가 많은 이야기를 하다보면 모순 또는 딜레마에 봉착하곤 하는데, 면담자는 주의 깊게 경청하면서 적절한 시기에 복합반영을 활

용할 수 있다. 복합반영을 들으면서 내담자는 생각을 정리할 수 있고, 새로운 관점을 볼 수도 있다.

> **면담자:** …… ○○님 말씀은 ○○○ 상담자가 진실을 말하고 있지 않다는 거군요. (단순반영하기)
>
> **내담자:** 예, ○○○ 상담자는 입만 열면 거짓말입니다. 그런 사람이 상담자라니요.
>
> **면담자:** 그러니까 ○○○ 상담자는 오로지 거짓말만 하는군요. 이때까지 ○○님께 도움이 되는 말은 한 번도 하지 않고 말이죠. (복합반영하기)
>
> **내담자:** (잠시 침묵) 전혀 도움이 되지 않았다는 건 아니고…….
>
> **면담자:** ○○○ 상담자가 도움이 되는 경우는 어떤 때였는지 궁금합니다. (열린 질문하기)

복합반영은 크게 두 가지로 나누어지는데, 한 가지는 내담자의 언어적 표현에서 나타나지 않은 생각과 감정, 욕구 등을 면담자가 읽어 주는 것이다. 또 한 가지는 내담자의 언어적 표현을 과장하는 것으로, 예를 들어 '전혀' '아무것도' '모든 것이' '항상' '언제나' '결코' 등으로 극도로 일반화하여 반영하는 것이다. 후자의 복합반영은 내담자로 하여금 자신의 표현이 과장되어 있고 사고가 한쪽으로 치우쳐 있음을 보게 해 주어 내담자의 저항과 함께 구르는 효과가 있다.

앞의 사례에서처럼, 내담자는 면담자의 복합반영하기 이후에 잠시 생각하는 시간을 가지면서 자기가 한 말이 진실이 아님으로 인정한다. 이때 면담자는 열린 질문하기로 내담자의 과거 경험을 이끌어 내는 데 긍정적 경험에 초점을 맞추어 질문한다.

앞의 사례처럼, '거짓말을 하는' 상담자로 지각된 상담자가 내담자와 관계 형성을 다시 할 수 있도록 돕기 위해서는 다음과 같이 내담자가 지각한 바에 대해 먼저 사과하기를 할 수도 있다.

> **면담자:** ○○님에게 제가 거짓말을 하는 상담자로 보이게 된 점은 죄송합니다. 그

렇게 하려던 의도는 아니었습니다. 제가 ○○님에게 좀 더 도움이 되기 위해 어떻게 하면 될지 말씀해 주시기 바랍니다. (사과하기)

관계 형성하기는 면담자의 필수적인 부분이므로 보수교육을 통해 기억을 상기하게 하고, 반복 연습을 하는 기회를 가질 필요가 있다.

사례 4

"병원에 입원했다고 해서 술을 안 마신다는 보장도 없고 난 그냥 퇴원하고 싶습니다. 밖에서도 얼마든지 술을 절제하면서 살면 되지 않습니까?"

사례 4의 내담자는 입원 병동에서 3개월 동안 치료를 받아도 1년 이상 회복하는 환자가 5%도 안 되고, 이곳에서 하는 치료가 의미가 없으며, 이전처럼 술을 조절해서 마시며 살겠다고 주장한다. 퇴원을 요구하는 내담자일 경우, 관계 형성하기는 인정하기부터 시작하며, 인정하기를 하면서 저항과 함께 구를 수 있다.

> **면담자:** 입원하시고 이제까지 회복에 대해 많은 생각을 하셨군요. (인정하기)
> **내담자:** 물론이죠. 내 인생인데요.
> **면담자:** ○○님의 회복에 대한 생각을 좀 더 듣고 싶습니다. (열린 질문하기)

저항으로 보이는 언어적 표현에 초점을 두기보다는 내담자가 '회복'에 대해 언급한 것을 선별하여 주제를 '회복'으로 옮기는 것이 유용하다. 분명 내담자는 단주의 실패에 대한 두려움이 있으며, 입원치료는 성공적으로 단주하는 데 도움이 되지 않는다고 믿고 있다. 따라서 내담자가 생각하고 있는 회복에 대해 구체적으로 이야기하도록 이끌어 주고, 경청하면서 과거의 성공 경험을 선별해서 반영하는 것이 유용하다.

더불어 입원치료 중에 집단교육에 참여하도록 하는 것은 내담자의 불필요한

저항을 해소하는 데 매우 도움이 된다. 집단교육에서 다루는 내용 중에 입원치료
와 그 효과성, 입원치료 이후의 연계 프로그램의 필요성, 사례 관리, 가족 개입의
중요성 등이 모두 저항을 사전에 예방할 수 있다.

사례 5

사는 게 낙이 없어요. 저는 퇴원해도 혼자입니다. 도저히 맨 정신으로는 살 수 없
을 것 같아요.

사례 5의 내담자와 같이 퇴원 후에 음주를 해야만 하는 이유를 고집하는 내담
자의 경우, 음주가 주는 이득에 대해 묻고 함께 나눈다.

> **면담자:** 사회에서 생활하시면서 음주를 하실 때 어떤 점이 좋은가요? (열린 질문
> 하기)
>
> **내담자:** 혼자서 사는 게 재미가 없으니까 술이라도 마셔야죠. 술 마시는 재미라도
> 있어야죠.
>
> **면담자:** 술을 마실 때 재미를 느끼시네요. (단순반영하기)
> 좀 더 말씀해 주세요. (열린 질문하기)
>
> **내담자:** 기분이 좋아지고, 다 잊어버리고 잘 수 있고…….
>
> **면담자:** 술이 주는 이득이네요. (단순반영하기)
> 기분이 좋아지고 잠을 잘 수 있고…… 그밖에 또 어떤 이득이 있을까요?
> (열린 질문하기)
>
> **내담자:** 글쎄요…… 술을 안 마시면 잠을 잘 수가 없어요.
>
> **면담자:** 그러니까 잠을 자기 위해서 술을 마시게 되는 거네요. (단순반영하기)

결정저울 활용하기를 관계 형성 과정에서 인식전단계의 내담자에게 짧게 사용하면 효과가 있다. 이 경우, 면담자는 술 마시기를 고집하는 내담자에게 먼저 술을 마실 때의 좋은 점이 무엇인지 묻고 있다. 중요한 것은 문제 행동이 가져오는 좋은 점을 먼저 질문하는 것이 순서다. 내담자가 술을 마시는 이유에 대해 더 이상 떠올릴 수 없을 때까지 좋은 점을 말하도록 이끌면 어느 순간 내담자는 매우 자연스럽게 술을 마심으로써 경험하는 불편함을 슬며시 언급하곤 한다. 이때 면담자는 결정저울의 기울기가 변화 행동의 이유가 언급되기 시작하는 쪽으로 기울어졌음을 알아차려야 한다. 이 내담자는 술을 안 마시면 잠을 잘 수 없다고 말하였다. 다시 말하면, 술을 마셔야 잠을 잘 수 있고, 술을 끊지 못하는 큰 이유가 드러나는 순간이다. 내담자의 이러한 경험이 진솔하게 드러날 때, 술을 마시지 않고 문제를 해결할 수 있는 다양한 방법을 탐색하는 토대가 된다. 무엇보다도 면담자는 내담자와 동행하는 파트너가 되는 이득을 경험한다.

사례 6

선생님은 여기에 와서 집단치료를 계속 받으라고 말씀하시는데요. 퇴원 후에는 제가 알아서 할 수 있습니다.

사례 6의 내담자와 같이 퇴원 후에 치료를 지속하기 원치 않는 내담자의 경우, 내담자의 자율성과 개인의 선택, 통제력을 강조하여 자신에게 진정으로 도움이 되고 필요한 결정이 무엇인지 스스로 선택할 수 있도록 돕는다.

> **면담자**: ○○님은 치료가 길어질까 봐 걱정이 되시는군요. (복합반영하기)
> **내담자**: 네.
> **면담자**: 퇴원 후에 이루어진 치료 프로그램에 대해서 어떤 것을 이미 알고 계시는지 말씀해 주세요. (열린 질문하기)
> **내담자**: 여러 환우에게서 들었는데 별로 효과가 없다고 하더군요. 괜한 시간 낭비

라고요. 오히려 집에 가서 사회 적응하는 데 시간을 들이는 게 더 좋다고요.

면담자: ○○님에게 프로그램에 대해서 좀 더 소개를 드리고 싶은데 어떠세요?
(허락 구하기)

프로그램 참석 여부는 ○○님에게 달려 있습니다. (개인의 통제력 강조
하기)

입원 기간 동안 내담자는 주위의 환우들로부터 치료에 대한 불신이나 부정적
멘트를 듣거나 영향을 받곤 한다. 중독 치료 프로그램에 포함되어야 하는 필수적
인 부분이 있는데, 그 중에 집단교육이 있다. 집단교육은 집단 상담과는 달리, 정
확한 지식과 정보의 전달이 주가 된다. 지식은 최근 지식이어야 하고 신뢰성이 있
어야 한다. 정보 역시 정확한 정보여야 하고, 기대 및 예측이 가능한 것이어야 한
다. 내용의 주제로는 중독의 본질, 중독의 정의, 중독의 실체, 중독 과정(두뇌의 작
용과 기능 변화), 폐해, 회복의 정의, 회복 과정, 재발과 실수, 동반의존, 가족역동,
약물 치료, 12단계와 자조모임, 지역사회 자원 등이 포함될 수 있다.

면담자가 최근의 지식과 정보를 자주 업데이트해야 하는 이유는 내담자의 변
화 동기를 유발하고 높이는 데 필요하기 때문이다. 집단교육 역시 내담자와의 관
계 형성이 우선이다. 집단교육이 정기적으로 제공되고, 내담자가 반드시 참석하
도록 격려되어야 하며, 일단 교육이 시작되면 종료될 때까지 내담자의 참여 및 변
화 동기를 높은 수준으로 이끌어 내는 데 주력해야 한다.

앞의 사례에서도 내담자가 타 환우들의 부정적 태도에 영향을 받지 않고 의료
진을 신뢰하도록 돕는 방식으로 집단교육을 제공해야 하며, 타 내담자들 역시 정
기적인 교육 프로그램에 참석하도록 해야 한다. 내담자가 가지고 있는 어떠한 의
혹이나 의심이라도 교육 시간을 통해 나누어져야 한다.

입원치료 이후 외래치료를 지속하는 것이 그렇지 않은 경우에 비해 어떠한 차
이가 있는지, 외래치료에서 제공하는 재발 예방 프로그램이 입원치료와 어떻게
다르고, 어떠한 효과를 가지는지, 지역사회 연계가 퇴원 후의 삶을 위한 준비에
어떻게 기여하는지 등이 집단교육에서 충분히 토의되고 나누어진다. 내담자가

치료가 길어지는 것과 지연되는 것에 대한 두려움, 염려, 성급해지는 마음 등에 대해 솔직하게 표현할 수 있도록 면담자는 내담자와 협동을 지속해야 한다.

필요하다면 내담자의 중요한 타인(들)이 함께 참여하여 내담자가 외래치료로 옮기는 것과 관련하여 요구되는 사항, 격려, 기대하는 바, 중요한 타인이 해 주면 도움이 되는 것 등에 대해 함께 나누어야 한다. 집단교육 역시 집단 상담에서처럼 관계 형성이 처음부터 마치는 순간까지 지속되어야 하며, 열린 질문하기, 인정하기, 반영하기 등 필수적인 동기면담 핵심기술을 활용한다.

이제까지 법적 제재를 받아 면담에 응한 내담자와 중독 문제로 치료를 받아야 하는 내담자의 사례를 통해서 관계 형성하기의 중요성을 살펴보았다. 두 유형의 내담자 모두 변화에 대해서 저항하고 있는 태도로 면담을 시작하였다.

사례를 통해 동기면담 맛보기

다음 사례는 〈동기면담의 훈련가 비디오〉(1998) 중의 면담 사례로, 내담자가 첫 면담 회기에서 화가 많이 나 있고 방어적인 태도로 비협조적인 상황에서 면담자가 동기면담을 활용하여 점진적으로 내담자가 변화의 방향으로 초점을 맞추는 것을 보여 주는 훌륭한 사례다.

두 사람이 짝이 되어 한 사람은 면담자, 다른 한 사람은 내담자가 되어 사례의 대화를 읽으면서 면담자가 동기면담을 적용하면 관계가 어떻게 형성되고, 목표 행동이 어떻게 언급되어 방향이 설정되는지를 경험하고 서로 나눈다.

> 내담자는 매우 화가 나 있고 방어적인 태도로 회기에 들어오는데, 이러한 성마른 내담자에게 동기면담을 적용하는 매우 명확한 예다. 면담자는 관계 형성하기에 집중하는데, 대부분의 경우 반영하기와 열린 질문하기를 활용하고 있다.

표 7-1 사례 축어록 1

번호	면담	부호화 및 요약
면1	여기 와 주셔서 반가워요. 다시 오셔서 좀 놀랐고요.	
내1	한 가지 말씀 드릴게요. 사실 들어오기 전에 앞에서 한 시간 동안 앉아 있었어요. 차를 돌려서 집에 가려던 걸 간신히 참고 들어왔어요. 여기 온 게 썩 즐겁지 않다는 점을 알아두세요.	처음부터 심한 불화가 있음을 나타내는 내담자
면2	여기 오시는 것이 우선순위가 아니라는 점은 분명히 알겠습니다.	반영하기
내2	물론 아니지요. 그리고…… 보니까 금발이신데, 제가 지난 두 주일 동안 금발인 분과 악연이 있었어요.	
면3	무슨 일이 있었는지 말씀해 주세요.	열린 질문하기
내3	그러니까 제 보호관찰관이 금발 여성인데, 저를 못 잡아먹어 안달인 거예요. 징역을 오래 살아야 한다느니, 엄청 벌금을 물어야 한다느니, 하라는 대로 하지 않음 어쩌겠다느니 별 얘기를 다하는 거예요. 선생님도 마찬가지가 아닐까 하는 생각이 드네요.	
면4	그러니까 저한테 휘둘려서 하기 싫은 일을 억지로 하게 될까 염려하셨군요.	반영하기
내4	예, 이런 일을 당하니 부아가 치밀지요. 선생님 때문은 아니지만 사실이 그렇습니다.	이전의 면담자와 지금의 면담자를 구별하는 초기 신호
면5	화가 치미셨겠어요.	반영하기
내5	예. 제 딸이 글쎄 아휴…… (한숨을 쉼) 손자들을 못 만나게 합니다.	
면6	손자들을… 무엇 때문이죠?	열린 질문하기
내6	보게는 해 주는데 어디를 데리고 가지는 못하게 해요.	
면7	정말요?	
내7	정말 화가 나요, 아시겠지요. 손자들을 태우고 가다가 음주운전으로 다치게 할까 봐 그런다는 거예요. 저는 단 한 번도 애들을 다치게 한 적이 없거든요.	
면8	그러니까 따님의 걱정은 선생님이 음주운전을 하다가 손자들을 다치게 할지 모른다는 거군요.	반영하기
내8	술을 마시지 않을 거라고 해도 딸이 꿈쩍도 안 해요. 화가 나서 견딜 수가 없어요.	

＊ 번호: 면-면담자, 내-내담자

면9	그러니까 술을 마시지 않을 거라는 말을 딸이 믿어 주지 않아서 마음이 상하셨네요.	반영하기
내9	음……. 딸이 말하기를 '아빠는 도움이 필요해요.' 라고 하는 거예요. 지가 도움이 필요할 때는 제가 어떤 조건도 내걸지 않았거든요. 내가 도움이 필요하다는 게 무슨 말인지 모르겠어요. 저는 언제나 지한테 돈을 대주었거든요. 아이들에게 필요하면 늘 경제적으로 제가 도와주었어요. 늘 뭐든지 필요하면 아빠가 도와주는……. 걔가 왜 그러는지 모르겠어. 이건 정말…….	
면10	따님은 무엇이 걱정이라고 하나요?	열린 질문하기
내10	제가 아이들을 다치게 할까 봐 걱정이래요. 하지만 저는 평생 한 번도 아이들을 다치게 한 적이 없습니다.	
면11	그렇게까지 걱정하는 것이 이해가 안 가는 거군요.	반영하기
내11	아내가 집을 나간 후로 딸의 태도가 아내랑 비슷해진 것 같아요. 아내 편을 들어요. 아내가 나가기 전까지는 다 괜찮았거든요. 이혼한 건 아닌데 아내는 제게 화를 내면서 집 나간 지 2, 3개월이 되었어요.	
면12	부인과 따님이 함께 몰아붙이는 느낌이시군요.	반영하기
내12	그런 느낌이죠. 사실인지 아닌지는 알 수 없지만 그렇게 느껴져요. 뭐라고 할까? 한꺼번에 여럿이 달려드는……. 지금 그런 느낌이죠. 음주운전 때문에 전복 사고가 있은 후로 아내는 집을 나가고, 딸도 저를 무척 못마땅해하고, 보호관찰관은 저를 교도소로 보내서 파산시키려고 하고, 직장 상사는 운전면허가 없으면 해고될 거라고 하고……. 정년이 3년밖에 남지 않았거든요. 제가 여기 온 이유는 한 가지예요. 운전면허가 취소되면 직장도, 집도 다 잃게 되니까 그걸 막으러 온 거지 제가 나쁜 짓해서 온 게 아닙니다.	동기와 관련해서 많이 언급되고는 있으나 음주에 대한 변화대화는 아직 없음
면13	예, 문제가 있어서가 아니라 가라고 해서 온 거라는 말씀이군요.	반영하기
내13	예, 법원 명령으로 온 거죠.	
면14	그것이 유일한 이유군요.	반영하기
내14	예, 거짓말할 이유가 없으니까 솔직히 말씀 드리죠. 선생님이 법원에 가서 제가 여기에 오기를 싫어한다고 말하면 좋겠지만……. 솔직히 여기에 오는 게 달갑지 않아요. 시간도 많이 뺏기고 주머니 사정도 넉넉치 않거든요. 거기다 벌금에, 법원 비용에, 변호사 수임료에 천 달러나 줘야 하는 데 돈이 없어요. 여기 온 이유 중 하나는 변호사 때문인데, 그 변호사가 법대 졸업	

내14	후부터 아는 사이예요. 같이 한 잔 하기 좋은 친구이지요. 내가 천 달러나 쓰면서 너를 고용했는데 왜 상담까지 받아야 하느냐고 했더니 제게 음주 문제가 있다는 거예요. 저는 멀쩡한데 그 친구만 정신을 잃어서 제가 데려다 준 적도 많거든요. 모든 게 정말 말이 안 돼요.	
면15	그러니까 주위에 더한 사람도 많은데 왜 선생님의 음주만 문제인지, 다들 왜 말이 많은지 모르겠다는 말씀이군요.	반영하기
내15	지금 제 인생의 이 시점에서? 지금은 달라요. 무슨 말인고 하면, 10년 전이라면 군말 않고 약을 먹었을 거예요. 하지만 10년 동안 전 많이 바뀌었어요. 예전엔 술고래였어요. 싸움질에, 로데오에, 술로 문제가 많았지요. 짐을 여기저기 멀리까지 끌어다 주는 일을 하면서 살았어요. 그런데 지금은 8~10년간 정착해서 좋은 직장을 얻어 살고 있고, 단거리 운전일을 해 주며 살아요. 술은 조금만 하고, 일은 열심히 합니다. 앉은 자리에서 캔맥주 6개를 넘게 마시고도 일할 수 있어요. 저는 매혈 또는 도둑질이나 하면서 버스 종점에 나동그라져 있는 망나니들하고는 다릅니다. 사회보장카드가 나온 이후로는 훔친 적도 없고, 저는 매일 일하고 있어요.	
면16	그러니까 조금 전에 하신 말과 비슷하네요. 다들 이상한 눈으로 보는데 사람들의 생각만큼 심각하지 않다는 거지요.	반영하기
내16	그렇다고 볼 수 있지요.	
면17	음…….	
내17	사실인지는 모르겠지만, 그렇다고 볼 수 있어요.	
면18	한 가지 여쭤 볼게요. 여기 강제로 오셨고, 다들 술 문제로 선생님을 마치 까마귀들이 달려들어 먹이를 쪼아 먹듯이, 달달 볶는 것 같으신데요. 여기서 저와 함께하는 시간을 어떻게 보냈으면 하신지요? 어떻게 하면 도움이 될까요?	반영하기 열린 질문하기
내18	이런 일은 처음이라 잘 모르겠어요.	
면19	모두 새로운 것이군요.	반영하기
내19	다들 나보고 술 끊으라고 하는데 저는 끊어 본 적이 없어요. 할 수는 있다고 생각해요. 두어 번 시도한 적이 있어요. 한번은 1~2주 정도 금주했는데 사람들에게 내가 할 수 있다는 걸 보여 주려고 했어요. 당시에 그리 행복하진 않았지요. 사실 내가 왜 끊어야 하는지 몰랐어요. 하지만…….	

면20	끊고 싶어도 그럴 수 있는지조차 모르겠다는 말씀으로 들리네요.	반영하기
내20	우스울지도 모르는데 저는 뭐든지 할 수 있어요. 하지만 술을 끊을 수 있는가에 대해서는 예라고 할 수가 없네요. 선생님 말이 맞아요. 제가 할 수 있는 것이 많기는 하지만, 저는 한 번도 단주를 해 본 적이 없어요. 솔직히 말해서요.	
면21	술을 끊지 못하게 하는 것은 무엇인가요? 방해가 되는 것은 어떤 것인가요?	열린 질문하기
내21	저랑 아주 비슷한 친구들이 몇 명 있어요. 제가 대장 격은 아니지만 제게 이래라 저래라 하는 사람은 없어요. 주말에 같이 호수에 가서 놀곤 하는데 우리가 늘 가는 곳이 있어요. 호수 동쪽인데 거기서 야영하고, 사냥하고, 낚시 대회도 하고, 레슬링도 하고, 물에 빠뜨리기도 하면서 놀곤 합니다.	
면22	재밌는 시간을 보내는 것 같네요.	반영하기
내22	예, 술을 끊으면 그들이 어떻게 느낄지 모르겠네요. 저를 놀려 댈지도 모르고요.	미래 상상하기
면23	놀려 대거나 뭐라고 말할 수 있겠네요.	반영하기
내23	제가 술을 잘 못해서 그랬을 거라고 말할 거예요. 그래서 제가 술을 끊은 거라고 할 거예요. 하지만 그건 사실이 아니죠. 저는 그 누구보다도 술을 잘할 수 있거든요.	미래 상상하기
면24	술을 안 마시면서 그 사람들과 함께 있다면 어떨까요?	열린 질문하기
내24	선생님의 직업은 뭡니까?	
면25	저는 심리학자입니다.	
내25	좋아요. 만약 심리학자가 아니었다면 무엇을 하고 있을까요?	
면26	상상하기 어렵군요. 그렇죠?	
내26	예.	
면27	선생님도 그렇다는 거군요. 그걸 상상하기조차 어렵군요.	
내27	선생님도 답을 못 주신 것처럼 저도 그래요. 그런 거요……. 어려운 거예요. 그런 것들에 대해 하기 전에 먼저 생각할 필요가 있어요.	
면28	이전처럼 사교적으로 친구 분들과 있기 힘든 것 이외에 또 다른 이유는 무엇일까요?	열린 질문하기

내28	글쎄요, 저는 약간 긴장된 편입니다. 힘든 일을 하고 있어요. 꽤 거친 사람들과 오랫동안 일해 왔어요. 장거리 운전을 하고 트럭의 짐들을 내리고……. 때로 지치지요. 그럴 때 앉아서 술 한 잔 하는 걸 좋아해요.	
면29	그러니까 술을 마시면 편안해지고 삶에 대처하는 데 도움이 된다는 거네요.	반영하기
내29	너무 화가 날 때는요. 그렇다고 누구를 때릴 수는 없지요. 예전에는 그랬었어요. 젊었을 때는 도를 넘었지요. 누군가 나를 화나게 하거나 성가시게 하면 바로 달려갔지요. 하지만 나이를 먹으면서는 술을 마시고 진정합니다.	
면30	젊었을 때는 성격이 불같았다고 두 번이나 말씀하셨는데 불같고 폭력적인 성격이 줄어든 이유는 무엇이라고 생각하세요?	열린 질문하기
내30	(웃으며) 몇 번 구치소에 갔었지요. 거친 데서 놀다가 풍기 문란이다, 공공장소에서 소란을 피운 죄로 몇 번 갇힌 적이 있어요. 아내가 몇 번 보석으로 빼 주었는데 돈이 꽤 들었어요. 놀 때는 재미있었는데 돈이 깨지더라고요. 또 작은 동네다 보니까 소문도 안 좋아지고요. 이젠 옛날처럼 너그럽게 봐 주질 않네요.	
면31	술로 인해, 죄를 짓게 되거나 가족이랑 이웃과도 사이가 벌어지는 등 문제가 많았군요.	반영하기
내31	그런 거예요. 보호관찰관이 제 음주운전에 대해 얘기하던가요?	
면32	네.	
내32	빌어먹을……. 신호 정지 얘기부터 해야겠군요. 토요일 아침이었어요. 호수에 가려고 보트를 트럭에 실어놨는데 회사에서 전화가 와서는 한 번만 더 운행하고 나서 쉬라고 하더군요. 그때 맥주를 몇 잔 한 상태였고 그 전날 파티도 있었어요. 아침에 일어나니 기분이 별로여서 몇 잔 했죠. 휴무라서 호수에 놀러 가려 했는데, 쉬는 토요일에 전화가 온 거예요. 트럭을 몰고 가다가 사거리에서 신호에 걸려 기다리는데 한 백 살쯤 돼 보이는 할머니가 제 트럭 뒤를 받아버리지 뭡니까! 그리고 경찰이 와서는 저를 잡아갔는데 어이없게 저한테 과실이 있다는 거예요. 애들이나 스쿨버스가 거기 있었으면 큰 사고가 났을 텐데……. 제 트럭을 받은 할머니에게는 다행이었죠.	
면33	술을 드셨다는 이유로 선생님의 과실로 몰고 갔네요.	반영하기

내33	덮어 씌웠죠. 그 할머니는 그냥 풀려나고 제 트럭은 견인됐어요. 할머니 차 수리비용, 제 트럭 수리비용 모두 제가 물고 벌금까지 냈지요. 난폭운전을 한 건 그 할머니인데 억울했습니다. 생각할 때마다 울화가 치밀어요.	
면34	그 사고 때문에 여러 문제가 생기고 직장에서도 그렇고 면허도 취소될 위기에 있고 상담까지 받게 되셨군요.	반영하기
내34	네. 면허취소 당하지 않는 방법이 없을까요? 그 망할 보호관찰관 좀 안 보게 해 줄 순 없나요? 저한테 도움이 된다면 뭐든 하겠어요. 지금까지 변호사 비용에, 수리비에, 상담비용에 출혈이 이만저만이 아닌데 제대로 해결된 게 없습니다.	
면35	네. 한 가지 말씀드릴게요. 여기 치료센터는 법적 문제에는 관여하지 않는 게 원칙입니다. 음주운전을 하신 많은 분들이 여기에서 잠시 치료를 받고 술을 끊으시는데 보호관찰관은 더 이상 관여하지 않아요. 하지만 지금 치료에 들어가고 싶으신지 모르겠네요.	
내35	치료센터가 이 안에 있나요? 여기선 뭘 합니까?	
면36	다양한 치료를 합니다. 입원과 외래 진료 다 가능합니다. 가족과 함께 오시거나 혼자 오기도 하고요. 치료 방법에는 여러 가지가 있어요. 한 가지 치료 방식만 옳은 건 아닙니다. 어떤 종류의 치료를 받으실지는 본인 결정에 달려 있어요.	

　내담자는 음주 운전을 하고 사고를 내어 법원에서 상담 명령을 받아 면담을 하러 온 것이며, 면담자에게 처음부터 자신의 불쾌한 감정을 쏟아 내고 있다. 면2에서 면담자는 내담자의 이러한 부정적 감정을 읽어 주면서 있는 그대로 받아들인다는 뜻을 전달하고 있다. 내담자를 교육하거나 문제의 심각성에 대해서 직면하지 않고 있는 그대로를 받아들이고 파트너가 되려고 하는 면담자의 태도는 이러한 반영으로 나타나며, 여기에 담겨 있는 동기면담 정신은 수용과 협동이다. 반영의 깊이 면에서 보면 표면적인 말을 반복하는 것이 아니라, 그보다는 좀 더 심도 있는 반영이라고 볼 수 있으며, 따라서 복합반영하기(Rc)로 부호화한다. 면3에서 질문형은 아니지만 내담자가 경험했던 것을 말해 달라는 요청은 열린 질문 하기(OQ)로 부호화한다. 기꺼이 내담자의 말을 듣겠다는 협동과 유발을 나타낸다.

면4에서 면담자는 내담자의 염려하는 바를 읽어 주고 있다. 반영의 깊이 면에서 표면적인 것을 반복하는 것이 아니라서 복합반영하기(Rc)로 부호화한다. 한편 면5는 내담자가 말한 '~ 부아가 치밀지요.'를 그대로 반영하여서 단순반영하기(Rs)로 부호화한다. 면8에서 면담자는 내담자가 한 말을 알기 쉽게 읽어서 들려주는 반영을 하고 있어서 단순 반영하기(Rs)로 부호화한다.

　면9는 내담자의 마음속에 분노뿐만 아니라 신뢰하지 않는 딸에 대한 상한 마음을 읽어 주어서 보다 깊이 있는 반영인 복합반영하기(Rc)로 부호화한다. 질문을 한 가지 한 후에는 두 개의 반영을 하면서 이전에 알기 쉽게 설명했던 질문하기-반영하기-반영하기(쿵-짝-짝)의 리듬을 타고 있는 면담자의 대화를 보는 것이 흥미롭다. 동기면담에서는 질문 하나에 최소 두 번의 반영을 하는 것이 내담자로 하여금 공감 받았다는 느낌을 가지게 하며, 보다 가까워지는 관계 형성하기에 효과적이라고 강조한다. 면11 역시 표면적인 내담자의 표현보다 좀 더 깊게 반영하고 있다는 점에서 복합반영하기(Rc)로 부호화한다. 면12에서 내담자의 아내의 행방에 대해 정보를 수집하고 싶은 욕구가 생길 수 있으나, 면담자는 질문보다는 내담자의 감정에 초점을 맞추어 보다 깊은 복합반영하기(Rc)를 함으로써 내담자가 면담에 온 목표 행동인 '음주 중단하기'에서 벗어나지 않고 대화를 진행하는 것을 볼 수 있다. 이것은 동기면담이 내담자 중심이자 방향 지향적 의사소통 스타일임을 보여 준다. 면12에서의 복합반영이 내담자로 하여금 많은 이야기를 하도록 촉진하며, 그 이야기들이 음주 문제로 인한 현재 상태와 변화해야 할 이유가 묻어나는 반응을 이끌어 내고 있음을 볼 수 있다. 아직까지는 내담자가 음주 문제가 있음을 시인하거나 도움이 필요하다고 말하지는 않고 있다. 따라서 면13에서 면담자는 내담자의 저항적 진술을 직면시키지 않으면서 저항과 함께 구르는 방식으로 단순반영하기(Rs)를 하고 있다. 흥미로운 것은 면14에서 면담자는 내담자가 법원 명령으로 면담을 하러 온 것에 대해 과대적으로 말하기, 즉 복합반영하기(Rc)를 하고 있는데, 사실 내담자는 법원 명령 때문만은 아니지만 그렇게 생각하고 있는 것에 대해서 확대하여 일반화시켜서 내담자가 듣게 한다.

　대화가 진행되면서 내담자는 자신의 처지에 대해서, 과거의 경험에 대해서 불만과 함께 쏟아 내기 시작한다. 면15와 16, 18에서 보는 바와 같이, 면담자는 주로 반영하기를 하고 있다. 면15는 면담자가 내담자의 혼란스러움을 명확하게 그리고 깊이 있게 읽어 준 점에서 복합반영하기(Rc)로 부호화한다. 면16 역시 대인관계에서 다른 사람들이 내담자에 대해 문제가 있다고 보고 있음을 내담자가 알고 있고, 이것에 대해 혼란스러워하고 있음을 읽어 주는 복합반영하기(Rc)다. 면18에서 은유적 표현을 통해 내담자가 피해자와 같이 많은 사람으로부터 간섭과 지적을 당하고 있음을 반영하고 있어서 복합반영하기(Rc)로 부호화한다. 한편, 면담자는 이어서 열린 질문으로 다시 한 번 내담자의 면담 방문 목적을 연결하여 초점을 맞추고 있다. 즉, 방향성을 가지는 열린 질문하기가 되며 면담 목적에 대해 내담자가 새롭게 볼 수 있는 준비가 되어 있는지에 대해서도 알 수 있는 질문이다. 면19는 단순반영하기(Rs)로 볼 수 있다.

면20은 내담자의 두 가지 마음, 즉 술을 끊으려고 했던 때가 있었음을 근거로 하여 면담자는 금주에 대한 내담자의 양가감정을 반영하고 있는 양면반영하기를 했다. 부호화는 복합반영하기(Rc)로 한다. 면21에서 면담자는 탐색적인 열린 질문 하기를 하고 있으며, 내담자는 양가감정 중에서 변화를 할 수 없음을 강조하고 있다. 이 질문은 한편으로는 변화를 해야 하는 이유와 밀접하게 관련 있는 내담자의 반응을 유발해 낼 수 있다는 점이 흥미롭다. 면담자는 방향성을 잃지 않고 내담자와 걸어가는 모습을 그릴 수 있는데, 내담자의 변화할 수 없는 이유에 대해 충분히 공감하면서 대화를 진행하고 있다. 면22, 23은 모두 단순반영하기(Rs)다.

면28에서 면담자는 계속해서 내담자가 변화하지 못하는 이유를 탐색하는 열린 질문을 하고 있고, 면29에서 단순반영하기(Rs)으로 여전히 교정반사를 하거나 직면하지 않으면서 동행한다. 면30은 변화를 하지 못하는 이유에서부터 변화해야 하는 이유를 내담자로 하여금 자연스럽게 이야기할 수 있게 도와주는 유발적 질문이며, 이후의 대화 내용은 음주로 인한 고통과 대가에 대한 내담자의 자기 고백이다.

면33, 34는 단순반영하기(Rs)로 부호화한다. 여기까지 보면 면담자는 내담자와 훌륭한 관계 형성을 달성했음을 보여 주며, 그 결과 내35에서 내담자는 도움이 필요함을 인정하는 인식단계에 와 있는 모습을 보여 준다. 면36에서 면담자는 내담자가 정말로 도움이 필요한지를 재확인하고자 정보를 교환하기 전에 허락을 구하는 동기면담 정신과 일치하는 진술을 하였고, 내담자의 자율성, 즉 선택과 결정권에 대해 강조하고 있는 모습이다.

　이번에는 짝과의 연습을 위해 두 사람 중에 한 사람이 내담자가 되어 최근에 만났던 내담자를 생각하며 내담자 역할을 하고 다른 한 사람은 면담자가 된다. 이때 면담자는 〈표 7-1〉의 오른쪽에 기입되어 있는 부호화 및 요약을 참조하여 반영하기, 열린 질문하기, 정보 교환하기, 자율성 존중하기, 미래 상상하기 등을 활용하면서 대화를 이끌어 간다. 그러고 나서 두 사람이 경험을 나눈다.

초점 맞추기

　Miller와 Rollnick(2013)은 동기면담 과정에서 초점 맞추기는 관계 형성하기와 이어져 있지만 별개의 과정으로 간주하였다. 면담에서 면담자와 내담자가 관계 형성하기만 하면서도 회기는 종료 가능하다. 하지만 면담의 이유와 목적을 가지고 있는 내담자는 초점 맞추기를 하기 전까지 생산적인 방향을 잡지 못하고 제자리에서 맴돈다는 느낌을 가질 수 있다. 이러한 느낌은 면담자에게도 마찬가지다. 따라서 내담자가 방문한 목표가 무엇인지에 대해 대화를 해야 하며, 이것이 바로 초점 맞추기 과정이다. 면담의 방향성을 찾고 유지하는 것이라고 설명할 수 있으며, 내담자는 인식하지 못한다 하더라도 면담자는 초점 맞추기의 필요성을 인식하고 있어야 한다. 여기서 방향성은 변화 목표와 동일한 의미다. 물론 내담자가 복잡한 문제를 동시다발적으로 가지고 면담에 임할 수도 있고, 상호 갈등적인 목표를 가지고 있을 수도 있다. 면담이 여러 회기 동안 진행되면서 목표가 바뀔 수도 있다. 하지만 먼저, 하나의 방향을 향하여 두 사람이 움직여 가는 것을 우선해야 한다. 이어서 의제 정하기를 하기 위해 열린 질문하기를 하여 두 사람이 함께 결정하거나 또는 구조화된 방법으로 의제를 설정할 수도 있다. 이때 중요한 것은 타협하기가 아니라 대화하기라는 점이다.

　Miller와 Rollnick(2013)은 의제의 개념을 단순히 변화 목표를 넘어서서 내담자의 바람, 두려움, 기대하는 바, 염려하는 바로 설명하고 있다. 한편 내담자가 가지고 있는 의제뿐 아니라 내담자의 중요한 사람과 기타 관련된 사람도 내담자를 향한 의제를 가질 수 있다. 따라서 방향성을 명료하게 하는 것이 면담자의 몫이다. 초점 맞추기에서 다양한 의제가 존재할 수 있는데, 크게 세 가지 출처를 든다면 내담자, 프로그램, 면담자다. 이 중에서 내담자 자신이 초점을 맞추는 것이 흔하다. 서비스 제공자가 기본적으로 설정한 초점은 예를 들어, 내담자가 방문한 금연 클리닉, 자살 예방 프로그램, 응급 전화, 분노 관리 프로그램 등이 있다. 프로그램이나 기관에 의뢰된 내담자는 그곳에서 자체적으로 설정해 놓은 의제에 동의하지 않는 경우가 종종 있다. 내담자가 자발적으로 특정 프로그램을 찾아온 경우라면 내담자의 의제와 프로그램에서 설정한 의제가 일치되지만, 그렇지 않은 경우도 흔하다. 면담자가 볼 때, 내담자가 가야 할 방향으로 의제를 설정할 수도 있다. 면담자와 내담자가 동의를 한다면 문제가 없지만, 면담자 입장에서 면담자가 보

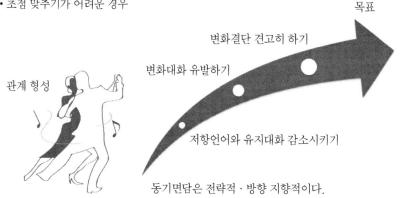

초점 맞추기의 중요성

내담자가 목표 행동을 정하는 것이 필요하다.
• 방향성이 확실한 경우
• 대안이 몇 개 있는 경우
• 초점 맞추기가 어려운 경우

목표

변화결단 견고히 하기

변화대화 유발하기

관계 형성

저항언어와 유지대화 감소시키기

동기면담은 전략적 · 방향 지향적이다.

는 변화 방향을 내담자가 인식하지 못하고 있거나 저항을 하는 경우라면 도전 과제가 된다. 이때야말로 관계 형성하기가 매우 중요하다. 그리고 이때야말로 동기면담의 능력이 잘 발휘될 수 있다. 이와 같이 세 가지의 서로 다른 출처로부터 의제가 다르게 제시될 수도 있는데, 어떻게 초점 맞추기를 하고 방향을 설정할 수 있는지가 주요 의제다.

초점 맞추기 과정에서 동기면담이 활발하게 적용된다. 세 가지 의사소통 스타일에서 지시하기, 따라가기 스타일은 초점을 맞추는 데 시간을 지연시키거나 저항을 유발하여 오히려 비효과적일 수 있다. 안내하기 스타일, 즉 동기면담 의사소통 스타일은 내담자가 처해 있는 상황, 외부로부터의 압력 및 변화에 대한 삶의 우선순위 등에 대해 매우 솔직하게 이야기를 하도록 돕는다. 만약 내담자가 가야 할 방향을 명료하게 표현한다면 면담자는 적극적으로 격려 · 칭찬 · 인정하기를 함으로써 관계 형성을 더욱 돈독히 하도록 한다. 더 나아가, 변화 동기 유발하기 과정으로 옮겨 가며 동기 수준을 더욱 높임으로써 결단하도록 돕는 동기면담을 적용하면 된다. 만약 내담자가 두 개 이상의 이슈를 가지고 이야기를 하는 경우, 면담자는 의제 목록을 내담자와 함께 만들어서 그중에서 내담자가 가장 먼저 다루고 싶은 것을 고르도록 할 수 있다. 만약 내담자가 제기하는 방향이나 의제가 불명확하고 애매모호하고 광범위한 경우, 면담을 통해서 점차 구체적인 목표를 향하여 좁혀 가는 것이 바람직하다.

초점 맞추기를 할 때 일반적으로 면담자들이 유의해야 할 점은 교정반사를 하지 않아야 한다는 것이다. 서두르거나 조급하게 초점을 맞추려고 하는 경우, 관계 형성하기가 충분히 되지 않아서 다시 관계 형성하기로 돌아와야 하는 어려움에 봉착할 수 있다. 따라서 여유 있게 면담을 하는 것이 중요하다. 이와 같은 맥락이기는 하지만, 힘의 대결을 하려고 하지 말고 정중한 안내자의 역할을 해야 함을 잊지 않아야 한다. 만약 하나의 방향으로 유연하게 진행되었다고 생각했으나 무언가 저항이 느껴지거나 면담자 자신이 끌고 간다는 느낌이 조금이라도 들 경우에는 잠시 멈추어서 내담자에게 열린 질문을 하거나 반영을 하여 두 사람이 협동하며 걸어가고 있는지를 점검해야 한다. 그리고 난 후에 내담자가 원하는 방향을 명료화하고 새롭게 초점을 맞추어야 할 필요가 있다. 또 한 가지는 문제 중심으로 대화하는 것을 피해야 한다. 내담자가 가지고 있는 장점이나 가치, 포부 그리고 변화하려는 이유, 욕구, 필요, 능력과 관련하여 변화대화가 많이 나올 수 있도록 면담을 진행해야 한다. 이러한 긍정적인 자원이 초점 맞추기에 큰 기여를 하게 된다.

만약에 내담자가 프로그램이나 기관에서 제시하는 의제에 동의하지 않는 경우, 사전 평가 결과를 가지고 피드백하면서 초점 맞추기로 나아갈 수 있다. 또는 면담자가 솔직하게 기관에서 또는 프로그램에서 수행하고 있는 역할을 설명하여 내담자로 하여금 재고하게 할 수도 있다. 또는 내담자의 동의나 허락을 구하여 면담자가 생각할 때 다루어야 할 바람직한 의제를 조심스럽게 제시하여 초점을 맞출 수도 있다. 무엇보다도 내담자가 어떠한 생각이 있는지 이끌어 내는 동기면담 정신이 중요한 때가 의제 간에 갈등이 있는 경우다. 내담자가 어디에 초점을 맞추어서 자신의 이득을 위해 활용할 것인지 방향을 잡지 못하고 있는 경우에는 오리엔테이션을 해 주는 것이 안내하기 스타일의 좋은 예가 된다. 다른 말로 하면, 정보 교환하기가 활용되는 경우다. 면담자 입장에서 봤을 때, 내담자의 현재 상태, 일반적으로 발전해 나가는 경로, 예후, 예방책, 걸림돌 등에 대해서 정보 교환하기를 할 수 있는데, 우선적으로 내담자의 허락이나 동의를 구해야 하며, 더불어 내담자가 무엇을, 얼마만큼 알고 있는지 말하도록 하는 이끌어 내기가 우선적으로 필요하다.

초점 맞추기를 하면서 면담자는 자신이 제공할 수 있는 범위 내에서의 프로그램이나 전문적 도움을 제공해야 한다. 예를 들어, 중독 분야의 전문성이 없는 경우라면 초점 맞추기에서 중독과 관련된 문제가 의제로 정해지는 것을 지양해야 한다. 또한 근거 기반의 치료적인 접근이 제시되어야 한다. 초점 맞추기에서 마지막 의제 결정은 언제든지 내담자의 몫이라는 사실을 기억해야 한다.

또 기억해야 할 것은 내담자의 선택에 면담자가 영향을 주어서는 안 된다는 것이다. 동시에 내담자의 최상의 이득과 관련된 객관적이고 유용한 정보는 반드시 제공되어야 한다. 면담자가 법적인 권한을 대행하는 경우라면, 예를 들어 보호관찰이나 경찰 등 초점 맞추기를 할 때, 동기면담 정신을 충분히 전달하지 못하게 될 수 있다. 따라서 자신이 맡고 있는 역할에 대해서 솔직하게 내담자에게 전달하여 불이익을 당할 수 있는 가능성에 대해서 내담자가 충분히 인지하도록 해야 하며, 이럴 경우 관계 형성하기에 더욱 도움이 되며, 초점 맞추기에서도 내담자가 자신이 염려하는 바나 원하는 바에 대해 탐색할 수 있도록 돕는다.

초점 맞추기는 내담자가 목표 행동에 대해서 스스로 말을 함으로써 달성된다. 방향성이 확실한 경우에 가장 바람직한 초점 맞추기가 달성된다. 하지만 예외적으로 내담자가 무엇을 목표로 변화해야 하는지 어려워하는 경우도 있고 또는 내담자가 두 개 이상의 목표 행동을 언급하면서 우선순위를 매기는 데 어려워할 수도 있다. 이런 경우에는 일단 대화를 통하여 내담자와 함께 방향을 설정하고, 즉 초점을 맞추어 목표 행동을 설정하면 면담자는 그 목표 행동을 달성하고자 원하는 변화 동기를 꾸준히 높이도록 동기면담을 적용해야 한다. 변화대화를 되도록 많이 유발하는 질문 및 기타 전략을 활용하고 마침내 결단대화를 하도록 이끌어 가면 마지막 과정인 계획하기가 남아 있게 된다.

초점 맞추기 과정에서 면담자는 평형, 즉 중립적인 태도로 면담에 임해야 한다. 면담자의 가치관을 내담자에게 부여해서는 안 된다.

다음의 몇 가지 예제를 읽으며, 초점 맞추기에서 동기면담 핵심기술을 어떻게 적용하는지 살펴보고, 실제 사례를 활용하여 적용해 본다. 이 외에 가능한 면담자의 반응을 동기면담 정신과 핵심기술에 일치하여 작성한다.

예제 3

"직장 구하기가 정말 힘듭니다. 제가 보호관찰 받는 중이라고 솔직하게 털어 놓으면, 아무도 저를 고용해 주지 않아요."

면담자1: 보호관찰을 받는 중에도 자립하는 것이 매우 중요하다는 것을 알고 많은 노력을 해 왔군요. (인정하기)

면담자2: 보호관찰이 자립하는 데 걸림돌이 되는 것은 아닌지 매우 염려가 많군

요. (반영하기)

면담자3: 직장을 잡아서 자립하고 싶은 마음이 있고, 또 한편으로는 거절당할까
봐 포기하고 싶은 마음도 있군요. (양면반영하기)

면담자4: 지금까지 직장을 얻기 위해 많은 노력을 해 오셨네요. 직장을 얻기 위해
어떤 노력을 해 왔는지 궁금합니다. (반영하기, 초점 맞추기를 위한 열
린 질문하기)

면담자5: 직장을 구하기 위해 많은 고민을 갖고 계시는 것 같네요. 직장을 구하는
데 어떤 도움이 필요한지 궁금합니다. (반영하기, 초점 맞추기를 위한
열린 질문하기)

면담자6: 과거에 어떤 직장 경험이 있는지 말씀해 주세요. (초점 맞추기를 위한
열린 질문하기)

면담자7: 직장생활을 할 때 ○○님이 가장 잘하는 것은 무엇이었나요? (초점 맞추
기를 위한 열린 질문하기)

면담자8: _____ (반영하기)

면담자9: _____ (초점 맞추기를 위한 열린 질문하기)

면담자10: _____ (초점 맞추기를 위한 열린 질문하기)

면담자11: _____ (인정하기)

예제 3에서처럼, 내담자가 구체적인 정보나 관련 사항의 고민을 드러낼 때, 면
담자는 구체적이고 다양한 정보나 지식, 사회적 자원에 대해 알고 있어야 한다.
이 내담자는 보호관찰 내담자로서 면담을 통해서 도움을 받을 수 있음에 대해 알
고 있다. 면담 시간이 시간 낭비가 되지 않고 내담자에게 유용한 면담이 되기 위
해서 면담자는 내담자와 함께 몇 가지 의제를 가지고 초점을 맞추어 변화 목표를
우선순위에 따라 매길 수 있다. 이 예제에서는 내담자 스스로 의제를 구직, 고용
등의 이슈로 내놓았다. 동기면담은 구체적인 행동 변화를 향하여 실천 동기를 증
진시킨다는 점에서 볼 때, 구직과 고용에 대해서 내담자가 어느 정도의 중요성과

자신감, 즉 준비가 되어 있는지에 대해 탐색한다. 내담자의 변화 동기, 즉 변화 준비도가 높지 않는 한 아무리 사회적 자원이 풍부하고 다양하다 하더라도 목표를 달성하기에는 역부족일 수 있다. 따라서 면담자는 직업을 얻는 것이 내담자의 삶에 얼마만큼 중요한지에 대해 대화를 해야 하는데, 이보다도 더 중요한 것은 내담자가 자립에 대해 가치 있게 생각하고 있음을 면담자가 격려하고 인정하는 것이다. 자립과 관련하여 어떠한 경험이 있었는지 함께 탐색하고 현재의 보호관찰 상태가 자립에 어떻게 걸림돌이 되는지 탐색해야 한다. 자기효능감이 높아질수록 변화를 향한 동기가 올라간다는 점에서 볼 때 내담자의 과거의 성공 경험을 이끌어 내고, 격려와 칭찬, 인정하기를 하는 것은 매우 중요하다. 만약 면담자가 내담자의 이러한 염려와 관심에 대해서 무관심하거나 대화의 방향을 관련이 없는 주제로 돌린다면 동기면담 정신에 불일치하며, 초점을 맞추지 못한 채 제자리에 맴도는 결과를 가져오거나 이제까지 형성했던 관계조차도 깨져 버릴 수 있다. 내담자의 바람과 욕구가 존중되고 현실에서 구체화될 수 있도록 면담자는 보다 적극적인 대화를 진행해야 할 것이다. 다음 예제 4를 살펴보자.

예제 4

"술 때문에 많은 문제가 생겼었는데요. 보호관찰 중에는 술을 마시지 않으려고 노력은 하고 있지만 내 자신이 비참해지고 우울해질 때가 많아서 혼자 있다 보면 어느새 한두 잔 하고 있더라고요."

면담자1: 술을 자제하는 일이 자신에게 정말 중요한 것인지 알고 자제하려고 많은 노력을 하고 계시는군요. (인정하기)
면담자2: 우울하고 힘들 때 술만이 유일한 해결책이 되는군요. (반영하기)
면담자3: 술을 끊고 싶은 마음이 있지만 우울하고 힘들어질 때면 술 생각이 많이 나는군요. (양면반영하기)
면담자4: 지금까지 술을 자제하려고 많은 노력을 해 오셨네요. 술을 자제하기 위

해 어떤 노력을 해 왔는지 궁금합니다. (인정하기, 초점 맞추기를 위한 열린 질문하기)

면담자5: 술 때문에 고민이 많으시네요. 술을 끊기 위해 어떤 도움이 필요하세요? (반영하기, 초점 맞추기를 위한 열린 질문하기)

면담자6: 어떤 것들이 우울함을 달래는 데 도움이 될까요? (초점 맞추기를 위한 열린 질문하기)

면담자7: _____ (반영하기)

면담자8: _____ (초점 맞추기를 위한 열린 질문하기)

면담자9: _____ (초점 맞추기를 위한 열린 질문하기)

면담자10: _____ (인정하기)

예제 4에서처럼, 내담자는 금주가 자신이 가야 할 방향임을 인식하고 있다. 하지만 여러 가지 이유로 인하여 현재의 문제 행동을 지속할 수밖에 없는 자신의 심정을 토로하고 있다. 우선 면담자가 내담자의 이러한 감정과 상황에 대해 동정하는 면담을 할 때 동기면담이 된다. 만약 면담자가 다그치거나 위협하거나 부정적 대가와 법적 제재에 대해 다시 기억을 상기시키는 직면적이고 교정반사적인 반응을 보인다면 동기면담일 수 없으며, 변화로 가는 작업이 중단되고 관계는 깨져 버릴 수 있다. 적어도 내담자가 힘들어하는 자신의 마음을 표현하는 것에 대해 면담자는 인정하기를 해야 하며, 변화에 대한 양가감정을 반영하는 양면반영을 우선하여야 한다. 더 나아가 면담자는 유발적인 열린 질문하기를 하여 내담자의 변화 준비도를 높이는 기회를 가져야 하며, 변화의 중요성과 자신감에 대한 척도 질문, 변화를 하지 못하게 만드는 걸림돌에 대한 탐색, 그리고 어떠한 도움이 필요한지에 대해서도 대화를 함으로써 변화를 향한 내담자의 준비도를 올린다.

예제 4에서와 같이, 내담자에게 어떤 중독 문제가 있을 경우 면담자는 간략하게 중독의 심각성을 측정할 수 있는 선별검사나 도구를 활용하는 것이 매우 바람직하다. 또한 여러 가지 정서적 문제를 다루는 심리 검사의 활용도 내담자 상태 파악에 도움을 줄 수 있다.

다음 사례는 면담자가 관계 형성을 하면서 동시에 초점 맞추기와 변화 동기 유발하기를 적용하면서 동기면담을 진행하는 것을 보여 주는 훌륭한 사례다.

두 사람이 짝이 되어 한 사람은 면담자, 다른 한 사람은 내담자 역할을 정한 후에 사례의 대화를 읽으면서 면담자가 동기면담을 적용할 때, 어떻게 관계가 형성되고 목표 행동이 언급되어 방향이 설정되는지를 경험하고 서로 나눈다.

내담자는 격리 보호되어 있는 자녀를 다시 데리고 와서 함께 사는 것을 행동 목표로 하고 있는데, 그러한 변화를 가져오는 데 내담자가 가진 걸림돌이 산적해 있다. 구체적으로 어떤 걸림돌이 내담자가 행동 목표를 달성하는 데 방해가 되는지 살펴보고, 내담자가 자신의 행동 목표를 달성하도록 면담자는 초점을 맞추어 나간다. 이때 면담자는 내담자의 변화 동기를 유발하고, 행동실천을 결단하도록 대화를 이끌어 나가는 것을 볼 수 있다.

표 7-2 사례 축어록 2-1

번호	내용	부호화 및 요약
면1	안녕하세요? 와 주셔서 감사합니다. 한 시간 정도 대화하게 됩니다. 그리고 제가 미리 파일을 검토했는데 전에 만나본 적은 없고요. 현재 상황에 대해 어떻게 보시는지 말씀해 주시기 바랍니다.	인정하기 열린 질문하기
내1	글쎄요, 저는 딸을 돌려받고 싶을 뿐이에요. 이 시점에서 제가 알고 있는 모든 것입니다. 말하자면, 딸아이가 격리되어 있는 걸 아시리라고 믿어요. 과거에 제가 잘못된 선택을 한 바 있는데, 하지만 아이를 돌려받는 데 필요한 것을 하기 원해요. 그게 제가 이 시점에서 알고 있는 모든 것이에요.	

면2	그러니까 가장 중요한 것은 딸을 돌려받는 것이군요.	반영하기
내2	예.	
면3	딸애는 ○○님에게 정말 소중하네요.	반영하기
내3	딸애를 사랑해요. 저는 애 엄마예요. 제 말은, 딸은 저에게 거의 모든 것이에요.	
면4	예, 딸에 대해 좀 말씀해 주세요. 만난 적이 없어서요.	열린 질문하기
내4	딸은 12살이에요. 그건 아실 거예요. 좋은 아이예요, 정말 그래요. 정말 좋은 아이죠. 학교에서 공부도 잘하고, 음악도 좋아하고, 독서를 잘하고. 사실 글을 정말 잘 써요. 무엇을 알기 원하는지 모르겠네요. 많은 면에서 아마도 아이가 저를 양육했던 거죠. (웃음) 아이는 가족 중 가장 성숙한 아이예요. 저를 돌보아주고요. 제가 살아가도록 해 주지요. 아침에 저를 깨우고, 그래서 제가 아이를 학교에 데려다 주고요. 제가 무얼 잊어버리면 언제나 상기시켜 주지요. 그건 좋게 들리지 않으리라는 것을 알아요. 하지만 그 앤 좋은 아이예요. 정말 좋은 아이죠. 불행히도 제가 아이를 상처 주는 상황에 넣어 버렸어요. 제가 해야 할 필요가 있는…… 아이를 돌려받기 위해 필요한 변화를 할 필요가 있다고 봐요. 그래서 우리가 다시 가족이 될 수 있게요.	
면5	그러니까 가족의 측면이 정말 중요한 거군요. 그렇게 많은 것을 잘하는 멋진 딸아이를 위해서 가정을 만들어 주는 것 말입니다. 그것이 ○○님의 우선순위군요.	반영하기 인정하기
내5	예, 예, 그래요.	
면6	이해가 됩니다.	
내6	제 말은, 내 삶에서 딸을 키우는 것보다 더 중요한 것은 없을 거예요.	
면7	와우!	
내7	제가 많은 잘못된 선택을 해 왔다는 걸 알고 있어요. 알고 있고, 그래서 노력 중이에요. 정말 노력 중입니다. 또 다른 일자리를 찾고 있어요. 잘 정리하려고 노력하고 있어요. 좋은 엄마가 되고 싶어요. 정말 그래요.	
면8	예, 이해가 됩니다. 특히 그렇게 멋진 딸이니까요. 그러니까 과거에 했던 선택들에 대해 자랑스럽지 않다는 거군요. 그리고 딸과 자기 자신을 나쁜 위치에 몰아넣은 것으로 느끼시고요. 하지만 몇 가지 변화를 하고자 관심을 가진 것 같아요.	요약하기

내8	그래요. 그래요. 변화를 하고 싶어요. 변화를 할 필요가 있어요. 아시다시피, 제가 말한 것처럼, 몇 가지 나쁜 선택을 했었어요. 하지만 아이를 위해서 제가 정리할 필요가 있어요. 정말 그래요.	
면9	예, 그러면 저를 여기서 도와주세요. 어떤 것들이 달라지기를 원하세요? 몇 가지 변화를 하고 싶다고 하셨어요.	열린 질문하기
내9	글쎄요, 저는 새 일자리가 필요해요. 큰일이지요. 아시다시피, 해고당한 이후, 고지서 내는 데 어려움이 있어요. 신용카드도 미납이고요. 집세도 체납이고, 애 아빠가 돈을 안 내요. 그래서 매우 힘들어요. 거기다 불행히도 몇 가지 나쁜 선택들을 한 거죠. 제 인생에서 일어나는 일들을 피하려고 술을 마신 거예요. 그리고 몇 가지 또 다른 일들…… 정리해야 할 필요가 있어요. 제가 할 수 있다는 걸 알아요. 정말 알아요.	
면10	그러니까 이런 변화를 하는 것이 중요한 것처럼 들리네요. 그리고 언급하신 첫 번째 변화는 일자리를 찾는 것이군요.	반영하기
내10	예, 그것이 시작이라고 생각해요. 새 일자리가 필요해요.	
면11	예.	
내11	그래야 제가 고지서 대금을 낼 수 있어요. 아이 아버지는 믿을 수 없어요.	
면12	그러니까 봅시다. 아이 아버지는 이 점을 도와주지 않는다는 거군요.	반영하기
내12	그 사람이 체납이어서 제게 정말 스트레스를 주고 있어요. 제 남자친구가 가끔 도와주지만, 아시다시피 스트레스가 많아요.	
면13	예.	
내13	제가 해고당했을 때, 정말 힘들었어요. 그래서 불행히도 예, 아시다시피 술을 마셨고 (한숨을 쉼) 나쁜 선택을 했었지요.	
면14	예. 그러니까 일자리를 잃고, 재정적인 지원이 충분하지 않아 고지서 대금이나 딸아이를 원하는 방식으로 돌보지 못하는 등 그것이 정말 스트레스였군요.	반영하기
내14	예, 그랬어요. 정말 많이 그랬어요.	
면 15	해고되었으니까, 다시 일하는 것이 가능할 수 있네요.	반영하기

내15	모르겠어요. 지금 몇 개월 동안 일자리를 찾고 있는데, 아무것도 없어요. 솔직히 말하면, 찾아보는 데 다소 게을렀어요. 하지만 정말 삶을 정리하고 새로운 일자리를 찾으려고 해요. 무슨 일이 있어도요. 맥도날드에서 일하더라도…….	
면16	음. 그러니까 목록에서 정말 중요한 것은……, 그 '행동 실천' 목록, 일자리를 찾는 거군요.	반영하기
내16	예. 딸아이를 부양해야 해요. 먹이고 옷 입히고 집 장만을 해야 해요. 그러니까 제가 깨닫기 시작한 것은 남친도 늘 거기 있어 줄 것이 아니라는 것이지요.	
면17	하지만 남친이 때로 경제적으로 도와주고 있지요.	반영하기
내17	그래요. 도와주고 있어요, 예, 그러나 거기에 의지할 수는 없다는 걸 알아요. 아시다시피, 그 점에서도 제가 잘못된 선택을 다시 했다고 생각해요. 남친이 더 도와줄 거라고 생각했거든요. 하지만 남친이 무엇보다도 제가 무책임하게 되는 것을 도왔다는 생각이 들어요. (웃음)	
면18	흠. 그러니까 '잘못된 선택들'이라는 말을 사용하셨는데요. 두어 번 사용하셨어요, 그리고 선택하신 대안들에 대해 좋은 느낌이 아니라고 듣고 있습니다.	반영하기
내18	그래요, 좋지 않게 느껴요. 어떤 선택들에 대해서는 전혀 좋지 않게 느껴요. 제가 말한 것처럼, 술을 마시고 약물을 사용하고, 그것은 무책임한 것이지요. 그런 걸 하지 말아야 할 필요가 있어요. 일자를 찾아야 할 필요가 있어요. 고지서 대금을 내야 할 필요가 있어요, 그래서 아이가 날아다니고 성장하고 될 수 있는 모든 것이 되도록 할 수 있게요.	
면19	정말 멋진 방식으로 생각하시네요. 아이가 날아다닐 수 있도록……, 딸아이가 어떻게 날기를 원하세요? 어떤 희망을 가지고 있나요? 아이에 대한 희망과 꿈은 무엇입니까?	
내19	제가 바라는 것은……, 아이가 삶 속에서 자신에 대해 좋게 느끼기를 바라고, 꿈을 추구할 수 있기를 바라요. 불행히도 저는 작년에 도와줄 수가 없었어요.	
면20	아이에게 좀 다른 롤 모델이 되기를 선호하는 것 같아요.	복합반영하기
내20	예. 예. 그리고 싶어요. 정말 좀 더 나아져야 해요. 이제 그걸 알겠어요. 저는 매우 나쁜 선택을 한 바 있어요.	

248

면21	그러면 제가 어떻게 도움이 될 수 있을까요? 제 말은, 앨리스 씨가 변화하기를 진정 원하는 것처럼 들려서요. 음주에 대해 변화하기를 원하고요. 약물에 대해서도 변화하기를 원하고요. 일자리 면에서도 변화하기를 원하고요. 딸아이를 집으로 데리고 오고 싶어하고요. 비록 제 추측으로는 딸 아이가 지금 외조모와 함께 있는 것이 안정하다고 느낀다고 보는데요.	
내21	오, 저희 엄마랑 있는 것이 안전해요. 예, 하지만 아이를 집에 데리고 오고 싶어요.	

　내담자는 자신이 과거에 저질렀던 실수와 문제 행동에 대해 변화해야 한다고 인식하고 있다. 면담자는 이러한 내담자와 협동적이고 수용적인 태도로 동기면담 정신을 담아 대부분 반영을 하여 공감을 표현하고 있으며, 적절한 시점에서 내담자의 변화 욕구를 세 개 이상의 반영적 진술로 모아 요약하기를 잘하고 있다. 내담자는 처음부터 변화 목표에 대해 언급하고 있다. 즉, 아이를 데리고 와서 함께 사는 것이 목표다. 그러한 변화를 해야 하는 이유에 대해서 많이 이야기하도록 이끌어 감으로써 변화에 대한 중요성과 자신감을 높이고 있다.

　면2는 내담자가 원하는 변화 목표를 그대로 반복해서 들려주고 있는 단순반영하기(Rs)다. 면3는 단순히 딸을 데리고 와서 함께 살겠다는 것을 넘어서서 보다 깊이 있는 반영을 하고 있다는 점에서 복합반영하기(Rc)로 부호화한다. 변화의 중요성은 딸에 대한 내담자의 사랑과 소중히 여김과 관련이 있음을 읽어 준 것이다. 따라서 내담자가 현재 딸에게 가지고 있을 수 있는 죄책감이나 조급함보다는 보다 긍정적인 심리적 속성에 초점을 맞추어 반영을 하고 있다는 점이 동기면담 정신과 일치한다. 면5에서 만약 면담자가 무책임한 부모로서의 내담자라고 하는 측면에서 대화를 하거나 적절한 부모 역할 교육을 강조하였다면 더 이상 동기면담이 될 수 없다. 이 사례의 면담자는 내담자가 가진 가족에 대한 가치관을 반복해서 읽어 주는 단순반영하기(Rs)를 하고 있고, 계속해서 긍정적 속성을 인정하고 있다. 내담자의 반응을 보면 변화 욕구와 관련된 진술이 상당히 많이 표현되고 있다. "딸을 돌려받고 싶어요." "딸을 돌보고 싶어요." "함께 살고 싶어요." "좋은 엄마가 되고 싶어요." 등이다. 욕구가 많다고 해서 변화를 실천하는 준비도가 높다는 것은 아니기 때문에 면담자는 섣불리 행동 계획으로 넘어가지 않고 있다. 면8에서 내담자의 이러한 욕구를 모아서 꽃부케로 만들어 돌려주는 요약하기를 볼 수 있다. 이렇게 요약하기를 하면 내담자는 자신의 욕구가 있음을 확인하고 변화 동기가 더욱 증대되는 것을 경험한다. 면9에서 더 많은 변화대화를 이끄는 데 유용한 유발적 열린 질문하기를 하고 있다. '구체적으로 무엇이 달라지기를 원하는지'에 대해 묻고 있다. 변화 목표를 달성하기 위해 하위 목표에 대한 탐색이 시작되는 것이다. 즉, 딸을 데리고 와서 함께 살기 위해서 내담자가 달성해야 하는 하위 변화 목표이며, 내담자는 매우 구체적으로 취업을 하는 것이 우선적이라고 생각해 왔던 것을 알 수 있다. 면10에서 이러한 내담자의 생각을 단순반영하기(Rs)로 표현하였다. 면12, 14는 단순반영하기(Rs)이고, 면15에서 내담자의 현재 상태를 역설적인 관점에서 반영했다는 점에서 복합반영하기(Rc)로 부호화한다. 면16, 17, 18은 모두 단순반영하기(Rs)이며, 내담자가 과거에 잘못된 선택을 한 것에 대해 장황하게 설명하도록 내버려 두기보다는 행동실천이라고 하는 변화에 초점을 맞추어 방향성을 잃지 않고 있는 면담자의 대화를 볼 수 있다. 면20에서 면담자가 한 반영은 내담자가 딸에게 변화한 어머니가 원하는 마음을 읽어 준 부분에서 복합반영하기(Rc)로 부호화한다.

표 7-3 사례 축어록 2-2

번호	내용	부호화 및 요약
면22	맞아요. 그러면 이제까지의 선택들과, 이제 달리 하려는 선택들과 관련하여 생각하고 있는 단계들이 무엇인가요?	열린 질문하기
내22	글쎄요, 말씀 드린 것처럼 일자리가 필요해요.	
면23	좋아요, 그것이 최우선이고요.	반영하기
내23	그것이 우선순위, 1번입니다. 약물을 하지 말아야 할 필요가 있고, 단주는 아닐지라도 확실히 절주해야 하고요.	
면24	그러면 어떤 단계들이 있나요? 왜냐하면 크게 들리거든요. 혹시 그것을 다룰 수 있을 만한 단계로 나누어 볼까요?	열린 질문하기 닫힌 질문하기
내24	글쎄요, 모르겠어요(웃음) 솔직히, 이제 배우기 시작했어요. 새 이파리를 뒤집기 시작한 것이지요. 변화하기 위해서요.	

면25	좋습니다.	
내25	아시다시피, 딸아이를 잃은 것이 정말 전환점이었어요. 그때까지는 제가 하는 일에 어떤 피해도 알지 못했어요. 아니면 아마도 제가 부인하고 있었을 거예요. 모르겠어요.	
면26	그래서 아이를 잃은 것이 정말 집중을 하게 만든, 잠을 깨운 벨 소리 같은 거였네요.	반영하기
내26	예.	
면27	그러니까 변화를 하고 싶다는 걸 알기는 하지만 어떻게 해야 할지에 대해서는 확실하지 않군요.	반영하기
내27	솔직히 어떻게 해야 할지 전혀 단서가 없어요. 그냥 내 힘으로 일어나서, 일자리를 잡고, 다시 좀 더 책임 있게 된다면 하고 생각해요. 아시다시피, 제가 해고당했을 때 이 많은 것이 시작되었어요. 정말 우울해서 술을 마시기 시작했고, 남자친구와 함께 약을 사용하기 시작했지요.	
면28	그러니까 해고당한 것이 운을 나쁜 방향으로 몰고 간 거나 같네요.	반영하기
내28	예, 그랬어요. 저는 매우 우울했고, 어떻게 고지서를 납부해야 할지 전혀 확신이 안 섰어요.	
면29	예, 그러니까 여기서 돈이 열쇠네요.	반영하기
내29	그것에 대해 적극적이기 대신에 저는 잘못된 방향으로 갔어요. 그냥 그것을 직면하고 싶지 않았어요.	
면30	그러니까 하고 싶지 않은 것이 무엇인지에 대해서는 확실하시네요. 하지만 ○○님이 기꺼이 고려하고자 하는 몇 가지 단계를 우리가 생각할 필요가 있습니다. 그리고 제가 보기에 매우 영리한 분인 것 같고요. 제 느낌으로는 이것에 대해 생각을 해 보셨을 것 같군요. 어떤 단계들을 생각해 보셨나요?	인정하기 열린 질문하기
내30	글쎄요, 말씀 드린 것처럼 일자리를 잡는 것. 약물은 하지 말아야 하는 것.	
면31	그러니까 어떻게 단약을 할 건가요? 어떤 생각이 있나요?	열린 질문하기
내31	그냥 중단하기!	
면32	그건 마술이겠네요.	
내32	글쎄요.	

면33	제 말은 어떤 사람들은 그렇게 할 수 있어요. 제 말은…… 죄송해요, 무례하려고 한 건 아니에요.	사과하기
내33	글쎄요, 제가 중독이 되거나 한 것은 아니고요. 그냥 그저 제 문제를 직면하는 대신 약을 사용하였어요.	
면34	예, 그러니까 일종의 도피네요. 딸에 대해서처럼 이렇게 고통스러운 일을 처리할 필요가 없는 방식인 거죠.	반영하기
내34	예, 특히 아이가 가버린 다음에요. 밤에 집에서 술을 마시고 그냥 고통을 잊어버리죠.	
면35	흠, 잠시 잠깐으로는 효과가 있어 보이네요.	반영하기
내35	잠시 잠깐으로는, 예.	
면36	하지만 ○○님은 좀 더 오래 지속될 만한 것을 원하시지요.	반영한기
내36	글쎄요, 저는 딸아이를 돌려받기 위해 해야 할 것이면 무엇이든 할 필요가 있어요. 그것이 중단하는 거라면 저는 중단할 거예요. 실제보다 쉽게 말하는 것처럼 들리는 것 알고 있어요. 전에는 이런 지경에 온 적이 없어요. 하지만 아이를 위해 옳은 것을 할 만큼 강하다고 생각하고 싶어요.	
면37	흠.	
내37	단계는 모르겠어요. 모르겠어요.	
면38	무슨 말인지 확실하게 알겠어요.	
내38	이 시점에서 저에게 가장 중요한 것이에요. 지난번 저와 면담한 여자는 정말 정말…… 저를 공격했어요.	
면39	오.	
내39	제가 해야 할 필요가 있는 것을 할 거라고 말을 했고, 그것이 무엇인지 말해 달라고 했어요.	
면40	OK.	
내40	그런데 솔직히 말해서, 그 여자가 저를 대하는 방식이 마음에 들지 않았어요. 저를 마치 쓰레기 취급했어요.	
면41	오, 유감이네요. 그런 경험을 하셨다니요.	
내41	그래서…… 지금 상황에서 기분이 더 좋아요, 그래서 감사해요. 감사해요.	
면42	천만에요. 존중될 만한 분이에요. 그 점을 알려드리고 싶어요.	

　　내담자가 하위목표로서 일자리를 필요로 하고 있음에 대해 면23에서는 단순반영하기(Rs)를 하고 있다. 한편 내담자는 일자리를 구하는 것 이외에 약물을 사용하고 술을 마시는 것이 변화되어야 한다는 것을 스스로 떠올려서 말하고 있다. 면26에서 다시 한번 내담자의 최종 목표라고 볼 수 있는 딸을 데리고 와서 함께 살기와 관련하여 복합반영하기(Rc)를 하고 있으며, 이러한 복합반영하기는 내담자로 하여금 결단으로 향하는 변화 동기를 올리는 데 견고한 작용을 하고 있는 것으로 보인다. 이어서 변화의 중요성은 매우 높지만 자신감은 여전히 낮은 상태에 있는 내담자로 하여금 자신감을 올려 줄 수 있는 인정하기와 반영하기를 계속적으로 하고 있다. 면28, 29는 단순반영하기(Rs)이고, 자신감을 높이기 위해 면30에서는 내담자의 긍정적인 면을 격려하고 있다. 면33에서 면담자가 내담자에게 위축될 수 있는 말을 한 것에 대해 즉시적으로 사과하는 것은 매우 지혜롭다고 볼 수 있다. 면담자의 사과하기로 인해 내담자와의 관계가 깨지지 않고 유지될 수 있었다. 면34에서 내담자가 약물을 사용하는 것에 대해 복합반영하기(Rc)를 하고 있고, 이러한 복합반영하기(Rc)는 현재에도 음주를 하여 문제를 피하고 있는 내담자와 만나는 기회가 되었다. 면35는 단순반영하기(Rs)이며, 이것을 면36에서 복합반영하기(Rc)로 내담자의 마음을 읽어 준다. 이어 내담자는 변화하고 싶다는 강한 열의를 가지게 되었고, 구체적인 대안에 대해 면담자에게 도움을 구하는 모습이다. 내37에서 내담자는 구체적인 아이디어가 필요하다고 호소하고 있으며, 이에 대해 면담자는 정보 교환하기에 앞서서 내담자에게 허락을 구하고 내담자의 선택과 결정권을 존중하는 동기면담 정신과 일치하는 진술을 빠뜨리지 않고 하고 있다. 이로써 직장을 구하거나 술 또는 약물 사용을 중단하고자 하는 결단이 더욱 견고해지고 있음을 볼 수 있다. 이러한 면담 과정을 통해 내담자는 더욱 변화를 실천해야 한다는 결단이 굳어져 보인다. 내39, 40, 41은 내담자가 면담자에게 매우 신뢰하고 있는 모습을 보여 주는 대화이며, 15분 만에 이와 같이 좋은 관계 형성하기를 하였음을 보여 준다.

　　요약하면, 면담자는 짧은 시간 동안에 막연하게 변화 욕구만을 가지고 찾아온 내담자로 하여금 구체적으로 초점을 맞추게 하고, 광범위한 목표를 보다 세분화된 하위 목표로 이끌어 냄으로써 내담자가 변화에 대한 자신감을 더 갖게 도와주고 있다.

이번에는 짝과의 연습을 위해 두 사람 중에 한 사람이 내담자가 되어 최근에 만났던 내담자를 생각하며 내담자 역할을 하고 다른 한 사람은 면담자가 된다. 이때 면담자는 〈표 7-2〉의 오른쪽에 기입되어 있는 부호화 및 요약을 참조하여 반영하기, 열린 질문하기, 정보 교환하기, 자율성 존중하기, 미래 상상하기 등을 활용하면서 대화를 이끌어 간다. 그리고 나서 두 사람이 경험을 나눈다.

변화 동기 유발하기

변화 동기 유발하기 과정에서는 기본적으로 내담자와의 관계 형성을 지속적으로 유지하는 것이 필수적이다. 동시에 내담자와의 대화에서 합의된 변화 행동 목표가 명확하게 진술되는 초점 맞추기가 선행되어야 한다. 즉, 변화해야 한다는 필요성과 중요성을 최소한 내담자가 인식하고 있음을 의미한다. 이러한 내담자가 이제 행동으로 실천하면서 유지하는 삶을 살기 위해서는 변화 동기를 극대화하는 과정이 변화 동기 유발하기 과정에서 수행되어야 한다. 변화 동기를 높이도록 동기면담을 적용하면서 면담자가 내담자의 변화 준비도보다 너무 앞서거나 무리하게 끌고 간다는 느낌을 내담자가 받으면 이 과정의 효과성은 매우 감소한다. 내담자 스스로가 변화 행동을 어떻게, 어디서, 무엇을, 누구와 할 것인지를 자발적으로 진술하도록 대화가 진행되어야 한다. 이 과정에서는 많은 변화대화가 유발될 수 있도록 열린 질문하기, 인정하기, 반영하기 등의 동기면담 핵심기술이 매우 융통성 있고 적절하게 적용되어야 한다. 더불어 그 밖의 여러 가지 변화 동기를 유발하는 전략, 예를 들어 유발적인 열린 질문하기, 상세히 말하도록 요청하기, 척도 질문하기, 가정적 질문하기, 결정저울 사용하기, 목표와 가치관 탐색하기, 평가 결과에 대해 피드백이나 유용한 정보 교환하기 등을 활용하여 내담자의 변화 동기를 유발하는 데 활용한다.

다음의 몇 가지 예제를 읽으면서 내담자 변화 동기 유발하기 과정에서 동기면 담 핵심기술을 어떻게 적용하는지 살펴보고, 실제 사례를 활용하여 적용해 본다. 이 외에 가능한 면담자의 반응을 동기면담 정신과 핵심기술에 일치하여 작성해 본다.

예제 5

"아내랑 잘 살아 보려고 노력은 하고 있어요. 근데. 가끔 아내가 화를 돋울 때가 있지요. 쓸데없는 잔소리를 한다거나 기를 죽이려고 한다거나 과거의 잘못들을 들 먹이면서 바가지를 긁거나…… 그럴 때는 정말 못 참겠어요. 어떻게 해야 관계가 계속 잘되어서 또 다른 싸움이 일어나지 않을지 모르겠어요."

면담자1: ○○님이 노력하는 모습을 볼 수 있어서 좋습니다. (인정하기)

면담자2: 현재 아내와의 관계가 어느 정도 좋은지 10점 척도로 해서, 매우 좋다는 10점, 전혀 좋지 않다는 0점이라면, 몇 점일까요? (척도질문을 활용한 유발적 질문하기)

면담자3: 관계를 호전하고 싶은 마음이 아내에게 제대로 전달되지 못해서 정말 속상하겠습니다. (반영하기)

면담자4: 아내와의 관계를 지금보다 더 좋게 하려면 어떤 것이 필요할까요? (열린 질문하기)

면담자5: _____ (반영하기)

면담자6: _____ (열린 질문하기)

면담자7: _____ (인정하기)

예제 5에서 합의된 변화 행동 목표는 배우자와 좋은 관계로 잘 살아가기다. 이 목표를 달성하기 위해서 나름대로 노력을 해 왔으나 여러 상황에서 걸림돌을 만나고, 마침내 아내와 논쟁을 하고 싸우는 문제 행동이 반복되고 있는 모습이다. 초점 맞추기 과정에서 변화 목표가 명료화되었다 하더라도 이 목표를 달성하는 데 실천해야 할 하위 목표가 다양한 것은 흔하다. 예를 들어, 이 내담자의 경우 아내와 의사소통을 다르게 하는 것, 아내와 질적인 시간을 나누는 것, 아내의 부정적 멘트에 지혜롭게 반응하는 것, 각자의 시간을 가지고 재충전하는 것 등 면담자는 내담자가 떠올릴 수 있는 많은 대안을 이끌어 내는 방식으로 질문을 하고 반영해야 할 것이다. 우선 내담자의 노력하려는 모습에 대해 격려와 칭찬을 하고, 어떤 경우에 배우자가 부정적인 멘트를 하는지 탐색하고, 이런 경우에 다르게 할 수 있는 구체적인 행동 대안은 어떤 것인지에 대해 내담자로 하여금 스스로 표현하게 도와준다.

예제 6

"잘 지내고 있습니다. 직업 훈련도 3개월 남았고요. 훈련이 끝나고 나서 취업이 될지는 그때 봐야 아는 거지만, 불확실하니까요. 그저께 같이 도박하던 친구를 만났는데, 대박이 터져서 빚을 다 갚았다고 하더라고요. 나도 한번 해 보면 어떨까 싶더라고요."

면담자1: 말하기 어려운 이야기일 수 있는데, 솔직하게 이야기해 주셔서 감사합니다. (인정하기)

면담자2: 힘들지만 성실하게 사는 것이 중요하다는 것을 ○○님을 잘 아시는군요. (인정하기)

도박을 하지 않고 사는 삶이 얼마나 중요한지 궁금합니다. 10점은 매우 그렇다, 0점은 전혀 그렇지 않다면, 지금 몇 점입니까? (변화 동기를 위

한 유발적 질문하기)

면담자3: ○○님은 성실하게 사는 것이 매우 중요하다는 사실을 아는 한편, 한 번
에 빚을 모두 탕감하고 싶은 마음도 있군요. (양면반영하기)

유혹이 생기면 ○○님은 어떻게 하겠습니까? (열린 질문하기)

면담자4: ○○님과 유사한 문제를 가진 사람이 그저께 ○○님이 경험한 일과 동
일한 경험을 하였을 때, ○○님은 그 사람에게 어떤 이야기를 할 것입니
까? (가정적 열린 질문하기)

면담자5: _____ (인정하기)

면담자6: _____ (열린 질문하기)

면담자7: _____ (반영하기)

예제 6에서 내담자는 아마도 궁극적인 변화 목표를 도박 행동 중단하기로 합의
하였을 가능성이 있고, 이 목표를 달성하는 것과 관련하여 하위 목표 행동으로서
직업 훈련과 구직에 대해 면담자와 이야기하였을 것이다. 한편, 직업 훈련이 아직
종료되지 않은 시점에서 내담자의 목표 행동이 희미해지는 것으로 보인다. 고위
험 상황이 내담자에게 매우 가까이 있음을 실감해 주는 진술을 하고 있다. 또한
신뢰하는 관계 형성을 면담자와 내담자가 유지하고 있는데, 내담자의 이러한 고
백은 좋은 관계 형성이 아닌 경우라면 쉽게 유발되지 않는다. 이에 대해 면담자는
솔직하게 이야기한 것에 대한 감사와 칭찬 등의 인정하기를 하는 것이 우선순위
라고 볼 수 있겠다.

두 사람이 짝이 되어 한 사람은 면담자, 다른 한 사람은 내담자 역할로 다음 사
례의 대화를 읽으면서 면담자가 동기면담을 적용하면 관계가 어떻게 형성되고,
내담자의 변화 동기가 어떻게 유발되는지를 경험하고 서로 나눈다.

내담자는 음주 문제를 인정하고 절주의 필요성을 면담자에게 말하고 있다. 면담자는 내담자와 관계 형성을 하는 동시에 절주를 목표로 삼아 내담자가 어떠한 구체적인 행동 계획을 하는 것이 도움이 될지를 동기면담을 적용하여 내담자의 변화 동기와 결단대화를 지속적으로 이끌어 내고 있다.

표 7-4 사례 축어록 3

번호	내 용	부호화 및 요약
내1	연주가 끝나면 우리는 한 손에는 양주, 다른 손에는 맥주를 들고 있어요. 그런데 몇몇 동료들은 무심하게 짐을 싸서 호텔로 가 버려요.	
면1	한 팀은 술을 마시고 있고, 다른 팀은 떠나는군요.	반영하기
내2	네, 늘 떠나는 동료 중 한 명이랑 대학을 같이 다녔어요. 우리는 같은 음악 학교를 다녔는데, 그놈은 좀 별난 놈이었어요. 사교적이지가 않아요. 저는 매니저들과 술도 마시고, 그 사람들이 대마초를 주면 피우기도 하고 그러거든요. 프로들과 같이 있는 상황에서 술을 줄 때 싫다고 하면 그 사람들이 어떻게 생각하겠습니까?	
면2	그러니까…… 그 친구처럼 별나다는 거군요. 때로는 이상하고 불편하다는 거군요.	반영하기
내3	네, 누구나 즐거운 시간을 지내고 있는데……. 가 버린다는 것이 좀 별나지요.	
면3	전에 이야기한 것처럼, 음주가 문화의 한 부분이군요. 이 문화에서는 튀는 사람이 될 수 있겠지만 매우 불편하게 느껴질 수 있고요.	반영하기
내4	네, 단순히 불편한 것만이 아닙니다. 술을 마시지 않는 친구들은 절 안 좋아해요.	
면4	술 권유를 받았을 때는 특히 더 어렵겠어요.	반영하기
내5	프로모터라든지 에이전트, 음반 제작자가 중요하지요. 저희는 스타가 아닙니다. 조그만 클럽에서 연주를 할 때는 스타가 될 수 있어도, 또 다른 세계의 밴드가 있어서 에이전트가 필요하지요.	
면5	무슨 이야기인지 압니다. 표현은 되지 않았어도 뭔가 판단하는 느낌이 있다는 거군요.	반영하기
내6	그런 허튼 소리가 저를 그렇게 많이 괴롭히는 것은 아니에요.	
면6	그것이 큰 문제는 아니라는 거군요.	반영하기

내7	저는 큰물에서 놀고 싶어요. 그게 저의 큰 관심사입니다.	
면7	그러니까 이것이 ○○님의 직업에 도움이 될 거라고 생각하면서도 싫어하는 동료들을 보면 염려가 된다는 거군요.	반영하기
내8	그런 거예요.	
면8	이것들을 요약을 해 본다면, 음주를 계속했을 때의 이득은 이완이 되는 거고요. 음주가 정말 부정적이라고 말하지 않는군요.	반영하기
내9	그렇지요. 전혀 부정적인 것은 아닙니다.	
면9	과음이 ○○님에게 피해를 줄 수 있다는 것을 충분히 알고 계십니다. 단주했을 때의 좋은 점, 이득은 재정적으로 도움이 될 수 있다는 것과 음주 운전을 걱정하지 않아도 되고, 신체적인 면에서 도움이 되고, 체중을 감량하게 되어 체형이 좋아진다는 것, 단주했을 때의 손실은 밴드에서 몇몇 친구들이 걱정하며 판단을 하는 느낌을 주는 거네요.	인정하기 반영하기
내10	네.	
면10	또한 같은 직업에 있는 사람들에게 단주가 잘 들어맞을지 염려를 하고 있고요. 프로들이나 사람들이 술을 권했을 때 '아닙니다.'라고 말하는 것이 ○○님과 ○○님의 직업에 어떤 영향을 줄지에 대한 것을 말했습니다.	반영하기
내11	네. 맞아요.	
면11	좋아요. 질문이 하나 있습니다. 척도가 하나 있다고 상상하십시오. 단주다 혹은 아니다라는 것은 아닙니다. 하지만 음주 패턴의 변화를 하기 원한다라고 하고 10부터 1점까지에서 1은 변화할 준비가 되어 있지 않다, 10점은 매우 준비가 되어 있다라고 한다면 몇 점을 주겠습니까?	척도를 활용한 닫힌 질문
내12	6~7점.	
면12	좋습니다.	
내13	7~8점으로 다시 합시다. 이런 허튼 일들이 다시 일어나지 않도록 최소한 뭔가 변화해야겠습니다.	
면13	그러니까 이런 일이 다시 일어나기를 원하지 않는군요. 이 일 때문에 기분이 좋지 않고, 상당히 불행하게 느끼면서 다시 일어나지 않도록 예방하고 싶군요.	반영하기
내14	네.	
면14	5~6점이 아니고 7~8점인 이유는 뭔가요?	열린 질문하기

내15	모르겠어요. 그냥 싫습니다. 필요 없습니다. 그것이 필요한 사람들을 저는 알아요. 저는 필요하고 싶지 않습니다. 그것을 즐기고 싶어요. 제가 원해서 술을 마시고 싶어요. 제가 마셔야 되거나 머리에서 뭔가 없애기 위해서는 마시고 싶지 않습니다. 지금 2년 후에 중독자가 되고 싶지는 않습니다. 여기에 올 때 절망적 필요로 오는 것이 아니라 조언을 구하러 오고 싶어요. 절망적 상태는 원하지 않아요.	
면15	○○님은 완전히 해결하고 싶은 지경까지 몰고 가기를 원하지 않는군요.	반영하기
내16	네. 그겁니다. 제가 통제할 수 있을 때 통제하고 싶습니다.	
면16	칭찬할 만합니다. 아주 좋습니다.	인정하기
내17	감사합니다. 이제까지 그런 식으로 생각해 본 적은 없었습니다. 내내 제 스스로에게 혼잣말을 했던 이유입니다. 그런 이야기들을 하면서…… 벗어 버리려고 했습니다.	
면17	그렇군요. 그런 시점에까지 가지 않도록 뭔가 검토하는 것이 가치가 있군요. ○○님이 원할 때 하고 싶은 거군요.	반영하기
내18	네.	
면18	어떻게 생각하세요? 그다음 단계는 무엇이 될까요?	열린 질문하기
내19	매우 간단하게 들릴 수도 있겠네요. 덜 취할 겁니다. 덜 취할 거라고 생각합니다. 5잔 대신 2잔을 마신다든지…… 판단받는 것에 대해 저희가 이야기를 했는데요. 그들로 하여금 제 편에 서는 어떤 방법이 있을 거라는 생각을 합니다. 그들을 포함시키는 그런 방법?	
면19	○○님이 함께 연주하는 사람들을 말하는군요.	
내20	네, 그 친구들로 하여금 저를 도와줄 수 있도록 참여시키는 것을 말합니다. 그 친구들에게 "난 2번 음주 운전했어. 절주해야 한다고 생각하는 중이야."라고요. 이건 마치 제가 드라마를 했던 것과 같군요. 고등학교, 대학교 때 연기를 했었는데, 〈보물섬〉에서 실버 역할을 했습니다. 저는 그 이후 몇 달 동안 '아!' 라는 말을 중단하지 못했고 친구들이 절 죽일 시점까지 갔어요. 그때 저는 손목에 고무줄을 감고 고무줄을 튕겼어요. 그래서 그들이 저의 '아!' 문제를 해결해 준 거지요. 제가 그 친구들에게 권한을 주어서 제게 그만이라고 할 수 있게 하는 겁니다.	
면20	알겠습니다. 친구들을 참여시켜서 지원을 받는 거군요.	반영하기

내21	네. 친구 한두 명을 그렇게 참여시키겠습니다. 그들은 세상에서 가장 믿을 수 있는 사람들입니다. 그 어떤 것보다도 능력 있는 사람들이지요.	
면21	그들이 ○○님으로 하여금 절주하게 하기보다 음주하게 하는 가능성이 더 많다는 거군요.	반영하기
내22	(잘 들리지 않는 말을 한다.)	
면22	스스로를 위해서 구체적인 목표를 가졌다고 생각합니다. 술에 취하지 않으려고 하고요. 5잔에서 2잔으로 줄이려고 하고요.	반영하기
내23	적어도요. (잘 들리지 않는 말을 한다.)	
면23	한 번 시도를 해보겠다는 거군요.	반영하기
내24	말씀드렸듯이 문제가 생기기 전에 중단하고 싶어요. 더 많이 마시는 것이 쉬워진다고 생각합니다. 그 사람들이 모두 그런 식이죠. 스스로 적게 마시는 것에 반해서 그들로 하여금 적게 마시도록 어떤 노력을 해야 할 겁니다. 모르겠어요. 전 이렇게 생각해 본 적이 한 번도 없었어요.	
면24	지금 말하고 있는 것이 ○○님에게 올바르게 느껴지시는 거군요. 그것이 ○○님이 해야 할 필요가 있는 일인지도 모릅니다.	
내25	그런 것 같습니다.	
면25	○○님 자신을 위해서 그것을 바꾸는 것입니다. 그것에 의식적으로 노력을 하는 것이지요.	반영하기
내26	네.	
면26	그것이 ○○님에게 목표가 될 수 있겠어요. 말씀하신 것처럼 음주를 줄이는 것, 그것을 해 보는 것 말입니다.	반영하기
내27	네.	
면27	그렇게 성취하도록 돕는 것이라면 어떤 것이라도 할 필요가 있다고 생각하시는군요.	반영하기
내28	3시 반 전에 꾸준히 잠이 들 수 있는 방법을 찾아야 합니다.	
면28	그러니까 그것에 어떤 도움을 사용할 수도 있겠군요. 그렇게 하도록 하는 어떤 것을 말입니다.	반영하기
내29	모르겠어요. 무엇을 찾는 것인지…… 집에 가서 게임을 한다든지, 백과사전을 읽기 시작하는 것…… 모르겠어요. 아로마테라피 촛불이나 뭔가를 하는 거지요.	

면29	불안하지 않도록 도와주는 것을 찾는 것, 술 대신 잠을 자도록 도와주는 것, 그것이 음주를 줄이는 데 도움이 될 것입니다. 저도 ○○님을 도와드릴 수 있습니다. 그것이 제가 ○○님을 도와줄 수 있는 것이기도 할 것입니다.	반영하기
내30	네. 물론이죠.	
면30	마무리하자면, 오늘 여기에 온 목표에 다다른 것 같이 들립니다. ○○님은 어떤 변화를 원하고요. 절주를 원하고요. 잠들 때 의존하지 않기를 원하고요. 그런 것이 악화되지 않도록 하는 거라고 생각합니다. 말씀하신 것처럼, 머리에서 생각을 떨치는 것이 필요가 아니라 바람이 되기를 원하고요. 이제 마무리하지요. 우리가 할 것은 일정을 잡고 어떤 게 도움이 되는지를 보는 것입니다.	반영하기
내31	좋습니다.	

이 내담자는 밴드에서 연주하는 사람으로서 음주 문제를 인정하고 절주가 필요하다고 느껴서 면담자와 합의된 변화 목표는 절주하는 것이다. 한편, 변화 목표를 향해서 가야 한다는 것을 알기는 하지만 변화에 대한 양가감정이 여전히 많아 보인다. 따라서 면담자는 우선적으로 내담자의 양가감정을 더 깊이 탐색하고 표현하도록 이끄는 대화를 하면서 구체적인 하위 목표 행동을 함께 찾아보려고 한다. 면1에서는 내담자가 음주하는 집단과 단주하는 집단에 대해 언급한 것을 한 문장으로 정리하는 단순반영하기(Rs)를 볼 수 있다. 면2는 내담자의 관점을 확장하여 읽어 준 복합반영하기(Rc)이며, 면3, 4, 5, 6, 7까지는 변화를 하지 못하는 편에 서서 내담자와 대화를 하고 있는 것을 볼 수 있다. 아직까지 내담자는 변화에 대해서 준비가 덜 된 상태이기 때문에 만약 면담자가 직면하거나, 부정적인 결과에 대해서 장황하게 설명하거나 설득 또는 교육을 하였다면 동기면담이 되지 못하고 말았을 것이다. 면담자는 매우 인내심 있게 내담자 스스로 자신의 양가감정을 탐색하는 여유를 가질 수 있도록 그리고 충분히 자신의 감정과 생각을 이끌어 낼 수 있도록 기다려 주는 동기면담 정신의 협동, 수용을 보여 주고 있다. 면8에서 면담자는 양면반영하기를 통해 음주의 이득과 손실을 내담자가 언급한 것을 소재로 하여 다시 들려주고 있다. 면9에서 면담자는 내담자가 음주의 피해에 대

해 잘 알고 있음을 인정하고 있으며, 이어서 변화했을 때 이득과 손실을 요약하여 들려주고 있다. 면10에서 면담자는 변화를 했을 때 내담자가 가질 수 있는 염려와 손실에 대해 확장하여 반영함으로써 복합반영하기(Rc)로 부호화한다. 면11은 면담자가 척도 질문을 사용하여 내담자의 변화 준비도 수준을 파악하고 있다. 척도 질문은 변화를 유발하는 데 유용하게 활용될 수 있는 것이지만, 질문의 형태가 열린 질문이 아닌 닫힌 질문이다. 따라서 척도 질문은 닫힌 질문하기(CQ)로 부호화한다. 내13에서 보는 바와 같이, 바로 직전에 면담자가 척도질문을 하였을 때 내담자는 "최소한 무언가 변화해야겠습니다."라고 하는 결단적인 진술을 유발한 것으로 보인다. 면13은 이 점을 놓치지 않고 내담자의 변화 욕구와 결단의 의지를 복합 반영하기(Rc)하고 있다. 면14에서 면담자는 척도 점수가 7~8점인 이유를 물어보는 유발적 질문을 하고 있는데, 동기면담에서는 반드시 추가해야 하는 질문이다. 왜냐하면 점수에 대한 내담자의 설명이 변화 동기를 더 유발하는 기회가 될 수 있기 때문이다. 면15에서는 변화에의 결단을 더욱 확고히 해 주는 복합 반영하기(Rc)를 하고 있고, 이에 따라 내담자가 이제는 궁극적인 목표, 즉 절주하기에 매우 가까이 다가왔을 정도로 준비가 되어 있는 모습임을 알려 준다.

앞에서 척도 질문을 통해 변화 준비도를 점수로 답한 후에 내담자는 상당히 변화의 의지가 많아졌다. 이에 대해 면담자는 반영으로 내담자의 변화 동기를 계속해서 증진시키고 있는 모습이다. 면17은 인정하기에 가까운 반영이며, 복합반영하기(Rc)로 부호화할 수 있다. 면20에서 면담자는 내담자의 독특하고도 실현 가능한 행동 대안에 대해서 반영하는데, 단순반영하기(Rs)다. 면21은 복합반영하기(Rc)로 부호화할 수 있으며, 면22, 23은 내담자의 행동실천 가능성을 지지하는 반영들로써 단순반영하기(Rs)로 부호화한다. 면24, 25, 26은 모두 결단을 향해서 변화 동기를 올리는 단순반영하기(Rs)로 볼 수 있다. 면27, 28도 역시 단순반영하기(Rs)인데, 이러한 면담자의 반영을 통해서 내담자는 마침내 술을 마시지 않고 잠을 잘 수 있는 여러 가지 행동 대안을 떠올리고 있다. 면담자는 이에 대해 지지하고 격려하며 요약하고 있다.

이번에는 짝과의 연습을 위해 두 사람 중에 한 사람이 최근에 만났던 내담자를 생각하며 내담자 역할을 하고 다른 한 사람은 면담자가 된다. 이때, 면담자는 앞의 사례 축어록의 오른쪽에 기입되어 있는 부호화 및 요약을 참조하여 반영하기, 열린 질문하기, 정보 교환하기, 자율성 존중하기, 미래 상상하기 등을 활용하면서 대화를 이끌어간다. 그리고 나서 두 사람이 경험을 나눈다.

계획하기

내담자가 변화에 대한 준비 수준이 높아지고, 중요성과 자신감 수준이 상승하여 많은 결단대화를 하였다면, 이제 구체적으로 행동실천을 시작하는 과정에 들어선 것이다. 이 과정을 계획하기라고 말하며, 내담자의 행동실천이 가능해진다는 표시로는 변화대화의 빈도가 높아지는 것, 행동실천을 시작한 것, 유지대화의 빈도가 줄어든 것, 변화에 대한 불쾌한 감정이 해소된 것, 미래에 대한 이야기가 많아진 것, 변화에 대한 질문을 많이 하는 것 등이 있다. 면담자는 내담자에게 직접적으로 어떤 변화 행동을 실천할 것인지를 물을 수 있다. 또한 요약하기를 하고 난 후에 어떤 행동을 할 것인지 물어볼 수도 있다.

계획하기 과정에서는 면담자가 내담자와 충분한 관계 형성하기를 하였고, 공유된 변화 행동 목표가 분명하며, 내담자의 변화 동기가 매우 높아서 구체적인 행동을 즉시적으로 실천할 만한 변화 준비도가 보일 때 수행하는 것이 필수적이다. 이때 면담자는 내담자가 활용할 수 있는 다양하고 유용한 사회적 자원이나 활용 가능한 정보를 많이 알고 적절하게 제공하는 것이 매우 도움이 된다. 그러나 유의할 점은 다양한 자원의 활용이나 대안에 대해서 최종 선택을 하는 것은 내담자임을 기억해야 하고, 내담자 개인의 선택과 통제력을 강조해 주는 것도 잊지 않아야 한다. 더불어 칭찬·격려·인정하기를 충분히 하여 면담 회기를 마친 후에 즉시 실천할 수 있도록 도와야 할 것이다.

행동실천을 위한 많은 대안 행동 중에서 대안 행동마다 실천 가능성이 다를 수 있다. 실천 가능성이 높아지면, 행동을 시작할 가능성도 높아지기 때문에 다음과 같은 기준에 맞추어서 대안 행동을 계획하는 것이 매우 중요하다. 다음에 알려 주는 기준은 짧게 스마트(SMART)로 요약할 수 있다.

대안 행동을 계획하는 기준(SMART)
• S: 구체적(Specific) • M: 측정 가능한(Measurable) • A: 달성 가능한(Attainable) • R: 현실적인(Realistic) • T: 시간 제한적(Time-bound)

스마트에서 S가 의미하는 것은 구체적(Specific)이다. M은 측정 가능한(Measurable)을 의미하며, A는 달성 가능한(Attainable)을 의미한다. R은 현실적인(Realistic)을 의미하고, 마지막으로 T는 시간 제한적(Time-bound)인 것을 의미한다. 구체적인 행동이란 건강하게 사는 것이라고 진술하는 것보다 술을 끊는 것이 더 구체적이다. 측정 가능한이라는 말은 변화 행동의 빈도를 셀 수 있거나 기간을 정하는 것을 말한다. 예를 들어, 1개월 간 금주하기, 1주일간 금연하기, 1주일에 3번 운동하기, 하루에 한 시간 컴퓨터 게임하기 등이다. 달성 가능한이라는 말은 내담자가 이 행동을 할 수 있는가 하는 것이다. 예를 들어, 한 달 동안 단주하는 것이 바람직한 계획이 될 수는 있어도 사람에 따라서 불가능할 수도 있다. 따라서 한 달 간의 금주를 일주일간의 금주로 바꾸어야 달성 가능할 수도 있다. 현실적인 이라는 말은 행동에 필요한 재정적 · 시간적 요인이 가능한가 하는 것이다. 예를 들어, 일주일에 두 번 승마장에 가서 승마하기는 승마장에 가서 승마를 하는 데 필요한 재정적 지원이 있는 경우라면 현실적일 수 있으나 그렇지 않으면 비현실 적이기 때문에 승마하기보다는 일주일에 두 번 산책하기 혹은 등산하기로 바꾸는 것이 현실적일 수 있다. 시간 제한적이라는 말은 이 특정 행동을 보려는 시간을 정하는 것이다. 시간제한을 정할 경우 단기간으로 계획을 세워야 할 것이다.

면담 중에 내담자가 강한 결단대화를 하는 경우, 즉 "그동안 변명만을 해 왔어요. 이것이 저를 위한 것입니다. 이제부터 계속해서 제가 아이 양육비를 지불할 거예요."라고 한다면 면담자는 내담자로 하여금 구체적인 행동 계획하기로 갈 수 있도록 면담을 이끌어 가야 한다. 다음은 이런 경우에 활용할 수 있는 구체적인 면담 사례다.

- "그러면 양육비를 지불하기 위해서 이번 주에 먼저 해야 하는 것은 무엇인가요?" (변화를 향한 첫 번째 작은 행동실천을 찾기 위함, 상세히 말해 달라는 질문임)
- "정말 훌륭한 생각을 하셨군요. 당신 얼굴에 나타난 결단을 보면서 제가 감동을 받았습니다." (인정하기, 내담자가 자신의 결단을 확인하도록 촉진함)
- "이 목표에 대해 생각을 넘어 실제로 행동할 준비가 되어 있는 것 같군요." (반영하기, 내담자가 자신의 변화 준비도를 알아보도록 하여 변화를 시작하는 것에 대해 더 많이 말하도록 함)
- "○○님의 변명이 이제는 효과가 없다는 것을 생각하면서 시간을 보내셨군요. 그동안 계획했던 것을 이제 시작할 준비가 되셨네요." (요약하기, 내담자가 이전의 변화단계를 검토하도록 도와줌으로써 내담자의 변화 준비도를 강조하고, 결단의 표현에 지지함을 보여 줌. 과거에 대해 요약하기를 하면 내담자의 논리적 반응은 다음 단계에 대해 말하게 됨)

다음에 제시한 몇 가지 예제를 읽으면서 내담자 변화 행동 계획하기 과정에서 동기면담 핵심기술을 어떻게 적용하는지 살펴보고, 실제 사례를 활용하여 적용해 본다. 이 외에 가능한 면담자의 반응을 동기면담 정신과 핵심기술에 일치하여 작성해 본다.

예제 7

"준법 운전 수강 명령을 받은 이후로 요즘은 술 마실 일이 예상되면 아예 차를 두고 갑니다."

면담자1: 음주운전을 하지 않으려고 상당히 자제하고 계시군요. (인정하기)

면담자2: 더 이상 음주운전 사고를 내지 않으려는 마음이 확고하시네요. (인정하기)

술을 줄이려는 노력을 구체적으로 어떻게 하고 계신지 궁금합니다. (열린 질문하기)

면담자3: ○○님의 계획대로 잘 실천하고 계시군요. (인정하기)

음주운전을 하지 않을 때 어떤 점이 좋으세요? (열린 질문하기)

면담자4: 음주운전하지 않기를 지속하려면 어떤 도움이 더 필요한가요? (열린 질문하기)

면담자5: _____ (반영하기)

면담자6: _____ (열린 질문하기)

면담자7: _____ (인정하기)

이 내담자의 변화 목표는 '음주운전하지 않기'로 볼 수 있다. 이 문제로 인하여 법적인 제재를 받고 수강명령과 면담을 하러 온 사례다. 내담자의 진술에 따르면, 음주할 일이 생기면 차를 운전하지 않고 대중교통이나 다른 방법을 사용한다는 것이다. 이에 대해 면담자는 이러한 노력을 격려하고 인정함으로써 내담자와의 관계 형성을 유지하여야 한다. 면담자는 내담자가 설정한 변화 목표를 잘 달성하기 위한 구체적인 대안이나 방법을 더 많이 탐색하도록 도와야 한다. 면담자는 인정하기와 반영하기를 통해서 내담자의 변화 동기가 잘 유지되도록 하고, 구체적인 방법을 잘 실천할 수 있도록 도모할 필요가 있다. 이때 면담자가 여러 유발적 질문하기를 활용하여 내담자의 내적 자원과 강점을 이끌어 내는 것이 중요하다.

예제 8

"보호관찰을 받으면서 본드를 마시던 친구들과 만나지 않으려고 노력해요. 그런데 간혹 친구들이 문자 메시지로 같이 놀자고 할 때는 갈등이 돼요. 혼자 있을 때 그런 문자 메시지를 보면 솔직히 같이 놀고 싶어요."

면담자1: 말하기 어려운 이야기일 수 있는데 솔직하게 이야기해 줘서 정말 고맙구나. (인정하기)

너의 변화된 모습을 보면서 누가 제일 기뻐할지 궁금하네. (열린 질문하기)

면담자2: 한 번 계획한 마음을 그대로 실천할 수 있는 능력이 매우 놀랍구나. (인정하기)

혼자 있을 때 유혹을 이길 수 있는 방법에는 어떤 것이 있을지 궁금하구나. (열린 질문하기)

면담자3: 친구들이 문자로 연락해 오면 어떻게 반응하는지 궁금하구나. (열린 질문하기)

면담자4: 친구들과 신나게 놀고 싶기도 하는 한편, 보호관찰을 잘 지키고 싶은 마음이 있구나. (양면반영하기)

친구들이 너의 변한 모습에 대해 뭐라고 말할까? (열린 질문하기)

면담자5: _____ (반영하기)

면담자6: _____ (열린 질문하기)

면담자7: _____ (인정하기)

이 내담자의 변화 목표는 '흡입제를 사용하지 않는 것'이다. 구체적인 행동 대안으로 함께 약물을 사용했던 친구들을 잘 피하고 있고, 실천하고 있는 모습이다. 한편, 고위험 상황이 매우 가까이 있음을 면담자와 함께 나누고 있는데, 이것에 대해 면담자는 내담자의 솔직함을 칭찬하고 인정하면서 관계 형성을 유지해야 한다. 뿐만 아니라 실천을 잘하고 있는 능력과 의지 등의 긍정적 속성에 대해서도 다시 한번 확인하고 칭찬해야 할 것이다. 자신의 고위험 상황을 잘 알고 인식하고 있는 내담자에게 반영하기를 통해 내담자가 가질 수 있는 두려움과 무력감을 지지해 준다. 또한 면담자는 내담자가 고위험 상황에 잘 대처할 수 있도록 지지함과 더불어 다양한 유발적 질문하기를 통해 고위험 상황을 지혜롭게 대처하는 방법을 잘 파악하고 실행하고 탐색하도록 도와야 한다.

다음의 사례는 면담자가 다소 저항을 보이는 내담자와 긍정적 관계를 형성하기 위하여 노력하면서 동시에 내담자가 원하는 목표 행동을 향해 변화대화를 견고히 한 결과, 마침내 구체적인 행동 계획하기로 옮겨 가는 것을 보여 주는 사례다.

두 사람이 짝이 되어 한 사람은 면담자, 다른 한 사람은 내담자가 되어 사례의 대화를 읽으면서 면담자가 동기면담을 적용하면 관계가 어떻게 형성되고 내담자의 변화 동기가 어떻게 유발되어 변화 계획하기로 이어지는지를 경험하고 서로 나눈다.

내담자는 아동학대라는 이유로 강제적인 면담을 해야 하는 것에 대해 상당히 불쾌하다고 말하고 있다. 내담자의 변화 목표는 '아동학대로 신고 되지 않기'다. 면담자는 내담자의 모순되는 자녀 양육 가치관과 그 결과에 대해 적절히 반영하기와 인정하기를 하면서 능동적으로 내담자의 변화 목표에 점점 더 다가가고 있다.

표 7-5 사례 축어록 4

번호	내용	부호화 및 요약
면1	그러니까 ○○씨, 사회복지사에게 화가 나서 소리를 많이 질렀다고 들었습니다.	정보 교환하기
내1	예, 그 사회복지사에게 화가 나서 소리를 질렀어요. 제게 전화로 교사가 아들 몸에 상처가 있다고 신고했다는 거예요. 그래서 화가 났지요. 상처에 대해 전화한 것이 화가 났다기보다 제가 정말 화가 난 것은 말하는 방식이었어요.	

면2	음……..	
내2	내가 마치 좋은 아버지가 아닌 것처럼 느끼게 했단 말입니다.	
면3	아……..	
내3	저는 더 좋은 아버지가 되려고 노력 중인데, 그 여자는 제가 아들에게 학대적이었던 것처럼 느끼게 하더라는 거죠.	
면4	음, 사회복지사와 가졌던 대화로 인해 학대적인 아버지로 생각하고 있다는 느낌을 갖게 되었군요. 그동안 좋은 아빠가 되려는 많은 노력에 대해서는 특별히 알지 못하고요.	반영하기
내4	예. 그 여자가 모를 수 있다는 것은 이해해요. 왜냐하면 저도 그 여자를 모르고, 그 여자도 저를 모르니까요. 하지만 그때는 그 여자가 추측하고만 있다고 느꼈어요. 상처 하나를 가지고 학대력이 있다고 말이죠. 정말 저는 그런 경력이 없어요. 제 말은 저의 아버지가 저를 때렸어요. 그래서 저는 신체적 학대를 하지 않으려고 노력 중입니다. 그다지 많이 아들에게 '학대적'이지 되지 않도록 하지만 신체적 처벌을 하고요.	
면5	자녀 양육 방식을 바꾸려고 이미 노력해 오셨군요.	인정하기
내5	예, 그래요. 아버지로서 저에게 가장 중요한 것 중에 하나가 그겁니다. 제가 양육되었던 방식이 옳다고 생각하지 않으니까요. 좋은 면도 있었다고 보기는 하지만 대부분의 경우 제가 느끼기로 개선할 수 있는 것들이 있고, 또 개선하려고 많이 노력해 왔으니까요. 적어도 제 소견으로는 제가 열심히 노력해 왔다고 봅니다.	
면6	그것에 대해 좀 더 말해줄 수 있나요? 자녀를 다루는 방식에 어떤 변화가 있기를 바라는지요?	닫힌 질문하기 열린 질문하기
내6	좀 더 참을성이 있었으면 합니다.	
면7	알겠어요.	
내7	예, 좀 더 참아야지요. '이해하기'라고 말하고 싶지는 않아요. 왜냐면 이해하려고 노력하니까요……. 아이이긴 하지만, 아이의 관점에서 매사를 보려고 노력하고 있어요.	
면8	음……..	
내8	그게 정말 어려워요. 하지만 아이가 무례하게 자라게 하고 싶진 않아요. 다른 사람들에게 연약하게 보이도록 성장하게 하고 싶지는 않습니다.	
면9	좋습니다.	
내9	예.	

면10	한편으로, 아이와 함께하는 방식을 개선하고 싶고, 벌을 줄 때는 신체적으로 하고 싶지 않으시고, 또 한편으로는 아이가 연약하고 무례하게 자라게 하고 싶지 않으시고요.	반영하기
내10	예, 아이가 권위에 대해 이해하는 것이 중요하다고 봅니다.	
면11	예.	
대11	특히 가정 내에서는요. 예, 내 집이니까요. 내 집이라고 봅니다. 아이가 복종적이기를 원하는 건 아니지만, 의사결정자가 누군지 아이가 의식하기를 원합니다.	
면12	음……. 아이로부터 존경 받기를 원하시는군요.	반영하기
내12	예, 물론이죠.	
면13	그리고 한편으로는 일이 풀리는 것이 선생님이 원하는 식으로는 아닌 것 같군요.	반영하기
내13	예, 슬프게도 제가 그렇게 느낍니다. 그렇게 느끼고 있어요. 물리적으로 권위를 보이려고 노력해 왔는데 도움이 된다고 생각되지 않는군요. 왜냐하면 아들 마이크가 점점 저를 최근에 두려워하는 것을 보게 되니까요. 그리고 제가 목소리를 높이면 아이가 위축되더군요. 제가 화를 내면 아이가 조금 울기 시작하고요. 그래서 말하자면 아이가 좀 더 강하고, 울지 않게 하려고 노력하는데, 제가 피하려던 결과를 얻게 되는 것 같아요.	
면14	음. 그러니까 예의 바르고 강하고, 연약하지 않은 아이를 가지려고 노력해 왔는데 정반대의 일이 일어나고 있군요. 아이가 아버지를 두려워하고 위협을 느끼는 것이지요. 이것을 아버지는 좋아하지 않고요.	반영하기
내14	오, 절대로 좋아하지 않아요. 제가 그렇게 자랐으니까요. 그리고 저도 좋아하지 않았어요. 제 반응은 우는 것이 아니었어요. 그래서 우리 아들도 같을 거라고 생각했지요. 자녀 양육법이란 책이 없더라고요.	
면15	글쎄요, 그런가요. 아무도 책을 주거나 어떻게 하는 것이 올바른 방식인지 말해 주지 않지요.	정보 교환하기
내15	예.	
면16	선생님은 선생님의 아버지의 양육법에서 잘 살아오셨고, 그리고 우리 아들도 그럴 거라고 생각하셨지요. 하지만 일이 풀리는 것을 보면서 말씀하시기를, "좀 더 필요한 것이 있다고 생각합니다." 라고 하시고요.	반영하기

내16	예. 확실히 좀 더 필요합니다. 제 생각에, 지금 보면 우리 아들과 제가 닮은 만큼이나 여러 면에서 매우 다르다는 걸 봅니다. 그리고 아마도 저에게 효과가 있었다고 해서 우리 아들에게도 그런 것은 아닐 것 같고요.	
면17	예. 훈육 시 선생님이 좀 더 알기 원하는 다른 것들이 아마도 아이에게 필요하다는 거군요.	반영하기
내17	예. 예, 확실히 그렇습니다.	
면18	자, 자녀 양육에 대한 다른 방식들에 대해 어떤 생각을 해오셨나요, 선생님이 필요로 하는 존경심을 유지하면서요.	열린 질문하기
내18	글쎄요, 제 생각으로 글쎄요, 제가 잘 이해는 안 되는데 아내가 적용하는 선택법이 있는데, 그러니까 우리 아들에게 어떤 방법으로 선택권들을 주는지에 대해 좀 더 알고 싶어요, 그리고 또 냉장고에 별표 스티커 같은 걸 활용해서 일종의 보상품을 주는 프로그램 같은 거지요.	
면19	알겠습니다. 그러니까 아내가 아들에게 하고 있는 것과 같은 것들에 대해 들은 바 있으시네요. 그리고 생각하기를, "나도 그런 것들을 배워서 한번 해 볼까" 하는 거고요.	반영하기
내19	예. 이런 것들은 정말 저에게는 새로운 것들이에요. 잘 이해가 되지 않아요, 그래서 정말 배우고 싶어요. 정말로요.	

이 사례의 내담자는 아동학대라는 이유로 강제적인 면담을 해야 하는 것에 상당히 불쾌하다고 말하고 있다. 표면화되어 있지는 않지만 내담자의 변화 목표는 '아동학대로 신고 되지 않기'라고 볼 수 있다. 면담을 진행하면서 내담자의 모순되는 자녀 양육 가치관과 그 결과에 대해 면담자가 반영을 적절히 하고, 양가감정을 많이 반영해 줌으로써 변화 목표가 보다 능동적이고 긍정적인 것으로 바뀌었음을 볼 수 있다. 즉, 자녀에게 '올바른 양육법을 배워서 실천하기'로 바뀐 것이다. 이 변화 목표는 내담자가 스스로 이끌어 낸 것으로써 구체적인 행동 대안을 탐색하고 실천할 가능성이 높아질 것이라고 예측할 수 있다. 짧은 시간 동안이지만 면담자는 내담자에게 직면하거나, 교육하거나, 다양한 양육법을 소개하지 않았다. 동기면담으로 진행하는 동안, 내담자는 배우자가 아들에게 적용하는 기술을 떠올리게 되었고, 그 밖에 새로운 것을 배우고자 하는 동기가 매우 커졌다. 면

4에서 면담자는 복합반영하기(Rc)를 하여 내담자와 파트너가 되는 관계 형성을 매우 효과적으로 하고 있다. 면5에서 내담자의 노력을 칭찬하고 인정하는 것은 적시에 활용된 동기면담 핵심기술이라고 볼 수 있다. 면10은 내담자의 양가감정을 잘 읽어 주는 양면반영이며 부호화할 때는 복합반영하기(Rc)로 한다. 면12, 13은 모두 훌륭한 복합반영하기(Rc)로 볼 수 있다. 직면하지 않고 내담자가 아이와의 관계를 잘하고 싶어 하는 변화 욕구를 이끌어 내고 있다. 면14 역시 양가감정을 읽어 주는 훌륭한 양면반영으로 복합반영하기(Rc)로 부호화할 수 있다. 면16은 내담자의 변화 욕구를 확인하는 복합반영하기(Rc)로 볼 수 있다. 면17도 역시 변화 욕구를 확인하는 복합반영하기(Rc)이면서 구체적인 행동 계획으로 다가갈 수 있도록 촉진시켜 준다. 만약 이때 면담자가 변화 계획을 일방적으로 처방했다면 동기면담이 되지 못하며, 내담자의 관계에 있어서 수동적인 내담자가 되게끔 만들었을 것이다. 면18에서 유발적 질문하기를 통해 아이디어를 이끌어 내고 있는 점이 동기면담 정신의 유발과 맥락을 같이한다. 면19는 다시 한번 내담자의 결단을 유발하는 단순반영하기(Rs)라 볼 수 있다.

행동실천을 향한 준비도 알아보기

동기면담의 네 가지 과정을 다시 한 번 살펴보면, 첫 번째는 관계 형성하기 과정으로 면담자가 내담자와 파트너라는 것을 대화로 확신시켜 주는 단계다. 이 단계는 내담자가 변화를 실천하기까지 그리고 계속적으로 유지할 수 있도록 하는 데 필수적인 요소다. 관계 형성을 하고 나면 내담자가 변화를 해야 하는 목표 행동을 명확하게 해야 면담의 목적이 달성되는 것이므로 면담의 방향을 결정하는 것이 초점 맞추기 단계다. 내담자가 저항하지 않고 변화해야 할 방향을 스스로 인식하고 면담자와의 대화에 몰입하기 시작하면 이어서 그 목표를 달성하기 위해서 어떠한 하위 목표가 있을 수 있는지를 살펴보고, 만약 여러 가지 하위 목표가 떠오르는 경우에는 우선순위를 정하여 궁극적인 변화 목표 달성에 도움이 될 수

행동실천 준비를 나타내는 신호

- 저항 감소: 내담자는 논쟁하기, 방해하기, 부인하기, 반대하기 등을 중단
- 문제에 대한 질문 감소: 내담자는 자신의 문제에 대한 정보를 충분히 가지고 있는 것으로 보이고, 문제에 대한 질문을 중단
- 무언가 해소된 모습: 변하기로 결심한 내담자는 이전보다 평화롭고, 평안하며, 이완되어 보임. 부담스러워하지 않고 안정되어 보임
- 변화대화 증가: 변화와 낙관적 태도를 반영하는 솔직한 직설적인 변화대화의 시작
- 변화에 대해 질문 증가: 자신이 무엇을 할 수 있을지, 어떻게 변화할지 등에 대한 질문
- 비전 갖기: 삶이 변화되면 어떤 모습일지, 변화하려고 할 때 예측되는 어려움이 무엇인지, 변화의 이득에 대한 언급
- 실험해 보기: 다음 회기에 오기 전까지 변화에 근접하는 대안에 대한 시험적 적용

있는 행동 목표를 가지고 대화를 한다. 이어서 우선순위에 있는 하위 목표를 달성하기 위한 구체적인 행동 대안이 내담자의 경험, 바람에서부터 많이 이끌려 나와야 하고, 이러한 구체적인 행동 대안을 왜 해야 하는지 그 이유와 필요성, 자신감과 준비도를 높여 주는 것이 세 번째 단계인 변화 동기 유발하기 단계다. 변화 준비도가 높아지면 높아질수록 내담자의 행동을 실천하고자 하는 결단과 의지가 확고해지며, 언어적 표현에서도 보다 확고하고 단호한 변화결단을 표현하는 것을 보게 된다. 이때가 바로 결단에서부터 행동을 실천하기 위한 구체적인 행동 계획을 세워 가는 네 번째 단계인 계획하기 단계다.

　내담자가 행동을 실천할 준비가 되어 있는지, 준비 신호를 민감하게 알아차리고 반응하는 것이 면담자가 해야 할 과제다. 삶의 중요한 불일치감을 인식한 내담자가 오랫동안 그 상태에 있는 것은 불편하다. 따라서 내담자는 자신의 불편감을 줄이기 위해 변화를 시도하거나 불편감을 최소화하거나 부인하는 등의 행동을 다시 보일 수도 있다. 이런 경우에는 관계 형성하기 단계에서부터 다시 시작하여 면담자가 내담자와 함께 동행하는 파트너임을 재확인시켜야 한다. 변화를 결단하는 내담자의 반응을 만나게 되면 "변화할 준비가 되어 있군요. 어떻게 시작하겠습니까?"라는 질문으로 면담자는 내담자와 함께 변화 계획을 타협한다.

변화 계획 함께 만들기

확실한 변화 계획을 통해 내담자의 자기효능감을 증진할 수 있고, 잠재된 걸림돌을 고려해 보는 기회를 제공함으로써 변화 전략을 시작하기 전에 가능한 결과를 알아보는 기회를 가질 수 있다. 상황이 어떠하든 준비가 잘 된 내담자는 바로 시작하기를 간절히 원한다. 이때 변화 대안 메뉴를 제공하거나 행동 변화 서약서를 만들거나 행동실천의 걸림돌을 줄이거나 사회 지원을 구하거나 치료에 대해 내담자 교육하기와 같은 방법으로 변화 계획을 확고하게 세울 수 있다. "무엇을 할 생각인가요?" "여기까지 왔군요. 이제 무엇을 하실 계획인지 궁금하군요."라는 질문으로 면담자는 내담자의 변화 계획을 격려할 수 있다. 이때 무엇보다 중요한 것은 내담자가 스스로 변화 계획에 대한 구체적인 아이디어를 생각하여 말하도록 이끌어 가는 동기면담 정신이다. 이전에 계획하기 과정에서 언급한 행동 계획의 필수적 속성으로서 'SMART'를 기억해야 할 것이다. 즉, 구체적인 행동은 측정 가능하며, 달성 가능하며, 현실적이고, 구체적이고, 시간 제한적인 것이어야 한다.

변화 대안 메뉴 제공하기

동기면담에서 동기를 증진하는 한 방법은, 내담자에게 다양한 치료적 행동 대안을 수집하여 그중에서 가장 실천 가능한 것을 선택한 후에 우선순위를 매기게 하는 것이다. 예를 들어, 체중 관리가 필요한 대학생의 경우, 내담자가 스스로 생각해 낼 수 있는 대안에는 어떤 것이 있을까? 헬스클럽에 등록할 수도 있고, 집에서 정기적으로 운동이나 스트레칭을 할 수도 있고, 식이요법을 할 수도 있고, 먹지 않고 견디기 가장 힘든 시간에 대처하는 방법을 배울 수도 있다. 내담자는 선택할 수 있을 것이다. 모든 내담자에게 똑같이 효과적인 단 하나의 접근법은 존재하지 않는다. 따라서 누구에게 어떤 것이 가장 효과적인지, 어떤 조건하에서 그러한지를 결정하는 것은 어려운 작업이다.

　내담자와 함께 행동 대안을 탐색하는 동안, 변화의 개념을 바퀴 또는 순환적인 과정으로 기억해야 한다. 내담자는 때로 변화가 순환적 과정이라는 사실에 저항할 수도 있다. 즉, 한 번의 실수나 재발에 대해서 면담 자체의 효과성을 부인하거나 회의적이 되거나 다시 시도하려는 노력을 포기할 수도 있기 때문이다. 변화를 실천하도록 돕는 것만큼 중요한 것은 실천하는 행동이 유지될 수 있도록 동기면담을 통해 지속적으로 내담자와 만나는 것이다. 어떤 내담자는 변화란 '성공 아니면 실패(all or nothing)'라는 견해를 선호한다. 이러한 이분법적인 방식은 실패에 대한 두려움에서부터 나올 수 있다. 실수나 재발을 하여서 재도전에 저항을 보이는 내담자에게 민감해야 한다. 이 경우 다음과 같이 말할 수 있다.

- "이 문제가 영원히 사라져야 하는 것이 ○○님에게 매우 중요한 것 같이 들리는군요. 이 점에 대해 좀 더 이야기해 주세요."
- "또다시 똑같은 문제가 ○○님을 괴롭히게 된다는 가능성이 싫으신 거군요."
- "왜 그런 것들에 대해 이야기하고 싶지 않은지 저는 지금 이해할 수 있습니다. 과거에 재발로 이끌었던 일을 ○○님이 어떻게 피할 수 있는지 제가 도울 수 있도록 해 주세요. 어떻게 도울 수 있는지 알려 주세요."

　여기서 바람은 내담자가 문제 행동으로 되돌아간 것에 대해 서로 이야기를 나눌 때 재발의 가능성과 대처 방법에 대해 '쉽게' 다가갈 수 있다는 점이다. 동기면담 면담자들은 변화를 잘 실천하고 있는 내담자들과 2~3개월에 한 번씩, 6개월에 한 번씩 추후적인 만남을 계획하거나 면대면 면담이 가능하지 않은 경우에는 문자나 전화, 이메일을 통해 전달하는 것이 효과적이라고 본다.

행동 변화 서약서 만들기

서면이나 구두로 서약하는 것은 내담자가 변화 계획을 시작하는 데 도움을 주는 유용한 도구다. 서약서는 서로 간의 공식적인 동의다. 글을 아는 내담자라면 이 단계에서는 서약서가 유용하다는 사실을 설명하고 작성하도록 이끈다. 서약서를 만들고 서명하는 행동은 간단하지만 중요한 결단 의식이 될 수 있다. 이때 중요한 것은 내담자가 스스로 서명할 수 있도록 이끌어 내는 것이며, 면담자로부터의 압박이나 강제성이 배제되어야 한다. 서명한 서약서는 면담자와 내담자가 각각 한 장씩 보관한다. 내담자 대신 서약서의 내용을 임의대로 만들지 않는 것이 중요하다. 서약서의 내용에는 내담자 스스로의 언어를 사용하도록 격려해야 한다. 글을 읽거나 쓰지 못하는 내담자에게는 서면 대신 악수나 음성 녹음으로 대체할 수 있다.

서약서를 만들 때 내담자는 보상이나 긍정적 보상물과 같은 결과물을 포함하기로 결정할 수 있다. 보상은 매우 개인적이다. 즐길 만한 활동, 선호하는 음식, 원하는 물건 또는 의식 행동과 같은 것이 변화에 영향을 주는 지표가 되며 결단을 견고히 할 수 있다. 보상을 행동실천 기간, 기념일 등과 연관시킬 수도 있다. 예를 들어, 한 달 동안의 다이어트에 성공한 내담자의 경우 그동안 입고 싶었던 옷 쇼핑하기를 서약서에 적어 놓을 수 있다. 3개월 금연하였을 경우, 자기 자신을 격려하기 위해서 그동안 금연으로 모아둔 돈으로 자신이 원하는 것을 구입할 수도 있다. 인터넷 게임 사용을 계획대로 적절하게 실천한 청소년은 친구와 함께 여행을 갈 수도 있다. 어떤 내담자는 가까운 산 정상에 올라가서 자신의 에너지와 공감, 회복을 축하할 수도 있다. 행동실천 서약서의 예는 다음과 같다.

행동실천 서약서

성명: _____

본인 ○○○은 행동 변화를 실천하는 데 있어서 다음 사항에 적극적인 관심을 갖고 임할 것을 선서합니다.

1. 프로그램에 적극적으로 참여하겠습니다.
2. 나의 느낌과 생각에 진술하고 상대방의 이야기를 경청하겠습니다.
3. 프로그램에서 나눈 내용은 일체 비밀로 하겠습니다.
4. 내 삶의 최고의 목표는 ○○○입니다. 이 목표를 달성하기 위해 최선을 다하겠습니다.
5. 이 목표를 달성한 경우, (~보상)으로 저의 목표 달성을 축하하겠습니다.

년   월   일

서약자: (서명)

확인자: (서명)

행동실천 서약서

성명: _____

    본인 ○○○은 인터넷 게임에 대한 행동 변화를 다음과 같이 계획하였고 이에 성공하기 위해 노력할 것을 선서합니다.

1. 오늘부터 한 달간 다음과 같이 인터넷 게임을 할 것입니다.
2. 평일에는 30분간 게임을 할 것이며, 숙제를 모두 마친 후에 할 것입니다.
3. 주말에는 한 시간만 게임을 할 것입니다.
4. 책을 보는 시간을 평일에는 30분 더 늘릴 것입니다.
5. 주말에는 가족과 함께 보내는 시간을 한 시간 더 늘릴 것입니다.
6. 이 목표를 달성하기 위해 최선을 다하겠습니다.
7. 이 목표를 달성한 경우, (~보상)으로 저의 목표 달성을 축하하겠습니다.

년　　월　　일

서약자:　　　　　　　　(서명)

확인자:　　　　　　　　(서명)

행동실천 걸림돌 낮추기

행동실천의 걸림돌이 무엇인지 알아내는 것은 변화 계획에서 매우 중요하다. 내담자가 자신에게 최상의 대안이 무엇인지 결정할 때 다음과 같이 질문한다.

- "이런 행동 대안에 어떤 문제가 있을 수 있나요?"
- "계획에 따라 목표를 달성하는데 어떤 장애물이 있을 수 있나요?"

행동실천에 흔히 있을 수 있는 걸림돌은 내담자 스스로 필요한 자조 모임이나 집단 상담에 참여하겠다고 했을 경우인데, 이때 내담자가 이러한 계획을 스스로 실천하는 데는 면담자의 배려 깊은 안내와 확인이 매우 도움이 된다. 왜냐하면 자조 모임이나 집단 상담에 대해 내담자가 알아보아야 하고, 실제로 참여할 때까지 욕구와 결단이 지속되어야만 가능하기 때문이다. 이런 경우, 면담자는 프로그램에 어떻게 해야 갈 수 있는지, 누구에게, 언제 전화를 해야 하는지, 프로그램에서 무엇을 기대할 수 있는지, 그 프로그램에서 어떠한 유형의 개인 정보를 필요로 하는지 등 모든 필요 정보를 내담자가 알도록 해야 한다. '프로그램과 관련된 여러 정보'를 내담자와 교환하면 그들의 불안감을 감소시켜서 일이 순조롭게 된다. 더불어 내담자와 함께 있는 동안 면담자가 그 프로그램 담당자에게 연락을 취하여 그 프로그램의 정보를 알아볼 수 있다. 만약에 내담자가 참여를 위해서 누군가 함께 가 주기를 원한다면 면담자는 이에 적극적인 안내자가 되어야 한다.

가능한 문제 예측해 보기

변화 계획 세우기에서 내담자에게 해야 할 질문 중 하나는 "이 계획 중 어딘가가 잘못되었다면 그 원인은 무엇 때문인가요? 그림을 그려 볼 수 있을까요?" 등이다. 내담자는 면담자보다 몇 가지 걸림돌을 훨씬 더 잘 예측할 수 있다. 따라서 이러한 문제를 알아내고 말로 표현할 수 있도록 돕는 것이 중요하다. 모든 것이 잘못될 것이라고 예측할 필요는 없다. 문제가 될 만한 사건이나 상황에 초점을 맞추고 대안과 해결책을 계획 속에 넣는다. 예를 들어, 앞의 행동서약서에서 한 달 동안에 명절이나 공휴일이 들어 있을 수 있다. 이 경우, 내담자에게 어떠한 문제가 있을 수 있는지 질문한다. 평일이나 주말이 아니기 때문에 내담자는 행동 계획서에 이런 날에 스스로 어떻게 해야 할지를 생각해 내고 추가하도록 격려해야 할 것이다.

행동실천의 걸림돌을 인식하기

내담자와 변화 계획에 대해 타협을 하다 보면, 행동실천에 걸림돌이 될 수 있는 것들이 빈번하게 드러난다. 간략하게 논의될 수 있으면 내담자와 논의해야 한다. 구체적인 전략과 대처 행동을 고려하여 무엇이 가장 효과적인 것인지 내담자가 탐색하도록 돕는다. 잠재적인 걸림돌은 여러 가지 영역에서 있을 수 있다.

예를 들어, 가족 관계가 행동 실천을 시작하고 유지하는 데 중요한 걸림돌이 될 수 있다. 내담자의 변화된 행동이 가족 관계의 균형을 잃게 할 수 있다. 이제까지 내담자의 중독 행동에 초점을 맞추었던 가족 역동이 내담자의 행동 변화로 인해서 그동안 억압되었던 문제들이 표면으로 떠오를 수 있기 때문이다.

대표적으로, 알코올 중독 내담자가 단주를 하면서 자조 모임에 참여하고, 가장으로서의 역할을 되찾으려고 하는 과정에 들어서면 나머지 동반의존적인 배우자나 자녀들이 상당히 불편함을 느끼면서 내담자에게 다가가기보다는 오히려 피하는 경향을 보인다. 흥미로운 것은 알코올 중독 문제로 가족이 피했던 것과 동일한 양상이라는 것이다. 물론 피하는 이유는 다르다. 다시 말하면, 음주를 심하게 하고 내담자가 가족을 괴롭힌 경우에 고통을 피하기 위해서 가족이 내담자를 따돌리는 반면, 단주로 행동 변화를 잘하고 있는 내담자가 가족에 대해서 이런 저런 모양으로 간섭을 하고, 가장으로서 대우받기를 요구하고, 가족의 이슈에 결정권을 행사하려고 한다면 가족 구성원은 이렇게 통제 당하는 것에 익숙하지 않았기 때문에 권위적인 힘을 행사하는 내담자를 다시 따돌리는 양상을 보이는 것이다. 따라서 행동실천을 잘하던 내담자가 또다시 정서적인 외로움과 따돌림을 당할 수 있어서 단주에 대해 회의적이 되고 다시 술을 마시는 이유를 가지게 될 수도 있다.

신체 건강 문제는 심각한 신체적·정신적 건강 장애를 가진 많은 내담자에게 행동실천의 걸림돌이 된다. 예를 들어, 음주를 중단하고 나서 아플 수 있으며, 내담자의 건강 상태가 만성적인 감독 및 치료를 필요로 할 수 있고, 정기적으로 신체 건강 위기(예: HIV/AIDS, 당뇨, 고혈압)를 자아낼 수도 있다. 다이어트를 실천하는 여대생의 경우, 혈당 수준이 높은 것을 모르고 있다가 위험한 저혈당 상태가 되어 아플 수 있고, 운동을 하는 데 관절의 무리가 있을 경우 내담자는 더 이상 행동을 실천하기가 어렵게 된다. 어떤 내담자는 적절한 코칭을 받지 않은 채 운동을 지속하다가, 척추의 문제나 관절의 어려움이 새롭게 생길 수도 있고, 정서적인 우울감이나 피로감이 또 다른 정신적인 문제로 이어질 수도 있다.

대인관계 문제는 청소년의 경우, 문제 행동에 함께 동참했던 친구들과의 관계가 행동실천에 걸림돌이 될 수 있다. 그동안 인터넷을 통해 온라인에서 만났던 친구들과의 관계 형성이 더 이상 가능하지 않기 때문에 한 동안 내담자는 정서적 외로움을 경험할 수 있으며, 새로운 친구를 만드는 데도 역시 어려움을 겪을 수 있다. 또한 같은 반 또래의 아이들이 편견을 가지고 내담자의 변화된 모습을 인지하지 못하여 내담자가 좌절감을 느낄 수도 있다.

치료 프로그램과 관련된 시스템의 문제는 즉시적이고 지속적인 행동실천에 걸림돌이 될 수 있다. 내담자가 필요로 하는 자조 모임이나 집단 상담을 제공하는 기관에서 대기하는 사람들의 수가 많아 내담자가 즉시 참여하지 못할 수도 있다. 어떤 프로그램에서는 상당히 많은 양의 서류 작업을 한 후에 프로그램을 시작한다. 또 프로그램에 참여한 내담자가 글을 잘 알지 못하여 프로그램 참여가 지연될 수 있다. 어떤 프로그램에서는 법적 문제를 지닌 내담자를 받아들이지 않을 수 있다. 또 치료에 대한 재정적인 지원이 사라질 수도 있다.

사회적 지원 구하기

사회적 지원은 변화가 일어날 것인가의 여부와 변화가 유지될 것인가의 여부에 중요한 영향을 준다(Sobell et al., 1993). 사회적 지원을 양적 혹은 질적인 면만으로 생각해서는 안 된다. 내담자의 사회적 지원 시스템이 지속적인 행동 변화를 지지해 주는지 알아보아야 한다. 면담자는 내담자에게 중요한 지원자가 된다. 그러나 내담자가 필요로 하는 모든 지원을 제공할 수는 없다. 일반적으로 지지적인 사람은 내담자의 말을 잘 듣고 판단하지 않는 사람을 말한다. 지지적인 사람은 내담자를 비판하거나 잔소리하는 대신, 도움을 주고 격려하는 태도를 가지고 있어야 한다. 내담자를 지지하는 사람 역시 행동에 문제가 없어야 이상적이며, 내담자의 행동 및 변화 과정에 대한 이해를 할 수 있어야 한다.

치료에 대해 내담자를 교육하기

면담자가 내담자를 바람직한 치료 프로그램이나 자조 모임 등에 의뢰하는 경우, 원만하게 치료를 시작하려면 치료에 대한 내담자의 오해나 잘못된 정보가 없는지 확인해야 한다. 이런 확인 작업을 통해 치료에 대한 내담자의 기대감을 이끌어 내고 탐색한다. 이 단계를 일컬어 역할 유도(role induction)라고 한다. 역할 유도는 치료에 대해서 내담자를 교육하는 과정이자, 내담자가 치료에 전적으로 참여할 수 있도록 준비하는 과정이다. 내담자가 집단 치료나 자조 모임에 참석할 때 어떤 감정을 가질 수 있을지 예상해 보도록 질문한다. 역할 유도는 실제적인 치료 상황 및 맥락과 동일한 수준의 치료 기대감을 내담자가 갖도록 도와준다. 또 자신이 생각한 치료 상황과 실제 치료 상황의 차이로 내담자가 매우 놀랄 가능성을 줄여 준다. 역할 유도가 가지는 또 다른 중요한 측면은 중독 행동을 중단했을 때 올 수 있는 신체적인 금단 현상에 대해 무엇을 예측할 수 있는지 내담자를 교육하는 것이다. 증상 혹은 재발은 최소부터 극단적인 수준까지 어렵고 지속적일 수 있다. 정확하게 정보를 교환함으로써 내담자는 통제감을 가질 수 있다.

계획을 시작하기

많은 변화 계획은 구체적인 시작 날짜를 정해 놓는다. 이러한 시작을 어떠한 의식을 통해 기념하기 원하는 내담자도 있다. 예를 들어, 음주 문제를 가진 내담자가 단주를 하기로 결심을 하고 계획을 세웠다고 하자. 이 경우 내담자는 집에 있는 술잔, 술병, 맥주잔을 없애 버릴 수도 있고, 술을 버리거나 의식을 할 수도 있다. 또는 행동실천에 필요한 도구, 소품을 비치해 둘 수도 있다. 다이어트를 실천하기로 한 대학생은 다이어트 관련 비디오테이프를 사다 놓거나, 필요한 운동 기구를 걸어 놓거나 눈에 띄는 곳에 마련해 놓을 수 있으며, 요리를 할 때 사용할 계량컵이나 저칼로리 음식과 저당 조미료 등을 사다 놓을 수도 있다.

내담자가 면담자와 지속적으로 면담 회기를 가질 계획을 하든, 의뢰 후에 추후 면담을 하든, 스스로 자기 변화를 시도하든 간에 면담자와 어떻게, 얼마나 자주 연락할 것인가를 결정한다. 만약 지속적으로 면담자와의 상담을 기대하지 않는 내담자에게는 정기적으로 전화, 문자 메시지, 이메일을 통해서 면담자의 지지와 지속적인 관심을 보여 준다. 면담자의 이러한 추후 돌봄은 동기면담 정신과 일치한다.

어떠한 계획을 하든지 내담자는 격려와 지지가 필요할 때 언제나 면담자에게 오거나 전화하거나 변화 계획을 새로 타협할 수 있다는 사실을 이해한 후에 면담실을 떠나야 한다. 많은 프로그램에서 내담자를 의뢰한 기관과 의사소통하는 것에 동의를 체결하여 내담자의 변화가 만족할 만큼 완성되었는지 확인하고 있다. 만약에 만족할 만하지 않다면, 의뢰된 후에 지시를 따르지 않았던 내담자와 연락을 한다는 계약서를 가지고 있어야 하며, 내담자를 다시 오게 하여 도움을 받도록 해야 한다.

주의 깊게 작성된 변화 계획을 가지고 시작하는 것은 위험한 상황과 잠재적인 장애물에 대한 지식, 지지적인 친구나 염려를 해 주는 친지가 있는 내담자가 행동 실천하기에 준비가 되어 있다는 사실을 의미한다.

면담에서 내담자의 언어적 표현을 주의 깊게 경청하면 이미 내담자가 변화를 실천하고 있음을 알 수 있다. 따라서 결단을 더 견고히 하고 지속적으로 실천하게 돕기 위해서 많은 칭찬·격려·인정하기를 해야 한다. 변화 행동의 실천 의도는 실제 실천 자체와 밀접한 관계가 있으며, 실천 의도는 구체적인 행동 계획과 실천 의도에 대한 진술을 타인에게 하는 것을 포함한다. 행동 계획이 구체적이면 구체적일수록 수행 의도는 높은 수준이라고 볼 수 있다. 내담자가 주위의 중요한 사람들에게 자신이 실천한 바를 이야기하거나 계획을 서로 나누는 것은 변화의 효과성을 지속하는 데 중요하다. 예를 들면, 가족에게 금연을 시작했다는 것을 알리는 것, 친구나 동료 직원들에게 단주를 시작했다는 것을 알리는 것, 또래 친구들에게 게임을 할 수 있는 시간이 매일 30분으로 정해져 있음을 알리는 것, 친구들에게 다이어트를 시작했으며 당분간 도시락을 먹을 것이라는 정보를 알려 주는 것 등이다. 계획을 세우고 결단을 견고히 하고 필요한 경우에 서약을 하거나 서약서를 만드는 것 등이 포함되는데, 보이지 않는 내적 결단이 가장 중요하다. 내적 결단을 견고히 하는 방법으로는 면담 시 지지적이고 협동적인 관계를 지속적으로 유지하면서 변화 목표에 초점을 맞추어 내담자의 변화 동기를 높은 수준으로 유지하도록 대화하며, 필요하다면 변화 계획을 내담자의 욕구에 맞추어 수정·보완하는 것이 포함된다. 내담자가 스스로 행동을 실천하는지에 대해 모니터링할 수 있도록, 예를 들어 일기 쓰기, 계획 기록하기 등을 할 수 있다. 이렇게 내담자 스스로 행동을 실천할 수 있도록 면담에서 동기를 이끌어 내는 것이 바람직하다. 왜냐하면 기록을 하는 동안 변화 동기를 다시 한번 견고히 하는 시간이 될 수 있기 때문이다. 요즘에는 스마트폰으로 이러한 모니터링을 도와줄 수 있는데, 매우 유용한 도구가 될 것이다. 또 다른 방법은 열린 질문하기를 활용하여 내담자가 혹시라도 가지고 있는 염려나 걱정을 탐색함으로써 표현하게 하고, 더 나아가 공감을 함으로써 양가감정이 다시 발생하는 것을 줄일 수 있다.

행동실천 지지하기

일단 내담자가 변화 계획에 따라 행동실천을 시작할 때도 면담자가 동기면담의 네 가지 과정을 지속하는 것은 중요하다고 해도 과언이 아니다. 즉, 관계 형성하기를 통해서 재발의 위험성을 줄이고 변화를 지속할 수 있는 자기효능감을 증진할 수 있기 때문이다. 변화 행동에 계속 초점을 맞추어서 가고 있는 방향을 재확인하고, 격려와 칭찬과 인정을 통해서 자기효능감을 갖게 해 주며, 변화 준비도를 유지하도록 해 준다. 계획하기에서 면담자는 필요하다면 내담자의 변화를 더욱 촉진시키는 데 도움이 되는 기타 임상적 치료 프로그램을 의뢰하는 것에 대해 내담자와 이야기를 나눌 수 있다.

동기면담에서 목표 행동을 내담자와 함께 이야기한다. 이와 관련하여 내담자의 핵심 목표와 가치관이 바로 면담자가 정확하게 이해해야 하는 것들이다. 열린 질문하기를 통하여 내담자의 가치관, 바람, 원하는 바, 삶의 의미와 목적, 무엇을 위한 노력, 포부, 기본 욕구 등을 이끌어 낼 수 있다. 내담자가 가치 있게 생각하는 것이 무엇인지 이해하는 것은 변화 동기를 이끌어 내는 것에 유용하다. 내담자의 장기 · 단기 목표는 무엇인가? 간혹 겉으로 보기에 내담자의 미래에 대한 목표가 부재인 것처럼 보일 수도 있다. 그러나 면담에서 충분히 시간을 들여서 대화를 하면 내담자의 가치관과 목표를 이해하게 되고, 더 나아가 관계 형성을 증진하게 되어 협동으로 나아갈 수 있다. 한편, 가치관은 실제 행동과 괴리가 있는 것이 대부분이다. 따라서 내담자의 삶의 가치에 대해 경청하고 반영하기를 하면 이러한 불일치감이 내담자의 변화 동기를 부추길 수 있다. 가치에 대한 이해는 동기면담의 과정에서 중요한 열쇠다. 가치에 대해서 이야기를 할 때, 내담자가 동기면담 정신, 즉 수용과 존중을 전달하는 것은 중요하다. 면담자에게 중요하지 않더라도 내담자에게 중요한 것이라면 그대로 수용하는 것이 동기면담이다. 앞서 언급한 것과 같이, '좋은 삶 모형'을 개발한 Ward는 우리는 근본적으로 좋은 삶을 살고자 하는 욕구가 있다며, 11가지 기본 욕구를 소개하였다. 현실 치료를 개발한

Glasser는 우리의 기본 욕구는 생존의 욕구, 사랑과 소속의 욕구, 힘과 성취의 욕구, 자유의 욕구, 재미와 즐거움의 욕구라고 하였다. 이러한 다섯 가지 욕구가 충족될수록 삶의 충족감이 올라간다고 하였다. 이러한 기본적인 욕구는 내담자가 변화 행동을 실천하는 데 있어서 충족되기 때문에 이런 점에서 면담자가 이야기를 나누어 간다면 행동실천을 계속하고자 하는 동기가 높은 수준으로 유지될 수 있다.

열린 질문하기를 통해서 가치 이끌어 내기, 구조화된 방법을 통한 가치 이끌어 내기를 할 수 있다. 이런 경우, 내담자의 인지 기능 수준에 적절한 언어를 사용해야 한다. 예를 들면, 쉽게 질문을 하는 경우 "인생에서 가장 소중한 것이 무엇일까요?" "몇 년이 지나면 어떻게 달라지기를 원하나요?" "나만의 규칙이나 삶의 기준은 무엇일까요?" "삶의 목표와 가치는 무엇인가요?" 또는 "삶의 목표나 목적은 무엇인가요?" 등으로 다양할 수 있다. 공통점은 내담자가 인생을 살아가면서 어떤 원칙과 기준을 내면화하고 있는가를 알아보는 것이다. 애매모호하고 추상적인 답을 할 수도 있기 때문에 반영하기와 함께 상세하게 설명하기를 요청하는 열린 질문하기를 한다. 관계 형성하기에서 내담자의 가치를 알아내고 좀 더 구체적으로 물어보고 반영하고 탐색하는 것은 관계 형성에 많은 도움을 줄 수 있으며, 내담자의 긍정적 가치를 인정함으로써 동기면담 과정을 촉진할 수 있다.

가치를 탐색하는 데 보다 구조화된 방법으로는 가치 카드를 만들어서 분류하는 방법이 있는데, Miller, Baca, Matthews와 Wilbourne(2001)는 100가지의 다양한 추상적 개념을 가치 카드로 만들어서 활용하였다. 이들은 내담자로 하여금 가치 카드를 3~5가지로 분류하도록 하였는데, 5가지로 분류하는 경우, '가장 중요하다' '매우 중요하다' '중요하다' '조금 중요하다' '중요하지 않다'로 분류하도록 한다. 이 100가지 카드 외에도 몇 장의 빈 카드를 주어서 자기만의 가치를 추가할 수도 있다. 3가지로 분류하는 경우, '가장 중요하다' '중요하다' '중요하지 않다'로 분류하도록 한다. 또 다른 방법으로는 이 카드 중에서 내담자가 생각하기에 가장 중요한 가치 카드 5~10장을 선택하도록 한 후 선택한 카드를 척도 점수 5~1점 또는 10~1점으로 배열하게 하는 것이다. 또는 카드를 보면서 중요한 카드 10장을 골라 그 카드를 중요한 순으로 나열한다. Miller 등(2001)의 가치 카드는 부록에 제시하였다.

오아시스

가치 분류 카드 활용하기

가치 분류 카드는 Q 분류 방법(Stephenson, 1953)의 한 가지로, 100가지의 다양한 추상적 개념을 가치 분류 카드로 만들어서 활용한다.

1. '가장 중요하다' '매우 중요하다' '중요하다' '조금 중요하다' '중요하지 않다' 의 다섯 가지로 분류하고 나서 함께 이야기를 나눈다.
2. '가장 중요하다' '중요하다' '중요하지 않다' 의 세 가지로 분류하고 나서 함께 이야기를 나눈다.
3. 가장 중요한 가치 카드 5~10장을 선택한 후 선택한 카드를 척도 점수 5~1점 또는 10~1점으로 배열하고 나서 이야기를 나눈다.
4. 100가지 카드 외에도 몇 장의 빈 카드를 주어서 자기만의 가치를 추가할 수 있다.

가능한 활동: 가치 분류 카드 활용하기

가치 분류 카드 활용하기는 개인 혹은 집단 활동으로도 가능하다. 참여자 각자에게 100장의 가치 카드를 나누어 준다. 활동 목적이나 개인(집단)의 특성에 따라 100장의 가치 카드를 다 활용하지 않고 진행자가 가치 카드를 선정하여 60장 혹은 80장으로도 활동이 가능하다.

먼저, 진행자는 참여자(들)에게 "자신의 삶에서 이루고 싶은 목표와 미래에 살고 싶은 모습을 상상하여 간략한 에세이를 노트에 작성해 보세요. 시간은 15분 드리겠습니다."라고 말한다. 활동을 하기 전에 참여자(들)의 마음을 가라 앉히기 위한 스트레칭이나 음악을 들려줄 수도 있다. 또한, '소망하고 이루고 싶은 삶' 을 기록하는 동안 잔잔한 음악을 들려주어 참여자(들)가 자신의 마음을 고요히 하고 집중해서 작성하도록 도울 수도 있다.

참여자(들)가 기록을 마치면, 방금 전에 작성한 '소망하고 이루고 싶은 삶' 에 대해 나눔을 갖는다. 다음으로, 이전에 배부한 가치카드 100장을 펴 놓고, 한 장씩 신중하게 읽어 가며 '가장 중요하다' '매우 중요하다' '중요하다' '조금 중요하다' '중요하지 않다' 의 5가지 분류 기준에 맞추어 카드를 분류하도록 한다. 이때도 경우에 따라 5가지 분류 기준이 아닌 3가지 분류 기준('가장 중요하다' '중요하다' '중요하지 않다')을 활용할 수도 있다.

참여자(들)의 분류가 정리되면, 집단으로 혹은 짝을 이루어 혹은 개인으로 5가지 기준으로 분류된 가치 카드의 공통점과 차이점, 자신이 가장 중요하고 선호하는 가치와 가장 중요하지 않으며 선호하지 않는 가치는 무엇인지 이야기를 나눈다.

나눔을 가진 후에 진행자는 참여자(들)가 '나에게 가장 중요한 가치'로 분류한 카드와 이전에 작성한 에세이 '소망하고 이루고 싶은 삶'의 내용이나 모습이 일치하는지, 일치하지 않는지를 검토해 보도록 한다. 만약 분류된 카드와 에세이 내용이 불일치하다면 어떤 이유, 욕구, 사정 등으로 불일치한 면이 나타났는지 살펴본다.

모든 활동이 끝난 후에 가치 분류 카드 활용하기 작업에 대한 전체 소감을 함께 나눈다.

내담자가 비구조화된 방법, 즉 열린 질문에 답을 하면서 '나의 삶에서 매우 중요하고 가치 있는 것이 무엇인가?'를 설명하는 데 어려움을 보일 수 있다. 내담자가 자신에게 가장 중요한 가치로 어떤 것을 고를지 선뜻 답하기 어려워할 수 있고, 애매하고 모호하게 자신의 가치를 표현할 수 있어서 자신에게 우선순위가 높은 가치를 명료하게 구분하고 그려 내는 데 실패할 가능성이 높다. 이럴 경우, 자신이 원하는 삶의 방향과 현재의 삶의 모습이 어떤 차이가 나는지, 이 둘 간의 불일치성이 있는지의 여부가 모호해지면 내담자의 변화 동기가 제자리걸음을 할 수 있다.

면담자는 내담자에게 열린 질문하기와 반영하기를 활용하여 내담자가 매우 중요하게 생각하는 가치와 현재 내담자의 삶의 형태 및 행동 사이에 어떠한 불일치감이 있는지 탐색하도록 도와주면서 관계 형성을 증진할 수 있다.

대부분의 사람이 일반적으로 자신의 가치와 일관성 있게 일치하는 행동을 매일매일 하는 것은 매우 불가능해 보인다. 끊임없이 자신의 이상과 비전을 향해서 가까이 가려고 분투하는데, 현실에서 따르지 못함으로써 내적 갈등을 경험한다. 더불어 가치를 실현하지 못하는 것에 대한 죄책감이나 자기 비하적인 태도를 보일 수도 있다. 따라서 내담자가 면담자에게 자신의 가치를 공공연하게 표현하면서 행동을 변화하려는 동기가 유발된다고 본다. 가치에 대해 내담자와 이야기를 할 때, 직면하지 않는 것이 중요하다. 예를 들어, 내담자가 가장 중요하게 생각하는 가치로 자유를 선택하였을 경우, 그 자유는 내담자 자신의 자유, 즉 자유분방하게 마음껏 선택하고 자기 방식대로 행동하는 것이 될 수 있다. 한편, 면담자는 이와는 대조적으로 자유라는 가치에 타인의 자유를 존중하는 것이 포함되어 있을 수 있다. 여기서 중요한 것은 면담자가 자신이 정의하는 가치를 설명하지 않고 또는 내담자가 정의한 가치에 대해서 반박하지 않고, 유도 질문하지 않고 열린 질문하기를 하여 좀 더 설명하게 하고, 이어서 반영하기를 함으로써 내담자 스스로 자유에 대한 가치에 대해 충분히 생각하게 하는 것이 동기면담 정신에 적합하고 관계 형성하기 유용하며, 이후의 행동 변화를 향해 동기를 유발하는 단계에서도 역시 효과적이라는 것이다. 구체적인 면담 예시는 다음과 같다.

> **면담자**: ○○○님의 삶에서 가장 중요한 가치는 무엇인가요?
>
> **내담자**: 저는 자유가 제일 중요하다고 생각해요. 왜냐하면 사람들은 학교에서나, 집에서나 나의 자유를 존중하지 않고 구속시키려고 하며 내 맘대로 하도록 놓아주지 않아요. 나는 내 마음대로 선택하고, 하고 싶은 것을 하고 싶어요. 자고 싶을 때 자고 놀고 싶을 때 놀도록 내버려 두었으면 좋겠어요.
>
> **면담자**: 학교나 집에서 규율이나 규칙들이 ○○님의 자유를 구속한다는 거군요. 이 부분에 대해 조금 더 자세히 설명해 주세요.

이제까지 면담자가 가져야 하는 동기면담 정신, 즉 협동, 수용, 동정, 유발에 대해 알아보았고, 이러한 정신을 담는 그릇이 되는 핵심기술, 즉 열린 질문하기, 인정하기, 반영하기, 요약하기를 자세히 배웠다. 더불어 동기면담의 네 가지 과정—관계 형성하기, 초점 맞추기, 변화 동기 유발하기, 계획하기—에 대해서도 살펴보았다. 이 네 가지 과정에서 동기면담에 익숙한 면담자는 다양한 핵심기술을 적시에 활용하며 대화를 한다. 동기면담 정신이 담겨 있을 때만 내담자는 대화에 몰입하고 문제를 명확하게 바라볼 수 있으며, 면담자와 협동하여 변화를 향해 걸어가며, 구체적으로 어떻게 목표에 다다를 수 있을지 결단하고 마침내 실천한다. 더불어 변화 행동실천을 잘하고 있는 내담자도 역시 동기면담의 네 가지 과정을 지속적으로 염두에 두고 추후 면담을 통해서 실천을 잘 유지하고 내담자가 바라는 가치 있는 삶의 현장에서 일상을 살아가도록 돕는다.

내담자의 변화 동기와 관련하여 동기면담에서 반드시 배워야 하는 것이 내담자의 '변화대화(change talk)'다. 변화대화는 내담자가 변화에 대해서 이런 저런 이야기를 하는 모든 언어적 표현을 통칭하는 용어다. 특정 행동 변화 목표로 나아갈 수 있도록 촉진하는 것이 바로 내담자가 변화대화를 더 많이, 더 빈번하게, 더 강하게 표현하게 한다. 내담자가 양가감정을 가질 때, 즉 변화해야 할지 혹은 이대로 현상 유지를 해야 할지 고민할 때, 그 양가감정 속에 들어 있는 변화에 대한 욕구·이유·필요·능력에 대해 읽어 줄 수 있는 면담자가 되어야 한다. 내담자가 변화에 대해 어떻게 말을 하느냐 하는 것은 면담자의 대화 스타일에 영향을 많이 받는다. 즉, 면담자가 지시적으로 일방적인 대화를 많이 사용하면 내담자는 변화에 대한 이야기보다는 현상 유지의 이유와 필요에 대해 더 많은 말을 한다. 반면, 안내하기 스타일인 동기면담 대화 스타일을 전달할 경우 동기면담 정신이 내담자로 하여금 변화에 대해 고민하게 되고, 변화에 대한 많은 말을 할 수 있음을 볼 수 있다. 내담자의 변화대화 빈도가 높을수록 변화를 실천할 가능성이 높아진다. 변화대화는 친사회적이고 건강한 변화로 나아갈 수 있도록 내담자의 변화 동기를 촉진시킨다. 더불어 변화할 수 있다는 내담자의 자기효능감을 증진시킨다. 여기서 기억해야 할 것은 변화에 대한 내담자의 진술인 변화대화는 내담자 쪽에 해당하는 것이고, 면담자는 이러한 내담자의 변화대화를 잘 인식할 수 있어야 한다는 것이다.

한편, 내담자가 현상 유지를 하는 것과 관련하여 말을 할 때 통칭으로 '유지대화(sustain talk)'라는 용어를 사용한다. 유지대화에 대해서는 8장에서 자세히 설명한다.

변화대화, 유지대화 그리고 저항

동기면담 각 회기의 목표는 내담자로 하여금 긍정적이고 친사회적인 변화를 향해 움직이도록 돕는 데 있다. 내담자가 변화에 대해 양가감정을 표현하는 경우, 그는 변화에 대한 개방성과 준비도를 어느 정도 전달하는 단서나 지표를 보이기 시작하는 것이다. 이와 같이 준비도 지표는 일반적으로 변화의 인식단계에서 보인다. 이때 내담자는 양가감정으로 힘들어하면서도 변화의 이득에 대해 어느 정도 보기 시작한다. 이러한 준비도 지표의 예로는 결심, 저항 감소, 변화에 대한 질문, 변화 상상하기, 변화대화 등이 있다.

면담자는 본능적으로 많이 응원하고, 제안하고, 조언하고자 뛰어들고 싶지만, 이러한 방식의 반응은 사실상 변화 가능성을 감소시킨다. 연구에 의하면, 장기적 변화 효과의 예측 변인은 다음과 같다.

- 변화에 대한 내담자의 말의 빈도가 높아진다.
- 변화에 대한 내담자의 말의 강도가 높아진다.
- 변화에 대한 결단을 전달하는 내담자의 말이 단호하다.

이를 더 자세히 설명하자면, 내담자의 변화대화의 빈도가 많아질수록 변화 가능성은 높아진다. 계획하기 단계에서 내담자가 자기가 만든 행동실천 계획을 주변에 있는 사람, 즉 가족, 동료, 친구들에게 말하도록 하는 것이 실천 가능성을 높이고 변화 유지를 높인다고 하였다. 이 점은 바로 변화대화를 의도적으로 더 많이 하도록 돕는 하나의 방법이 되기도 한다. 또 다른 변화의 예측 변인은 내담자의 변화대화의 강도가 다양하다는 것이다. 변화대화의 강도에 대해서는 차후에 더 자세히 설명하겠지만, 내담자의 언어적 표현이 변화와 관련하여 강도가 높을수록 변화에 대한 결단과 밀접한 관계를 나타내기 때문에 변화 실천의 가능성이 높아진다. 변화대화의 강도에 대한 예제는 다음과 같다.

- "담배를 덜 피워야겠지요." → "이번에 담배를 끊지 않으면 영원히 못 끊을

것 같아서 꼭 끊어야 합니다."

- "게임하는 시간을 줄여야 할 것 같아요." → "게임을 하는 시간에 공부를 한다면 성적이 오를 거예요."

동기면담에서 내담자의 변화 준비도가 최고조에 달하여 행동실천에 대해 언어로 표현하는 것을 가리켜 '결단대화(commitment language)'라고 한다. 결단대화는 변화대화와 구별하여 사용된다. 변화에 대한 바람, 소망, 할 수 있다고 하는 말, 변화해야 하는 구체적인 이유, 변화하지 않으면 갖게 될 대가나 결과에 대해 내담자가 많은 이야기를 하더라도 마지막으로 "나는 오늘부터 시작할래요." "나는 ~할 준비가 됐습니다." 등과 같이 즉시적으로 행동을 실천하겠다고 하는 내담자의 말을 가리켜 결단대화라고 한다. 결단대화가 나오면 바로 행동 계획을 내담자와 함께 수립해야 하는 표시자 시점이다.

이와 같이 변화대화는 변화를 예측하며, 이러한 변화대화를 견고히 하는 것은 동기면담으로 하여금 행동 변화를 효과적으로 만들어 주기 때문에 면담자는 대화 속에서 자연스럽게 드러나는 내담자의 변화대화를 알아차리고 견고히 해야만 한다.

내담자가 변화대화를 언어화하는지 아닌지의 여부를 더 잘 알아차리기 위해서는 내담자가 변하고자 하는 행동이 무엇이며, 그 변화가 가야 할 바람직한 방향이 무엇인지를 아는 것이 중요하다. 내담자와 함께 변화에 대한 양가감정을 탐색하면서 내담자의 목표 행동과 변화 목표가 명백해진다. 또한, 내담자의 삶 속에서 변화에 걸림돌이 될 만한 환경, 습관 혹은 태도를 면담자가 명료하게 할 수 있다. 내담자와 함께 양가감정을 통해 작업하는 동안, 내담자는 변화에 대한 준비도 지표를 보이기 시작하고 변화대화를 언어화하기 시작한다. 내담자의 양가감정을 탐색하면서 현상 유지를 지지하거나 변화에 반대되는 주장을 하는 대화를 '유지대화(sustain talk)'라고 일컫는다. 유지대화를 많이 하는 내담자를 보면, 마치 면담자를 향하여 저항을 하는 것 같이 보일 수 있다. 하지만 유지대화에도 나름대로의 이유와 필요가 포함되어 있음을 수용하는 것이 바람직하며, 만약 내담자가 면담자에 대해서 개인적으로 부정적인 감정을 가진 경우라면, 이때 특별히 이 상황

을 가리켜서 '불화(discord)'라고 일컫는다. 따라서 유지대화와 불화를 구별해야
하며, 이에 따라 각각 다르게 반응해야 한다.

　요약하면, '변화대화(change talk)'란 변화를 향하는 내담자의 모든 언어적 진
술을 말한다. 내담자의 어느 특정한 행동 변화의 목표로 나아가는 것을 말한다.
내담자가 자신의 변화대화를 언급하면 변화에 대한 양가감정이 해소되며, 행동
변화를 촉진시킬 수 있다.

변화대화
• 변화대화는 변화를 향한 진술이다.
• 어느 특정한 행동 변화의 목표로 나아가는 것이다.
• 양가감정을 해소하여 행동 변화를 촉진한다.
• 면담 스타일에 따라 크게 영향을 받는다.
• 친사회적이고 건강한 변화를 촉진한다.
• 내담자 상황의 최적화를 촉진한다.
• 내담자의 자기효능감을 촉진한다.

변화대화의 유형

　변화대화는 크게 예비적 변화대화와 활동적 변화대화로 나뉜다. 예비적 변화
대화의 특성은 내담자가 새로운 삶의 스타일을 실천하기 위한 준비와 관련된 진
술이다. 예비적 변화대화에는 다음과 같은 네 가지 변화대화 유형이 포함된다. 변
화에 대한 욕구, 변화에 대한 능력, 변화해야 하는 이유 그리고 변화해야 하는 필
요다.

■ **변화에 대한 욕구**: 내담자가 원하는 바를 전달하는 표현이다.

> • "이제는 성공하고 싶습니다."
> • "저의 분노를 컨트롤하고 싶습니다."
> • "프로그램에 들어가고 싶습니다."

■ **변화에 대한 능력**: 변화하도록 해 주는 기술이나 능력에 대한 내담자의 지각하는 바, 혹은 변화할 수 있는 능력에 대한 자신감을 전달하는 표현이다.

> • "제가 노력하면 이것은 할 수 있습니다."
> • "이번 달에 그룹을 세 번 참석할 수 있습니다."
> • "후원자로부터 조금 도움을 받으면 단주할 수 있습니다."

■ **변화해야 하는 이유**: 욕구나 능력이나 필요성이 아니라, 변화를 해야 하는 내적 혹은 외적 이유를 전달하는 표현이다. 일반적으로 가정문이 되기도 한다. 즉, '만약 ~한 변화를 한다면 ~일이 있을 것이다.' 등이다

> • "단약하면 제 삶을 되돌릴 수 있을 것입니다."
> • "친구를 피하는 것이 보호관찰을 마치게 해 줄 것입니다."
> • "치료에 가는 것이 저의 우선순위를 똑바로 해 줄 수 있을 것입니다."

■ **변화해야 하는 필요**: 외적으로 '해야 한다' '할 수밖에 없다'보다는 내담자 내면에서 유래하는 것으로서 변화에 대한 중요성, 필수불가결함, 급박함을 전달하는 표현이다.

- "이렇게 해야 합니다."
- "여기서 변화해야 합니다. 상황이 안 좋습니다."
- "일을 다르게 해야만 합니다."
- "제 삶을 되돌려야 합니다."

예비적 변화대화: DARN

- 행동 변화를 위한 준비
  - **D**esire(변화 욕구): 하고 싶다, 원한다, 좋아한다.
  - **A**bility(변화 능력): 할 수 있다, 이전에 했었다.
  - **R**eason(변화 이유): 만약~한다면, ~이 좋다.
  - **N**eed(변화 필요): 안 하면 ~이 좋지 않다.

지금까지 언급한 변화대화(DARN)—욕구, 능력, 이유, 필요—를 가리켜 예비적 변화대화라고 한다. 예비적 변화대화는 행동 변화 자체를 반드시 유발하지는 않으나, 다음 세 가지 유형의 활동적 변화대화가 발생할 가능성을 증가시키며, 이것이 장기적 변화를 예측하게 해 준다. 활동적 변화대화는 내담자의 양가감정을 해결했다는 것을 의미하는 내담자의 진술을 말한다. 활동적 변화대화는 결단대화, 활성화 대화, 행동실천 대화 등 세 가지로 나눌 수 있다.

■ **변화로의 결단**: 변화 행동을 실천하겠다는 내담자의 결심을 전달하는 표현이다. 이상적으로는 여기에 즉시적, 구체적 변화 실천 단계가 포함되어야 한다.

- "오늘 오후(즉시성), 취업 박람회에 가려고 합니다." (결심)
- "내일부터 90일간 90번 모임을 갈 예정입니다."
- "금요일 날 집에 가면 집에서 포르노 테이프를 처분할 것입니다."

■ **변화로의 활성화**: 변화 행동을 실천하기 위해서 구체적으로 사전에 필요한 사항을 준비했다는 표현이다.

> • "단주 자조 모임이 어디에서, 언제 있는지 알아보았습니다."
> • "운동을 시작하려고 조깅화를 샀습니다."
> • "조기축구 팀에 등록했습니다."

■ **변화로의 행동실천**: 지난 2주일 동안에 크고 작은 변화 행동을 이미 실천했음을 보고하는 표현이다.

> • "어제 상사에게 조금 더 주장적으로 이야기하려고 시도했습니다."
> • "지난주부터 치료를 시작했습니다."
> • "수요일 날 처음으로 집에 가는 길을 다른 길로 선택해서 갔습니다."

활동적 변화대화: CATs

• 양가감정 해결의 의미
- Commitment(결단): 변화 계획, ~할 것이다.
  예: "보고서를 내일까지 제출하겠습니다."
- Activation(활성화): 구체적으로 준비 했다.
  예: "운동을 하려고 조깅화를 샀습니다."
- Taking steps(행동실천): 무언가를 시작했다.
  예: "사회봉사 활동을 어제 처음 갔습니다."

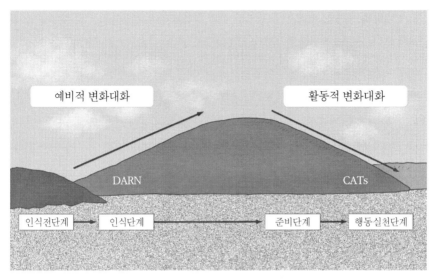

[그림 8-1] 동기면담 언덕

변화대화 알아차리기

내담자가 변화를 생각할 때 변화대화를 사용하기 시작한다. 이 단계에서 내담자는 변화를 지지하는 표현을 했다가는 바로 변화에 반하는 표현을 하는 등 왔다 갔다 할 것이다. 이를 다음 사례를 살펴보면서 구체적으로 알아보기로 하자.

내담자: 약물 사용에 따른 온갖 지저분한 것들에 싫증이 났습니다. (변화대화: 이유)

면담자: 히로뽕이나 다른 약물이 엄밀하게는 ○○님에게 좋은 친구는 아니었네요. (복합반영)

내담자: 맞아요! 그때 낭비했던 돈이며 시간을 모두 합하면 적지 않을 거예요. (변화대화: 이유)

면담자: 대가가 상당했다는 말씀이군요. (단순반영)

내담자: 맞아요. 약을 사용해야 할 이유가 없는 거죠. (변화대화: 이유)

면담자: 그러면 다른 대안을 해 볼 준비가 이제 된 거군요. (복합반영)

내담자: 글쎄요. 제게 가장 필요한 것은 취업입니다. 취업하고 나면 약을 하는 걸 잘 다룰 수 있을 거예요. (유지대화: 변하지 않아야 하는 이유)

내담자는 단약을 할 준비가 아직 되어 있지 않으므로 면담자가 내담자의 변화대화를 놓쳐 버리거나 잊어서는 안 된다. 내담자가 제공하는 변화대화는 어떤 것이든 간에 선별적으로 견고히 하여 반응해 줌으로써 대화를 발전시켜 앞으로 나아갈 수 있다. 다음의 기술이 면담자로 하여금 변화대화에 반응하는 방법을 도와줄 것인데, 변화대화를 강조하거나 혹은 내담자로 하여금 변화대화에 대해 상세히 말하도록 요청하는 것이다.

상세히 말하도록 요청하기

변화에 대해 찬성하는 표현을 하면 그 말에 대해 확장하도록 돕는 질문이나, 아직 언급되지 않은 기타 변화 요인을 고려하도록 해 주는 질문들이다. 반응할 때 이처럼 간단한 기법을 염두에 두면, 이전에 간과했을 수 있는 변화대화를 찾아내는 수많은 기회를 갖게 되어 풍요롭게 해 준다.

- "취업을 해야 하는 다른 이유는 어떤 것이 있나요?"
- "목표를 달성하는 방법을 한 가지 말씀했는데요. 다른 방법으로는 어떤 것이 있나요?"
- "○○님의 삶 속에서 바뀌어야 하는 몇 가지 것을 말씀했습니다. 그것이 의미하는 몇 가지 예를 들어주세요."
- "과거에 성공했던 것에 대해 약간 말씀해 주셨습니다. 이 경우에 도움이 될 만한 것으로 과거에 성취했던 유사한 변화는 어떤 것이 있나요?"
- "그것의 예를 최근 것으로 말씀해 주세요."

인정하기

내담자가 말한 변화대화를 인정하는 표현으로, 더 많은 이야기와 더 강력한 이야기를 하도록 은연중에 혹은 드러나게 지지하는 것이다.

- "약물 친구들과 서로 말을 하지 않고 지내는 삶이 어떤 것인지 생각해 보기로 결정하셨다니 감동을 받았습니다. 지난주에는 그런 것에 대해 생각조차 하고 싶지 않다고 말씀한 것을 기억하고 있어요."
- "그런 변화를 해야 하는 대단히 영향력 있는 이유를 생각하실 수 있었네요. 대단하십니다!"
- "아이들이 아프고, 남편이 소리를 지르고, ○○님이 재발을 했지만 후원자에게 전화하셨군요. 그렇게 하기가 힘든데요."

반영하기

내담자가 말한 것을 좀 더 다른 의미나 강조를 하여 반복, 재진술, 다르게 말해 주는 표현이며, 내담자가 이미 언급한 변화대화를 고려하도록 해 준다.

> **내담자**: 복학에 대해 다시 생각하는 것이 저에게 좋을 것 같아요.
>
> **면담자**: 학교 다니는 것이 ○○님에게 다시 중요하게 느껴지기 시작했군요. ('중요하게'를 강조하여 변화대화의 필요성으로 안내한다.)
>
> **내담자**: 이번 주에 한 번 체육관에 갔어요. 매일 가겠다고 말해 놓고요.
>
> **면담자**: 이번 주에 성공은 한 거군요. 계획대로는 아니었고요. (변화를 성공적으로 할 수 있는 능력을 강조하기)

요약하기

내담자가 한 말 중에서 최소 세 가지 변화대화를 묶어서 재진술하는 것으로, 내담자로 하여금 더 많은 변화대화를 추가하도록 하거나 변화 이유에 대해 자신 감을 느끼게 해 준다.

> • "○○님의 남편께서 금연을 지지해 주는 것 같고, 예전에 오랫동안 금연할 수 있었고, 호흡이 나아지면 다시 한 번 달릴 수 있는 것에 대해 흥분되시는군요." (변화를 향한 추진력을 세우기 위해 이유, 능력, 욕구를 모두 묶어 놓음)
> • "입원치료가 ○○님의 신용에 어떤 영향을 줄지 다소 걱정이 되지만, 한편 입원치료를 하지 않으면 사람들이 ○○님의 약물 사용에 대해 알아 버릴 것 같고, 늘 숨어서 하는 것에도 진력이 나고요." (변화하지 말아야 하는 나머지 이유를 수용하지만 변화해야 하는 두 가지 이유를 강조하기)

변화대화를 알아차리고 반응하도록 돕는 연습

다음 연습은 집단이나 개인적으로 변화대화를 알아차리고 반응하도록 돕는 활동이다. 꾸준한 연습을 통해 동기면담에서 매우 중요한 변화대화를 알아차리고 반응하는 능력을 향상해 보자.

변화대화 브레인스토밍하기

다음은 변화대화 7가지 유형의 예시들을 제공하고 있다. 이때 내담자들이 가장 자주 하는 진술들을 떠올려서 적어 본다. 각 변화대화 유형마다 10가지씩 적는다. 그리고 나서 두 사람이 짝이 되어 각자 적어 놓은 변화대화의 예제를 번갈아 가며 하나씩 읽고 상대방은 어떤 유형에 속하는지 알아맞힌다.

변화대화의 유형들

• 예비적 변화대화
 - **D**esire(욕구): "직장을 갖고 싶어요."
 - **A**bility(능력): "술을 줄일 수 있어요."
 - **R**eason(이유): "우리가 싸우지 않으면 아이들도 걱정을 하지 않을 거예요."
 - **N**eed(필요): "아이들을 데리고 있으려면 약속을 지켜야 해요."

• 활동적 변화대화
 - **C**ommitment(결단): "단주할거예요."
 - **A**ctivation(활성화): "저는 정말 일할 준비가 되어 있습니다."
 - **T**aking Steps(행동실천): "아내랑 싸우게 되면 좀 떨어져 있곤 합니다."

하나-둘-셋처럼 쉬워요

세 사람이 한 팀이 되어 다음 연습을 한다. 한 명은 면담자, 다른 한 명은 내담자, 나머지 한 명은 관찰자 역할을 맡는다. 내담자가 먼저 앞으로 6개월 동안 변화하고 싶은 것에 대해서 말을 하면, 관찰자는 내담자의 표현이 어느 유형의 변화대화에 속하는지 침묵하고 종이에 적는다. 면담자는 상세히 말하도록 요청하기, 인정하기, 반영하기, 요약하기를 사용하여 대화를 하며, 관찰자는 면담자의 표현이 이 네 가지 반응 방법 중 어느 것에 해당하는지 찾아 종이에 적는다. 내담자와 면담자는 자연스럽게 대화를 진행하고 관찰자는 내담자의 말에서 변화대화를 찾아 종이에 적는다. 5분 후, 관찰자는 자기가 부호화한 것을 알려 주고 설명한다. 이후 역할을 바꾸어 세 사람 모두 관찰자 역할을 할 때까지 계속한다.

내담자1: 아주 조금 대마초를 피운 적이 있어요. 하지만 이제는 안 할 거예요.

(결단대화)

내담자2: 싸움은 그만하려고요. 아이들이 자라니까…… 보기도 그렇고요.

(변화대화: 필요)

변화대화 알아내기 서클

다음 예제를 보면서 어느 유형의 변화대화인지 알아맞혀 본다.

변화대화 집중연습 1

• 다음은 변화대화 중 어느 유형인가?

 1. 체중을 줄이고 싶어요.
 2. 아마도 20파운드는 줄일 수 있어요.
 3. 에너지가 더 많아질 거예요.
 4. 20파운드를 줄이려고 해요.
 5. 체중을 좀 줄여야 해요.
 6. 손자들을 보기 위해 살고 싶어요.
 7. 혈압을 낮추는 건 제게 중요하지요.
 8. 건강해지고 싶어요.
 9. 혈압을 낮출 수 있어요.
 10. 약을 복용하려고 해요.
 11. 저는 담배를 끊어야 해요.
 12. 끊었으면 좋겠어요.
 13. 니코틴 패치를 샀어요.
 14. 끊으면 건강해질 거예요.
 15. 끊을 수 있다고 생각해요.

Desire(욕구): 1, 8, 12   **Commitment**(결단): 4

Ability(능력): 2, 9, 10   **Activation**(활성화): 10

Reason(이유): 3, 6, 14   **Taking Steps**(행동실천): 13

Need(필요): 5, 7, 11

변화대화 게임

여섯 명이 한 팀이 되어 원대형으로 앉는다. 그중 한 사람이 먼저 내담자가 되어 변화와 관련된 진술을 한다. 예를 들어, '변화하고 싶은 마음-욕구, 능력, 이유, 필요, 혹은 결단대화, 활성화, 행동실천 대화 등' 중에서 한 가지로 문장을 만들어 말한다. 오른쪽 사람부터 면담자가 되어 1회 반응하는데, 상세히 설명하도록 요청하기, 예를 들어 설명하도록 요청하기, 인정하기, 반영하기 등 중에서 한 가지만 한다. 다섯 명이 모두 반응을 마치면, 처음에 내담자 역할을 한 사람의 오른쪽에 있는 사람이 내담자가 되어 변화대화를 한 가지 말한다. 모든 사람이 내담자 역할을 할 때까지 계속 이어서 한다.

변화대화 기록하기

실제 면담을 진행하고 있는 동료 면담자를 관찰하면서 내담자가 어느 유형의 변화대화를 말하는지 기록하고 변화대화를 할 때, 동료 면담자가 어떻게 반응하는지를 기록한다. 5분 동안 기록하고 차후에 동료 면담자와 함께 경험을 나눈다. 또는 기관이나 직장에서 갖는 직원회의 중에 누가 변화대화를 사용하는지 관찰하고 내용을 기록하며 무엇이 변화대화를 유발하도록 도왔는지 찾아본다. 동기면담을 기관 내 모든 직원이 공부하고 있는 경우에는 직원회의에서 변화대화를 가장 잘 활용하는 면담자나 직원이 누구인지 찾아볼 수 있다. 이때 그 해당 면담자나 직원에게 소정의 보상을 제공함으로써 변화대화를 더 많이 유발할 수도 있다. 그리고 가족(배우자, 자녀, 형제 등)이나 친구, 친척 모임 등에서 대화를 할 때, 누가 변화대화를 사용하는지 유심히 관찰한다.

변화대화 찾기

• 다음 중 변화대화는 어느 것인가?

변화 목표: 혈당 조절 개선하기

관련 행동: 식이요법, 운동, 명상, 모니터링, 스트레스 관리

1. 지금으로서는 내가 할 수 있는 만큼 하고 있다고 생각합니다.
2. 나는 물론 시력을 잃고 싶지 않아요.
3. 나는 항상 운동하기를 싫어해요.
4. 나는 손가락에 바늘 꽂는 것을 정말 증오합니다!
5. 제 생활 스트레스를 줄일 마음도 있습니다.
6. 나는 운동을 좀 더 할 수 있어요.
7. 예, 저는 매일 약을 복용할 거예요.
8. 엄격하게 식이요법 하는 것이 정말 어려워요.
9. 하지만 저는 초콜릿을 사랑합니다!
10. 이전에는 운동을 정기적으로 했었어요.
11. 저는 혈당을 조절해야 해요.
12. 저는 혈당을 조절할 거예요.
13. 약은 기꺼이 먹을 거지만 인슐린 주사는 맞고 싶지 않아요.
14. 인슐린 맞고 싶은 생각은 없어요.
15. 체중을 줄이고 싶어요.
16. 제가 당뇨라고는 생각하지 않아요.
17. 하루에 한두 번씩 혈당 검사를 하고는 싶어요.
18. 먹는 걸 조심하고 싶지 않아요. 그래야 한다고 생각은 하지만, 조여드는 느낌은 좋아하지 않아요.
19. 생활 스트레스가 덜 했으면 좋겠어요.
20. 단 것을 먹는 건 줄일 수 있어요.
21. 채식을 별로 좋아하지 않아요. 좀 더 많이 먹을 수는 있겠지만 즐기지는 않아요.
22. 다리를 절단하는 걸 생각하니 정말 두렵네요.
23. 과일을 더 먹으려고 생각해요.
24. 크롬을 먹으면 혈당에 도움이 된다고 들었어요.
25. 체중을 5kg 정도 빼고 싶어요.

변화대화: **D**esire(욕구): 5, 15, 17, 19, 25   Commitment(결단): 7, 12, 13, 21, 23

Ability(능력): 6, 20   Activation(활성화): –

Reason(이유): 4, 7   Taking Steps(행동실천): –

Need(필요): 11

유지대화: 1, 3, 4, 8, 9, 10, 13, 14, 16, 18, 21, 24

변화대화 집중연습 2

- 흡연자가 금연에 대해 말하는 것을 듣고 있는 중이다. 변화대화인가? 그렇다면 욕구, 능력, 이유, 필요 혹은 결단대화 중 어느 것에 속하는가?

  1. 저는 담배를 끊어야 합니다. (필요)

  2. 담배를 끊고 싶어요. (욕구)

  3. 금연을 생각해 볼 거예요. (결단)

  4. 금연을 하면 훨씬 기분이 좋아질 거라는 걸 확신합니다. (이유)

  5. 담배 없이 어떻게 이완될 수 있을지 알 수가 없네요. (유지대화)

  6. 이번에는 반드시 금연할 거라고 장담합니다. (결단)

  7. 손주들과 함께 시간을 보낼 수 있기를 원하지요. (이유)

  8. 금연은 정말 나쁘다는 것을 알고 있습니다.

  9. 지인들이 점점 많이 금연하고 있습니다.

  10. 해 볼 거예요. (결단)

  11. 금연이 내게 정말 중요합니다. (유지대화)

  12. 한 번은 6주간 끊었습니다. (행동실천)

  13. 흡연은 내 삶의 많은 부분이 되고 있습니다. (유지대화)

  14. 아마도 금년 내로 금연을 하게 될 거예요. (결단)

  15. 금연이 중요합니다만 당장은 가장 중요하지 않습니다. (유지대화)

변화대화: **D**esire(욕구): 2   **C**ommitment(결단): 3, 6, 10, 14

      Ability(능력): –   **A**ctivation(활성화): –

      Reason(이유): 4, 7   **T**aking Steps(행동실천): 12

      Need(필요): 1

유지대화: 5, 11, 13, 15

변화대화 유발하기와 견고히 하기

    변화대화가 자연스럽게 발생할 때 그것을 알아차리는 과제를 토대로 하여 그다음 과제는 어떻게 변화대화를 의도적으로 이끌어 내는가 하는 것을 배우는 것이다. 이 부분에서는 면담자가 변화대화를 유발하는 것뿐만 아니라, 변화대화를 토대로 하여 변화를 하게 하고 공고히 하는 데 필요한 자기효능감을 얻게 된다.

변화대화와 실제 행동 변화 사이의 이러한 연관성 때문에 내담자의 변화대화는 마치 진주와 같다. 즉, 면담자가 알아차려야 하고 반응해야 하는 보석과 같은 정보다. 면담자는 더 많은 진주를 요구하고 그것을 반영하기와 인정하기를 하고, 목걸이로 꿰어 다시 내담자에게 그것을 돌려준다. 이러한 방식으로 면담자는 내담자가 무엇에 대해 생각하고 말하고 반응하는지에 대해 전략적이 되는 것을 배운다. 이때 유지대화를 이끌어 내지 않도록 주의한다. 유지대화란 내담자가 변화에 반대되는 이야기를 하는 것이다. 대신, 면담자는 변화 준비도 표시를 알아차리고, 내담자로부터 변화를 향한 언어적 추진력을 유발하기 시작해야 한다. 내담자의 내적 변화 자원을 믿고, 구체적인 전략을 통해서 대화를 구조화함으로써(예: 극단적인 경우 질문하기, 결정저울 작업하기), 면담자는 내담자로부터 변화대화를 이끌어 낼 확률을 현저하게 증가시킬 수 있다.

연구 결과, 변화대화를 유발하는 것은 상당히 다양한 문제 영역에서 행동변화를 가져오는 데 동기면담이 어떻게 효과가 있는지를 설명해 주는 중요한 기전이라고 한다(Miller & Rollnick, 2013). 따라서 변화대화 유발하기는 동기면담의 심장부에 있으며, 동기면담 학습을 위한 일련의 과제에서 중간 위치에 있는 셈이다. 변화대화 유발하기는 또한 면담자에게 기술을 요구하여 기관 지향적 혹은 목표 지향적인 기법을 명료하게 통합하도록 요구하여 마침내 내담자 중심이 되도록 한다.

면담자가 자연스럽게 발생하는 변화대화를 알아차리기 시작한 후에는 이것을 의도적으로 이끌어 내는 방법을 배워야 한다. 이 학습 단계에서 면담자는 변화대화 유발하기뿐 아니라, 변화대화를 바탕으로 그것을 견고히 하는 데 자신감을 얻게 된다. 변화대화와 실제적인 행동 변화 사이에 관련이 있기 때문에 비옥한 땅을 발견하여 밭을 갈고 씨를 뿌리는 것을 배우는 것이 중요해진다. 이 비유와 같이, 면담자는 꽃을 피우고 열매를 맺을 가능성을 가진 새싹을 알아볼 수 있어야 하며, 그러한 새싹과 잡초를 구별해 낼 수 있어야 한다. 잡초를 격려하면 꽃을 피우고 열매를 맺을 화초가 번성할 공간과 가능성이 줄어들게 된다. 변화단계의 경우, 면담자는 이것을 전략적으로 견고히 하고, 유발하고, 증강하는 것을 배워야 한다. 면담자는 내담자로 하여금 '유지대화'를 유발하지 않도록 주의해야 하는데, 유지대화란 내담자가 변화에 반대하여 말하는 것이다. 대신, 면담자는 준비도의 표시를 알아차리고 변화를 향해 언어적으로 움직일 수 있도록 유발하는 방법을 배워야 한다. 변화의 자원이 내담자의 내면에 있음을 믿고, 적극적인 경청 기법을 선별하여 대화를 구조화하면서 면담자는 내담자로부터 변화대화를 이끌어 내는 데 방향 지향적이 됨으로써 실제적인 행동 변화의 가능성을 현저하게 높여야 한다.

내담자가 변화의 필요성에 관심을 가지고 염려하면서 변화가 자신의 최상의 이득임을 믿고, 자신에게 가능하면서 변화를 가져오는 데 효과적인 행동 계획을 설정하고, 계획을 실천하기로 결단하고, 실천을 시작할 때 변화가 일어난다. 변화대화는 이렇게 구체적으로 초점을 맞추어 목표를 향해 유발되는 것이다.

변화대화를 유발하는 기술

적극적으로 변화대화를 유발하기 전에 내담자와 함께 어떠한 행동에 초점을 맞출 것인지에 대해 명확하게 해야 한다. 이러한 목표 행동은 이제까지 다룬 기술을 사용하는 내담자 중심 접근을 통해 명료해진다. 이것이 의미하는 바는 면담에서 초점을 맞추려는 행동 방향으로 내담자가 면담자를 안내하도록 도와준다. 일단 목표 행동이 명확해지면 면담자는 양가감정을 해소하는 데 초점을 맞추기 시작해야 하며, 그 특정 행동에 대해 변화대화를 유발해야 한다. 목표 행동을 명료화하는 것은 어려울 수 있다. 내담자의 이슈가 음주인지, 인터넷 사용인지를 알아야 하는 것만큼 중요한 것은 목표 행동이 그것을 '조절'하는 것인지 '중단'하는 것인지를 아는 것이다. 면담자와 내담자가 다루어지는 목표에 대해 명확하지 않다면, 이 두 사람은 각기 다른 길을 걷기 시작하는 것이다. 훌륭한 작업 동맹 관계 또한 중요한 역할을 한다. 왜냐하면 이 과정이 내담자의 목표에 대해 엄청난 양의 융통성을 요구한다는 것을 배우게 되기 때문이다. 아마도 면담자 스스로 이렇게 질문할 수 있다. "내담자가 원하는 변화가 내가 생각했던 것이 아니더라도, 이 변화가 보다 많은 친사회적 생활 방식을 만들고 문제 행동을 줄이는 데 내담자에게 기여할 것인가?"

다음은 기술과 전략 측면에서 변화대화를 유발하는 방법에 대한 것이다. 체스 게임을 비유로 한다면, 기술은 특정한 움직임이고, 전략은 특정한 목표(이 경우, 변화대화 유발하기)를 마음을 두고 하는 일련의 움직임이다.

유발적인 열린 질문하기

내담자의 변화 욕구, 능력, 이유, 필요, 결단에 대해 묻는 열린 질문하기를 포함한다. 유발적인 열린 질문은 내담자로 하여금 변화를 지지하는 식의 표현을 할 기회를 제공한다. 특별히, 유발적 질문은 변화대화를 유발하는 열린 질문(목표 행동과 관련)이다. 다음은 변화대화 유형의 각각을 이끌어 내는 유발적인 열린 질문하기의 예다. 다음의 예에서 '이러한 변화' 라는 말은 일반적인 용어로 사용된다. 이러한 질문을 할 경우, 내담자와 어떠한 변화에 대해 이야기하는지에 대해 구체적이어야 한다.

변화 욕구
- "현재의 상황이 어떻게 달라지기를 원하나요?"
- "이러한 변화를 원하게 한 것은 무엇인가요?"
- "금연을 하면 어떤 점이 좋다고 생각합니까?"
- "10년 후에 어떻게 되면 좋다고 생각합니까?"
- "만약 변화한다면, 어떤 것이 도움이 될까요?"

변화 능력
- "이러한 변화를 어떻게 달성하겠습니까?"
- "장애물이 생기면 어떻게 대처하겠습니까?"
- "이러한 변화를 하게 도와줄 특성은 무엇일까요?"

- "이것을 할 수 있다고 믿게 해 주는 것은 무엇인가요?"
- "어떻게 안정을 유지할 수 있었나요?"
- "당신을 아는 어떤 사람에게 조금이나마 당신이 나아지고 있는 점이 무엇이 냐고 묻는다면, 그 사람은 무어라고 말할까요?"

변화 이유

- "이러한 변화를 원하는 주요한 이유는 무엇인가요?"
- "이 변화 결과로 일어날 수 있는 긍정적인 사항은 무엇인가요?"
- "이러한 변화를 할 경우, 현재 일어나고 있는 어떠한 부정적인 일이 중단될 까요?"
- "이러한 변화를 하지 않을 경우, 어떠한 부정적인 일이 일어날까요?"
- "○○님의 행동에 대해 염려하는 바는 무엇인가요?"

변화 필요

- "이러한 변화를 하는 것이 얼마나 중요한가요?"
- "이러한 변화를 하는 것을 정말 얼마나 필요로 하나요?"
- "음주에 대해 어떤 걱정이 있나요?"
- "만약 이대로라면 어떤 일이 일어날 것 같나요?"

유지대화의 수가 감소하고 변화대화의 수가 증가하며 목표와 방향이 정해졌을 때, 활동적 변화대화를 이끌어 내는 열린 질문하기가 유용하다.

- "그럼, 어떻게 할까요?"
- "지금 음주에 대해 어떻게 할까요?"
- "처음에 할 수 있는 것은 어떤 것이 있을까요?"

변화 결단

- "다음 단계는 무엇인가요?"
- "이렇게 되면 어디에 있게 되나요?"
- "무엇을 기꺼이 해 볼 건가요?"
- "떠오른 아이디어를 들여다보면서 어느 것을 하기로 선택할 것인가요?"

행동실천

- "이제까지 이러한 변화를 향해서 무엇을 하였나요?"
- "지난 2주일 동안 어떠한 실천을 하였나요?"
- "그것을 어떻게 해서 할 수 있었습니까?"

희망과 자신감 유발하기

변화의 자신감과 중요성의 차원에서 봤을 때, 변화 준비도는 변화에 대한 자신감과 중요성으로 가늠될 수 있다. 내담자가 변화의 중요성을 알고 있고, 인정하지만 자신감이 부족한 경우에 변화의 희망과 자신감을 증진시켜 주어야 한다. 이 부분은 내담자의 변화 동기가 변화에 대한 자기효능감과 밀접한 관계가 있다는 점에서 설명된다.

구체적인 방법을 살펴보면 다음과 같다. 첫째, 예비적 변화대화 중에서 능력에 해당되는 변화대화가 많이 유발될 수 있도록 열린 질문을 한다. 예를 들면, "이것을 할 수 있다는 자신감을 주는 것은 어떤 것이 있을까요?" "어떤 걸림돌이 있다고 생각하나요?" "어떻게 하면 그 걸림돌을 처리할 수 있다고 생각하나요?" "열린 질문 안에 '할 수 있다' '가능성이 있다' '해 냈던 경험이 있다' 등의 표현이 들어가도록 한다. 둘째, 자신감 척도를 활용하여 면담을 한다. "현재의 자신감 점수가 1점 올라가려면 무엇이 필요할까요?" 등의 질문이 해당된다. 셋째, 내담자에게 유용한 정보나 조언을 교환하는 것으로, 동의나 허락을 구한 후에 진행한다.

넷째, 내담자의 장점을 알아내어 인정하기를 한다. 다섯째, 과거의 성공 경험을 살펴보고, 무엇이 그러한 긍정적 변화를 가져오게 했는지 등에 대해 열린 질문을 하여 희망과 자신감을 고취시킨다. 여섯째, 내담자가 시도했던 이전의 행동과 아직은 하지 않았으나 가능한 행동 대안을 내담자와 함께 수집하여 목록을 만들고 하나씩 점검해 나간다. 일곱째, 내담자의 유지대화를 다른 말로 바꾸어 긍정적인 측면을 반영한다. 여덟째, 가정적인 질문을 하여 그 상황에서 내담자가 어떻게 대화할 것인지 열린 질문을 하거나 성공한 미래의 시점에서 지금을 돌아보게 하는 가정적 상황을 가지고 대화를 할 수 있다. 내담자가 자신감이나 능력에 대해 변화대화를 보이는 경우, 적극적으로 반영하고 동기면담 핵심기술을 활용하여 면담을 이끌어 간다.

내담자가 변화된 삶을 기대하면서 희망을 가지고 있을 때, 목표 행동을 실천하고 유지하려는 동기가 높아진다. 다음의 질문은 내담자의 희망에 대해 말하도록 도와주고 희망이 증가될 수 있도록 촉진한다. 희망과 희망이 증가될 수 있는 방법에 대한 몇 가지 열린 질문은 다음과 같다.

- "최고의 희망은 무엇입니까? 그것이 어떤 차이를 가져오나요?"
- "이것이 문제가 되고 있는 동안에도 희망을 갖게 한 것은 무엇인가요?"
- "최근에 결정을 하는 데 도움을 준 것은 무엇인가요?"
- "더 많은 희망이 있다고 가정합시다. ○○님의 삶이나 대인관계가 어떻게 달라질까요?"
- "더 많은 희망을 가진다면 목표 달성에 어떻게 도움이 될까요?"
- "더 많은 희망을 안겨다 줄 최소한의 변화는 무엇입니까?"
- "충분한 희망을 가지고 있음을 어떻게 알 수 있나요?"
- "언제 희망적으로 느꼈으며, 그것을 어떻게 하였나요?"
- "희망을 생각하면 무엇을 떠올리게 되나요?"
- "매일 아침 희망을 떠올리는 그림이 벽에 걸려 있다면 어떤 그림인가요?"
- "어떤 향기, 생각, 노래 또는 소리가 희망을 떠오르게 해 줄까요?"

- "10점에서 0점 척도에서 10점은 희망이 많다, 0점은 희망이 전혀 없다라면, 지금 몇 점을 줄 수 있습니까?"
- "1점이 더 올라간다면 어떻게 달라질까요? 무엇을 달리 하고 있고, 어떻게 다르게 생각하고 있을까요?"
- "○점에서 ○점으로 1점이 올라간 것이 어떤 희망을 주었나요?"
- "삶에서 많은 희망이나 더 많은 희망을 가졌던 때를 말씀해 주세요."
- "문제를 살펴보면서 다소간 어떤 부분에 희망을 줄 수 있을까요?"
- "희망을 더 많이 가진 사람이라면, ○○님이 처한 이 상황에서 무엇을 할까요?"
- "무엇이 그리고 누가 ○○님에게 더 많은 희망을 줄 수 있을까요? 혹은 ○○님의 희망을 빼앗을 수 있을까요?"
- "희망이 보이지 않을 때, 어떻게 하면 희망을 눈에 보이게 할 수 있을까요?"
- "다음 회기까지 더 많은 희망을 가지기 원한다면 다시 만나기 전에 ○○님은 무엇을 할 것이며, 제가 무엇을 하기를 바라나요?"
- "아주 적지만 우리의 대화에서 어떤 것이 ○○님에게 희망을 주었을까요?"
- "이 문제를 해결하는 데 ○○님이 올바른 길을 걷고 있음을 무엇이 알려 주나요?"
- "긍정적인 순간들이 조금 더 지속될 수 있다고 가정합시다. 어떻게 달라질까요?"

현재의 상황에 대해서 비관적인 태도를 보이는 내담자에게 다음과 같은 질문이 변화 동기를 유발하는 데 유용하다.

- "이런 상황에서 어떻게 견디고 있나요?"
- "지금쯤 포기하지 않고 어떻게 있나요?"
- "어떻게 상황이 지금보다 더 악화되지 않은 거지요?"
- "최소한의 차이를 만들려면 가장 작은 것으로 어떤 것을 할 수 있을까요?"

- "어떻게 똑같은 일을 아주 작은 정도까지만 지금 일어나도록 하는 건가요?"
- "다른 사람들이 ○○님을 위해 무엇을 할 수 있을까요?"
- "과거에 도움이 되었던 것으로 지금 다시 시도해 볼 수 있는 것은 어떤 것이 있을까요?"
- "다시 일상으로 돌아와서 이러한 어려움을 직면하도록 가장 도움을 줄 수 있는 것은 무엇일까요?"
- "오늘 아침에 어떻게 일어나서 여기까지 올 수 있었나요?"

내담자가 위기를 경험하는 것으로 보일 때, 다음과 같은 유발적인 열린 질문이 내담자로 하여금 그 위기 상황을 어떻게 대처할지에 대해 보다 능동적으로 접근하도록 도와준다.

- "최고의 희망은 무엇입니까? 희망이 이루어지면 무엇이 달라질까요?"
- "어떻게 도와 드릴까요?"
- "아주 사소한 것이라도 이 상황에서 이미 시도했던 것은 무엇이며, 그것이 어떤 도움이 되었나요?"
- "무엇이 달라지기를 원하나요?"
- "오늘 밤 자고 있는 동안에 기적이 일어난다고 합시다." (기적 질문)
- "기분이 더 평온해지고, 만사가 더 명료해진다면 무엇이 달라질까요?"
- "기분이 좀 더 평온해지고, 만사가 더 분명해진다면 제일 먼저 무엇을 하겠습니까?"
- "이 상황을 어떻게 잘 견디고 있나요?"
- "어떻게 여기에 와서 도움을 구할 수 있었나요?"
- "어떻게 이렇게 오랫동안 버티어 왔나요?"
- "이 상황에서 조금이나마 스스로를 돌보기 위해 무엇을 하고 있습니까?"
- "이 시점에서 가장 도움이 되는 사람은 누구이며, 또 무엇이라고 생각하나요?"

- "지금까지 겪은 모든 것을 감안할 때, 어떻게 ~을 견디어 왔나요?"
- "무엇이 지금까지 ○○님을 지탱하는 데 도움이 되었나요?"
- "이 시점에서 제(면담자)가 할 수 있는 가장 도움이 되는 일은 무엇이라고 생각하나요?"
- "어떻게 그렇게 악화되지 않고 있을까요?"
- "이 상황을 계속해서 대처하려면 무엇을 기억하는 것이 가장 중요할까요?"
- "10점은 상황을 적절하게 다루고 있음을 의미하고 0점은 전혀 다루지 못하는 것이라면, 지금은 몇 점인가요?"
- "어떻게 그 점수가 되었나요?"
- "1점 올라간다면 어떤 모습일까요?"
- "1점이 올라간다면 어떤 변화가 있을까요?"
- "1점이 올랐다는 것을 어떻게 알 수 있을까요?"
- "1점을 어떻게 올릴 수 있을까요?"
- "1점을 올리고자 하는 동기가 얼마나 생겼나요?"
- "1점을 올리는 데 성공한다는 자신감은 얼마나 되나요?"

이례적인 경험을 묻는 질문

- "오늘 면담 약속을 정한 다음 여기에 오기까지 어떤 변화가 있었나요?"
- "면담 약속을 한 후에 좋아지기 시작한 것은 무엇인가요?"
- "좋아진 것은 무엇인가요?"
- "제대로 잘 되어 가는 것은 어떤 것이 있나요?"
- "아주 작은 것이라도 노력해 보았거나 도움이 되었던 것은 무엇인가요?"
- "그런 일이 더 자주 일어나려면 어떻게 하면 될까요?"
- "이미 한 것들 중에서 무엇이 가장 도움이 되었나요?"
- "그런 일이 더 자주 일어나려면 무엇이 필요한가요?"
- "이제까지 그 이외에 도움이 된 것은 무엇인가요?"

- "기적의 부분이나 바라는 결과를 맛보았던 때는 언제인가요?"

- "그런 때는 무엇이 달랐나요?"

- "어떻게 그것을 이루었나요? 그 밖에는요?"

- "지금 당장 다르게 할 수 있는 것은 무엇인가요?"

- "기적의 작은 부분 혹은 원하는 결과를 언제 잡을 수 있었나요?"

- "그때는 무엇을 다르게 행동했나요?"

- "이전에는 무엇을 다르게 했나요?"

- "이전에는 어떤 다른 성공을 하였나요?"

- "그 변화를 어떻게 알아차렸나요?"

- "그 일이 생기도록 무엇을 하였나요?"

- "삶에서 중요한 사람들은 그때 무엇이 달랐다고 말할까요?"

- "삶에서 중요한 사람들은 ○○님이 그때 무엇을 다르게 했었다고 말할까요?"

- "제삼자가 본다면, 그 밖에 또 무슨 말을 할까요?"

- "그러면 제삼자는 어떤 행동을 다르게 할까요? 그 행동에 ○○님은 어떻게 반응할까요?"

- "그 작은 기적은 최근에 언제 일어났나요?"

- "그때는 무엇이 달라졌나요?"

- "다른 사람은 이것이 일어날 가능성에 대해 뭐라고 말할까요?"

- "그 일이 다시 일어날 가능성을 높이기 위해 ○○님이 무엇을 할 수 있을 거라고 그들은 말할까요?"

- "○○님이 할 수 있는 일을 한다면, 다른 사람의 행동은 어떻게 달라질까요?"

- "그 일을 제삼자가 한다면, ○○님과의 관계는 어떻게 될까요?"

- "어떤 상황에서 기분이 좋아지나요?"

- "어떤 면이 새로운가요?"

- "원하는 대로 행동했던 때는 언제인가요?"

- "문제가 없을 때나 작아질 때는 언제인가요? 그럴 때는 어떻게 다르게 행동하나요? 무엇이 달라지나요?"
- "지난 주, 지난 달, 지난해로 돌아가서 문제가 완전히 없었거나 작아졌을 때는 언제였나요?"
- "문제가 더 이상 문제가 안 될 때는 언제인가요? 그럴 때는 어떻게 다르게 행동하나요? 무엇이 다른가요?"
- "그 문제가 다른 사람에게도 더 이상 문제가 안 될 때는 언제인가요? 그럴 때는 어떻게 다르게 행동하나요? 무엇이 다른가요?"
- "이례적인 경험을 한 가지 떠올려 본다면 무엇일까요?"
- "그 문제가 덜 문제가 될 때나 상황이 더 나아지는 경우에는 어떤 일이 일어날까요?"
- "어떤 행동을 했을 때, 상황이 더 나아지나요?"
- "다른 사람이 어떤 행동을 다르게 했기에 상황이 더 나아졌나요?"
- "누가, 무엇을 하면 그 일이 다시 일어날까요?"
- "기적이 일어나서 이례적인 경험을 하게 되었다고 합시다. 그 이례적인 경험은 무엇일까요?"

개인의 능력에 관한 질문

- "○○님의 강점과 좋은 점에 대해 말해 주세요."
- "~을 어떻게 그렇게 잘하고 계세요?"
- "이전에 ~을 어떻게 그렇게 잘 하였나요?"
- "~을 할 수 있음을 어떻게 알았나요?"
- "그것을 할 수 있다는 것을 어떻게 알았나요?"
- "무엇이 필요한지 어떻게 알았나요?"
- "그것을 해낸 것을 어떻게 보나요?"
- "지금까지 어떻게 그 문제와 부딪혀 왔고, 무엇이 도움이 되었나요?"

- "~할 용기를 어떻게 찾았나요?"

- "무엇이 ~을 할 힘을 주었나요?"

- "어떻게 그것을 할 마음이 내켰나요?"

- "변화할 용기를 어디서 찾고 있나요?"

- "목표에 도달할 것이라고 어떻게 확신할 수 있나요?"

- "정확히 그것을 어떻게 할 것인가요?"

- "작은 기적을 어떻게 하면 많이 일어나게 할 수 있었나요?"

- "그 좋은 기분은 하루 또는 한 주 동안 어떻게 도움이 되었나요?"

- "원하는 행동을 어떻게 그렇게 쉽게 할 수 있나요?"

- "그렇게 되도록 ○○님은 무엇을 하였나요?"

- "그 일을 하기로 어떻게 결정했나요?"

- "그 일을 어떻게 해서 성공했나요?"

- "좋은 생각이 많으시네요. 어떻게 그렇게 잘 찾아내나요?"

- "이 문제가 풀릴 수 있다는 것을 어떻게 해서 아나요?"

- "그런 방법으로 그 일을 하면 된다는 대단한 생각을 어떻게 해서 찾아냈나
  요?"

- "원치 않는 행동을 어떻게 그렇게 잘 그만두나요?"

- "어떻게 그렇게 단호할 수 있나요?"

- "그것이 ○○님의 방법인가요? 좀 더 말씀해 주세요."

- "~할 때 어떤 의도가 있었는지 말씀해 주세요."

- "이것이 효과가 있음을 어떻게 알았나요?"

- "~임을 어떻게 알게 되었나요?"

- "이 방식이 좋다는 것을 언제 알게 되었나요?"

- "~하기에 적기라는 것을 무엇이 알게 했나요?"

- "무엇이 여기서 노력하도록 했나요?"

- "무엇이 지금 일하도록 이끌었나요?"

- "무엇이 단호한 견해를 갖게 했나요?"

- "그것이 다시 일어날 가능성을 최대화하기 위하여 해야 할 것을 기억하는 데 필요한 가장 중요한 것은 무엇인가요?"
- "두 번째로 기억해야 할 가장 중요한 것은 무엇인가요?"
- "어떻게 도와 드릴까요? 제가 여기서 어떤 역할을 하길 원하나요?"
- "일이 잘 안되거나 악화되고 있음에도 불구하고, 오늘 어떻게 여기에 오게 되셨나요?"
- "오늘 이곳에 스스로 오도록 어떻게 동기를 북돋았나요?"
- "올바른 길을 어떻게 그렇게 잘 가고 있나요?"
- "방향을 되돌려 바른 길로 어떻게 그렇게 잘 가고 있나요?"
- "자신의 노력을 스스로 칭찬한다면, 무엇이라고 칭찬하겠습니까?"
- "이 성공이 ○○님의 어떤 장점과 기술을 알려 줍니까?"
- "어떤 상황에서 그러한 장점이 두드러지나요?"
- "그런 장점과 기술을 가지고 있는데, 어떻게 하면 지금 보다 더 많이 활용할 수 있을까요?"
- "그런 장점을 보다 잘 활용하고 있음을 다른 사람이 어떻게 알까요?"
- "잘 되고 있어서 변화가 필요없는 것이 있다면 무엇인가요?"
- "잘 되고 있는 것을 어떻게 하면 더 잘할 수 있을까요?"
- "관심 분야가 무엇인지 말씀해 주세요."
- "배우자나 기타 중요한 사람은 ○○님의 관심 분야가 무엇이라고 말할까요?"
- "한 달 동안의 휴가를 갖는다면 무엇을 하겠습니까?"
- "어떻게 하면 가장 즐겁게 보낼 수 있을까요?"
- "무엇에 능한가요? 구체적으로 어떤 것인가요?"
- "주변의 중요한 사람들(파트너, 자녀, 친구, 부모 등)은 ○○님의 어떤 점을 좋아하나요?"
- "자신에 대해 어떤 점을 좋아하나요?"
- "다른 사람보다 무엇을 더 잘하나요?"

- "다른 사람에게는 어려워도 ○○님에게 쉬운 것은 무엇인가요?"
- "어릴 때 쉽게 했던 것은 무엇이었나요?"
- "어떤 취미를 가지고 있나요?"
- "어떤 활동을 하면 편해지나요?"
- "예전에 즐겼던 활동 중에서 다시 고르라고 한다면 어떤 활동인가요?"
- "삶에서 가장 의미 있는 경험은 어떤 것이었나요(예: 여행, 공부, 대회에서 상 타기)?"
- "나쁜 습관(예: 흡연, 손톱 뜯기)을 극복해 본 적이 있나요? 어떻게 그렇게 했 나요?"
- "누군가(예: 사망한 사람)가 지금의 ○○님을 바라볼 수 있다면, 어떤 점을 자 랑스러워할까요?"
- "그 사람이 지금의 ○○님을 본다면, 무엇이라고 말할까요?"
- "그것을 이룬 것에 대해 그 사람은 무엇이라 말할까요?"
- "누가 도움을 주었나요?"
- "부모님은 이와 비슷한 상황을 어떻게 대처했는지 알고 있나요?"
- "부모님이 그렇게 대처한 것에 대해 다른 사람은 어떻게 반응했나요?"
- "성취한 것 중에 스스로 자랑스러운 것은 무엇인가요?"
- "그것이 어떤 영향을 주었나요?"
- "그것이 다른 사람에게는 어떤 영향을 주었나요?"
- "그것을 좀 더 자주 할 기회가 주어진다면 어떤 영향을 줄까요?"
- "주변의 중요한 사람들은 ○○님이 성취한 것 중에서 어떤 것을 자랑스러워 할까요?"
- "삶에서 자존감을 올려 줄 것으로 어떤 것을 하고 싶은가요?"
- "그것을 할 수 있다면 무엇이 달라질까요?"
- "다른 사람들에게 칭찬을 받았던 때는 어떤 상황인가요?"
- "다른 사람들은 ○○님의 어떤 점을 좋게 볼까요?"
- "우리 모두는 나름대로 서로 나눠 줄 부분이 있습니다. 나눈다면, 어떤 것을

나누고 싶으세요?"

- "주로 어떤 상황에서 스스로를 칭찬하시나요?"
- "학창시절에 제일 잘했거나 하고 있는 과목은 무엇입니까?"
- "다른 사람이 자문을 구해 오는 부분은 어떤 것인가요?"
- "그들에 의하면 업무상 기억해야 할 중요한 것들을 무엇이라고 하나요?"
- "업무에서 만나는 사람들이 ○○님의 어떤 능력과 자질을 가장 좋게 평가하나요?"
- "스트레스를 받을 때 기억해야 할 ○○님의 가장 중요한 장점은 무엇인가요?"
- "신앙은 어떤 도움이 되나요?"
- "인생의 최고의 순간은 언제였는지 말씀해 주세요."
- "원하는 행동이나 원하지 않는 행동을 계속하게 하는 생각은 어떤 것인가요?"
- "어떤 장점을 가지고 있나요?"
- "주변의 중요한 사람들은 ○○님의 장점은 무엇이라고 생각하나요?"
- "그 장점은 어디서 온 걸까요?"
- "최근의 문제를 해결하는 데 그 장점을 어떻게 사용할 수 있을까요?"
- "문제를 성공적으로 해결한 것을 어떻게 지속시키고 확장시킬 수 있을까요?"
- "문제에서 어떤 점을 알게 되었고, 그것이 어떻게 도움이 되나요?"
- "과거 문제를 해결하면서 배운 것 중에서 어떤 것을 지금 활용할 수 있을까요?"
- "그 사실을 어떻게 알게 되었나요?"
- "다른 사람으로부터 받은 조언은 무엇인가요?"
- "오늘 만남에서 어떤 이야기를 하면 도움이 될까요?"
- "~할 만한 충분한 이유가 있네요. 조금 더 말해 주세요."
- "모든 사람이 다 그렇게 말하거나 할 수 있는 것은 아닙니다. 그러므로 ○○님

은 ~한 사람이군요(긍정적인 성격 특징에 대해 언급한다). 좀 더 이야기해 주세요."

- "내담자가 조언을 구할 때 제가 조언을 한다면, 어떤 도움이 될까요?"
- "배우자나 어떤 중요한 사람은 그 점에 대해서 어떤 칭찬을 할까요?"
- "배우자나 어떤 중요한 사람이 그 상황에 함께 있다고 합시다. ○○님이 무엇을 잘했다고 말할까요?"
- "오늘 만남에서 누구를 초대하면 목표 달성에 유익할까요?"
- "보시기에 일이 잘 풀리려면 그 외에 무엇이 필요할까요?"
- "아직 시도하지는 않았지만 염두에 두고 있는 것은 무엇인가요?"
- "~이 일어나려면 어떻게 해야 할까요?"
- "오늘 만남에서 무엇을 알게 되었나요?"
- "제가 이 문제를 어떻게 돕기를 바라나요?"
- "제가 ○○님을 도울 수 있는 최상의 방법은 무엇일까요?"
- "이전의 상담자와 어떤 작업을 했나요? 그중 어떤 것이 도움이 되었나요?"
- "제가 무엇을 피해야 하는지, 그리고 무엇을 확실히 해야 하는지 이야기해 주세요."
- "원치 않는 행동을 하려는 충동을 어떻게 자제하나요?"
- "그 이외에 무엇으로 문제를 완화시키나요?"
- "희망을 버리지 않고 어떻게 그런 위험한 상황을 이겨 내셨나요?"
- "삶에서 변화는 일반적으로 어떻게 일어나고 있나요?"

상세히 말하도록 요청하기

내담자가 말한 변화대화에 대해 상세하게 말해 달라고 요청하는 질문이 포함된다. 변화대화가 나온 후에도 계속 대화하기보다 상세히 말하도록 요청하면, 내담자는 탐색하는 내용을 광범위하게 보다 깊이 있게 들어가게 된다. 이러한 질문은 구체적인 측면, 많은 정보, 예제, 구체적인 묘사 등을 요청할 수 있다.

- "구체적으로 무엇을 하기 원하나요?"
- "이것이 문제라고 말하셨어요. 어떤 점에서 문제가 되고 있나요?"
- "~에 대한 예를 하나 말해 줄 수 있나요?"
- "그런 일이 생긴 최근의 일을 말씀해 주세요."
- "몇 가지 이유를 말씀하셨는데 그밖에 다른 이유는 어떤 것인가요?"
- "이혼을 하고, 아이를 양육하면서 어떻게 자립할 수 있었는지 이야기해 주세요."
- "폭력을 휘두르지 않고 분노를 다스렸던 경험 몇 가지를 이야기해 주세요."

척도 질문하기

이 전략에는 몇 가지 단계가 포함되며, 중요성(어떠한 가치가 있는가), 자신감(할 수 있다고 얼마나 믿는가), 준비도(지금 얼마나 준비되어 있는가), 그리고 결단(이것을 하는 것에 얼마나 전념하는가)과 같은 몇 가지 동기적 차원의 수준을 측정하는 데 적용할 수 있다.

이 전략의 단계는 다음과 같다.

첫째, 목표 행동을 알아낸다. 그 행동을 표면적으로 알아낼 필요는 없으나 내담자가 어떠한 행동에 대해 같은 페이지 위에 있는지 확인을 점검하는 것이다.

둘째, 척도를 사용하여 선택된 차원에 대해 질문한다.

- "10에서 0점 척도에서 금연을 하는 것이 ○○님에게 얼마나 중요한가요?"
- "10에서 0점 척도에서 금연을 성공적으로 할 자신감이 얼마나 되나요?"
- "10에서 0점 척도에서 이러한 변화를 할 준비가 얼마나 되어 있나요?"
- "10에서 0점 척도에서 이 첫 번째 실천을 할 결단이 얼마나 되나요?"
- "10점에서 0점 척도에서 현재 상황에 대해 몇 점을 주겠습니까?"

- "장차 이 점수를 유지하기 위해 무엇이 필요하다고 보나요?"
- "○○님의 인생에서 가장 중요한 사람 중 누가 ○○님에 대해 가장 많이 걱정할까요?"
- "척도 10점에서 0점 척도에서 그 사람은 몇 점 정도 걱정을 할까요?"

셋째, 변화대화를 유발하는 추후 질문을 한다. 어떤 경우(중요성, 준비성, 결단)에는 왜 그런 특정 점수인지, 그리고 왜 낮은 점수가 아닌지 묻는 것을 의미한다.

- "6이라고 말했는데, 왜 낮은 점수 2가 아니라 그 점수인지요?"
- "4가 아니라 7점으로 준비도 점수를 높인 이유는 무엇인가요?"

넷째, 어떤 경우에는 보다 높은 점수로 가기 위해 무엇이 필요한지 묻는다.

- "자신감 척도에서 6이라고 말했습니다. 7점에 있으려면 무엇을 해야 하나요?"

척도를 사용하는 질문의 예는 다음과 같다.

- "지난 회기 이후에 무엇이 좋아졌나요?"
- "그 밖에 무엇이 좋아졌나요?"
- "무엇이 좋아지고 있나요?"
- "무엇이 달라졌고, 달라지고 있나요?" (비관적인 내담자의 경우)
- "10에서 0점 척도에서 10점은 문제가 많이 해결되었거나 목표가 이루어졌음을 의미하고, 0점은 최악의 경험이라고 합시다. 지금은 몇 점입니까?"
- "그 점수는 무엇을 의미하나요?"
- "그 점수가 어떠세요?"
- "어떻게 그 점수를 유지하고 있나요?"

- "한 발짝 앞으로 나간다면 어떻게 달라질까요?"
- "1점이 더 높아진다면 어떻게 될까요?"
- "어떻게 벌써 중간 점수에 와 있나요?"
- "1점이 높아진 것을 어떻게 알 수 있을까요?"
- "1점이 높아진다면 어떤 모습일까요? 그때는 무엇을 다르게 하고 있을까요?"
- "1점이 높아진다면 ○○님과 주변의 중요한 사람들에게 어떤 변화를 줄까요?"
- "다음 단계는 어떤 모습일까요?"
- "보시기에 아주 작은 진전은 어떤 것일까요?"
- "그 작은 전진은 정확하게 어떤 모습일까요? 그 경우 무엇을 다르게 하고 있을까요?"
- "○○님이 작은 진전을 이룬다면 다른 사람들은 그것을 어떻게 알까요?"
- "할 수 있는 가장 작은 전진은 무엇일까요?"
- "잘 될 가능성이 얼마나 큰가요?"
- "그 행동을 다시 하는 데 있어 성공할 수 있다는 자신감은 얼마나 되나요?"
- "제가 벽에 붙은 나비라고 가정한다면, 1점이 올라갔을 때 당신이 달라진 것을 제가 어떻게 볼 수 있을까요?"
- "제가 1점이 올라간 상황을 기록한다면, 저는 어떤 다른 행동을 보게 될까요?"
- "내담자가 지난 회기보다 더 낮은 점수를 말한다면, 이전에 이 점수보다 더 높았던 이유는 무엇일까요?"
- "어떻게 그 점수를 유지해 오고 있나요?"
- "그 점수를 유지하려면 무엇이 필요한가요?"
- "어떻게 하면 1점을 올릴 수 있을까요?"
- "1점을 올리는 데 무엇이 필요할까요?"
- "1점이 올라간다면 무엇이 달라질까요?"

- "1점이 올라간 것처럼 보이려면 무엇이 필요할까요?"
- "같은 문제를 가진 다른 사람이 1점을 올리려면 그 사람은 어떻게 해야 할까요?"
- "몇 점이면 만족하게 될까요?"
- "몇 점이 되면 상담받으러 올 필요가 없을까요?"
- "이제까지 최고의 점수는 몇 점인가요?"
- "그 점수에 있을 때 ○○님을 알았던 사람들에게 제가 말을 건다면 그들은 무어라고 설명할까요?"
- "이보다 더 낮은 점수에 있었을 때 ○○님을 알았던 사람들에게 제가 말을 건다면 그들은 무어라고 설명할까요?"
- "○점에서 ○점으로 가는 데 무엇이 도움이 되었나요?"
- "긍정적인 순간이 더 지속된다면 어떤 점이 달라질까요?"
- "긍정적인 순간이 더 지속된다면 어떤 생각이 들까요?"
- "10점에서 0점 척도에서 해결책을 발견할 가능성은 몇 점일까요?"
- "10점에서 0점 척도에서 10점은 매우 자신 있음, 0점은 전혀 자신 없음이라면, 문제가 해결될 거라는 자신감은 몇 점인가요?"
- "이 문제가 해결될 거라는 느낌을 주는 것은 무엇입니까?"
- "10점에서 0점 척도에서 ~을 계속할 수 있는 자신감은 몇 점입니까?"
- "무엇이 그것을 달성할 수 있다고 생각하게 합니까?"
- "10점에서 0점 척도에서 10점은 나는 최선을 다한다, 0점은 나는 전혀 동기가 없다라면, 목표를 달성하거나 문제를 해결하려는 동기는 몇 점인가요?"
- "10점에서 0점 척도에서, ~을 계속하려는 동기는 몇 점인가요?"
- "10점에서 0점 척도에서 10점은 매우 희망적이다, 0점은 전혀 희망이 없다라면, 이 문제가 해결될 거라는 희망은 몇 점인가요?"
- "어떻게 그런 자신감(동기 혹은 희망)을 가지게 되었나요?"
- "어떻게 그런 자신감(동기 혹은 희망)을 잘 유지하고 있나요?"
- "1점이 높아지면 무엇이 달라질까요? 어떻게 그것이 가능할까요?"

- "1점이 높아진 것을 어떻게 알 수 있을까요?"
- "다른 사람들은 어떻게 알 수 있을까요?"
- "이전 회기 이후에 잘하고 있는 정도를 점수로 준다면 10점은 최고로 개선됨, 0점은 전혀 개선되지 않음을 나타낼 때, 몇 점을 주겠습니까?"
- "왜 이보다 더 낮은 점수를 주지 않았나요? 무슨 이유로 그렇게 하였나요?"
- "○점에서 ○점으로 바뀌었는데, 어떤 희망이 생겼나요?"
- "그 점수에서 1점 낮아지거나 0점으로 된다면, 어떤 상황에서 그렇게 될까요?"

가정적인 질문하기

이 전략은 내담자로 하여금 변화결단을 할 만큼 완벽히 준비가 되어 있지 않더라도 변화를 상상하거나 그려 보게 해 준다. 이러한 질문에 포함하는 것으로는 변화와 함께 일어날 긍정적인 잠재적 결과를 상상하고 설명하도록 요청하는 것, 내담자가 변하지 않을 경우 최악의 시나리오, 내담자가 변한다면 인생이 어떻게 달라질지 등이다. 이러한 질문은 일반적으로 '만약 ○○님이 변한다면……' 다음과 같이 시작한다. 이러한 가정 질문은 내담자로 하여금 변화의 압박감으로부터 자유롭게 해 주며 가능성을 상상하도록 해 준다. 가정 질문의 예는 다음과 같다.

- "만약 이런 변화를 한다면, 지금부터 6개월 후(혹은 5년 후)의 삶이 어떻게 달라질까요?"
- "만약 이런 변화를 한다면, 어떠한 최상의 결과가 있게 될까요?"
- "만약 이런 변화를 하지 않는다면, 무엇이 있을지에 대한 가장 큰 두려움은 어떤 걸까요?"
- "삶을 뒤돌아보면 이러한 변화를 했을 때 몇 년 후의 상황이 어떻게 달라져 있을까요?"

결정저울 사용하기

내담자가 변화에 대해 양가적이고 확신이 없을 때, 행동의 변화와 유지가 가져오는 이득과 손실을 살펴보는 것은 매우 유용한 기술이다. 결정저울 탐색은 변화의 이득, 변화의 손실, 유지의 이득, 유지의 손실을 들여다본다. 만약 변화대화를 찾는 것에만 중점을 두는 경우, 변화의 이득과 유지의 손실이 무엇인지 묻는다. 이것을 과제로 주기보다는 내담자와 함께 이야기를 촉진하는 것이 중요하다. 내담자와 함께 결정저울 탐색을 해 나가는 것은 각 사면에서 나올 수 있는 실제 목록을 만들어 보는 것만큼 힘이 있다.

현재 행동의 이득	현재 행동의 손실
변화의 이득	변화의 손실

[그림 8-1] 양가감정 탐색하기 연습

목표와 가치관 탐색하기

이 전략은 불일치감을 만들거나 내담자가 매우 가치 있게 생각하는 것이 무엇인지 알아보도록 돕는다. Rokeach(1973)는 가치관 연구에서 특정 가치관이 국가와 문화에 걸쳐 보편적임을 밝혔다. 변수는 각각의 가치관에 두는 비중이나 중요성이다. 동기면담의 경우, 면담자는 내담자의 행동이 그의 목표와 가치관 내에 들어맞는지 아닌지를 알아야 한다.

내담자와 가치관을 탐색하는 용이한 방법은 가치관 카드 분류하기를 하는 것이다. 여기서 내담자는 자기에게 가장 중요한 가치관을 우선순위로 분류하여 목록을 만든다. 그러고 나서 그의 행동이 얼마나 일관성 있는지, 또는 가치관에 어떻게 반영되고(또는 안 되고) 있는지, 그리고 행동과 가치관의 일치도를 높이려면 어떤 일이 있어야 하는지에 대해 이야기를 나눈다.

평가 결과에 대해 피드백과 유용한 정보 교환하기

면담자가 생각하기에 내담자에게 매우 유용한 정보나 내담자가 받은 검사 결과, 예를 들어 위험성 욕구 평가 혹은 약물 사용 검사, 우울증 선별 평가 등에 대해 개별화된 피드백을 교환해야 할 때가 있다. 이때 내담자가 이러한 정보나 피드백을 어떻게 받아들이는지에 따라서 변화하고자 하는 동기에 영향을 준다. 동기면담 스타일에서는 면담자가 이끌어 내기-정보 교환하기-이끌어 내기(Elicit-Provide-Elicit: EPE) 공식을 사용하도록 한다(Rollnick et al., 2008). 개별화된 피드백이나 정보를 교환할 때는 내담자의 목표, 가치, 견해, 바람과 연결하여 제공하는 것이 유용하다. 이것은 동기면담 정신과 잘 일치하는 정보 교환하기의 또 다른 지침이 된다. 이것은 내담자로부터 그가 필요로 하는 것과 알기를 원하는 것, 그리고 결정적으로는 새로운 정보가 그에게 어떤 의미를 주는지 등을 이끌어 내는 데 상당한 도움이 된다. 이것은 다시 내담자 자신의 자기 관리에 스스로 적극적인 참여를 강조하면서 행동 변화 동기를 유발하도록 한다. EPE는 직선형의 일련의 단계를 의미하는 것이 아니라 정보 교환하기 과정에서 안내하기를 순환적으로 하는 것을 의미한다. 이것이 정보교환의 주의를 맴돌긴 하지만 EPE는 또한 정보교환과 경청하기를 필요로 한다.

EPE에서 정보 교환하기는 면담자가 정보교환에 초점을 맞추는 열린 질문을 내담자에게 함으로써 시작한다. 이렇게 이끌어 내는 질문에는 두 가지의 일반적인 형태가 있다.

첫 번째 형태의 질문은 다음과 같다. "~에 대해서 어떤 것을 가장 알고 싶으세요?" 여기서 면담자는 내담자 자신의 견해로부터 무엇이 가장 중요하고, 알고 싶은 것인지 내담자가 면담자에게 말하도록 초청하는 것이다. 두 번째 질문의 형태는 다음과 같다. "~에 대해 ○○님이 이미 알고 있는 것은 무엇인가요?" 후자의 형태는 서너 가지 장점을 가진다. 시간을 절약할 수 있고, 그들이 이미 알고 있는 것에 대해 내담자에게 더 이야기하지 않도록 해 준다. 면담자가 간과할 뻔했던 잘못된 개념을 수정할 수 있도록 허락한다. 더 나아가, 내담자가 이러한 지식을 말로 표현하게 하는 것은 종종 변화대화의 한 유형이 될 수 있는데, 왜냐하면 적어도 행동 변화의 필요와 변화하지 않았을 때의 결과에 대해 암묵적으로 말하는 것이 되기 때문이다.

EPE 순환의 두 번째 부분, 즉 정보 교환하기는 관리 가능한 분량으로 정보를 교환하는 것이다. 일단 면담자가 내담자에게 무엇을 알기 원하는지 물었다면, 면담자는 이미 정보 교환하기의 허락을 받은 것이다. 두 번째 열린 질문하기—내담자가 이미 알고 있는 것은 무엇인가—는 종종 면담자가 정보를 교환하도록 요청하는 것으로 이어진다. 그러나 조금이라도 의심의 여지가 있다면 간단하게 다음과 같이 허락을 묻는다. "제가 ~에 대해 조금 말씀드려도 될까요?" 처음에는 정보가 내담자에게 의미하는 바에 대한 해석보다는 정보 그 자체에 더 많은 초점을 맞춘다. 이러한 정보 교환하기 단계의 한 부분으로 다른 내담자의 경험을 말할 수 있다.

EPE의 세 번째 부분은 다시 열린 질문하기를 하는 것으로, 방금 면담자가 교환했던 다량의 정보에 대해 내담자의 반응을 이끌어 내는 것이다. 몇 가지 가능한 질문은 다음과 같다.

- "그것에 대해 어떻게 생각하시나요?"
- "이것은 ○○님에게 어떤 의미가 있을까요?"
- "그밖에 더 무엇을 알기 원하나요?"

지시하기 스타일과 EPE 구조의 차이는 면담자의 태도에 있다. 종종 EPE에서는 면담자가 전문가로서 내담자에게 주고자 원하는 정보가 확실하게 있음을 의도한다. 확인하기 질문은 대부분 내담자가 면담자가 말한 바를 이해했는지 확인하기 위해서 건네는 질문이다. 면담자는 정보를 교환하고, 내담자가 해야 할 일은 무엇인지를 이해하는 것이다.

EPE는 주제가 행동 변화일 때 적합하며, 동기면담 정신의 협동과 보다 관련이 있다. 면담자 마음속에 가지고 있는 의문은 정보가 어떻게 전달되었는지뿐만 아니라 어떻게 내담자가 그것을 이해하도록 돕고, 어떻게 행동에 대한 훌륭한 결정을 하여 그 결정을 고수하도록 도울 수 있는가에 있다. 이것을 하기 위해서 면담자는 내담자 자신의 염려와 현재 가지고 있는 지식의 토대와 더 알고자 하는 그들의 관심에 대해 알아내야 한다. 이 균형을 맞추는 한 가지 방법은 다음 사항을 기억하는 것이다. 현재와 유사한 상황에서 다른 내담자에게 도움이 되었던 것에 대해 면담자는 상당한 전문적 지식을 가지고 있어야 한다. 한편 내담자는 자기 자신에게 가장 효과가 있는 것에 대해 전문가다. 이 사실을 기억하는 것은 대단히 도움이 된다. 정보의 틈을 채우고 나서 내담자가 이 모든 것을 어떻게 이해하는지 확인해야 한다.

고려 사항

■ **유지대화를 초래하는 질문은 피한다.** 만약 내담자가 예비적 변화대화를 잘 제공하고 있고, 변화계획과 결단으로 가고 있는 경우에는 양가감정의 반대편에 대해서 묻지 않는다. 만약 내담자가 변화를 준비하는 경우, 이러한 질문은 역효과를 가져온다. 때로 면담자는 의도와는 달리 실수를 할 수도 있다.

> 내담자: 정말로 당장 금연할 준비가 되었다고 생각합니다. (변화대화: 결단)
>
> 면담자: 금연을 하는 데 어떠한 걸림돌이 있나요? (열린 질문하기)
>
> 내담자: 제가 금연을 성공하지 못할 경우, 왜 금연을 하려고 했나 하고 제 자신을 탓할 것 같습니다. (유지대화)

대신 면담자는 다음과 같이 말한다.

> **내담자:** 정말로 당장 금연할 준비가 되었다고 생각합니다. (변화대화: 결단)
>
> **면담자:** 매우 좋습니다. 그럼 구체적으로 어떤 방법을 생각하고 있나요?
> (계획하기를 위한 유발적 열린 질문하기)

■ **내담자의 능력이나 자신감에 대한 문제를 얼버무리는 것은 피해야 한다.**　때로 면담자가 내담자의 새로운 변화 욕구에 대해 흥분감에 쌓여서 막상 내담자가 "어떻게 해야 할지 확신이 안 섭니다."라고 말하더라도, "오, 걱정하지 말아요. 해결책이 생각날 것입니다."라고 반응하곤 한다.

만약 내담자가 변화하지 못하는 것으로 진정 힘들어할 경우에는 다음의 아이디어를 고려해 본다.

- 해결책을 함께 브레인스토밍한다.
- 과거의 성공적 변화 노력에 대해 질문하여 과거를 자원화한다.
- '성공적으로 변화하는 사람의 특성'과 같은 양식을 사용하여 자기효능감을 개발한다.
- 방향성 있는 연습과 긍정적 피드백으로 기술 훈련을 제공한다.

■ **초점을 맞추려고 계획하는 목표 행동에 대해 명료화한다.**　그렇지 않을 경우, 면담자와 내담자는 두 가지 서로 다른 길을 향해 가게 된다.

■ **EARS(상세하게 말하도록 요청하기, 인정하기, 반영하기, 요약하기)를 사용하여 변화대화에 반응한다.**　3장에서 강조했던 것처럼, 내담자가 변화대화를 할 경우에는 다른 곳으로 옮기지 말고 변화대화에 반응한다.

■ **'넓게 광범위하게 가기'** (변화의 다양한 영역 탐색하기)와 **'깊게 가기'** (변화에 대한

특정 표현을 탐색하기) 사이의 균형을 찾는다.

> 내담자: 이런 변화를 제가 원하는 이유 중 하나는 제가 가족에게 빚을 지고 있는
>   느낌이기 때문입니다.
> 면담자1: 가족이 ○○님에게 중요하군요. 그밖에 다른 이유는 어떤 것인가요?
>   (넓게 가기)
> 면담자1: 가족이 ○○님에게 중요하군요. ○○님의 행동이 가족에게 어떤 면에서
>   영향을 주었나요? (깊게 가기)

■ 내담자가 현재 위치한 상황에 계속 접촉을 유지한다. 그렇게 되면 변화 계획을 할 때
  내담자보다 먼저 가기가 쉽다.

■ 전략 특히 척도를 사용할 때, 전략의 모든 단계를 완수한다. 그렇지 않으면 그 전략
  의 힘을 상실할 수 있다.

■ 내담자의 결단대화를 꽉 잡는다. 내담자가 예비적 변화대화를 상당히 많이 보인 후라
  면 결단에 대해 질문한다.   내담자가 변화를 가져오게 할 적절한 접근을 떠올
  리도록 대화에서 도와야 함을 간과해서는 안 된다.

> 내담자: 정말 이러한 변화를 하고 싶어요. (변화대화: 욕구)
> 면담자: 멋지네요. 제가 행복합니다. 다음 약속 일정을 잡도록 하지요.

대신 면담자는 다음과 같이 한다.

> 내담자: 정말 이러한 변화를 하고 싶어요. (변화대화: 욕구)
> 면담자: 멋지네요. 첫 번째 실천은 무엇이라고 생각하나요?

변화대화 유발하기 전략

---

1. 유발적인 열린 질문하기
2. 상세히 말하도록 요청하기
3. 척도 질문하기
4. 가정적인 질문하기
5. 결정저울 사용하기
6. 목표와 가치관 탐색하기
7. 평가 결과에 대해 피드백과 유용한 정보 교환하기

유지대화의 유형

유지대화도 변화대화처럼, DARN-CAT가 있다. 유지대화를 구별하여 그 안에 내포된 양가감정을 알아차리고 변화대화를 낚아채도록 노력할 때, 내담자의 변화 동기가 높아진다.

유지대화의 유형들

- "나는 정말로 각성제를 좋아합니다." (D-유지 욕구)
- "어떻게 하면 그만둘 수 있는지 모르겠어요."(A-유지 능력)
- "술은 저에게 유일하게 긴장을 푸는 방법입니다." (R-유지 이유)
- "그만 둘 필요가 없습니다." (N-유지 필요)

- "저는 계속 아내를 만날 것입니다." (C-유지 결단)
- "그만 둘 준비가 아직 되어 있지 않습니다." (A-유지 활성화)
- "저는 오늘 술 친구를 만났습니다." (T-유지 실천)

다음 활동은 내담자의 양가감정 속에서 변화대화를 찾아내기다. 내담자가 변화에 대해 망설이고 있지만, 이 망설임 속에서도 면담자는 내담자의 변화 동기를

인식하고 촉진할 수 있다. 다음 활동에서 내담자의 유지대화 속에 포함된 변화에 대한 양가감정이 무엇인지 찾아보고, 세 가지의 면담자의 반응 중에서 어느 것이 변화대화를 반영한 것인지 골라서 짝과 함께 서로의 의견을 나눈다.

변화대화 체험하기 1

"친구들은 모두 술을 마셔요. 몇 명은 매일 술을 마십니다. 술을 안 마시면 친구가 없어요. 집에만 있어야 해요."

• 가능한 면담자 반응의 예
 ① 외롭게 될 것 같군요.
 ② 음주를 그만두면 새로운 문제가 생긴다는 것이군요.
 ③ 당신이나 친구가 과음할 때가 있군요.

이 내담자는 음주에 대한 양가감정을 가지고 있다. '음주를 중단하는 것'은 내담자의 변화 목표가 되지만 이 변화에 대해서 내담자는 술을 끊고 싶지 않은 마음이 엿보인다. 왜냐하면 술을 끊었을 경우에 음주하는 친구들과 더 이상 시간을 함께 할 이유가 없어지므로 혼자 지내야 하는 상황을 상상할 수 있기 때문이다. 내담자는 혼자 남겨진 자신의 모습을 떠올리고 외로움을 예측하고 있다. 면담자는 내담자의 변화대화를 반영하고 이끌어 낼 수 있다. 앞의 예제에서 내담자의 변화대화를 이끌어 낼 수 있는 면담자의 반응은 ②번이다. 왜냐하면 술을 끊었을 경우(변화를 했을 경우)에 내담자가 감당해야 하는 어려움이나 걸림돌을 들추어 내 주기 때문이다. 여기서 면담자는 "술을 안 마시면 친구가 없어요. 집에만 있어야 해요."라는 내담자의 말을 선별하여 반영함으로써 내담자의 변화동기를 촉진한다.

변화대화 체험하기 2

"제가 중독된 것에 대해 걱정하는 것 알고 있어요. 무슨 말이신지 알고 있어요. 하지만 저는 정말 진통제가 더 필요해요. 약 없이 하루를 어떻게 견딜지 모르겠어요. 처방을 안 해 주시면 저는 다른 사람을 찾아갈 수밖에 없습니다."

• 가능한 면담자 반응의 예
  ① 의존에 대한 저의 염려를 이해하시는군요.
  ② 약 없이 어떻게 견디는지 상상하기 어렵다는 거군요.
  ③ 어쨌든 약을 구할 거라는 거군요.

이 내담자는 '진통제를 복용하지 않는 것' 이 변화 목표이지만, 그 목표를 실천할 수 있을지에 대한 염려와 걱정으로 변화에 대해 양가감정을 경험하고 있다. 내담자는 진통제 복용을 중단할 때 생기는 여러 가지 불편감을 상상하고 있다. 앞의 예제에서 내담자의 변화대화를 이끌어 낼 수 있는 면담자의 반응은 ②번이다. 왜냐하면 내담자가 약 없이 하루라도 견뎌 내기 어려워하는 부분을 읽어 주고 있기 때문이다. 변화대화를 촉진하는 면담자의 반영으로 내담자는 약물을 복용하지 않고 생활하기의 어려움과 고통, 약물 복용을 줄이거나 중단하기 위해 필요한 도움을 향한 대화로 이어질 수 있다.

유지대화는 저항과 다르다

'유지대화' 는 변화에 대해서 소통을 할 때 나타나는 자연스러운 부분이다. 특히 내담자가 변화에 대해 양가감정을 표현하고 있을 때 그러하다. 때때로 변화에 반대하는 이러한 대화를 저항으로 간주한다. 그러한 유지대화는 양가감정을 탐색하고 해결하는 정상적인 부분이다. 따라서 저항은 변화에 반대하여 논쟁하는 내담자보다도 더 광범위한 것이며, 저항은 사실상 변화를 향하여 내담자가 움직이는 한 부분이다.

저 항

면담자는 동료에게 설명하기를 "내담자가 부인을 하고 있다." 또는 "다루기 어렵다."라고 묘사한다. 그러면서 내담자가 온전히 그러한 갈등 장면에 책임이 있는 것으로 말한다. 이러한 설명은 동료 직원들로 하여금 이와 같이 선별된 면담자들에게만 특별히 어려운 사례가 할당된 것인지 어리둥절하게 만든다. 그러한 상황이 아니라면, 갈등에 대한 가장 가능성 있는 설명은 내담자가 아니라 내담자와 대화하는 면담자와 면담 스타일에 있으며, 면담자가 내담자의 저항을 어떻게 다루는가에 있는 것이다.

저항이란 의사소통 과정의 한 부분이며, 면담자-내담자 관계에 언제든지 발생할 수 있다. 여기서는 저항이 어떤 것인지, 무엇이 저항을 초래하며, 면담자는 저항에 대해 무엇을 할 수 있는지를 탐색하고자 한다.

저항은 일련의 내담자 행동으로 나타나는데, 관찰 가능하고, 의사소통에서 부조화를 전달하거나 단절된 것이며, 결과적으로 행동 변화와는 반비례한다. 그러한 내담자 저항의 예로는 가로막기, 논쟁하기, 면담자 무시하기, 면담자가 이야기하려는 것을 무시하기 등이 포함된다.

저항은 면담자-내담자 관계에서 잘못 소통한 것의 결과이거나 마찰의 결과로 나타난다. 이러한 마찰은 몇 가지 사항으로 초래될 수 있다.

- 면담자와 내담자가 서로 다른 의제 또는 목표를 가지고 있다.
- 면담자의 전략이 내담자의 변화 준비도에 맞지 않는다.
- 내담자(면담자)는 높은 수준의 수동성, 좌절감 또는 분노에 차 있다.
- 내담자에게 반응하는 면담자가 의사소통의 걸림돌이 되는 것을 사용하고 있다.
- 역할에서 오해가 있거나 명료성이 부족하다.
- 힘과 자율성을 경쟁한다.
- 면담자의 입장에서 볼 때, 초기의 역할 명료성이 불충분하다.

저항은 내담자에게 마찰 또는 부조화가 존재한다는 강력한 메시지다. 면담자는 내담자의 저항 속에서 지혜를 발견하고자 분투해야 한다. 저항이 전달하는 메시지를 이해해야 한다. 내담자를 오해했는가? (Gordon의 의사소통 모델 참조) 내담자에게 요구하는 것을 제대로 평가하였나? 면담자의 책임은 저항을 알아차리고, 저항이 어디서 오는지 이해하고, 부조화를 해결하도록 노력하며, 저항을 감소시키는 것이다. 내담자로부터 오는 지속적인 저항은 내담자의 몫이 아니라 면담자와 면담 스타일의 몫이다. 의사소통에서의 느낌이 적대적이며 마치 양편이 서로 다른 의제를 가지고 작업하는 것과 같다. 의사소통에서의 부조화는 내담자와 면담자 모두에게서 관찰 가능하다. 면담자가 이러한 부조화 또는 갈등 패턴이 떠오르고 있음을 알아차릴 수 있다면, 내담자를 단순히 비난하기보다는 즉시적인 대안을 면담자가 가질 수 있을 것이다. 이러한 대안을 이해함으로써 면담자는 새롭고도 개선된 작업 관계를 즉시 회복할 수 있다.

면담자로서 갈등을 관리하기 위해 몇 가지 도움이 안 되는 유혹을 받기도 한다. 어떤 면담자는 누가 통제력이 있고, 누가 힘이 있는지를 보이고 싶어 한다. 또한 면담자는 내담자를 불편하게 느껴서 내담자의 기분을 좋게 하거나 유머를 사용할 수도 있다. 때로는 저항을 하나의 신호로 사용하기보다는 부주의하게 저항을 억누르거나 무시해 버린다. 신호로서의 저항은 우리가 내담자를 오해했다는 것과 면담자로서 우리가 무엇을 다르게 할 필요가 있음을 말한다. 저항을 무시해 버리는 것은 오히려 저항을 높이는 셈이 된다.

결과적으로, 면담자를 위한 강력한 재구조화는 저항을 그들의 권위나 통제를 향한 단순한 위협으로 감지하기보다는 내담자를 더 많이 참여시켜야 할 기회로써 어떻게 감지하는지를 깨닫는 것이다.

저항을 높이는 함정이나 걸림돌

의사소통, 상담, 심리치료 분야 전문가들은 특정한 기술과 기법이 저항을 높일 수도 있고, 의사소통에 걸림돌이 될 수도 있고, 행동 변화의 가능성을 감소시킬 수도 있다고 밝혔다. 이와 같은 걸림돌의 예는 명령하기, 위협하기, 설교하기, 설득하기 그리고 초점 흐리기다. Miller와 Rollnick(2013)은 이러한 걸림돌을 가리켜 함정 혹은 비효과적인 지지라고 하였다. 이러한 걸림돌은 다음과 같다.

■ **질문-대답 함정**   구체적인 정보를 필요로 하거나 불화 때문에 면담자는 많은 질문을 이어서 하는 패턴을 따를 수 있으며, 이때 내담자는 '예/아니요'로만 답을 하게 된다. 이것은 내담자의 저항을 높일 수 있는데, 왜냐하면 취조 받는 느낌을 주기 때문이다. 또한 이것은 변화 과정에 대해 지각된 자기효능감이 없이 수동적으로 대답하는 사람의 역할로 밀어 넣을 수 있다. 사전에 내담자로 하여금 설문지를 완성하게 하거나 질문과 질문 사이에 반영을 함으로써 이러한 함정에서 빠져나올 수 있다.

■ **성급하게 초점 맞추기 함정**   때로 면담자가 생각하기에 내담자의 중요한 초점이라고 느끼는 이슈가 내담자의 의견과 다를 수 있다. 따라서 초기 대화에 적절한 주제를 찾기 위해 애쓰지 말아야 한다. 왜냐하면 내담자가 뒤로 물러나서 방어적이 될 수 있기 때문이다. 내담자의 중요한 염려가 되고 있는 것을 이슈로 하여 시작하면 저항을 줄일 수 있고, 종종 면담자에게 염려가 되는 주제로 마침내 되돌아가게 해 준다.

■ **한쪽 편에 서기 함정**   어떤 이슈의 반대편에서 내담자를 직면할 때, 방어를 자아낼 수 있다. 갈등에서 '변화' 편에 서려는 책임감을 느낄 때, 면담자는 내담자로부터 변화하지 않겠다는 논쟁을 유발하게 된다. 그리고 나서 내담자는 변화에 대해서 이야기하지 않는다. 내담자가 이야기하는 것을 반영하고 재구조화할 때, 내담자로 하여금 면담자에 반대하여 이야기하게 만들지 않고 양편 모두에 대해서 이야기하게 되므로 이러한 함정을 피할 수 있다.

■ **비난하기 또는 비판하기 함정**　내담자는 종종 문제가 누구의 책임이며, 또는 누구의 책임이었는지에 대해 밝히려고 한다. 이 유형의 함정은 불필요한 저항으로 시간과 에너지를 낭비하게 만든다. 내담자로 하여금 면담의 목표가 잘못을 알아내는 것이 아님을 알게 하고 현재 상황에서 해결책을 구하는 것임을 알게 함으로써 내담자의 관심을 비난에서부터 다른 방향으로 돌릴 수 있다.

■ **전문가 함정**　면담자가 내담자의 문제를 '고쳐 주기' 원하기 때문에 모든 답을 가지고 나타나면 내담자는 수동적인 수혜자가 되어 의기소침해질 수 있고, 스스로 양가감정을 탐색하고 해결하는 동기면담의 중요한 목표로부터 멀어진다. 동기면담은 해결책을 내담자에게 심어 주는 것이 아니라 내담자와 함께 협력하는 것이다.

■ **명명하기 함정**　종종 면담자는 내담자가 진단명을 받아들여야 한다고 주장하고 싶어 한다. 그로 인해 면담자가 통제하기를 원하거나 판단적일 수 있다. 명명하기는 내담자로 하여금 낙인찍힌 느낌 또는 궁지에 몰린 느낌을 받게 만든다. 따라서 갈등을 유발하여 한 편으로 서게 만들고, 변화로의 진전을 방해한다.

■ **성급히 하기 함정**　면담자는 업무를 처리해야 하는 많은 압박을 받고 있다. 이러한 압박이 내담자에게 전달되어 내담자가 중요하지 않거나 내담자의 의제가 이차적인 중요성을 가진 것처럼 느끼게 할 수 있다. 또는 내담자에 앞서서 가는 면담자가 되게 할 수도 있다. 이것은 관계에서 부조화를 초래할 수 있어서 내담자의 입장에서 저항을 갖게 하여 변화 과정의 속도를 늦출 수 있다. 한 격언이 말하는 것처럼 말이다. "15분밖에 없는 걸로 행동하면 하루 종일 걸리고, 하루 종일 있는 걸로 행동하면 15분으로 마친다."

■ **평가 함정**　평가 함정이란 앞의 질문-대답 함정과 매우 유사한데, 일반적인 대화에서도 질문-대답 함정을 유의해야 하지만 초기 면담에서 면담자는 내담

자에 대한 많은 정보를, 예를 들어 개인적·사회적·대인 관계적 정보를 캐물으려고 할 경우, 관계 형성에 걸림돌이 될 수 있다. 따라서 첫 번째 면담 회기에서는 평가를 목적으로 하여 내담자에게 다가가기보다는 신뢰 관계 형성을 회기 목적으로 정해야 한다.

■ **잡담 함정** 　 잡담 함정이란 동기면담에서 매우 중요시 여기는 방향성과 관련 있는 것으로, 목표 행동 및 변화 행동이라고 하는 방향성을 간과하여 면담자와 내담자와의 의사소통이 면담이 아닌 수다 형식으로 흘러가는 것을 의미한다. 첫 면담에서 잡담을 하는 것으로 긴장감이 완화되기도 하지만, 신뢰롭고 협동적인 관계 형성에 불필요할 정도의 잡담은 지양해야 한다.

관계형성을 방해하는 9가지 함정
• 질문-대답 함정
• 성급하게 초점 맞추기 함정
• 한쪽 편에 서기 함정
• 비난하기 또는 비판하기 함정
• 전문가 함정
• 명명하기 함정
• 성급히 하기 함정
• 평가 함정
• 잡담 함정

변화대화와 유지대화의 균형

Miller와 Rollnick(2013)은 면담 내용에서 변화대화와 유지대화의 균형에 대해 언급하였다. 일반적으로 내담자의 변화대화를 증가시키는 동기면담의 적용이 원칙이며, 유지대화에 대해서는 '저항과 함께 구르기' 또는 그 밖의 효과적인 반응

대안을 활용하도록 한다. 한편 어떤 내담자는 면담자가 듣고 싶어 하는 변화대화를 말할 수 있다. 의존성이 높거나 면담을 빨리 마치고 싶어 하는 경우에 이런 현상이 나타날 수 있다. 이 경우 면담자는 더 많은 관심을 보이면서 구체적으로 또는 상세하게 이야기해 달라는 요청을 함으로써 애매모호하게 들리는 변화대화를 명료하게 만들 수 있으며, 필요하다면 양가감정을 좀 더 탐색하는 시간을 가질 수도 있다. 이때도 직면은 금물이다. 다시 말하면, 애매모호한 변화대화라고 느껴질 때 면담자는 변화에 대한 욕구, 능력, 이유, 필요, 계획에 대해 좀 더 구체적이고 자세하게 말하도록 이끌어 내는 것이 열쇠다.

　동기면담에서 궁극적으로 면담자가 달성해야 하는 것은 내담자의 변화대화 빈도가 높아지는 동시에, 유지대화나 저항의 빈도가 상대적으로 감소되도록 돕는 것이다. 따라서 내담자의 양가감정 속에 들어 있는 변화 이유나 필요를 반영한다거나 유지대화로 느껴지는 내담자의 말에 대해서는 다양한 동기면담 기술을 활용하여 변화대화로 자연스럽게 이동할 수 있도록 유발적인 접근을 해야 한다.

변화대화에서 결단대화로 이끄는 데 가로막는 생각들

　종종 내담자가 변화대화를 하는 것을 면담자가 들었을 때, 면담자에게 떠오르는 몇 가지 도움이 되지 않는 사고들이 있다. 이러한 사고들은 내담자의 변화대화를 결단대화로 이끄는 데 걸림돌이 된다. 면담자의 선입견과 회의적인 태도, 내담자에 대한 불신, 그리고 면담자 자신의 두려움을 토대로 한 생각일 수 있다. 다음은 이러한 생각을 소개하고, 이러한 생각을 수정 보완할 보다 건설적인 인지적 개념화를 소개하였다.

　다음의 예제는 보호관찰 대상 내담자를 만나는 면담자의 내면 대화다.

> **걸림돌 생각 1**
>
> "'예, 예, 잘 해야죠. 잘하고 있습니다.' 라고 하면서 빠져나가려고만 한단 말이야. 늘 그런 식이야. 잘할 거라고 하고는 제대로 한 게 무엇이 있단 말인가?"

면담자의 이러한 즉각적 생각에는 두려움이 있을 수 있다. 만약 내담자의 변화대화를 진정성 있게 받아들였다가 나중에 내담자가 변화를 제대로 하지 않는 경우, 면담자는 내담자를 쉽게 믿었던 것에 대해 스스로 어리석었다고 느낄 것이 두려울 수 있다. 나중에 어리석었다고 느끼지 않으려면, 아예 의심을 하면서 또는 '나한테 증명해 봐.' 라는 식의 태도를 보이는 것이 낫다고 생각한다. 내담자가 자신의 변화 동기에 대해 의심받고 있다고 느끼면, 이러한 변화 동기를 저버릴 가능성이 높다. 그리고 다음과 같이 생각할 수도 있다. '그러니까 이 면담자도 나를 믿지 않는군. 누가 날 믿겠어. 가족도 나를 믿지 못하는데…… 믿지 않아도 좋아. 그렇다면 내가 변하지 않겠어. 혹시라도 당신이 가지고 있을 작은 희망마저도 내가 저항하겠어." 저항적인 내담자가 아니라고 할지라도 상대방이 믿지 않고 지지하지 않을 경우에는 에너지가 소진될 수 있다. 결과적으로 변화의 가능성이 줄어든다. 연구에서 보면, 면담자가 내담자에 대해 낙관적일 때 내담자가 변화할 가능성이 높아진다고 한다.

이러한 생각을 보다 긍정적이고 건설적으로 수정·보완해 보자.

> '잘할 거라고 말은 하지만 아직 변화할 준비가 되어 있지 않을 수도 있어. 하지만 내담자가 말하고 있는 내용을 내가 격려하면서 그 길을 따라 이야기한다면, 아마도 그 내담자는 차츰 실제로 준비가 될 거야. 여하튼 내가 여기서 할 수 있는 유일한 일은 이 사람을 계속해서 격려하는 것이니까. 내가 자기를 믿고 있음을 이 사람이 알면, 자기도 자기 스스로를 믿기 시작할 거야.'

　이러한 생각을 가지고 있는 면담자의 대화는 매우 다르다. 변화대화가 사소한 것이라도 인정하고 더 많은 변화대화가 나올 수 있도록 내담자를 격려하게 된다.

걸림돌 생각 2

　'가족 때문에 잘해야 한다고 하는 저 이유가 무력해 보이는구만. 내담자가 실제 행동으로 실천해서 보이기 전까지는 나는 받아들일 수 없어.'

　걸림돌 생각1에서처럼, 이 사고 역시 내담자를 너무 빨리 믿은 후에 어리석었다고 느끼지 않으려는 면담자의 필요성에 뿌리를 둔다. 많은 면에서 이러한 사고는 이해할 만하다. 왜냐하면 대부분의 변화대화가 '아마도' '그럴 수도' '약간' 등으로 시작하기 때문이다. 기억해야 할 중요한 사항은 변화대화 유형에 포함된 강도가 '약한' 표현일지라도 마침내 강한 표현으로 바뀔 수 있다는 점이다. 예를 들어, "조금은 음주를 줄이고 싶어요."라고 했다면 다음에는 "오늘부터 일주일 동안 절주해 보려고요."라는 결단대화가 나올 수 있다. 이는 면담자와 면담 스타일에 따른 것이다. 면담 시간이 흐르면서 강도가 약한 욕구는 강한 욕구로, 그다음 결단대화로 바뀔 수 있다. 결단대화 이후 이와 같은 행동실천 가능성은 매우 높다.

　이러한 생각을 보다 긍정적이고 건설적으로 다음과 같이 수정·보완해 보자.

　'가족 때문에 잘해야 한다는 이유가 첫 번째 단계야. 점차 자기 자신을 위해서 잘해야 한다는 이야기를 하게 되겠지. 적어도 가족을 염두에 두고 변화할 이유를 찾았다는 것이 다행이군. 지지적인 가족이라면 이 사람에게 변화할 충분한 이유를 줄 수 있을 거야. 그 밖에 다른 이유가 있는지 물어 보자.'

면담자가 자기보다 더 인내심을 가지고 자신의 변화 속도를 보고 있음을 감지하면, 내담자는 '좀 더 빨리 시작해야겠어.' 라고 하는 변화의 편에 서는 기회를 갖는다.

> **걸림돌 생각 3**
>
> '당장 중요한 것이 무엇인지 전혀 모르고 있는 사람이구만. 제일 먼저 변화해야 하는 것이 술 문제인데 온통 다른 이야기만 하는군. 여기 의제에는 있지도 않은 결혼 이야기만 하고 있어.'

이러한 생각은 내담자의 변화 우선순위가 면담자의 우선순위와 동일해야 한다는 전제에 뿌리를 둔다. 사람들은 동일한 우선순위나 관점을 절대로 가지지 않는다. 물론 내담자가 다루어야 하는 변화 영역이 있으나 다른 삶의 부분이 갑자기 등장할 수도 있다. 면담자에게는 중요하게 느껴지지 않더라도 내담자에게는 필수적으로 느껴지는 삶의 부분이 존재한다. 이러한 부분이 내담자의 마음속에 매우 크게 자리 잡고 있을 때, 면담자는 내담자의 이러한 영역을 우선순위에 두어 함께 다루는 것이 먼저다. 이후 요약하기를 활용하여 면담의 본래 의제로 방향을 맞추어 가도 늦지 않다.

이러한 생각을 보다 긍정적이고 건설적으로 수정 · 보완해 보자.

> '이 부분의 변화가 내담자에게는 중요하군. 사례 계획에 이 부분을 다른 변화 영역과 연결을 짓는다면, 한 번에 여러 가지 영역을 다룰 수도 있을 거야. 그렇게 하지 않으면 내담자는 사례 변화 영역을 다루려는 동기가 오르지 않을 테니까.'

이러한 생각으로 안내된 면담자는 내담자에게 다르게 말할 것이다. "결혼이 당장 급한 의제인 것 같군요. 결혼과 안정된 생활이 ○○님의 당면 과제에 어떠한 영향을 줄까요?" 이러한 유형의 반응은 내담자에게 중요한 변화 영역을 가치 있게 보도록 하며, 면담의 본래 의제에 대한 변화 동기 증진에 도움이 된다.

걸림돌 생각 4

'이제 내담자가 잘하겠다고 말하는군. 어떻게 잘할 것인지 바로 계획하기를 해야겠다.'

이러한 생각은 변화를 쫓는 내담자의 속도를 가속해야 할 필요가 있다는 전제에서 발생한다. 여기서 문제는 면담자가 내담자에게 변화를 하도록 너무 빨리 몰아갈 수 있다는 점이다. 내담자는 변화할 준비가 잘 되지 않았지만 "잘 해야죠."라고 말하는 경우가 흔하기 때문이다. 이런 경우에는 변화에 대한 양가감정이 아직 해소되지 않아서 면담자는 내담자와 더 많은 대화를 해야 할 필요가 있다. 변화가 자신의 삶에 미치는 긍정적 · 부정적 영향을 모두 충분히 생각해 보지 않은 상태일 수도 있다. 또는 내담자가 엄청난 변화로 바로 움직일 수 있는 에너지나 시간을 아직은 충분히 가지지 않았을 수도 있다. 이러한 점을 감지하면 면담자가 빠른 변화로 내담자를 몰아갈수록 내담자는 자신이 그렇게 빠른 속도를 유지할 수 없음을 직관적으로 알기 때문에 스스로를 방어한다.

이러한 생각을 보다 긍정적이고 건설적으로 수정 · 보완해 보자.

'내담자는 이제야 변화에 대해 이야기할 준비가 되었다고 느끼기 시작했군. 변화 계획에 돌입하기 전에 내담자가 함께 작업해야 할 것으로 어떤 걸림돌이 있을지 궁금하네. 모든 각도에서 천천히 들여다보면 아마도 내담자가 앞으로 나아가는 것에 대해 편안하게 느낄 거야.'

면담자가 서둘러서 몰아가지 않을 거라고 느끼는 내담자는 면담자가 듣고 싶

어 하는 것을 이야기하거나 저항할 필요가 없어진다. 대신, 내담자는 자기 자신이 되어 편안한 속도로 나아갈 것이며, 결국 변화는 보다 더 안정되고 지속적이 된다.

> **걸림돌 생각 5**
>
> '내담자가 변화의 이유 하나를 말했어. 내가 다른 모든 이유를 말해 주어야겠다.'

이러한 생각은 내담자가 스스로 동기화할 수 있는 변화 이유를 충분하게 많이 떠올릴 능력이 없을 것이라는 염려에서 발생한다. 면담자는 동기가 내담자로부터 나와야 한다는 사실을 잘 배웠고, 지금까지 내담자로 하여금 그러한 동기를 표현할 때까지 참을성 있게 기다렸을 것이다. 따라서 이러한 동기 표현이 처음 나타나면, 면담자는 흥분하여 동기를 '이끌어 내려는' 과정이 효과가 있었다고 믿고 그 과정을 신속히 하기 위해서 내담자에게 추가적인 동기를 '집어 넣으려는' 유혹을 받게 된다. 면담자가 컨트롤을 하게 되면, 내담자는 '수동적'인 위치에서 동기를 부여받는 위치로 간다. 따라서 내담자는 적극적으로 변화를 탐색하려던 것을 중단할 가능성이 있다.

이러한 생각을 보다 긍정적이고 건설적으로 수정 · 보완해 보자.

> '좋아, 내담자가 변화를 원하는 데까지 온 거야. 변화에 대한 보다 많은 이유를 생각해 낼 수도 있고, 변화를 결단하는 것까지 갈 수도 있어. 효과가 있는 것을 계속해야겠다. 유발적인 질문을 해서 내담자의 자기효능감을 올려야겠다.'

이러한 태도를 가진 면담자는 다음과 같이 말할 가능성이 높다. "와, 아이들과 함께 사는 것이 정말 ○○님이 원하는 거군요. 정말 중요한 이유가 되겠어요. 다른 이유도 생각해 봤을 거라고 봅니다. 어떤 다른 이유가 있나요?" 이러한 진술과 질문은 내담자로 하여금 변화의 단계로 향해 가는 데 지지를 받는 느낌을 갖게 해 주며, 추가적인 변화 이유를 떠올리도록 돕는다.

유지대화는 불화와 구별되어야 한다

유지대화와 불화는 모두 저항으로 분류되지만, 유지대화는 변화 목표에 대한 것이고, 불화는 대인관계에 대한 것으로서, 두 가지 모두 면담자의 스타일에 따라 나올 가능성이 높다.

■ **유지대화의 예**
- "저는 정말 담배 끊기를 원하지 않아요."
- "하루를 견디려면 약을 복용해야 해요."
- "일을 쉬지 못하니까 집단 상담에는 참여할 수 없어요. 해고될 거예요."
- "친구 문제는 없어요. 문제가 있다는 말을 들을 이유가 없어요."

■ **불화의 예**
- "선생님은 제가 담배를 끊도록 만들 수가 없어요."
- "선생님은 이게 얼마나 힘든지 이해 못해요."
- "꽤 불공평해요. 경찰이 개인적으로 마음에 들지 않아서 저를 체포한 것 뿐이에요."
- "전에도 말했지만, 매일 밤늦게까지 일하고 있어요. 면담에 오라고 말해도 같은 시간에 두 장소에 어떻게 있으라는 건가요?"

내담자가 말하는 바를 토대로 그것이 유지대화인지, 불화인지를 구별하는 것이 중요하다. 각 진술이 유지대화인지 또는 불화인지를 결정하는 것이 도전 과제다. 기억할 것은 유지대화란 목표 행동에 대한 것이다. 문제 행동을 담고 있다면 유지대화가 된다. 불화는 대인관계적인 것이다. '선생님(면담자)은…….' 이라는 말이 포함되어 있으면 아마도 불화일 가능성이 높다. 다음 문장을 보면서 유지대화인지, 불화인지 살펴보자.

유지대화와 불화의 예
1. 흡연을 하면 마음이 편해집니다.
2. 이 기관의 사람들은 돈만 압니다.
3. 선생님은 제게 정말 관심이 없습니다.
4. 저에게 무엇을 하라고 말하는 선생님은 누구입니까?
5. 담배는 술보다 훨씬 피해가 적습니다.
6. 저는 대마초를 피울 때 더 창의적이 됩니다.
7. 선생님은 게임을 하시나요?
8. 전 이미 담배를 끊었어요. 술마저 포기하고 싶지 않습니다.
9. 저는 금연하지 않을 겁니다.
10. 저는 술을 마셔도 아무 문제가 없습니다.
11. 선생님은 제 이야기를 듣지 않고 있습니다.
12. 상담실에 오지 않으려면 제가 해야 하는 것이 무엇입니까?
13. 금연할 수 있다고 생각하지 않아요.
14. 언제 이 회기가 끝나나요?
15. 예, 뭐든지요.
16. 아마도 계속 담배를 피우게 될 것 같아요.
17. 하지만 전 정말 술이 좋단 말입니다.
18. 늘 똑같은 말만 하시는 군요.
19. 담배 없이는 어찌 할 수가 없어요.
20. 금연할 수 있는 방법이 없습니다.
21. 정말 담배를 피워야 해요.
22. 이 프로그램은 정말 불쾌하군요.
23. 흡연이 문제를 일으키는 게 아니라고 알고 있습니다.
24. 제가 한 말을 매번 똑같이 말하지 말아 주세요.

유지대화: 1, 5, 6, 8, 9, 10, 13, 16, 17, 19, 20, 21, 23
불화: 2, 3, 4, 7, 11, 12, 14, 15, 18, 22, 24

■ **내담자의 저항을 다룰 때 흔히 보이는 어려움**　앞서 언급한 함정과 걸림돌 외에도 면담자는 내담자의 저항을 다룰 때 기타 걸림돌에 당면한다. 면담자가 내담

자 안에 있는 저항을 알아차리지 못한 채 대화를 지속하면 내담자의 저항은 높아진다. 이와 같이 내담자의 저항은 면담자가 그 저항을 무시할 때 사라질 것이라고 믿을 때 더 큰 소리로 나올 수 있다. 때로 내담자의 저항은 면담자로 하여금 원수지간 또는 방어적인 방식으로 반응하도록 만든다. 면담자는 내담자에게 누가 책임자이고, 누가 힘이 있는지를 알려 주는 식으로 진행하게 된다. 이렇게 되면 면담자는 힘을 부여받는 느낌을 가지지만 그것은 내담자의 저항을 높일 뿐이고, 면담자–내담자 관계 전체에 부정적인 영향을 줄 수 있는 쌍방 실패자–실패자의 상황이 된다. 마지막으로, 저항을 다루는 기술을 사용하려는 시도를 하면서 면담자가 냉소적이 된다면 내담자가 방어적이 되게 만들 뿐이다.

■ **불화 신호**　불화는 관찰 가능한 행동이며, 면담자와 내담자의 부조화를 알리는 신호다. 불화는 내담자가 변화할 것인지 혹은 변화하지 않을 것인지를 예측한다. 불화를 알리는 몇 가지 신호는 다음과 같다.

불화 신호
• 방어적이 된다.
• 논쟁하려 한다.
– 도전하며 무시하려는 적대감을 보인다.
• 대화의 흐름을 방해한다.
– 면담자와 말을 동시에 한다.
• 면담자의 말을 무시한다.
– 집중하지 않는다, 주제를 바꾼다.

★ 유지대화와 불화는 면담자의 태도에 대한 반응이다.

다음 활동을 통해서 불화를 경험하고 어떤 느낌인지, 무엇이 불화를 조장하는지, 그리고 불화를 줄이기 위해서 무엇이 가장 효과적인지를 나누고자 한다. 두 사람이 짝이 된다. 한 사람은 면담자, 또 다른 사람은 내담자가 된다. 내담자는 유지대화나 불화를 보이는 진술로 대화를 시작한다. 면담자는 내담자의 유지대화나 불화에 반응을 하고, 그것을 줄이기 위해서 노력한다. 5분 후, 역할을 바꾸어서 다시 시작한다. 활동이 끝나면 두 사람은 각각의 역할 속에서 어떠한 느낌이었고, 무엇이 유지대화나 불화를 조장하였으며, 그것을 줄이기 위해 어떤 것이 가장 효과적이었는지 소감을 나눈다.

대화에서 유지대화나 불화를 조장하게 되는 경우는 다음과 같다. 다음에서 제시한 경우 이외에도 어떤 경우에 유지대화나 불화를 조장하는지 함께 나누어 보는 것이 유익하다.

불화 신호 유지대화나 불화를 조장하는 경우
• 부탁하지도 않은 충고, 조언을 할 때 • 유도질문을 할 때 • 모순된 진술을 지적하며 진행할 때 • 내용을 무시할 때

유지대화와 불화에 반응하기 - '저항과 함께 구르기'

유지대화와 불화 모두 저항이다. 저항에 반응하는 데 사용하는 기술과 전략은 지금까지 설명한 동기면담 스타일과 동일하다. 이러한 방법은 내담자가 보이는 저항에 가장 효율적으로 작용한다. 앞서 언급하였듯이 효과가 있는 접근임을 입증하는 것은 내담자가 어떻게 반응하는가에 있다. 내담자가 저항을 계속 한다면 다른 접근을 사용해야 한다.

저항에 반응하는 방법으로는 전략적 반영과 전략적 반응이 있다.

저항에 반응하는 전략적 반영

　전략적 반영에는 단순반영과 복합반영이 포함된다. 반영의 기저에 흐르는 전제는 저항에 대해서 '무저항적으로 반응한다.'는 것이다. 내담자가 말하는 것이 반영을 통해서 받아들여질 때, 내담자는 그 행동에 대해 저항을 하지 않고 문제 행동을 더 탐색하게 된다.

　복합반영은 내담자가 한 말을 깊이 있게 읽어 주는 것인데, 일반적으로 저항에 대해서는 중립적으로 확대하여 반영한다. 예를 들어, 내담자가 "단주는 제가 생각했던 것이 아닙니다."라고 한다면, 면담자는 "○○님은 평생 음주를 하실 거군요."라고 반영한다. 이러한 반영은 내담자로 하여금 반대 편에서 서도록 하는데, 즉 변화에 대해 이야기를 하게 된다.

　복합반영의 몇 가지 중요한 요인은 다음과 같다.

- 질문이 아니고 내담자가 한 말에 의미를 추가한다.
- 저항적 요인이 강조, 증가, 과장된다.

　복합반영을 할 때 냉소적으로 해서는 안 된다. 냉소적이 되면, 저항 감소 대신 저항 증가를 초래할 뿐이다. 복합반영의 의도는 내담자의 언어 표현의 극단적인 면을 제시하고자 하는 것이며, 내담자가 그 극단에서부터 뒤로 물러나서 변화에 대해 마침내 이야기하게끔 하는 것이다. 간혹 내담자의 양면적 반응의 양편 모두를 반영하는 것이 저항 대처에 효과적일 수 있다. 특히 내담자의 대화가 여전히 양가감정에 머물고 있는 초기 변화 단계에서 그러하다. 이것을 양면반영이라고 하는데, 말머리 표현으로 '한편으로는…… 또 다른 한편으로는…….'이라고 진술한다. 다음은 한 가지 예다.

> **내담자:** 술을 끊는 것을 정말 원하지는 않지만 그래야 한다는 것을 알고 있습니다. 어떻게 해야 할지 모를 뿐입니다.

면담자: 한편으로는 그것이 중요해진다는 것을 알고 있고, 또 한편으로는 첫 번째 행동실천이 무엇이어야 하는지 확신이 안 서는 거네요.

내담자: 아내가 이래라 저래라 시끄럽게 해서 때린 거라고요.

면담자: ○○님에게는 100% 문제가 없다는 거군요.

> • 정말로 그렇게 생각하고 있다는 듯이 말한다.
> • 비꼬는 것처럼 되지 않도록 주의한다.

양면반영의 몇 가지 중요 요인은 다음과 같다.

• 질문이 아니라 내담자가 가지고 있는 변화에 대한 양가감정을 읽어 주는 진술이다.
• 양가감정의 양편 모두를 반영한다.

양면반영을 하기 위하여 면담자는 내담자로부터 양가감정의 양측 면을 드러내야 할 필요가 있다. 한쪽 면만 제시되면 양면반영이 아니다.

저항에 반응하는 전략적 반응

저항에 대한 전략적 반응은 내담자-면담자 관계에서 경험되는 부조화를 감소시키는 특정한 방법이다.

■ **초점 바꾸기**　내담자가 저항하고 있는 주제를 직면시키기보다는 비껴가는 것이다. 초점 바꾸기의 의도는 내담자가 저항하고 있는 것이 무엇인지를 받아들이고 좀 더 효과가 있는 것으로 대화를 돌리는 데 있다. 이러한 방법으로 면담자

는 주제를 바꾸지 않고 논의의 구조나 초점을 바꿀 수 있다.

내담자 1: 그러니까 재발한 것이 맞습니다. 강제 입원해야 하는 게 맞지요?

면담자 1: ○○님이 재발에 대해 염려하는 것을 압니다. 제가 말씀드리고 싶은 것은 ○○님이 재발을 하면서 어떻게 느꼈는지에 대한 것입니다.

내담자 2: 법원에서 하라는 대로 제가 해야 하는 것들이 너무 많아서 미칠 지경입니다.

면담자 2: 이 모든 조건이 정말 압도적이군요. 어떤 것이 가장 압박해 오는지요?

면담자 3: 이제까지 다른 사람들이 ○○님의 음주에 대해서 이야기하는 것에 대해 말했습니다. ○○님이 생각하는 바를 이야기하시지요.

초점 바꾸기는 긴장된 화제로부터 대화하기 쉬운 화제로 주의를 바꾸어 진행한다.

내담자: 왜 나에 대해서 선생님에게 말하지 않으면 안 돼요?
여기에 와야 할 사람은 내가 아니라 아내예요.

면담자: 여러 가지 질문을 받아서 많이 놀라셨군요. ○○님의 입장에서 무슨 일이 있었는지 이야기해 주세요.

■ **나란히 가기**　　면담자는 내담자가 실제로는 행동을 바꾸지 않기로 결정했음을 받아들이며 행동 변화를 하지 않겠다는 내담자의 움직임에 함께한다. 그렇다고 해서 내담자의 현재 결정이 옳다고 하거나 동조하는 것은 물론 아니다. 이 기술은 내담자를 조종하기 위해 사용하는 것이 아니라 변화의 어려움, 그리고 내담자가 변화하지 않겠다고 선택한 현실을 솔직히 받아들이는 것이다.

356

> **면담자**: 흡연이 주는 이득이 손실을 넘어서는 것처럼 들립니다. 담배를 포기하지 않기로 결정한 것 같군요.

면담자가 이렇게 표현하면 내담자는 한 걸음 뒤로 물러나서 변화에 대해 재고하게 된다.

> **내담자**: 제가 이것을 다 할 수 있을지 정말 모르겠습니다. 일도 하고, 단주도 하고, 법을 지켜야 하는 압박들이 너무 많을 뿐입니다.
> **면담자**: 이 모든 것이 ○○님에게 너무 많은 스트레스를 주어서 현재로서는 단주하는 것을 포기하는 것이 유일한 대안이라고 생각하시는군요.

■ **재구조화하기**　내담자가 말하는 것을 다른 의미 또는 다른 해석으로 제공하는 것이다. 재구조화하기는 특히 사회에서 허용된 행동이라도 문제의 위험성이 있음을 고려하게 하거나 또는 내담자가 스스로 약점으로 보는 것을 강점으로 바꾸어 말하도록 하는 데 영향력이 있다. 재구조화하기는 다음 네 가지로 적용 가능하다.

- 내담자가 긍정적으로 간주하고 있는 것을 부정적 잠재성을 가지고 있는 것으로 관점 바꾸기
- 내담자가 부정적으로 간주하고 있는 것을 긍정적 잠재성이 있는 것으로 관점 바꾸기
- 일정 계획표 바꾸기
- 단어의 의미 바꾸기

몇 가지 예는 다음과 같다.

내담자 1: 친구와 외출할 때만 술을 마십니다. 저는 알코올 중독자가 아닙니다. 집에서는 술을 마시지 않습니다.

면담자 1: 친구들하고만 마시기 때문에 음주는 문제가 아니라고 느끼시네요. 사교적 음주가 대부분 법적 문제로까지 가게 하는 것이 아닌가 합니다. 음주운전을 하거나 술집에서 싸우다가 오는 사람들을 여기서 만나게 됩니다. (부정적 잠재성 언급하기)

내담자 2: 두 번째 보호관찰을 받고 있습니다. 이번 보호관찰이라고 해서 문제가 없을 거라고는 생각되지 않아요.

면담자 2: 과거에 실패한 경험 때문에 성공하지 못할 것이라고 염려하시는군요. 하지만 무엇이 효과가 있었고, 어떻게 하면 문제를 일으키지 않을지에 대해서 첫 번째 경험보다는 더 잘 아실 거라고 봅니다. (긍정적 잠재성 언급하기)

내담자 3: 저는 절대 이것을 할 수 없을 것 같아요.

면담자 3: 지금으로서는 그것이 불가능하게 느껴지시는군요. ('절대'를 '지금'으로 바꾸기)

내담자 4: 5년 동안이나 치료를 받을 수는 없어요. 불가능합니다.

면담자 4: 5년이라는 것이 영원으로 느껴지시는군요. 그 시간을 나누어서 관리 가능한 스케줄로 효과가 있게 하기 위해서 작은 목표를 만드는 방법이 있습니다. ('영원'을 '관리 가능한 스케줄'로 바꾸기)

내담자 5: 저는 정말 이것을 할 만한 동기가 없습니다.

면담자 5: 아직은 이것을 할 만한 충분하게 훌륭한 이유를 찾지 못하셨네요. ('동기'의 의미를 '이유'로 바꾸기)

내담자 6: 저는 어떻게 이것을 해야 할지 모르겠어요.

면담자 6: 아직 이것을 할 수 있는 기술이 부족하다는 말씀이군요. ('모르겠다'의 의미를 '기술 부족'으로 바꾸기)

재구조화하기는 내담자의 진술을 다른 의미로 말하는 것이다.

내담자 1: 할 수 있을지, 어떨지 모르겠어요.

면담자 1: 하게 된다면 아주 보람이 있을 수 있다는 말이군요.

내담자 2: 아내가 언제나 이 일에 대해 말을 꺼내요.

면담자 2: 아내가 남편의 일에 상관하지 않았으면 하는군요.

내담자 3: 아내가 잔소리를 해서 어쩔 수 없이 왔어요.

면담자 3: 부인의 기분을 중요하게 여기시는군요. (또는) 여기에 오신 것은 아내에게 주는 선물이군요.

■ **방향 틀어 동의하기**   반영을 한 후에 재구조화(의미를 달리 해서 말하는 것)를 하는 것이다. 이것은 내담자가 말한 것에 잠시 동의를 하는 것으로 시작하지만 약간 방향을 틀거나 변화 방향으로 끝을 맺는다.

내담자 1: 선생님은 이것이 얼마나 힘든 일인지 모릅니다. 제 입장에 있어 본 적이 없으셨어요.

면담자 1: 맞습니다. 이것이 얼마나 어려운지 저는 완전히 파악할 수는 없고, 그래서 ○○님이 몇 가지 가능한 해결책을 알려 줄 만한 경험이 있다고 봅니다.

내담자 2: 저는 왜 접근 금지 명령까지 있는 건지 알 수 없습니다. 아내가 판사님

에게 가서 이 사건을 취하해 달라고 말했는데, 왜 아내를 만나서는 안
된다고 하는지 납득이 안 된다는 말입니다.

면담자 2: ○○님에게 아내는 정말 중요하시군요. 짧은 시간이라도 아내를 만나볼
수 있다면 교도소에 갈 위험성도 마다하지 않겠다는 거군요.

■ **개인의 선택과 통제력 강조하기**　　기술은 유용하고도 그만큼 어려운 기술이
다. 면담자는 때로 내담자에게 선택권이 없다고 믿고, 내담자는 면담자가 말하는
것을 잘 듣고 행동해야 한다고 믿는다. 그래서 명령적이고 위협적인 언어를 사용
한다(예: "제가 말하는 대로 하십시오."). 이것은 사실상 내담자로 하여금 더 부정적
으로 반응하도록 만들며, 그들로 하여금 오히려 자신의 선택권과 자유권을 주장
하면서 저항하게 만들 수 있다. 내담자의 행동 선택은 진정 그들의 자율성에 있
고, 변화의 책임도 내담자에게 있음을 말하는 것이 이 전략이다. 내담자의 자기효
능감을 견고히 하는 전략이다. 다음과 같은 기술을 사용할 수 있다.

- 내담자가 자신의 선택과 대가를 탐색하도록 적극적으로 지지한다.
- 내담자가 통제력과 책임감을 지각하도록 지지한다.
- 내담자의 대안과 선택의 탐색을 견고히 한다.

개인의 선택과 통제력 강조하기는 무엇을 선택하는가 하는 것이 온전히 내담
자에게 달린 것임을 확인시키는 것이다.

내담자: 이제 주위에서 이런저런 말을 듣고 싶지 않아요.
　　　　스무 살이 되었고 내 일은 내가 결정할 수 있어요.

면담자: 그래요. ○○님은 여러 가지 선택을 할 수 있고, 스스로 결정할 수 있습
　　　　니다.

■ **면담자의 즉각적인 감정을 노출하기**　　Miller와 Rollnick(2013)이 설명한 저항

저항에 효과적으로 반응하는 반응과 전략
1. 단순반영하기
2. 양면반영하기
3. 복합반영하기
4. 초점 바꾸기
5. 나란히 가기
6. 재구조화하기
7. 방향 틀어 동의하기
8. 개인의 선택과 통제력 강조하기
9. 면담자의 즉각적인 감정을 노출하기

기술에 추가된 전략으로서, 저항하는 내담자에게 때로 그 저항을 단순히 인정해 버리는 것이다. 면담자가 지금 어디로 가야 할지 확신이 서지 않아서 정체된 느낌이라면, 저항을 단순히 인정해 버리는 것이다. 그 결과로, 부조화의 상황을 정상화할 수 있게 된다.

면담자가 내담자의 저항을 효과적으로 줄이기 위해 다양한 전략을 활용하는 것은 매우 중요하다. 관계 형성하기가 어려운 내담자들은 자신이 원하지 않은 면담을 비자발적으로 하러 온 경우가 대부분이어서 문제에 대한 인식이 부족하거나 문제를 부인하는 경우가 흔하다. 법원, 경찰, 학교 등에서 의뢰되어 면담실을 찾아온 내담자들은 흔히 저항적으로 보일 수 있고, 면담자에게도 개인적인 감정을 부정적으로 표현하는 것처럼 보일 수 있다. 따라서 변화에 반대하는 유지대화, 저항, 불화를 잘 알아차리고 동기면담 정신과 핵심기술을 가장 효과적으로 적용하는 것이 내담자의 변화 동기를 높이는 결과를 가져온다. 다음의 예제는 보호관찰을 받는 대상자를 중점으로 있었던 일인데, 대상자의 문제는 주로 법적 제재를 받아야 할 정도의 음주 관련 문제나 약물 사용, 도박, 성범죄, 충동 통제 문제, 폭력 등으로 다양하다.

이제 대상자가 흔히 보일 수 있는 몇 가지 저항적인 진술을 가지고 앞에서 배운 전략으로 어떻게 효과적으로 반응할지 살펴보자.

> 예제 1
>
> "제가 괜찮은 일자리를 구하도록 하지 않으면서 이 벌금을 어떻게 내야 합니까?"

- "○○님은 정말 돈 때문에 걱정을 하시네요." (반영하기)
- "재정적인 것에 대해서 우리가 함께 들여다보면 어떨까요?" (초점 바꾸기, 협동)
- "○○님의 상황이 어려워서 정말 해결책을 찾고 싶으신 거군요." (방향 틀어 동의하기)
- "성공한다는 것이 ○○님에게 정말 중요하군요. 그런데 과거에 재정적 문제를 해결할 방법을 찾지 못하신 거군요." (양면반영하기)
- "한편으로는 이 모든 벌금을 내야 하는데, 보호관찰 때문에 돈을 벌지 못한다는 거군요. (양면반영하기)
- "○○님은 많은 지원을 받는다고 느끼시네요. 좀 더 나은 일자리를 찾는 데 함께 알아보고 싶으시군요." (방향 틀어 동의하기)
- "좋은 일자리를 구하는 것이 벌금을 내는 것보다 더 중요하군요. ○○님은 현실적이길 원하시네요." (복합반영하기)
- "생활필수품도 사야 하고…… 벌금이 불공평하게 느껴지시군요. (복합반영하기)
- "보호관찰이 ○○님을 지원해 주지 않아서 좌절하고 있군요. 그런 지원은 어떤 것일까요?" (초점 바꾸기)
- "○○님은 정말 압박감을 느끼고 있군요. 이번 주에 직장에서 어떠셨나요?" (초점 바꾸기)
- "이 보호관찰이라는 것이 ○○님에게 도움이 되지 않으시겠군요. 벌금을 내지 않을지는 ○○님에게 달려 있습니다." (나란히 가기, 개인의 통제력 강조하기)

> **예제 2**
>
> "보호관찰을 받는다는 것이 저에게 약을 하고 싶어지게 만듭니다. 스트레스를 주니까 약을 해야지 나아집니다."

- "보호관찰이 스트레스가 되는군요. 그 스트레스를 어떻게 다룰지는 ○○님 의 선택입니다." (개인의 선택과 통제력 강조하기)
- "법원이 ○○님의 보호관찰 조건을 결정합니다. 그러한 조건을 어떻게 하실 지는 ○○님에게 달려 있습니다." (개인의 선택과 통제력 강조하기)
- "약물을 사용할 것 같은 압박감이 많으시군요. 마지막 검사에서 어떻게 하실 지는 ○○님에게 달려 있습니다." (개인의 선택과 통제력 강조하기)
- "그렇다면 운전대를 잡고 있는 것은 ○○님입니다." (개인의 선택과 통제력 강 조하기, 반영하기)
- "보호관찰에 오래 있으면 있을수록 약물을 사용하게 되는 유혹이 더 많아지 는군요." (반영하기)
- "약물사용은 ○○님이 이완하기 위해서 알고 있는 유일한 방법이군요." (나 란히 가기, 재구조화하기, 복합반영하기)
- "그러니까 ○○님은 언제 스트레스가 쌓이는지를 아시는군요. 한편으로 스 트레스를 다루기 위한 대안이 많지 않군요." (양면반영하기)
- "여기 오셔서 저를 만난다는 것이 아마도 스트레스가 되는 것 같군요." (반영 하기)
- "지금까지 보호관찰이 스트레스가 되어 왔군요. 한편으로 약을 사용하여 스 트레스를 해소하고 싶고, 다른 한편으로는 성공하고도 싶군요. (양면반영하기)
- "저는 이 모든 것이 ○○님에게 도움이 되지 않는다는 무거운 느낌을 받았습 니다. (감정 노출하기)
- "저는 많은 절망감을 감지하게 되었습니다. (복합반영하기)

예제 3

"여기서 지키라는 모든 약속을 따라갈 수가 없습니다. 약물 교육이며, 상담이며, 직장이며…… 이 모든 것을 어떻게 한꺼번에 할 수 있습니까?"

- "○○님은 현재 삶으로 인해 압도감을 느끼시는군요. 여기 오셨는데 어떻게 앞으로 나아가기를 원하나요?" (복합반영하기, 초점 바꾸기)
- "○○님은 압도감을 느끼시는군요. 해야 할 일들이 산적해 있군요. 이런 일들을 걸러 내기 시작하는 것이 중요하겠군요." (복합반영하기, 나란히 가기)
- "모든 것을 쫓아서 하는 것은 불가능하군요." (복합반영하기)
- "수백만 개의 일들이 벌어지고 있군요. 그래도 정각에 이곳에 와 주셨습니다." (복합반영하기, 개인적 통제력 강조하기)
- "보호관찰 의무를 해야 하는 것이 실제로 불가능하다고 보시는군요." (복합반영하기)
- "뭔가 해결이 되어야지 그렇지 않으면 ○○님의 머리가 폭발하겠군요." (복합반영하기)
- "이것이 ○○님에게 매우 중요하군요." (초점 바꾸기)
- "기대하는 것이 너무 많아서 어디서부터 시작해야 할지 모르시는군요. 수업도 듣고, 치료도 참석하고, 일도 계획하고 있군요." (복합반영하기)
- "얼마나 더 오랫동안 이렇게 속도를 낼 수 있을지 의아해하시는군요." (복합반영하기)
- "저는 이 이슈에 대해 ○○님이 많은 불안을 가지고 있음을 느낄 수 있습니다." (감정 노출하기)
- "○○님은 무너지고 소진될까 봐 두려워하시는군요." (복합반영하기)

> **예제 4**
>
> "저를 그냥 교도소로 보내는 것이 낫겠습니다. 이런 조건들은 제가 실패하도록 만드는 설정일 뿐입니다. 저는 이 모든 것을 할 수가 없어요."

- "사회에 있든지 아닌지는 ○○님의 선택입니다." (개인적 통제력 강조하기)
- "이 결정이 이상하게 들리는 것만큼, ○○님이 교도소로 돌아갈 것인가 아닌가는 ○○님에게 달려 있습니다." (복합반영하기)
- "○○님은 포기하는 편이 더 낫다는 거군요." (복합반영하기)
- "이것은 희망이 없다는 거군요." (복합반영하기)
- "아마도 ○○님은 보호관찰을 받을 준비가 안 되어 있다는 거군요." (나란히 가기)
- "○○님의 보호관찰 조건이 압도적으로 느껴져서 교도소로 돌아가고 싶어지는군요." (방향 틀어 동의하기)
- "지금 ○○님에게 잘 되어 가는 사항은 무엇이 있나요? 이제까지 ○○님이 해 온 것은 우리가 포기하기 전에, 지난 회기 이후부터 ○○님의 목표에 대한 것을 말해 봅시다." (초점 바꾸기)
- "희망이 없다고 느끼시는군요. 하지만 매주 이곳에 찾아오셨습니다." (양면 반영하기, 개인적 통제력 강조하기)
- "○○님의 환경에 대해 구체적으로 알지 못합니다. ○○님이 보호관찰 조건을 유지하는 데 가장 힘든 것은 어떤 것이 있나요?" (초점 바꾸기)
- "보호관찰을 잘 끝낼 수 있을지에 대해 염려하시는군요. 마음속 깊은 곳에서는 정말 성공하기를 원하시는군요." (복합반영하기, 방향 틀어 동의하기)
- "○○님은 정말 보따리를 싸서 교도소로 가고 싶어 하는군요. 교도소로 갈 준비가 되어 있군요. 한편으로 ○○님은 보호관찰 조건이 머리끝까지 찬 것 같이 느끼고, 교도소로 가는 것을 원하지 않는군요." (양면반영하기)

> **예제 5**
>
> "형사사법 시스템은 사람들에 대한 관심을 두지 않습니다. 이 제도는 돈 버는 것만 원할 뿐이에요."

- "○○님이 가장 관심을 갖는 것은 무엇인가요?" (초점 바꾸기)
- "○○님은 재정적으로 어려워하시는군요." (복합반영하기)
- "○○님의 재정 상황에 대해 도움이 될 수 있는 것이 무엇인지 함께 이야기할 수 있을까요?" (초점 바꾸기)
- "때때로 저도 이 제도가 운영되는 방식에 대해 좌절감을 느낍니다. ○○님이 가장 염려하는 것은 무엇인가요?" (복합반영하기, 초점 바꾸기)
- "이 제도는 사람에 대해서 관심이 없는 것처럼 보이는군요. ○○님은 어떠세요? ○○님은 무엇에 가장 관심이 있나요?" (복합반영하기, 초점 바꾸기)
- "저는 ○○님이 그렇게 느끼는 것에 대해 이해합니다. ○○님이 관심 있어 하는 것은 무엇인가요?" (복합반영하기, 초점 바꾸기)
- "이 제도가 ○○님의 돈만 보고 착취하는 것을 좋아하는 것 같다는 거군요." (복합반영하기)
- "이 제도가 관심 있어 하는 것은 ○○님의 돈을 착취하는 것이라는군요." (복합반영하기)
- "이 제도가 사람에게 관심을 두어야 한다는 ○○님의 우선순위를 왜 공유하지 않는지 의아해하시는군요." (나란히 가기)
- "인간으로서 가치 있게 대우받는 것이 ○○님의 보호관찰을 성공적으로 끝내는 데 필수적이군요." (방향 틀어 동의하기)
- "○○님은 인간이지 현금 인출기가 아니군요." (복합반영하기)

면담자가 동기면담을 배우면서 보이는
저항과 효과적인 반응의 예

예제 6

면담자: 상황이 잘 되어 가는 지금에 일을 다르게 해야 하는 이유를 알 수가 없군
요. 제가 맡은 내담자들은 잘 생활하고 있고, 저는 늘 사례 검토를 잘 받고
있습니다. 일이 효과적으로 되어 가는 지금에 근거 기반 실천이 새로운
학습임을 말해야 하는 이유가 무엇입니까? 망가지지 않은 것을 왜 고치려
고 합니까?

• "잘되고 있는 것을 왜 바꾸고 싶어 하는지 혼란스럽군요." (단순반영하기)

• "지금 일이 잘되고 있으므로 개선을 해야 할 필요가 없다는 거군요." (복합반
영하기)

• "내담자와 성공적으로 지내는 것이 정말 중요하군요. 하지만 근거 기반 실천
이 이미 하고 있는 것에 어떤 진정한 가치를 추가해 줄지에 대해 의아해하시
는군요." (양면반영하기)

• "그것은 훌륭한 포인트입니다. 지금 하고 있는 것 중 잘 되어 가고 있는 것과
그리 잘 되어 가지 않는 것에 대해 말씀해 주세요." (초점 바꾸기)

• "아시다시피, 이와 같은 새로운 실천과 기술이 ○○님의 것이 아닌 것인지에
대해 결정해 줄 수 있습니다." (나란히 가기)

• "지금 당장 더 많은 기술을 배운다는 것은 과하다고 느끼시는군요." (재구조
화하기)

• "이러한 근거 기반 실천이 차이를 가져온다고 믿는다면, 모두 그것을 배우고
자 하겠지요." (방향 틀어 동의하기)

- "이러한 기술을 배우고 사용하는 방법을 선택해야 합니다." (개인의 선택과 통제력 강조하기)
- "아시다시피 ○○님이 말한 것처럼, 저도 압도되고 좌절감을 느낍니다. ○○님도 이런 느낌이라고 상상됩니다." (감정 노출하기)

동기면담 연습하기

이제까지 면담자가 기본적으로 익혀야 하는 동기면담 정신, 핵심 전략과 기술, 동기면담의 과정, 변화대화와 유지대화, 저항과 불화, 변화대화 유발하기, 저항에 효과적으로 반응하는 전략 등을 제공하고 다양한 활동을 통하여 연습하였다. 면담자와 내담자의 면담에서 필수 요소는 공감이라는 말로 응축시킬 수 있다. 내담자가 되어 내담자의 시선으로 세상을 보고 느낌을 함께하는 것이 공감이며, 공감을 잘하고 표현을 적절하게 할 수 있는 기술이 면담자에게 필수적이다. 다음 두 예제를 보면서 어느 쪽이 동기면담 스타일로 대화를 하는 것인지, 어느 쪽이 동기면담 스타일이 아닌 것인지를 구별하고, 그 이유를 두 사람이 짝이 되어 이야기한다.

동기면담 스타일인 것

내담자[1]: 저런 집에는 돌아가고 싶지 않아요.
면담자[1]: 집은 있을 곳이 아니라는 느낌이군요.
내담자[2]: 이제 와서 만나고 싶은 얼굴도 없고, 있기 거북해요.
면담자[2]: ○○님이 집에 있으면 가족이 곤란할 거라는 거군요.
내담자[3]: 가족은 돌아오라고 말하고 있지만……
면담자[3]: 가족이 정말 어떻게 생각하고 있는지 알기 어렵고, 그래서 어떻게 하면 좋을지 모른다는 것이군요.

내 마음을 공감하고 이해하고 있구나!

이 면담자는 내담자의 마음을 읽고 반영하고 있음을 보여 준다. 면담자[1]은 내담자가 하는 말을 똑같이 되풀이하는 것이 아니라 조금 더 다른 관점으로 반영을 하고 있다. 내담자[1]은 격한 반응을 보였던 반면, 면담자[1]은 집이라는 곳이 편안하고 쉴 수 있는 곳이라는 점을 확대반영하기를 하고 있다. 면담자[2]도 내담자의 반영을 진술하고 있으며, 내담자가 가족을 배려하는 사람임을 은연중에 읽어 주고 있다. 면담자[3]에서 내담자의 마음을 보다 깊게 반영하여 가족으로 돌아가고 싶지만 가족이 어떻게 생각하는지에 대한 내담자의 두려움을 반영하고 있다. 이러한 반영은 동기면담의 핵심기술로서 내담자가 공감을 받고 이해받고 있다는 느낌을 가지도록 하여 면담자와 더욱 가까이 느끼게 되고, 더 나아가서 자신의 문제에 대해 솔직하게 나눌 수 있는 용기를 얻게 된다. 관계 형성을 하는 데 있어서 이러한 반영하기 기술은 필수적이다.

동기면담 스타일이 아닌 것

내담자[1]: 저런 집에는 돌아가기 싫어요.
면담자[1]: 집에 돌아가기 싫군요.
내담자[2]: 그래요. 거기는 최악이에요.
면담자[2]: 최악이군요.
내담자[3]: 최악인데 달리 어떻게 하면 좋을까요?
면담자[3]: 어떻게 하면 좋을지 모를 정도로 최악이군요.
내담자[4]: 그래요. 최악이에요.
※ 대화가 계속 제자리에 머무르고만 있다.

이 면담에서 면담자[1]은 내담자의 말을 똑같이 들려 주는 반영을 하는데, 이러한 반영도 반영의 한 유형이기는 하지만 반영의 깊이 면에서 표면에 머무르는 단순반영하기다. 면담자[2]도 내담자가 표현한 말을 그대로 반복해서 들려준다. 면담자[3]에서도 면담자는 반영의 깊이를 심도 있게 적용하지 않고 있어서 겉도는 느낌을 갖게 하고, 단순반영하기가 서너 번 반복되는 경우에 내담자는 답답하고 제자리걸음을 하는 느낌을 받으며, 충분히 자기의 마음을 면담자가 이해하고 공감하고 있다는 느낌을 갖지 못하고 만다.

　앞의 두 사례에서 큰 차이는 같은 반영이기는 하지만 내담자의 마음을 깊이 있게 공감하는 복합반영하기를 할 때 공감 수준이 다르다는 것을 보여 준다.

　첫 번째 사례는 안내하기 의사소통 스타일이고, 두 번째 사례는 따라가기 의사소통 스타일로 구별할 수 있다. 두 사례의 차이점은 방향성이 있는가 없는가다. 첫 번째 사례에서는 제자리에 맴도는 대화를 하는 것이 아니라 내담자가 가족과 어떠한 관계를 가지고 무엇을 기대하며 어떠한 변화를 원하는지에 대해 탐색할 수 있도록 도와주는 기능을 하고 있다. 행동 변화에서 가족을 포함하여 중요한 타인이 지지적인 관계를 형성하고 유지할 때 성공적인 결과를 가져오기 때문에 내담자가 집에 돌아가고 싶지 않다고 말을 했을 때 이 화두를 매우 좋은 기회로 받아들이고 내담자와 가족과의 관계를 탐색하고 있다. 한편, 두 번째 사례는 집에 대한 내담자의 감정에만 초점을 두고 있어서 변화라고 하는 방향성이나 목표 행동을 함께 탐색할 수 있는 기회를 가지지 못하고 마는 단순히 감정을 따라가며 내담자에게 끌려 다니는 대화 스타일을 전형적으로 보여 주는 예다. 따라서 첫 번째 사례는 동기면담 스타일의 대화이고, 두 번째 사례는 동기면담 스타일이 아니다.

　면담자가 동기면담 스타일을 대화에서 적용하고 있다는 것은 내담자 중심이자 방향 지향적인 소통을 하고 있음을 말한다. 여기서는 방향 지향적이라고 하는 동기면담의 특징과 관련해서 반드시 염두에 두고 대화를 하는 내담자의 속성, 양가감정에 대해 자세히 살펴보아야 한다. 방향 지향적이라는 용어에는 변화 목표, 목표 행동이라는 뜻이 내포되어 있다. 내담자가 어떠한 변화단계에 있든지 간에 변화에 대해서 양가감정을 가지고 있음을 배웠다. 따라서 변화 목표를 향해서 면담자가 대화를 진행할 때 양가감정을 알아차릴 수 있고, 양가감정 안에 있는 내담자의 변화 욕구·능력·이유·필요를 선별적으로 이끌어 낼 수 있어야 하며, 동시에 유지대화를 감소시키는 방향으로 대화를 해야 한다. 양가감정에서 변화에 대한 대화가 많아질수록 면담자는 동기면담을 잘 적용한 것임을 알게 되며, 궁극적으로는 내담자가 변화 행동을 실천하는 성공적인 결과를 만든다.

　다음 장에서는 동기면담에서의 양가감정에 대해서 자세히 살펴본다.

변화와 양가감정

　동기면담은 행동을 변화시키려는 사람을 돕는다. 동기면담은 Miller(1983)가 그 동안 중독 치료 현장에서 이루어져 왔던 전통적인 치료나 접근의 효과성에 대해 언급하면서 "지금까지 통상적으로 적용해 온 방식(예: 직면)이 과연 중독 행동을 변화시키는 데 효과적이었는가?" 라는 이슈를 제기하는 논문을 발표하면서 시작 되었다. 지난 30여 년 동안 동기면담의 적용적 효과성이 밝혀지면서 꾸준히 성장 하였는데, 그중 Rollnick의 양가감정에 관한 개념이 동기면담에 적용되면서 동기 면담의 정체성과 독특성을 이루는 데 기여하였다. 문제 행동을 가진 사람이 자신 의 행동 변화에 양가감정을 느낄 때 동기면담의 적용은 효과적이 된다.

　Miller와 Rollnick(2002)은 동기면담을 양가감정을 탐색하고 해결하여 내적 변 화를 증진시키기 위한 내담자 중심의 방향 지향적 의사소통 스타일로 정의하였 다. 동기면담은 공감을 표현하고, 불일치감을 개발하고, 저항과 함께 구르며 자기 효능감을 지지하여 내담자의 변화 의지를 존중하고 내담자의 내적 변화 동기를 촉진시킨다(Miller & Rollnick, 2002). 우리에게 치료받기를 주저하는 내담자가 있 다면, 혹은 치료에서 내담자의 변화를 위해 무언가를 하기 원한다면, 혹은 내담자 가 포기해야 할 무언가가 있다면 가장 먼저 동기면담을 해야 한다.

　사람들은 변화에 대해 양가적이다. 현재 변화하지 않고 있는 상황은 명확하지 만 변화할 때 자신에게 어떤 일이 발생할지 불확실하다. 양가감정은 변화 및 치료 과정에서 우리가 생각하는 것보다 더 흔하다. 사람들은 '무언가'를 포기하려고 할 때 양가적이 된다. 포기하는 일이 가치 있다는 생각이 들기도 하지만 다른 한 편으로는 두렵기 때문이다. 사람들이 양가감정을 경험하는 이유 중 한 가지는 단 기적 동기와 장기적 목표 사이에 갈등이 유발되기 때문이다. 예를 들면, '나는 도 박을 즐기면서 계속하고 싶다. 그러나 계속하게 된다면 사랑하는 아내와 가족이 나를 떠나는 결과가 초래될 것이다.'

　동기면담의 좋은 점은 이러한 양가감정을 다룬다는 점이다. 내담자는 문제 행 동의 위험성을 대부분 인식하고 있지만 어쨌든 문제 행동을 지속한다. 중단하고 싶기도 하고 동시에 중단하고 싶지 않기도 하다. 비록 그들이 치료 프로그램에 들어오기는 하나 자신의 문제가 그렇게 심각하지 않다고 강조한다. 이러한 이중 감정을 양가감정(ambivalence)이라고 한다.

양가감정은 내담자의 변화 준비 정도와 무관하게 정상적이고 자연스러운 것이다. 내담자의 문제 행동의 변화는 내담자, 가족, 사회, 공동체에서 볼 때 지극히 당연하고 마땅한 일이다. 면담자는 행동 변화에 대해 내담자가 양가감정을 경험하는 것은 흔한 일이며, 내담자와 가족에게 양가감정을 느끼는 것이 정상적임을 알려 주어야 한다. 내담자가 자신이 경험하는 양가감정이 정상적임을 인식하고 수용하는 것은 변화가 시작되는 첫걸음이다. 양가감정은 변화를 위해 해결해야 하는 중요한 문제다. 동기면담에서는 이러한 양가감정의 정상화, 해소 및 해결을 위한 효과적인 도움을 제공한다. 양가감정은 종종 중요한 문제일 수 있으므로 내담자의 양가감정을 이해하고 수용해야 한다. 변화 동기의 부족은 내담자의 양가감정을 나타내는 것일 수 있다(Miller & Rollnick, 1991, 2002, 2013). 내담자의 낮은 동기는 풀리지 않는 양가감정을 의미한다. 만약에 면담자가 이러한 양가감정을 부인 또는 저항이라고 해석한다면, 면담자는 내담자의 문제를 바로 교정하려고 하거나 직면할 가능성이 높다. 면담자와 내담자 사이에 불화가 생길 수 있는데, 면담자가 내담자의 문제 행동에 대해 교정반사나 직면을 한다면 내담자의 행동 변화에 도움을 주지 못하고 오히려 변화의 방해 요인이 될 수 있다.

동기면담은 내담자가 변화를 잠재적으로 방해할 수 있는 각 단계에서 보이는 양가감정을 탐색하도록 촉진한다. 동기면담은 내담자의 두 가지 태도 및 딜레마를 탐색하고 해소하도록 돕는다. 초이론적 변화단계 모델에서 변화 행동을 꾸준히 유지하며 지속하고 있는 내담자라 할지라도 여전히 변화에 대한 양가감정을 경험할 수 있고, 이러한 양가감정을 잘못 처리하여 실수나 재발을 경험하기도 한다. 문제 행동 패턴과 관련된 내담자의 행동, 습관, 태도 및 생활양식이 완전히 달라질 때까지 내담자는 끊임없이 변화에 대한 양가감정을 경험한다.

양가감정의 해결과 변화 과정

Miller와 Rollnick(2002)은 자기통제 측면에서 변화를 원하는 대부분의 사람이 변화에 대해 동시에 두 가지 느낌을 갖는 것은 흔한 일로, 문제가 해결되지 않고 지속되는 경우에는 이러한 양가감정에 묶여 있는 때라고 하였다. 해결되지 않는 양가감정은 변화에 대한 '낮은 동기'를 의미하며 계속 그 상태에 머물러 있게 한다(Miller & Rollnick, 1991). 변화를 원하는 사람은 대부분 자신의 문제 행동의 위험성을 인식하고 있지만, 문제 행동을 지속하는 사람도 그 문제를 해결하고 싶어 하는 동시에 해결하고 싶어 하지 않는다.

변화뿐 아니라 어떤 사소한 결정 혹은 선택 상황에서도 사람들은 양가감정을 갖는다. 동기면담의 정의에서 알 수 있듯이, 동기면담은 변화에 대한 대화를 촉진하는 스타일이다. 한편, 변화로 가는 길에 정체하도록 만드는 가장 흔한 요인이자, 반대로 변화로 갈 수 있도록 해 주는 핵심 열쇠가 양가감정이다. 변화에 대해서 내담자가 가지는 두 가지 상반된 감정이나 생각이 양가감정이며, '예, 하지만……'이라는 언어적 표현에서 잘 드러난다. 변화는 자기 자신의 신체적·심리적·대인 관계적 웰빙과 밀접한 관계가 있기 때문에 해야 한다는 인식과 당위성을 가지고 있는 한편, 이제까지 익숙하게 해 왔던 원래의 행동을 포기하는 것은 변화할 때 감수해야 하는 손실이기 때문에 선뜻 변화를 시도하기가 어렵다.

양가감정은 '내담자가 어느 변화단계에 있는가?'와는 무관하게 변화와 관련하여 매 순간 경험하고 있으며, 이러한 경험은 매우 정상적인 반응이다. 변화에서 볼 때, 양가감정은 매우 정상적인 경험이다. 이러한 '양가감정의 정상성'을 면담자가 수용하는 것은 중요하다. 양가감정을 거쳐 변화 결단으로 이어지는 것은 매우 자연스럽고 당연하다. 양가감정을 길게 경험할 수도 있고, 짧게 경험할 수도 있는데, 변화로 가는 길목에서는 경험해야 하는 필수적인 상태라고 볼 수도 있다. 변화 결단을 하는 데 걸리는 시간이 짧을수록 변화 준비도가 높은 상태임을 의미하며, 걸리는 시간이 지연될수록 양가감정이 미해결된 상태로 변화 동기를 유발해야 할 필요성이 많다는 것을 의미한다.

면담에서 내담자가 양가감정을 드러내는 방식은 다양하다. 그중 내담자의 언어적 표현 속에 '예, 하지만……' 혹은 '예, 그렇지만……' 으로 나타나는 것이 대표적이다. 내담자의 양가감정은 명확하지 않고 다소 모호한 표현으로 나타나기도 한다. 내담자의 모호한 양가감정의 표현에 대해서도 면담자는 알아차리는 것이 중요하다. 내담자가 양가감정의 양편 모두를 표현하지 않았더라도 면담자는 내담자가 경험하는 것으로 예측되는 양가감정을 읽어 줄 필요가 있다.

'현재 행동을 지속해야 하는 이유' '현재 행동이 주는 이득' '현재 행동을 하지 않으면 안 되는 필요' 또는 '언제든지 변화 가능하지만 현재로서는 우선순위가 아니다' 등의 표현이 양가감정을 드러내는 예다. 여기서 면담자는 어느 한편에 서서는 안 되며, 특히 변화를 지지하는 쪽에 오랫동안 머물러서 대화를 이끌어 가는 것은 내담자의 변화 동기를 증진시키는 데 매우 비효과적이다. 바람직한 것은 면담자가 내담자로 하여금 양가감정의 양편 모두를 자유롭게 표현하도록 유발적인 질문을 하고 양면반영하기를 하는 것이다. 이때 교정반사나 지시적인 방식은 오히려 대화에서 대립적인 양상을 초래하기 쉽다. 면담자의 양면반영하기를 들으면서 내담자는 많은 생각을 하고 정리하며 보다 명확한 그림을 그려 자신이 진정 어느 방향으로 가고 싶어 하는지를 볼 기회를 가진다. 내담자가 드러내는 양가감정의 표현 속에는 변화대화와 유지대화 모두가 포함되어 있다. 면담자는 양면반영하기를 통해 내담자가 변화대화와 유지대화를 동시에 인식하도록 돕는다. 더 나아가, 내담자가 유지대화보다 변화대화를 더 많이 표현하도록 돕는다.

면담자의 첫 번째 과제는 안내자로서 내담자와 대화를 하면서 내담자가 양가적인 감정이나 혹은 욕구를 먼저 알아차리도록 하는 것이다. 더 나아가, 내담자가 자신의 양가감정을 스스로 알아차릴 수 있도록 도와주는 것이 면담자의 두 번째 과제다. 내담자가 변화를 전혀 고려하지 않는 인식전단계에 있을 경우, 면담자는 내담자의 변화를 돕기 위해 변화에 관련된 불일치감, 즉 양가감정을 유발하는 것이 중요하다. 그러나 내담자가 변화를 지속하고 있는 경우에 양가감정을 경험하는 것은 내담자가 자신의 변화에 몰입하지 못하고 기존의 행동으로 되돌아가려는 욕구가 생겨난 상태이므로 재발로 이어지기 전에 내담자는 자신의 양가감정을 알아차리는 것이 매우 중요하다. 변화에 있어서 양가감정은 변화 동기가 떨어지고 있다는 신호이자 이전의 행동이나 습관으로 되돌아가려는 신호다. 이러한 신호를 알아차릴 때 변화 행동이 유지될 수 있다.

양가감정을 탐색하고 변화 쪽으로 돕는 데 효과적인 동기면담의 전략으로서 결정저울 사용하기가 종종 활용된다. 결정저울 사용하기에 대해 Miller(2014)는 내담자의 현재 행동이 피해적인 결과를 가져와서 변화해야 하는 목표가 분명해지는 경우에 효과적이라고 하였다. 내담자의 변화 목표가 불분명한 경우에는 결정저울 사용하기의 효과성이 감소한다.

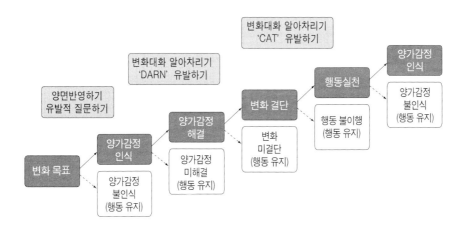

[그림 9-1] 양가감정의 해결과 변화 과정

[그림 9-1]은 변화 과정에서의 양가감정의 역할과 해결에 관한 것을 나타낸 것이다. 변화 과정은 내담자가 변화하고자 하는 궁극적인 변화 목표를 인식하는 것에서부터 출발한다. 그러나 내담자가 자신의 변화에 대한 양가감정을 인식하지 못하면(양가감정 불인식) 변화 과정은 진행되지 못하고 만다. 이는 내담자가 변화 목표를 아무리 거창하게 계획하였다 하더라도 변화에 대해 전혀 고려하지 않는

상황이다. 내담자가 변화로 한 발짝 앞으로 나아가기 위해서는 자신의 행동 문제, 목표 행동, 변화 목표에 대한 양가감정을 인식하기가 반드시 필요하다. 어떤 내담자는 자신의 변화 목표에 대해 양가감정을 인식할 수도 있고 그렇지 않을 수도 있다. 내담자 스스로 자신의 문제 행동이나 변화 목표에 대해 양가감정을 느끼고 변화하지 않는 쪽보다는 변화하려는 쪽 그리고 변화를 고려하는 쪽으로 저울의 무게를 기울여 간다면 좋겠지만, 그렇게 하지 않거나 못하는 내담자도 있을 수 있다. 앞서 언급하였듯이, 변화는 자연적인 변화와 전문가의 개입이나 도움으로 인한 변화로 나눌 수 있다. 어떤 내담자는 스스로 자신의 행동 변화를 원하고 변화에 대한 양가감정을 인식하고 개발하여 양가감정을 해결하는 방향으로 나아갈 수도 있지만, 또 어떤 내담자의 경우에는 전문가의 도움을 통해 변화로 나아갈 수도 있을 것이다. 전문가의 도움이나 개입으로 변화가 이어지는 경우에서 중요한 것은 내담자를 돕는 전문가가 내담자의 변화 과정에서 발생하는 역동적인 양가감정을 인식하고 해결할 수 있는 능력이다.

이때 면담자는 동기면담의 핵심기술을 활용하여 내담자로 하여금 변화에 대한 자신의 양가감정을 자연스럽게 이야기할 수 있도록 유발하는 열린 질문하기를 활용하기도 하고, 내담자가 변화에 대해서 가지고 있는 생각이나 느낌을 보다 명확하게 읽어 줌으로써 내담자가 자신의 양가감정을 인식하도록 돕는다. 내담자가 변화에 대하여 가지는 두 가지 마음을 면담자가 어느 한편에 서서 반영하는 것이 아니라 중립적인 입장에서 양면반영하기를 하는 것이 매우 중요하다. 동기면담은 [그림 9-1]에서 직선 화살표로 나아갈 수 있도록 돕는 데 매우 효과적이다.

일단 내담자가 자신의 양가감정에 대하여 인식하고 수긍하며 고민을 하는 순간이 도래한다. 이때 면담자는 내담자가 많은 변화대화를 말할 수 있도록 유발적 열린 질문하기와 반영적 경청을 활발하게 해야 한다. 내담자가 변화해야 하는 이유, 필요, 욕구, 바람 그리고 자신감과 관련된 표현을 하면 면담자는 격려·칭찬·인정하기를 아끼지 말아야 하며, 내담자의 변화대화가 드러났을 때 바로 알아차리고 이것에 적합하게 동기면담 핵심기술을 적용하여 반응하는 것이 면담자의 과제다. 변화대화가 더 빈번하게 표현된다고 해서 유지대화가 적어지는 것은 아니기 때문에 유지대화를 여전히 드러내는 내담자의 경우에는 면담자가 저항과 함께 구르기 등의 적절한 반응 기술을 활용해야 하며, 유지대화의 이면에서 변화 대화의 가능성을 엿볼 수 있어야 한다.

동기면담은 [그림 9-1]에서 또 다시 직선 화살표로 내담자가 옮겨 갈 수 있도록 하는 데 매우 효과적인 대화 스타일이다. 내담자가 수많은 변화대화 속에서 변화 를 결단하는 매우 확고한 결의에 찬 표현을 할 때가 도래한다. 이때 이것을 놓치 지 않고 행동 계획으로 발전시키는 지혜가 있어야 한다. 변화의 결단은 결단대화 로 구별되어 나타나며, 내담자가 이미 변화 행동을 실천하기 위한 준비 작업을 시 작했거나 또는 실천을 하고 있을 수 있으므로 이때는 칭찬·격려·인정하기를 적시에 사용하여 내담자의 자기효능감을 돕는다. 그리고 구체적인 행동 계획을 개발하기 위하여 이와 관련된 질문을 내담자에게 해야 한다. 동기면담은 역시 직 선 화살표로 나아가도록 내담자를 도와주는 대화 스타일이다. 변화 행동을 잘 실 천하는 내담자라 할지라도 양가감정은 있을 수 있다. 행동실천을 지속하고 유지 하는 중에 내담자는 양가감정을 경험할 수 있다. 또한 실수나 재발로 이르게 하는 고위험 상황이 있을 수 있고, 이것이 양가감정을 조장하여 흔들리게 할 수 있기 때문에 면담자는 안내하기 대화 스타일을 통해서 이러한 양가감정에 대한 대처 방안을 함께 개발하여야 한다.

예를 들어, '체중 감소하기'를 변화 목표로 하는 여대생 내담자가 있다고 하 자. 내담자가 처음에 체중 감소에 대해 문제라고 인식하지 않을 경우, 마치 양가 감정이 존재하지 않는 것처럼 보일 수 있다. 한편 이 내담자가 과체중과 관련하여 면담을 하게 되었을 때, 이 문제가 내담자의 주의를 끌기 시작했다. 이전보다 내 담자는 자신의 과체중에 대해 좀 더 염려하고 관심을 가지게 되었다.

> **면담자**: 현재 체중에 대해 어떻게 생각하세요? (유발적 질문하기)
>
> **내담자**: 제가 생각하기에는 다른 여대생들에 비해 좀 더 통통한 편이라고 여겼는 데 여기서 과체중이라고 하니 좀 놀랍네요.
>
> **면담자**: 체중 감소가 필요 없다고 생각했었는데 여기에 와서 과체중이라고 하니

체중을 줄일 필요가 있나 라는 생각이 드는군요. (복합반영하기)

내담자: 지금 당장 체중을 줄여야하는지는 잘 모르겠어요.

면담자: 체중을 줄여야겠다는 마음도 있고 그대로 있어도 되겠다는 마음도 있네요. (양면반영하기)

내담자: 맞아요. 제 마음이 그래요. (양가감정 인식)

이 면담자는 동기면담의 핵심기술, 즉 열린 질문하기와 반영하기-복합반영과 양면반영하기-를 통하여 내담자의 체중 줄이기에 대한 양가감정을 이끌어 내어 양가감정의 분명한 인식을 돕고 있다.

내담자: 사실 오래 전에 체중을 줄여 본 적도 있어요. 그런데 오래가지는 못했어요. 잘 안 되더라고요. 자취를 하다 보니 친구들이랑 야식도 시켜 먹게 되고, 또 나만 빠지려니까 미안하기도 하고요. 저는 살이 잘 찌는 체질 같아요.

면담자: 체형을 바꾸려고 노력하셨군요. (인정하기)

체중을 빼야 하는 이유를 말씀해 주세요. (유발적 열린 질문하기)

내담자: 아무래도 대학생이니까…… 예쁜 옷도 입고 싶고, 짧은 미니스커트도 입

고 싶어요. (변화대화: 욕구와 이유)

면담자: 체중이 줄어들면 자신감도 높아진다는 말이군요. (복합반영하기)

내담자: 정말 그렇게 되면 좋겠어요. 당연히 자신감도 더 높아질 것 같고요. 살을 빼야 될 것 같아요. (변화대화: 필요)

면담자는 내담자로 하여금 체중 감소를 할 경우에 얻을 수 있는 긍정적인 결과에 대하여 유발적 질문을 하고 반영함으로써 유지대화가 아닌 변화대화의 이유와 필요를 이끌어 내고 있다.

면담자: 그러면 어떻게 하면 될까요? (유발적 열린 질문하기)

내담자: 자취하는 곳 근처에 호수가 있는데, 걸을 수 있도록 포장을 해 놓은 산책길이 1km 정도 돼요. 매일 다섯 바퀴 정도 걸으면 땀도 나고, 야식을 먹을 생각을 덜 할 것 같아요.

면담자: 오늘부터 그렇게 한다면 실행 가능성이 얼마나 될까요? 10점은 매우 많다, 0점은 전혀 없다고 한다면 몇 점 정도 주실 건가요? (유발적 열린 질문하기)

내담자: 10점입니다. 오늘부터 시작할 거예요. (변화대화: 결단)

면담자: 진짜 아름다운 체형을 가지고 싶으시군요. 실천 의지가 대단하십니다. (인정하기)

내담자: 감사합니다. 용기가 나네요.

면담자는 동기면담 기술 중 결단을 이끌어 내기 위하여 유발적 열린 질문을 하고, 척도 질문으로 자신감을 알아봄으로써 변화 결단을 더 견고히 하고자 한다. 더불어 내담자를 격려하고, 칭찬하고, 잊지 않고 있기 때문에 내담자의 자기효능감은 계속 증진되고 있음을 느낄 수 있다.

면담자: 오늘부터 5km를 걸으실 거라고 말하셨어요. 구체적으로 언제, 어떻게 하

실지 궁금합니다. 말씀해 주세요. (유발적 열린 질문하기)

내담자: 아르바이트를 마치고 집으로 돌아오는 길에 산책길 코스로 들려서 걷기 시작하면 돼요. 저녁 9시 무렵일 거예요. 그 시간이면 많은 사람이 걷고 있는 것을 종종 보아 왔고, 저도 한 동안 걸었던 적이 있어요. 아마 학교 친구들도 몇 명 만날 수 있을 거예요.

면담자: 정말 어떻게 하실 것인지 많은 생각을 하셨네요. (인정하기)

체중 감소에 걸림돌이 되는 것은 어떤 것이 있나요? (유발적 열린 질문하기)

내담자: 진짜 이게 걱정이긴 한데요. 함께 자취하는 친구들이 야식을 먹자고 할까 봐 그게 큰 유혹입니다. 거절할 수 있을지 모르겠어요.

면담자는 내담자가 체중 감소를 위해서 제일 먼저 할 수 있다고 확신하는 5km를 걷기 위해 행동실천으로 향해 가도록 하고 있다. 인정하기와 열린 질문하기를 통해 내담자의 변화 결단이 견고해지는 것을 볼 수 있다. 한편 내담자의 마음은 자신의 결단에 방해가 될 수 있는 위험 상황에 대해서 인지하고 있는 상태이기 때문에 면담자는 잊지 않고 이 점을 이끌어 내는 열린 질문하기를 적시에 활용하고 있다.

변화대화와 양가감정

변화에 대한 이유, 능력, 욕구, 필요에 대해서 이야기를 많이 할수록 변화 동기 및 변화 가능성이 높아진다. 반면, 변화하지 말아야 하는 이유, 변화하지 않을 수 있는 무능력, 변화하고 싶지 않은 욕구, 변화하지 말아야 하는 필요에 대한 언어적 표현, 유지대화가 많을수록 변화 가능성은 낮아진다. Miller(2014)는 내담자의 변화대화의 수를 증가시키는 것 못지않게 유지대화의 수를 감소시키는 것이 변화 동기에 긍정적인 결과를 가져온다고 말하였다. 흥미로운 사실은 변화대화와 유지대화가 서로 독립된 별개의 언어적 표현이 아니라, 상호 밀접하게 연관이 되어 있다는 사실이다. 예를 들어, 현재 단주를 하고 싶은 마음이 없다고 말하는 내담자의 경우 표면상으로는 음주를 계속하겠다는 의미로 받아들일 수 있지만, 바꾸어 말하면 단주하고 싶은 마음이 지금 당장은 없다는 의미이며, 앞으로 단주할 가능성이 내포되어 있다.

내담자의 양가감정을 알아차리기 위해서는 내담자의 언어적 표현에 적극적인 경청이 요구된다. 내담자가 변화에 대해서 '변화하고 싶다' '변화를 원한다' 라고 언급한다면 면담자는 변화에 대한 욕구인지 알아차려야 한다. 또는 내담자가 '어느 정도는 변화할 수 있다' '그 정도의 변화는 가능하다' 등으로 변화 행동을 실천할 능력이 있음을 말한다면, 면담자는 이를 변화의 능력을 담은 변화대화로 알아차려야 한다. 내담자가 '변화를 하면 좋을 것 같다' '변화를 하면 도움이 될 것 같다' 라며 변화를 했을 때 얻을 수 있는 이득이나 좋은 결과에 대해 말을 할 때는, 이것이 변화의 이유를 담은 변화대화임을 알아차려야 한다. 그리고 보다 강압적인 정서를 담은 언어적 표현으로 변화하는 것이 중요하고 극박한 것임을 강조하는 경우, 예를 들어 '변화해야만 한다' '이렇게는 안 되겠다' 라고 하는 것이 변화의 필요를 나타내는 변화대화임을 알아차려야 한다.

이와 같은 네 가지 유형은 변화대화 중 예비적 변화대화(DARN)다. 예비적 변화대화 유형이 자주 보이면 보일수록 내담자가 양가감정을 해소하고자 하는 모습이기는 하지만 아직까지는 충분하지 않음을 의미한다. 즉, 양가감정은 여전히 존재하는 것이다. 내담자의 언어적 표현에서 양가감정에서 빠져나오고 있음을 알려 주는 변화대화가 있는데, 이것을 활동적 변화대화(CAT)라고 한다. 예비적 변화대화가 양가감정의 친변화(pro-change) 쪽을 알려 주고 있는 한편, 활동적 변화대화는 변화의 방향 쪽으로 양가감정을 해소하려는 움직임을 가리키는 신호가 된다.

활동적 변화대화에는 결단대화가 포함되는데, 결단대화는 행동실천의 가능성을 알리는 신호다. 내담자가 '변화를 해야 한다' '할 수 있다' '한다' '충분히 해야 할 이유가 있다' 고 해서 변화할 것이라고 말하는 것은 아니다. 그러나 결단대화는 내담자가 '할 것이다' 라고 말하는 것이며, 이것은 내담자의 약속과 동일하다. 마치 계약서를 쓸 때 사용하는 언어적 표현이 결단대화다. 결단대화는 다양한 형태로 표현될 수 있는데, '~을 약속한다' '~을 하고야 말겠다' '~을 꼭 할 것이다' 등이 보다 더 명쾌한 결단대화라고 볼 수 있다.

결단대화도 강도에 따라 표현이 달라지기 때문에 면담자는 유의해서 경청하고, 결단의 강도를 높이기 위해서 인정하기, 다시 상세하게 말하도록 요청하기 등을 사용할 필요가 있다. 내담자가 결단을 한 것처럼 보이지만 약간의 의혹이 내포된 낮은 수준의 강도의 표현을 한다면 아직 양가감정을 해결하는 데 있어서 동기면담적 대화가 더 많이 필요함을 시사한다. 내담자의 양가감정이 줄어들면 들수록 행동실천 가능성은 높아지는데, 활성화 변화대화 중의 내담자의 언어적 표현 속에서 활성화는 "운동을 하려면 집에 조깅화가 있는지 찾아 봐야겠지요." "단주모임을 찾아볼까 고려중입니다." 등으로 행동실천 방향으로 기울어져 가는 단계다. 활동적 변화대화의 세 번째 유형은 행동실천 대화이며, 이미 변화에 한 걸음 뗀 것이다. 활동적 변화대화가 있다는 것은 내담자가 행동을 실천하기 위해 몇 가지 준비를 했음을 알려 주는 신호다. 예를 들면, "조깅을 시작하려고 어제 조깅화를 주문했어요." "오늘 헬스클럽에 등록을 마쳤어요." 등이 있는데, 조깅을 하는 것과 헬스클럽에 가서 운동을 하는 것이다. 행동실천 대화는 구체적인 변화 행동이며, 행동 변화를 위해 요구되는 필요사항을 수행하였음을 말하는 것이다.

양가감정에서 변화 결단으로의 과정, 다시 말하자면 양가감정이 있다는 것은 변화에 대한 생각과 변화하지 않는다는 생각이 공존함을 의미하기 때문에 양가감정이 해소되어야 결과적으로 내담자의 변화 결단을 기대할 수 있다. 동기면담에서는 변화대화를 일곱 가지로 나누어 분류하였는데, 'DARN-CAT' 중에서 'CAT'는 내담자가 변화 결단으로 옮겨져 왔음을 표시한다고 할 수 있다. 'DARN'이라는 변화대화가 아무리 많이 표현되었다 하더라도 내담자는 여전히 양가감정 안에 들어가 있음을 나타낸다. 결과적으로, 내담자가 자신의 양가감정을 해소하기까지 면담자는 부단히 내담자의 변화대화의 빈도를 높이면서 대화를 이끌어 가야 한다는 것을 알려 주는 것이다. 바꾸어 말하면, 면담자가 내담자의 변화대화를 잘 알아차린다는 것은 내담자의 양가감정이 얼마만큼 해소되어 가는지를 알 수 있다는 것이다.

〈표 9-1〉의 내담자의 변화 목표는 '금연하기'다. 이러한 변화 행동에 대해서 내담자는 양가감정을 가지고 있는데, 변화를 향한 친변화적인 언어적 표현이 나올 수도 있고, 변화와는 정반대의 방향, 친유지적인 언어적 표현이 나올 수도 있다. 동기면담에서 초점을 맞추어 이끌어 내는 것은 친변화적인 내담자의 변화대화다. 양가감정 속에는 유지대화와 변화대화가 엉켜 있으므로 내담자의 양가감정 안에 있는 변화대화를 낚아채는 면담자의 역량이 필요하다.

〈표 9-2〉는 가정폭력으로 인하여 법원으로부터 일정 기간 동안 아내와 아이에게 거리를 두고 접근하지 말라는 명령을 받은 내담자의 사례다. 내담자는 법원으로부터 받은 접근 금지 명령을 준수해야 한다. 따라서 내담자의 목표 행동은 '명령 따르기'다.

표 9-1 예시 1 목표 행동- '금연하기'

변화대화		유지대화	
변화 욕구	"담배를 끊고 싶어요."	유지 욕구	"담배를 끊고 싶지 않아요." (담배를 피우고 싶어요.)
변화 능력	"담배를 끊을 수 있어요."	유지 능력	"담배를 끊을 수 있을지 모르겠어요." (담배를 끊을 자신이 없어요.)
변화 이유	"담배를 끊으면 건강이 좋아지겠지요."	유지 이유	"담배를 끊으면 긴장이 고조될 거예요."
변화 필요	"담배를 끊을 필요가 있습니다."	유지 필요	"담배를 끊을 필요가 없습니다."
변화 결단	"오늘부터 담배를 끊을 거예요."	유지 결단	"당분간 담배를 끊을 생각이 없습니다."
변화 활성화	"담배 끊을 준비가 되어 있습니다."	유지 활성화	"담배를 끊을 준비가 되어 있지 않습니다."
변화 실천	"저는 오늘 가지고 있던 담배를 모두 버렸습니다."	유지 실천	"오늘 담배를 샀습니다."

표 9-2 예시 2 목표 행동-'법원 명령 따르기'

	변화대화		유지대화
변화 욕구	"명령을 따르고 싶어요."	유지 욕구	"명령을 따르고 싶지 않아요." (가족에게 접근하고 싶어요.)
변화 능력	"명령을 따를 수 있어요."	유지 능력	"명령을 따를 수 있을지 모르겠어요." (따를 자신이 없어요.)
변화 이유	"명령을 따르면 가족과 재결합할 수 있을 거예요."	유지 이유	"명령을 따르면 화가 나요."
변화 필요	"명령을 따라야 해요."	유지 필요	"명령을 따를 필요가 없습니다."
변화 결단	"명령을 따를 거예요."	유지 결단	"명령을 따를 생각이 없습니다."
변화 활성화	"명령을 따를 준비가 되어 있어요."	유지 활성화	"명령을 따를 준비가 되어 있지 않습니다."
변화 실천	"이미 명령을 따르고 있습니다."	유지 실천	"오늘도 가족을 봤어요."

〈표 9-2〉에서 보면 내담자는 명령 준수하기라는 변화 행동에 대해서 양가감정을 가지고 있다. 내담자는 명령을 준수하겠다는 친변화적인 표현을 할 수도 있고, 정반대로 명령을 따르지 않았다고 말을 할 수도 있는데, 이러한 유지대화와 변화대화가 엉켜 있기 때문에 면담자는 내담자의 말을 주의 깊게 경청하고 변화대화를 낚아채어 변화 동기를 이끌어 내야 한다.

동기면담의 과정과 양가감정

동기면담의 네 가지 과정은 관계 형성하기, 초점 맞추기, 변화 동기 유발하기, 계획하기다. 첫 번째 단계인 관계 형성하기는 면담자와 대화를 시작한 모든 내담자에게 필수적인 첫 걸음이다. 내담자가 문제에 대해서 인정하기를 거부하든 또는 문제가 있다고 수긍하든 간에 모든 내담자는 면담 자체를 포함하여 자신의 문제 해결에 이르기까지 양가감정을 가지고 있다. 만약 내담자가 인식전단계로 보일 경우에는 특별히 내담자의 양가감정을 긍정적인 측면에서 반영을 하면서 칭찬과 격려 등의 인정하기를 충분히 사용해야 한다. 면담 자체에 대한 저항적 태도를 읽어 주는 반영과 동시에 기꺼이 면담에 응하고 있음에 대해 인정하기를 하는 것이다. 내담자가 변화에 대해서 긍정적이기보다는 부정적인 표현을 많이 할 경우에는 방향 틀어 동의하기, 나란히 가기, 초점 바꾸기 등과 같이 저항과 함께 구르는 데 유용한 동기면담 전략을 사용하면 내담자가 자신의 양가감정을 수용하는데 허용적이 될 수 있도록 돕는다. 내담자가 자신의 문제에 대한 인식을 하고 있을 때 자연스럽게 초점 맞추기를 하게 된다. 내담자의 삶의 다양한 영역 중 특별히 내담자가 관심 있어야 하고 다루고자 하는 영역을 선택하도록 촉진하는 단계가 초점 맞추기 단계다. 내담자는 변화를 심각하게 고려하기 전이지만 변화에 대해서 무언가를 해야 한다는 생각은 하고 있고, 이제부터 자신의 양가감정을 들여다보기 시작한다. 면담이 목표로 하는, 내담자가 선택한 변화 행동을 향해서 결단하고자 하는 과정이 세 번째 과정인 변화 동기 유발하기다. 내담자는 많은 대안 행동을 이미 탐색하고, 자기가 할 수 있고, 중요하다고 생각하는 특정 대안을 선택하여 면담자와 대화를 한다. 대안에 대하여 양가감정을 표현하도록 돕는 동기면담의 핵심 전략으로는 유발적인 열린 질문하기, 결정저울 사용하기, 자신감과 중요성 척도 사용하기, 필요하다면 내담자의 동의나 허락을 구하고 유용한 정보를 교환하기, 내담자의 장점이나 변화에 대한 긍정적인 태도에 대하여 칭찬이나 격려하기, 대안의 실천에 대해 내담자가 느끼고 있는 염려와 격려를 깊이 있게 반영하기 등이 포함된다.

양가감정과 불일치감 만들기

변화 동기를 유발하는 과정에서 내담자의 현재 행동이 가져오는 긍정적인 이득과 불쾌한 대가는 변화로 가는 열쇠다. 그러나 어떤 경우에 있어서는 이러한 불일치감이 변화를 이끌어 내는 데 별다른 영향을 주지 않는 것처럼 보일 때가 있다. 좀 더 살펴보면, 이 불일치감의 분량이 지나치게 적거나 지나치게 많은 경우에 행동변화에 영향을 주지 못할 수 있다. 너무 적은 경우이면 변화를 일으킬 만한 힘이 없을 수 있고, 과다하게 큰 경우에는 변화가 비현실적으로 느껴질 수 있기 때문이다. 또 어떤 경우에는 불일치감이 충분히 있는데도 불구하고 자기효능감이 부족하여 상대적으로 이 불일치감이 크게 느껴질 수 있다. 또한 불일치감이 너무 고통스러워서 생각하고 싶지 않다고 회피하는 경우가 있는데, 이때도 불일치감이 있지만 변화로 연결되지 못하고 만다.

양가감정은 일반적으로 불편감을 조장하기는 하지만, 만성화된 문제를 가진 내담자의 경우에는 양가감정에 무디게 반응할 수 있다. 무감각해진 내담자의 경우, 반복된 실패의 경험이 양가감정에 대한 민감성을 저하시켰을 수 있다. 하지만 일반적으로 양가감정이 자기 안에 있다는 것을 명확하게 바라볼 때, 변화에 대한 이야기를 많이 하거나 또는 변화하지 말아야 하는 것에 대해 많은 말을 한다.

Miller와 Rollnick(2013)은 '자기조절'이라는 개념을 변화의 자동조절 장치로 비유하였다. 자기조절은 내담자가 경험하는 불일치감을 감지하는 내적 장치다. 이 장치가 작동하도록 동기면담을 도울 수 있다. 외적 동기나 압력이 주어질 때, 이 자기조절 장치는 기능을 하지 못하고 만다. 불일치감이 없어 보이는 내담자라 할지라도, 자기 자신을 그대로 수용하는 협동 관계에서 내담자는 불일치감을 감지하기 시작한다. 여기서 수용이라고 하는 것은 동기면담 정신 중 하나로서, 인간으로서의 절대적 가치와 자율성을 말한다. 수용되면 덜 방어적이 되고, 덜 방어적이 되면 자기 자신의 모순을 보려는 힘이 생긴다.

자신의 문제 행동에 대한 양가감정이 없어 보이는 내담자의 불일치감을 어떻게 고취시킬 수 있는가? 소위 인식전단계 내담자를 말한다. 겉으로 보기에 동기가 없는 사람에게 동기면담을 하면 변화하기 시작하는 일은 흔한 일이다. 이와 같이 양가감정이 없는 내담자의 불일치감을 고취시키는 구체적인 방법으로는 정보교환하기, 피드백하기, 내담자 외의 중요한 타인이 느끼는 걱정과 염려에 대해서 함께 탐색하기, 내담자의 목표와 가치 탐색하기 그리고 자율성 존중하기다.

Chapter

10
동기면담하기

동기면담 회기를 동기면담으로 진행한다면 그 회기는 관계 형성에서부터 초점 맞추기, 변화 동기 유발하기, 협동하여 계획하는 것이 있어야 한다. 면담 과정에서 관계 형성이 어떻게 형성되고 있는지를 먼저 살펴보아야 한다. 내담자의 관점에서 볼 때 면담자가 어느 정도로 내담자를 이해하고 있는지를 보려면, 열린 질문하기와 반영하기를 적절한 비율에 따라서 적시에 사용하고 있는지 보아야 할 것이다. 내담자의 말에 경청하고 있는 면담자라면 내담자의 감정과 생각을 잘 포착하여 더 많이 탐색할 수 있도록 도울 것이다. 이러한 현상이 면담 회기에서 관찰되고 있으면 동기면담이라고 볼 수 있다. 더 나아가, 면담자와 내담자가 방향을 설정하여 명료하게 초점을 잡아가는가에 따라 동기면담이 될 수도 있고 그렇지 않을 수도 있다. 만약 내담자가 끌려 다니는 식의 면담을 하고 있거나, 또는 초점을 맞추지 못한 채 제자리걸음을 하고 있는 면담이 지속된다면 동기면담을 한다고 볼 수 없다. 일단 초점이 맞추어지면 내담자의 변화대화를 유발하여 동기를 높이기 위해서 유발적으로 면담자가 이야기를 나누고 있는지를 보아야 할 것이다. 내담자가 변화에 대해 이유, 능력, 필요, 욕구에 대해 언급하는 빈도가 많아지면서 동시에 변화에 반대하는 유지대화의 빈도가 적어지고 있다면 면담자는 동기면담을 하고 있다고 볼 수 있다. 변화대화를 이끌어 내고 결단을 향해서 내담자가 다가갈 수 있도록 핵심기술인 열린 질문하기, 반영하기, 인정하기, 요약하기를 적시에 활용하고 있다면 동기면담의 정신, 즉 협동, 수용, 동정, 유발이 전달되고 있음에 틀림없다. 따라서 면담자는 동기면담을 하고 있다고 볼 수 있다. 계획하기는 동기면담에서 필수 구성요소는 아니지만, 면담자가 내담자를 도와서 협동하여 계획하기를 할 경우 역시 내담자의 결정할 수 있는 능력과 선택할 수 있는 자율성을 존중하는 방식으로 면담을 진행하고 있는가에 따라 동기면담의 여부를 알 수 있다.

내담자는 면담 전반에 걸쳐서 변화에 대해서 이야기를 하는 사람이어야 한다. 면담자가 아니다. 동기면담의 네 가지 과정은 연속선상에서 발생하는 데 걸리는 시간은 각 과정마다 달라질 수 있다. 면담자가 어느 수준의 경청을 하고 있는지에 따라서 관계 형성이 심도 있게 형성될 수 있는 한편, 면담자와 내담자의 불화가 생기면 관계 형성이 깨지게 되므로 다시 관계 형성하기부터 시작해야 할 것이다. 이 네 가지 과정들은 상호 중복될 수도 있고 상호 영향을 줄 수도 있는데, 면담자는 메타 인지적으로 자신이 지금 어느 과정에 와 있는지에 대해 인지해야 한다. 어느 과정인지에 따라서 동기면담 핵심기술의 활용이 달라질 수 있다.

동기면담 정신과 핵심기술을 아는 것과 실제 장면에서 내담자에게 적용하는 것은 별개다. 동기면담을 잘하고 있는지 면담자가 어떻게 알 수 있을까? 동기면담의 네 가지 과정이 어떻게 실천되어 나타날 수 있을까? 동기면담은 짧게는 2분 혹은 5~6분 내에서도 내담자와 관계 형성을 하고 변화 행동 목표를 명료하게 한 후 실천을 향해 결단할 수 있는 변화대화를 유발한 후에 구체적인 행동 계획까지 세울 수 있다. 동기면담으로 면담을 하는지 하지 않는지의 여부를 MISC와 MITI를 사용하여 부호화하여 알아볼 수 있다. 여기서는 동기면담의 네 가지 과정에서 면담이 동기면담인지 아닌지를 알아보고자 한다.

다음에 제시한, 같은 목표 행동에 대한 두 면담자의 차이점을 살펴보자. 두 면담 모두 동일한 시점에서 시작하는데, 면담 스타일에 차이가 있다.

- 개인 정보: 남, 16세, 중학교 3학년
- 면담 장소: 교내 상담실
- 목표 행동: '게임하는 시간을 줄이기'

면담자 A

면담자: ○○이는 어떻게 상담을 받으러 오게 됐니? (열린 질문하기)

내담자: 담임선생님이 가 보라고 하셨어요.

면담자: 내가 듣기로는 수업 시간에 휴대폰으로 게임을 하다가 여러 번 지적을 받았다고 하더라. 주로 어떤 게임을 하는데? (열린 질문하기)

내담자: 네, 요즘에 나온 게임은 아무거나 다 하고요. 밤낮 없이 해요.

면담자: 그럼 게임을 하면서 많은 시간을 보내면 다른 생활은 어떻게 하니? 학교에서 공부한다든가, 숙제를 한다든가, 밥을 먹는다든가 말이야. (열린 질문하기)

내담자: 그냥 다 해요.

면담자: 그럼 친구들은 언제 만나니? (닫힌 질문하기)

친구들과 보내는 시간이 적겠구나.

내담자: 휴대폰으로 만나는데요.

면담자: 아, 그렇구나. 그러면 잠은 언제 자니? (닫힌 질문하기)

내담자: 잠은 새벽 3시나 4시 정도에 자요.

면담자: 많이 피곤하겠구나. 잠도 얼마 못 자고……. 학교에서 수업은 제대로 들을 수 있니? (닫힌 질문하기)

내담자: 학교에서는 졸려서 자는 시간이 많아요. 그런데 게임을 하면 안 졸려요. (유지대화)

면담자: 그렇다면 학업에 지장이 있다는 소리인데, 걱정되지 않아? (닫힌 질문하기) 중3이면 곧 고등학교에 진학해야 하잖아.

내담자: 전에는 그런 생각을 안 했었는데, 요즘에는 고등학교에 가야 하니 고민이에요. 공부를 하려고 해 봤는데 잘 안돼요.

면담자: 공부를 하고 싶은 마음은 있는 거구나. (단순반영하기)

그렇지? (닫힌 질문하기)

내담자: 예. 하지만 공부는 어렵고 졸리고…… 게임이 좋으니까…… 잘 안 돼요. (유지대화)

면담자: 게임을 하는 것은 나쁜 게 아닌데, 지금 시기에 ○○이는 고등학교를 가야 하는 입장이니까 그래도 게임보다 학업에 좀 더 투자를 하는 게 맞지 않을까? (닫힌 질문하기) 너도 그렇게 생각하고 있는 것 같은데? 그럼 게임을 하는 습관을 고쳐 보도록 하면 어떨까? (동기면담 정신 불일치)

내담자: 예.

면담자: 선생님과 힘을 합쳐서 어떻게 해결할지에 대해 한 번 생각해 보자. (동기 면담 정신 불일치)

○○이가 지금 생각하는 제일 큰 문제는 뭐지? (열린 질문하기)

내담자: 게임을 계속하는 거요.

면담자: 그럼 그 문제를 해결하기 위해서는 어떻게 해야 할까? (열린 질문하기)

내담자: 게임을 하지 말아야 해요. (변화대화)

면담자: 선생님 생각에는 예전에도 ○○이가 게임을 하지 않겠다고 했던 것이 문제가 되었으니까 좋은 생각이 아닌 것 같은데? (닫힌 질문하기) 시간 활용을 제대로 해 보는 것은 어떻겠니? (동기면담 정신 불일치)

내담자: 게임하는 시간을 줄이는 거요?

면담자: 그래, 좋은 생각인 것 같다. 게임과 관련하여 하루를 어떻게 보내는지 궁금하구나. 하루 생활에 대해 이야기해 주렴. (열린 질문하기)

내담자: 게임을 하느라 늦게 자고 늦게 일어나고…… 학교에 가서도 피곤해서 자게 되고, 늦게 자는 것이 제일 문제인 것 같아요. (변화대화)

면담자: 시간을 정해 놓고 게임을 하는 것은 어떠니? (동기면담 정신 불일치)

무엇보다도 ○○이의 마음가짐이 중요하다고 생각해.

내담자: 예.

면담자: 그래. 상담 시간도 다 되어 가는데 선생님이 ○○이에게 과제를 하나 내 줄게. 다음에 선생님을 만나러 올 때 ○○이의 일과표를 하나 만들어 가져 오는 거야. (동기면담 정신 불일치)

내담자: 알겠습니다.

면담자 B

면담자: ○○이는 무엇 때문에 상담을 받으러 오게 됐는지 말해 주렴. (열린 질문하기)

내담자: 담임선생님이 가 보라고 하셨어요.

면담자: 담임선생님의 권유로 여기에 왔구나. (단순반영하기)

내담자: 다른 애들도 수업 시간에 휴대폰으로 게임을 많이 해요.

면담자: 다른 애들도 게임을 많이 하는데, ○○이만 걸린 것 같아 짜증나겠구나. (복합반영하기)

내담자: 예, 완전 짜증나요.

면담자: 다른 친구들도 수업 시간에 게임을 하는데 너만 걸린 것 같아 억울하구나. (복합반영하기)

   담임선생님 말씀을 따라 이곳에 와 준 걸 보니 참 기특하구나. (동기면담 정신 일치)

내담자: 게임을 좀 많이 하는 게 탈이긴 하지만, 다른 건 다 알아서 해요. (양가감정)

면담자: 게임만 하는 게 아니라 다른 생활도 알아서 하고 있구나. (단순반영하기)

   스스로 알아서 할 수 있는 능력이 있구나. (동기면담 정신 일치)

   게임과 관련하여 하루를 어떻게 보내는지 궁금해. (열린 질문하기)

내담자: 학교에서 휴대폰으로 짬짬이 게임을 하고요. 집에 가서 밥 먹고 학원에 갈 때까지 게임을 해요. 학원 갔다 와서 숙제를 하고 나서 잘 때까지 게임을 조금 해요.

면담자: 모든 일을 알아서 잘하고 있는데 한편 게임을 좀 많이 하는 게 탈이라는 생각도 가지고 있구나. (복합반영하기)

내담자: 선생님께 걸려서 여기에 상담받으러 온 게 애들한테 창피하고, 억울하기도 해요. 엄마한테 혼날까 봐 걱정도 되고요. (변화대화)

면담자: 친구와 엄마와의 관계를 참 소중하게 생각하는구나. (복합반영하기)

내담자: 학교에서는 졸려서 자는 시간이 많아요. 고등학교에 가야 하는데 공부에 집중이 안 돼요. (변화대화)

면담자: 게임을 하게 되면서 불편한 점은 억울하게 상담을 받게 된 점, 애들에게 창피한 점, 엄마에게 혼날까 봐 걱정되는 점, 게임하느라 늦게 자서 학교에서 졸리고 공부에 집중하지도 못하는 점이구나. (단순반영하기)

   어떻게 하면 게임으로 인해 불편해지는 것을 줄일 수 있을지 말해 주렴.

(열린 질문하기)

내담자: 정해진 시간에 좀 더 일찍 자는 거요. 그리고 또 줄이는 방법이 있다면 시간을 정해 두고 게임을 하는 거죠. (변화대화)

면담자: 어떻게 하면 게임 시간을 줄여서 더 잘 생활할 수 있는지에 대해 잘 알고 있구나. (동기면담 정신 일치)

잠자는 시간을 정해 놓고, 게임하는 시간도 정해 두는 것이 도움이 된다고 생각하고 있구나. (단순반영하기)

내담자: 예전에 해 본 적은 있는데 하다가 잘 안 됐어요.

면담자: 게임을 줄이려고 노력해 본 적이 있구나. 노력을 했지만 잘 안 되었구나. (복합반영하기)

내담자: 마음을 잡고 하려고 하면 엄마가 다그쳐서 하다가 포기했어요.

면담자: 어머니가 너를 더 신뢰해 줬으면 하는 바람이 크구나. (복합반영하기)

내담자: 엄마가 나를 믿고 간섭하지 않고 그대로 두었으면 좋겠어요. 계속 일찍 자라고 잔소리 하니까 더 자기 싫어요.

면담자: 내가 하는 대로 내버려 두면 더 잘할 텐데 간섭을 하니까 더 하고 싶지 않은 마음이 생기는구나. (단순반영하기)

엄마가 어떻게 해 주었으면 좋겠니? 내가 도와줄 수도 있고, 네가 스스로 할 수도 있어. (열린 질문하기)

내담자: 일단 제가 다시 엄마한테 이야기해 볼게요. 그래도 안 되면 그때 도와주세요. (결단대화)

면담자: 일단 네 스스로 해보겠다는 말이구나. (단순반영하기)

네 문제를 네 스스로 해결하고 도전하고 싶은 용기가 대단하구나. (동기면담 정신 일치)

내담자: 네. 감사합니다.

면담자 A, B 모두 내담자의 관점을 이해하려고 하고, 도와주려고 하고 있으며, 두 경우 모두 동일한 시간이 걸렸다. 두 면담자 모두 동기면담에 대해서 생각했을 것이다. 그러나 과연 동기면담을 하였을까? 어떻게 알 수 있을까? 동기면담의 네 가지 과정을 통해서 몇 가지를 검토해 보자.

■ 관계 형성하기는 어땠나?

면담자는 내담자의 관점을 이해하는 데 어느 정도 관심을 가지고 있나? 반영적 경청의 질적 수준은 어떠했나? 내담자가 대화에 어느 정도 몰입했다고 생각하는가? 지속적인 대화를 위한 토대가 놓여졌는가? 핵심기술 면에서 볼 때, 면담자 A는 13개의 질문과 한 개의 단순반영이었다. 13개의 질문 중에서 닫힌 질문이 7개, 열린 질문이 6개였다. 면담자 A는 내담자에게 직면하고 허락을 구하지 않고 조언을 하였으며, 면담자의 가치관을 내담자에게 강요하는 표현, 면담자 A가 생각하기에 내담자가 반드시 해야 한다고 보는 것을 제안하는 등 동기면담 정신과 불일치하는 면담자 진술이 관찰된다.

한편, 면담자 B는 12개의 반영과 4개의 열린 질문으로 3:1의 비율을 보였다. 그리고 12개의 반영은 단순반영 6개와 복합반영 6개였다. 내담자의 능력, 과거의 성공, 변화의 시도와 의지, 자립성에 대한 면담자 B의 4개의 인정하기는 동기면담 정신과 일치한다.

■ 초점 맞추기는 잘하였나?

두 면담자 모두 목표 행동인 '게임 시간을 줄이기'라는 이슈에 초점이 맞춰 있다. 그러나 면담자 A는 내담자가 자발적으로 문제 해결을 언급하기보다는 끌고 또는 밀고 가는 대화를 하고 있다. 면담자 B의 경우 초기에 게임에 대한 양가감정을 내담자 스스로 이야기하고 있다(내담자4).

■ 변화대화를 유발하였나?

면담자 A는 내담자로부터 유지대화가 지속되는 것을 볼 수 있고, 후반부에 가서 변화대화가 나오기는 하지만 동기유발을 하여 표현한 진술이기보다는 면담자로부터 끌려다니다가 표현된 진술로 보인다. 따라서 더 많은 변화대화가 유발되어야 할 필요가 있다.

면담자 B는 초기에 내담자의 양가감정을 이끌어 내었고 열린 질문과 반영으로 내담자의 변화대화를 이끌어 내었다. 따라서 내담자는 면담에 더 적극적으로 몰입하는 것으로 보인다. 면담자 B가 복합반영을 할 때마다 변화대화가 유발된 것으로 볼 수 있으며, 열린 질문에 대해서도 그 질문에 대한 답이 변화대화에 관한 것이었다. 놀라운 차이점은 면담자 B가 내담자의 결단대화를 유발하고 있다는 점이다. 이러한 결단대화를 짧은 시간 내에 발생하도록 돕는 훌륭한 예가 되며, 바로 계획 세우기로 나아갈 수 있다.

■ 협동하여 계획 세우기를 했는가?

면담자 A는 내담자의 결단대화가 보이지 않음에도 불구하고 임의적으로 일과표를 만들어 오는 과제를 제안하였고, 이것은 협동적인 계획 세우기가 아니라 일방적이고 지시적인 과제 주기가 되어 안내하기 스타일이 아닌 지시하기 스타일의 전형적인 면을 보여 준다. 면담자 B는 내담자의 자립성을 인정함으로써 내담자 스스로 자신의 문제를 해결하려는 결단대화를 이끌어 내었다. 또한 내담자 스스로 게임 줄이기를 위해 어머니의 도움을 구해 보겠다는 계획하기를 제시하고 있다.

앞에서 보는 바와 같이, 면담자 A는 동기면담을 하는 것이 아니었고, 면담자 B는 동기면담을 하였다. 다시 말하면, 면담자 B는 변화에 대한 대화를 할 때 면담자가, 첫째, 내담자의 관점을 이해하고 협동하고자 공감적 경청을 사용하고 있고, 둘째, 한 개 이상의 변화 목표로 초점을 분명히 하고 있으며, 셋째, 내담자 자신의 변화 동기를 적극적으로 유발했으므로 동기면담이다. 계획하기는 나올 수도 있고, 나오지 않을 수도 있으나 유발하기 과정에서부터 자연스럽게 계획하기가 흘러나오는 경향이 있다. 이와 같은 세 가지를 할 때 동기면담을 하고 있는 것이다.

면담자 A와 B의 면담을 좀 더 자세히 살펴보자. 면담자 A의 면담은 왜 동기면담이 아닌가? 우선적으로 질문의 개수가 반영에 비해 매우 많고, 이러한 질문 스타일은 내담자로 하여금 취조를 받거나 비난을 받는다는 느낌을 가지게 할 수 있으며, 더 나아가 이해 받지 못하고 공감 받지 못한다는 느낌을 가져다준다. 즉, 관계 형성이 제대로 될 수 없게 하며, 내담자 자신의 현재 느낌과 생각을 닫아 버리고 만다. 내담자는 수업에서 여러 차례 휴대폰으로 인터넷 게임을 하다가 강제로 면담을 받기 위해 의뢰되어 온 학생이다. 이러한 내담자가 현재 상담실에서 느끼는 감정이나 생각은 무엇일까? 면담자 A는 이러한 느낌이나 생각에 관심을 보이지 않으며 바로 목표 행동과 문제 해결을 초점 삼아 많은 닫힌 질문을 하고 있다. 지시하기 대화 스타일로 볼 수 있는데, 내담자의 자율성을 존중하지 않고 있으며 내담자가 선택하고 통제할 수 있는 능력과 권리에 대해서도 간과하고 있는 면담자로 보인다. 자신의 전문성에 확신을 가지고 주도해 가는 것이 면담자에게는 편안할 수 있으나 내담자와의 소통은 되지 않아 일방적으로 계획을 세우는 것이 실천될 가능성이 적고, 다음 회기에 내담자가 나타나지 않거나 또는 과제를 해 오지 않는 것을 보고 면담자는 좌절을 경험하게 될 수 있다. 면담자 A의 내담자는 수동적으로 답을 하고 있다. 마치 면담자가 원하는 것을 잘 알고 있어서 정답을 주겠다는 태도가 드러난다.

면담자 B의 경우, 면담자 A와는 대조적으로 내담자가 현재 상담실에 와서 느끼고 있는 짜증, 억울함을 반영하여 공감받았다는 느낌과 이해받았다는 느낌을 내담자가 경험하는 것으로 보인다. 동기면담과 일치된 많은 반응, 예를 들어 자발적으로 참여하는 것이나 일상생활을 자립적으로 하고자 하는 열의, 나름대로 변화하려고 노력했다는 점 등을 칭찬하고 격려하면서 내담자의 자기효능감을 높이는 면담이다. 자기효능감은 변화와 긍정적인 상관관계를 가지고 있으므로 내담자의 긍정적 변화에 효과를 줄 것이다. 또한 내담자의 양가감정을 포착하여 변화쪽으로 기울어질 수 있도록 반영하고 있는 점은 초점 맞추기에 매우 효과적이다. 복합반영을 통해서 변화에 대한 이유와 필요, 능력 등을 유발하고 있는 점이 동기면담 정신 중 유발과 같은 맥락이다. 면담자 B는 내담자가 상당히 편안하게 대화에 몰입하면서 내담자 스스로 선택할 수 있도록 도와주며 또한 내담자의 판단력을 신뢰하는 것처럼 느껴진다. 면담자 B의 내담자는 무엇이 변화의 걸림돌이 되고 있는지를 탐색하면서 어머니에게 도움을 받기 위해 직접 행동을 실천할 것이라고 결단하고 있는 것을 볼 수 있다. 본질적으로 볼 때, 이 두 면담자는 내담자의 양가감정을 다루고 있느냐에 대해서 매우 다른 두 가지 스타일을 보여 준다.

또 다른 면담의 예를 살펴보자. 다음 두 면담의 차이점을 동기면담의 네 가지 과정에서 살펴보자. 두 면담 모두 동일한 시점에서 시작하는데, 면담 스타일에 차이가 있다.

- 개인 정보: 만성 관절염이 있는 60세, 여성
- 면담 장소: 진료실
- 목표 행동: '처방약 복용을 잘하기'

면담자 C

면담자: 안녕하세요? 그동안 잘 지내셨어요? (닫힌 질문)

내담자: 글쎄요, 약을 먹기는 하는데 무릎 관절이 계속 아프네요. 약을 먹어도 소용이 없는 것 아닌가요? 뭐 다른 방법이 있는지……. (유지대화)

면담자: 약을 잘 먹고 있는데도 잘 낫지 않아 걱정이 되시는군요. (단순반영하기)

내담자: 선생님이 하라는 대로 약을 먹고 있어요. 약도 먹고, 무리하게 일을 하지도 않고, 조금씩 걸어 다니고…….

면담자: 이 병이 원래 그래요. 만성적으로 진행되는 병이다 보니 완쾌되는 일이 별로 없어요. 증상 유지 내지 통증 완화 정도만 하시면 돼요. 무리하게 손자를 업고 다니시거나 엎드려서 일을 하지 마시고요. 이 약은 현재로서는 제일 좋은 약이에요. 꾸준히 드셔야 해요. (동기면담 불일치)

내담자: 꾸준히 먹고 있어요. 다른 치료는 없나요?

면담자: 다른 어떤 약보다 이 약이 제일 잘 맞으세요. (동기면담 불일치)

내담자: 노인정에 오는 약 파는 사람이 있는데 건강 보조 식품이 관절에 좋다고 하니 많이 사서 먹더라고요. 그런 거 먹어도 돼요?

면담자: 그런 거 믿지 마세요. 관절하고는 아무 관계 없습니다. 관절에 좋다고 하는 약들을 드시기 전에 우선 저와 상담하세요. 돈을 벌려고 하는 가짜 광고들이 많이 있어요. 괜히 돈 쓰면서 효과도 없는 약을 관절염 약이라고 드실 필요는 없습니다. (동기면담 불일치)

내담자: 아파서 밤에는 잠도 안 오는데 어떻게 해야 할지 모르겠어요.

면담자: 낮잠을 주무시지 마셔야 합니다. (동기면담 불일치)

내담자: 낮잠은 많이 안 자요. 관절염 때문에 잠이 안 올 수도 있는 건가요?

면담자: 관절염이랑 수면과는 관계가 없습니다. 요즘에 신경 쓰시는 일이 많이 있으신가 봐요. 마음을 편하게 하시고, 식사도 잘하시고, 약도 꼬박꼬박 잘 드시고 무리만 하지 않으시면 됩니다. 그밖에 별다른 것은 없어요. (동기면담 불일치)

내담자: 가끔 약 먹는 것을 잊어버릴 때도 있는데 혹시 빠뜨리고 안 먹으면 안 되는 거죠?

면담자: 꼬박꼬박 드셔야 효과가 있지요. 잊어버리지 않도록 달력에 표시하면서 드실 수도 있고, 지난번에 드린 약통에 매일 넣어 두셨다가 잘 보이는 곳에 두고 꼬박꼬박 드세요. 약을 안 드시면 악화되서 지팡이를 짚고 다니시든지 나중에는 휠체어를 타실 수도 있어요. 약을 잘 드시는 것이 무엇보다도 중요합니다. (동기면담 불일치)

내담자: 예.

면담자: 약 잘 드시고, 다음 달에 뵙지요.

면담자 D

면담자: 안녕하세요? 그동안 어떻게 지내셨어요? (열린 질문하기)

내담자: 글쎄요, 약을 먹기는 하는데 무릎 관절이 계속 아프네요. 약을 먹어도 소

용이 없는 것 아닌가요? 뭐 다른 방법이 있는지……. (유지대화)

면담자: 약을 잘 복용하고 있어도 증상이 호전되지 않아 염려하시는군요. (복합반영하기)

내담자: 선생님이 하라는 대로 약을 먹고 있어요. 약도 먹고, 무리하게 일을 하지도 않고, 조금씩 걸어 다니고 있는데 잘 안 낫네요. 뭐 다른 방법이 있을까요?

면담자: 어떤 다른 방법이 있는지 궁금하시군요. (단순반영하기)
약이 기대하는 만큼 효과가 나지 않는 것 같아 그런 질문을 하시는 것 같은데, 하루 동안 어떻게 약을 드시는지 말씀해 주세요. (열린 질문하기)

내담자: 꾸준히 먹으려고 노력을 하는데 한두 번 잊어버릴 때가 있어요. 꼬박 꼬박 먹는 게 쉽지 않더라고요. 아침에 일어나면 손자들 챙겨야 하고, 그러다 보면 아침에 먹어야 되는 약을 먹지 못해요. 그래서 빠뜨리게 되는 경우가 많아요. 주말이면 딸아이 집에 약을 두고 와서 못 먹게 되는 경우도 있고요. 하루 세 번 먹어야 되는데…….

면담자: 꼬박꼬박 먹고 싶은데 빠뜨리는 일이 생겨서 마음이 안 좋으실 때가 있군요. (복합반영하기)
약은 꼭 드셔야 된다는 생각은 가지고 있으시네요. (동기면담 정신 일치)
아침이랑 주말에 약을 자주 잊어버리고 안 드시게 되시는군요. (단순반영하기)

내담자: 아침 약을 잊지 않고 먹으려면 아침밥부터 챙겨 먹어야겠지요. (변화대화)

면담자: 아주 좋은 생각입니다. (동기면담 정신 일치)
식사를 제때 하면 약을 잘 챙겨 드시게 된다는 거군요. (단순반영하기)

내담자: 예. 손자들 밥을 챙겨 먹일 때 저도 함께 먹어야겠어요. (결단대화)

면담자: 손자들과 함께 식사를 하게 되면 식사 때를 놓쳐 약을 먹지 못하는 것을 줄일 수 있겠다는 거네요. (복합반영하기)
주말에 따님을 보러 갈 때는 어떻게 하면 좋을까요? (열린 질문하기)

내담자: 제가 정신이 없어서 잘 잊어버리니까 약을 반반씩 나눠 놓으면 되겠네요.

딸아이 집에 반, 제 집에 반을 두면 될 것 같네요. (결단대화)

면담자: 따님을 자주 보러 가니까 따님 댁에도 약을 두면 더 잘 챙겨 먹을 수 있겠다는 말씀이네요. (단순반영하기)

그동안 어떻게 하면 약을 잘 챙겨 먹을지에 대해 많은 생각을 해 오셨네요. (동기면담 정신 일치)

내담자: 그럼요. 제 건강이니까 제가 잘 챙겨야지요.

면담자: 에, 감사합니다. 약 잘 드시고 다음 달에 뵙지요.

면담자 C, D 모두 내담자의 관점을 이해하려고 하고, 도와주려고 하고 있으며, 두 경우 모두 동일한 시간이 걸렸다. 두 면담자 모두 동기면담에 대해서 생각했을 것이다. 그러나 과연 동기면담을 하였을까? 어떻게 알 수 있을까? 동기면담의 네 가지 과정을 통해서 몇 가지를 검토해 보자.

■ **관계 형성하기는 어땠나?**

면담자는 내담자의 관점을 이해하는 데 어느 정도 관심을 가지고 있나? 반영적 경청의 질적 수준은 어떠했나? 내담자가 대화에 어느 정도 몰입했다고 생각하는가? 지속적인 대화를 위한 토대가 놓여 졌는가? 핵심기술 면에서 볼 때, 면담자 C는 닫힌 질문 1개와 단순반영 1개를 하였다. 면담자 C는 초기에는 내담자의 염려를 반영하였으나 이후 대부분의 대화에서 내담자에게 지시하거나 내담자의 의견에 반대하거나 허락을 구하지 않고 조언하였으며 직면하는 것이 면담에서 대부분이었다.

면담자 D는 7개의 반영과 3개의 질문으로 2.3 : 1의 비율을 보였다. 그리고 7개의 반영 중에서 단순 반영이 4개, 복합 반영이 3개였다. 3개의 질문은 모두 열린 질문이었다. 내담자의 처방약 복용에 대한 의지를 칭찬하고 격려하였고, 내담자의 행동 대안에 대해서 칭찬하였으며, 자기 자신의 건강에 대해서 관심을 기울이고 있는 면을 지지하는 등 동기면담 정신과 일치하는 반응들이 자주 나타났다.

■ 초점 맞추기를 잘하였나?

두 면담자 모두 목표 행동인 '처방약 복용 잘하기'라는 이슈에 초점이 맞춰져 있다. 그러나 면담자 C는 처음부터 마지막까지 처방약을 복용해야 하는 의무와 필요성을 강조하고 있고 내담자의 자율성을 존중하지 않는 대화를 하고 있다. 면담자 D는 증상이 호전되지 않는 것에 대한 내담자의 염려를 충분히 그리고 깊이 읽어 줌으로써 내담자는 처방약을 복용하는 것을 잊어버리고 놓치는 경우에 대해 상당히 빨리 이야기를 이끌어 내고 있다. 따라서 목표 행동에 걸림돌이 되는 상황들을 내담자와 함께 나눌 수 있는 기회가 되고 있어서 다음 단계인 변화대화 유발하기에 자연스럽게 이동할 수 있었다.

■ 변화대화를 유발하였나?

면담자 C는 내담자로부터 변화대화를 이끌어 내지 못하고 있다. 지시적인 면담 스타일로, 면담자는 내담자에게 조언하는 방식으로 대화를 하고 있다. 한편, 면담자 D는 처방약을 꾸준히 먹으려고 노력해야 한다는 목표 행동의 필요성과 할 수 있다는 능력을 이끌어 내는 데 성공적으로 대화를 진행하고 있으며, 마침내 내담자로 하여금 처방약을 잊어버리지 않고 복용하기 위해서 무엇을 할 것인가에 대한 결단대화로 이끌어 가고 있다. 이러한 결단대화가 매우 짧은 시간 내에 발생하도록 돕는 것이 바로 동기면담이다. 결단대화가 나오면 구체적인 계획 세우기로 이동이 가능하다.

면담자 C는 면담 초기에서부터 내담자의 유지대화가 표현되는 것을 볼 수 있고, 면담 전반에 걸쳐 변화대화는 나오지 않는다. 면담자 C는 내담자의 변화대화에 관심을 기울이기보다는 내담자가 약을 복용하기 위해 해야 하는 것과 하지 말아야 하는 것에 대해 지시하기와 조언하기로 면담을 이끌어 가고 있다. 한편, 면담자 D는 면담 초기에 내담자로부터의 유지대화가 표현되었지만 면담 후반부로 가면서 내담자 스스로 어떻게 하면 약을 잘 복용할 수 있을지에 대한 변화 대화가 나온다. 그와 더불어 내담자는 약을 잘 복용할 수 있는 방법들을 자신이 제안하고 있으며, 그 방법을 실천하겠다는 행동실천 의지를 표현하는 결단대화로 이어지고 있어 내담자의 행동실천 가능성이 높아지고 있음을 보여 주고 있다.

■ 협동하여 계획 세우기를 했는가?

면담자 C는 내담자의 유지대화가 변화대화로 바꾸어지지 않음에도 불구하고, 임의적으로 처방약을 반드시 복용하는 것만이 내담자가 할 수 있는 유일한 과제임을 강조하고 있어서 협동적인 계획이 아니라 일방적이고 지시적인 과제 주기가 되어 안내하기 스타일이 아닌 지시하기 스타일의 전형적인 면을 보여 준다.

면담자 D는 내담자 스스로 문제를 해결하려는 결단대화를 이끌어 내면서 자연스럽게 내담자의 자발적인 계획이 세워지는 것을 볼 수 있다. 즉, 내담자는 식사를 제때 함으로써 처방약 복용을 잊지 않을 것이며, 딸의 집에도 약을 맡겨서 딸의 집에 방문했을 때 역시 처방약 복용을 준수할 수 있다고 확신하고 있다. 이러한 계획은 모두 내담자 스스로 이야기를 끌어낸 것이다.

앞에서 보는 바와 같이, 면담자 C는 동기면담을 하는 것이 아니었고, 면담자 D는 동기면담을 하였다. 면담자 C와 D의 면담을 좀 더 자세히 살펴보자. 면담자 C의 면담은 왜 동기면담이 아닌가? 우선적으로 질문이나 반영이 거의 없이 조언과 정보를 일방적으로 제공하고 있고, 내담자에게 이야기할 수 있는 기회를 주지 않고 있음으로 경청을 전혀 하고 있지 않은 면담자다. 내담자는 이해를 받거나 공감을 받았다는 느낌을 가지지 못하고 진료실을 떠나게 된다. 반영적 경청이 없음으로 관계 형성이 될 수 없다. 내담자는 처방약을 먹어야 하는 것을 잘 알고 있으나 잊어버리고 빠뜨리는 것에 대해 스스로 걱정을 하고 있는 만성 신체질환이 있는 환자다. 이러한 내담자가 현재 진료실에서 느낀 감정과 생각은 무엇일까? 내담자가 증상에 대해 호소를 하고 있는 것은 처방약 복용이 효과가 없음을 말하고자 하는 것이 아니라 자신의 염려와 걱정에 대한 일종의 변호였을 수 있다. 면담자 C는 전혀 관심을 보이지 않고 목표 행동과 문제 해결을 초점 삼아 지시하기로 일관하고 있다. 내담자의 자율성을 존중하지 않고 자신의 이야기를 표현할 수 있는 기회마저 박탈하고 있다. 자신의 전문성에 확신을 가지고 주도해 가는 것이 면담자에게 편안하게 느껴질 수 있으나 내담자와의 소통은 되지 않아 일방적으로 계획을 세우는 것이 실천될 가능성이 적고, 다음 회기에 내담자가 처방전을 받으러 진료실에 온다고 하더라도 여전히 아침에 먹을 약을 잊어버렸거나 딸의 집에 가서야 약을 가져오지 않았음을 알 수 있게 될 것이다. 면담자 C의 내담자는 수동적으로 답을 하고 있고, 동일한 문제가 반복될 가능성이 높다.

면담자 D의 경우, 면담자 C와는 대조적으로 내담자가 처방약 복용에 대해서 현재 느끼고 있는 감정과 생각을 이끌어 내는 데 매우 성공적인 대화를 진행하고 있다. 동기면담과 일치된 많은 반응, 예를 들어 처방약을 준수하는 것이 간혹 어렵긴 하지만 필요성을 잘 알고 있다는 점, 어떻게 하면 처방약 준수를 잘할 수 있을 것인지에 대해 내담자가 많은 생각을 하며 시간을 보내왔다는 점을 칭찬하고 격려하는 면담으로서 내담자의 자기효능감을 높이고 있다. 면담자 D의 경우, 내담자가 그동안 생각해 왔던 좋은 방법을 표현할 기회가 있었고, 생각을 표현함으로써 결단을 더욱 돈독히 하는 시간을 가졌다. 이 두 면담자의 대화 스타일은 지시하기, 안내하기 스타일의 전형적인 표본이라고 하겠다.

에필로그
동기면담의 현주소

동기면담이 전 세계로 확산되면서 문화적인 차이가 동기면담의 적용에 어떠한 관련성이 있는지에 대해 많은 관심을 보이고 있다. 서로 다른 종교, 인종, 언어, 관습에 동기면담 정신과 핵심기술이 어떻게 해석되고 있으며, 전달되고 적용되어 효과성을 보는지에 대해서 연구가 활발히 진행되고 있다. Miller와 Rollnick의 『동기면담: 변화 돕기』(제3판)은 40개 이상의 언어로 번역되어 있고, MINT 회원도 20개 이상의 나라에서 활동하고 있다. 우리나라에서도 2015년에 MINT가 인증한 TNT를 통해서 MINT 회원들이 배출되었고, 우리나라 언어와 관습과 문화로 동기면담을 이해하고 훈련하며 적용하는 활동이 활발하다.

2015년, APSMI(아시아 태평양 동기면담 심포지엄)에서 우리나라를 포함하여 일본, 중국, 싱가포르 등 여러 나라에서 동기면담으로 만나는 기회를 가졌고, 이것을 계기로 하여 아시아 국가에서 더 많은 활약이 기대된다.

동기면담이 강조하는 가치, 즉 존중, 관계 형성, 경청, 선택, 자율성 등은 인간의 기본적인 욕구이자 존엄성을 나타내는 것으로서 종교나 관습을 넘어서는 보편적 가치라고 하는데, Miller와 Rollnick을 포함하여 동기면담에 관심을 보이는 사람들이 공감하고 있다. 사람들은 누군가로부터 무언가를 하라고 지시받는 것을 기본적으로 좋아하지 않으며, 자신의 결함을 교정하도록 지적될 때 유쾌하지 않고 효과적이지도 않으며 변화를 억지로 만들어 내려고 하는 것도 어렵고, 오히려 갈등을 초래하며 효과가 없는 것으로 보고 있다. Pascal(1670)은 "사람들은 자기 스스로 발견한 논리에 의해 더 잘 설득된다."라는 말을 하였다. 이것은 동기면담의 원리와 일맥상통한다. 면담자가 가르쳐 주는 논리적인 이해와 필요성에 의해서 내담자가 설득되는 것처럼 보이지만 효과 면에서 기대하는 것만큼 효과적이지 않다는 사실이다.

Rollnick(2015)은 "어려운 문제일수록 보다 부드러운 대화 스타일에 더 잘 반응한다."라고 하였다. 행동 변화를 요구하는 수많은 다양한 문제는 면담자가 만나는 문제 중에서 그 강도가 더 높아지고 있으며, 우리나라도 마찬가지로 청소년 자살 위기, 노인과 아동 학대, 성범죄, 알코올 및 약물 중독, 성중독, 인터넷 게임 및 도박 문제, 일반적인 범죄 행동, 청소년 문제 등과 같이 문제의 심각성이 증가하고 있고, 변화가 매우 어려운 문제들이 산적해 있다. 문제가 어려울수록 면담자는 더 부드럽고 따뜻하게 대화를 해야 한다는 것이 Rollnick의 논지다.

오늘날의 동기면담은 학습될 수 있는 대화 스타일이며, 핵심기술을 활용할 수 있고, 변화에 초점을 맞추어 내담자 중심으로 대화를 이끌어 가는 것으로 잘 정리되어 있다. 내담자에게 올가미가 되었던 양가감정의 끈을 내담자 스스로 풀어 낼 수 있도록 변화동기를 이끌어 낼 수 있는 것이 동기면담이며, 네 가지 동기면담 과정을 통해서 대화가 진행된다. 첫 번째 과정은 관계 형성하기 과정인데, Rollnick(2015)은 주어진 면담 시간 중에서 20% 정도는 관계 형성에 사용해야 한다고 강조하였다. 대화를 시작할 수 있는 환경을 만드는 것을 가장 우선 하여야 하며, 언제든지 필요하다면 관계를 재형성해야 한다. 두 번째 과정은 '어떠한(what)' 변화라고 이름 붙일 수 있는 초점 맞추기 과정으로서 방향을 설정하는 과정이다. 일반적으로 방향 설정과 변화대화 유발하기는 거의 동시적으로 이루어질 수도 있다. 동기면담의 세 번째 과정인 변화 동기 유발하기 과정은 동기면담이 가장 활발하게 적용되는 과정이라고도 볼 수 있다. '왜(why)'는 내담자가 변화하려는지의 동기를 유발하는 것이다. 이 과정에서 무엇보다 중요한 것은 내담자의 언어적 · 비언어적 단서를 잘 읽을 수 있어야 한다는 것이다. 변화대화가 공허한 껍데기에 불과할 수도 있기 때문이다. 흥미로운 사실은 동기면담은 매우 단순한 진술로 이루어지는 대화라는 점이다. 내담자의 변화 동기를 따라갈 때 가능하다. 더불어 경청하기가 이것을 가능하게 한다. 경청하기는 시간을 절약해 준다. 이제까지 동기면담이 복잡한 과정이라고 간주하여 시간이 많이 소요되기 때문에 짧은 시간에 적용하는 것이 불가능하다고 짐작하고 적용하기를 꺼렸던 것과 대조적으로 오히려 경청하기를 하면 수많은 질문을 하지 않아도 되고, 내담자의 결단을 유발하는 데 더욱 시간 효율적이다. 질문보다는 반영이 내담자의 변화대화를 유발한다는 점도 매우 흥미로우며, 상담이나 자문에서 대화의 속도를 천천히 하면 할수록 결과가 더 좋아진다는 역설적인 결과를 나타낸다. 현재 동기면담에서 또 다른 변화는 '조언'이라는 말 대신에 '제안'이라는 말을 선호한다. 이는 면담자와 내담자의 관계가 협동적임을 더욱 강조하는 '대체어'라고 볼 수 있다. 또한 면담자가 내담자를 얼마나 자주 만나는가 하는 것은 관계 형성이 아님을 강조한다. 내담자와 만날 때마다 새롭게 관계를 형성해야 한다는 것이며, 동기면담의 핵심기술을 가르치기 전에 먼저 체득해야 하는 것이 관계 형성하기다.

　이 책을 통해서 독자들이 동기면담을 쉽게 알기를 바라는 마음이며, 적용하는 가운데 동기면담 활용 역량이 증진되기를 바란다. 그러기 위해서는 기본 교육 워크숍이나 책 읽기로는 부족하며, 지속적으로 연습할 수 있는 학습 공동체가 필요하고, 전문적 슈퍼비전도 따라야 한다. 독자들이 동기면담을 배우고 적용하면서 만나는 많은 사람의 삶에 크고 작은 변화가 결단되고 실천되기를 바라는 마음이다.

한국 문화와 동기면담

단군신화에서 민족의 유래를 찾아 거슬러 올라가 보면, 저변에 흐르고 있는 한국인의 정신이나 혼은 무속적인 특성이 강해 보인다. 이후 인도와 중국으로부터 흘러들어 온 불교문화와 유교 문화가 현대에 이르기까지 우리에게 상당히 많은 영향을 주고 있다. 한편 건국 이후 고려시대까지는 불교와 무속 신앙이 우리나라의 정신적 근간이 되었고, 조선시대 500년 동안은 유교 문화가 정신적 지주의 역할을 맡았다. 1800년대 말, 근대부터 지금까지 기독교 정신과 민주주의가 우리의 삶에 지대한 영향을 주고 있다.

우리 문화에서 대인관계에서 가장 많이 영향을 받은 것은 유교라고 생각한다. 예로부터 '동방예의지국'이라 불리기를 좋아했고, '남녀칠세부동석', 가부장적인 전통, 남아선호사상, 경로사상, 군사부일체, 장유유서 등의 유교적 전통과 사상은 남녀의 관계, 부모와 자녀의 관계, 어른과 아이의 관계, 교사와 학생의 관계, 직장 상사와 직원과의 관계, 학교 선후배 관계 등의 질서를 중시하게 하였다. 더불어 우리말에 다양한 수준의 존칭 표현과 상대방의 신체적인 제스처와 절도 있는 언어적 표현은 우리 자신의 성품과 인격을 반영하는 것으로 여기고 있다.

한편, 가까운 중국의 경우에는 매일 아침 남녀노소가 공원에 모여서 음악에 맞추어 태극권을 하고 합창을 하고 난 후에 남녀 두 사람이 서로 손을 잡고 자유롭게 춤을 추는 광경은 유교 사상에 젖어 있는 우리나라 사람에게 상당히 생소하고 당황스럽기조차하다. 처음 만나는 사람과 악수를 한다거나 손을 맞잡거나 간단한 포옹은 매우 어색하고 아직까지 우리의 일상생활에서는 보기 힘든 장면이다.

동기면담 정신과 핵심기술이 이러한 우리 고유의 문화와 어떻게 어우러질 수 있을까? 우리나라는 36년간의 일제강점기와 1950년의 한국전쟁을 겪은 후에 가난하고 어려웠던 나라를 일으켜 세워서 선진국처럼 잘 살아 보고 싶다는 강한 열망으로 '한강의 기적'을 이루었다. 많은 선진국의 사람은 한국인의 저력과 끈기와 노력에 감탄을 자아냈고, 짧은 시간에 우리는 OECD 가입국으로서 선진국의 반열에 들어섰다고들 한다. 이러한 감탄의 기적을 이루기까지 우리는 많은 경쟁 속에서 전쟁을 치루듯 삶을 이어 왔다. 경쟁과 희생의 삶은 가난하고 자원이 부족하며 작은 국토를 가진 한국인이 살아 올 수 있었던 저력이었던 것이 사실이다. 현재 우리 사회의 경쟁은 심한 입시난과 취업난으로 이어지고 있다. 우리는 남보다 더 많이 알아야 하고, 빨리 알아야 하고, 더 잘해야 하는 것이 우리 몸에 배어 있어서 타인을 배려하고, 존중하고, 아끼고, 기다리고, 사랑하는 것은 비효율적이고 생산적이지 못하다고 여겼다. 그렇기에 우리는 타인에 대한 칭찬·격려·인정하기가 어색하다. 칭찬과 격려를 받을 때 우리는 쑥스럽다. 그리고 타인에게 칭찬하고 격려를 하면서도 멋쩍은 미소를 짓는다. 면담을 하는 면담자도 무조건적인 칭찬과 사랑을 받고 자라지 않았고, 내담자도 물론 그러하다. 우리는 칭찬·격려·인정하기에 약하다. 하지만 칭찬·격려·인정하기를 어느 민족보다도 좋아한다. 동기면담을 배우면서 칭찬·격려·인정하기를 체험한 참가자가 빠른 시간 내에 칭찬·격려·인정하기를 해 내는 것이 그 증거일 것이다.

동기면담 워크숍을 진행하면서 저자들은 일관성 있게 인정하기를 하는 것이 얼마나 어려운지를 이야기 나누곤 하였는데, 이때 종종 사용하는 한 가지 예화다. 초등학교에 다니는 아이가 점수가 적힌 시험지를 흔들며 집으로 왔다. 아이가 "엄마, 엄마, 나 ○○시험에서 70점 맞았어요."라고 하면 엄마는 "반 평균이 몇 점이야? 공부 좀 열심히 해."라고 말한다. 다음날 아이가 시험지를 힘차게 흔들며 집으로 왔다. "엄마, 엄마, 오늘은 90점 맞았어요."라고 하면 엄마는 "만점 받은 친구는 몇 명이야?"라고 묻는다. 또 다음날 아이가 시험지를 힘차게 흔들며 집으로 왔다. "엄마, 오늘 100점 맞았어요."라고 하면 엄마는 "그래, 긴장 늦추지 말고 열심히 해."라고 한다. 이 예화를 들려 주면 대부분의 워크숍 참가자들은 웃으며 수긍을 한다. 워크숍에 와 있는 많은 학부모가 공감하며 술렁인다. 우리가 이 이야기를 듣고 쉽게 공감할 수 있는 이유는 경쟁 사회 속에서 살아가는 우리의 마음 속에 존재하는 두려움 때문일 것이다. '내가, 내 아이가 다른 사람과의 경쟁에서 뒤처지면 어떻게 하지…….' '다른 사람들이 무시하면 어떻게 하지…….' '인정받지 못하면 어떻게 하지…….' 등과 같은 두려움이 우리 사회에서 칭찬 · 격려 · 인정하기의 자리를 좁게 만들고 있다. 나와 타인을 인정하기가 어렵더라도 연습을 통해서 진정한 인정하기, 편안한 인정하기로 한 발짝 다가설 수 있다. 그리고 더욱 중요한 것은 면담자가 먼저 자기 자신을 사랑하고 칭찬 · 격려 · 인정할 수 있는 여유가 필요하다.

열린 질문하기도 인정하기와 마찬가지다. 무슨 일이든지 '빨리 빨리' 해야 하는 우리는 질문을 할 때도 최소한의 노력으로 최고의 대가를 받고 싶어 한다. 즉, 열린 질문하기보다는 닫힌 질문을 하여 원하는 대답을 간략하고 빨리 얻는 데 익숙하다. 많은 면담자는 자신의 질문 속에 열린 질문하기와 닫힌 질문하기가 혼합되어 있거나 닫힌 질문을 하면서 자신은 열린 질문을 하고 있다고 착각하고 있는 경우가 종종 있다. 이와 관련하여 상대방의 말을 잘 들어야 하는 것이 동기면담 핵심기술의 필수 조건인데, 열린 질문을 하고 나서 대답을 기다리는 데 익숙하지 않은 면담자는 바로 닫힌 질문을 하거나 정답을 제시한다. 면담자로서 우리는 우리 몸에 익숙한 '빨리 빨리' 하려는 생활 습관을 들여다 볼 수 있어야 한다. 질문을 할 때도 한 걸음 물러서서 자신의 질문 습관이 어떠한지 메타적으로 인식하면서 대화하도록 동기면담이 돕고 있다.

면담이나 상담 장면에서 면담자들은 내담자를 직면시키거나 교육시키고, 조언 · 처방하고, 효율적인 답을 빨리 알려 주는 것에 익숙하다. 면담자와 내담자 모두 기다리고 경청하는 것이 비효율적이라 여긴다. 사실 우리만큼이나 '이래라 저래라' 하는 것을 매우 싫어하는 민족이 없을 것이다. 건국 이래 외래의 침략과 탄압이 끊이지 않았지만 '백의민족 정체성'을 지금까지도 지속하고 있다는 것은 타인의 통제를 매우 싫어하는 것을 보여 준다. 한편, 자신의 생각과 욕구도 강하고, 홍이 있고 신명나는 민족이지만 유교의 처방적이고 권위적이며 규범적인 전통이 자신의 생각과 감정을 자유롭게 표현하지 못하게 억압해 왔다. 면담 장면에서 면담자는 내담자에게 처방을 내리는 식의 대화를 해 왔었다. 이에 내담자는 자신의 역할에 탐탁하지는 않았지만 구태여 의문을 제기하지도 않았다. 동기면담에서는 면담자가 적극적으로 반영적 경청을 하면서 표현되지 않은 내담자의 생각과 욕구, 동기를 말하도록 유발하게 돕는다.

우리는 협동정신이 강하다. 예로부터 '두레' '품앗이' '새마을 운동' '장례 문화' '부조금 문화' 를 비롯하여 근간에는 IMF 때의 '금 모으기 운동' 월드컵 때의 '붉은 악마' 등에 이르기까지 우리가 서로 힘을 합해 돕고, 대항하고, 살아온 자취는 어느 곳에서든지 쉽게 볼 수 있다. 우리의 협동은 대의명분적인 특성이 강하다. 그래서 간혹 개인의 자율성과 개성이 묻힐 수 있다. 상대방과 내가 동등한 입장에서 권리를 행사하고 자유롭게 선택하며 책임은 온전히 자신만의 것이라는 태도를 갖는 것에는 상당한 용기를 필요로 한다. 개인의 자율성이 가족, 지인, 친인척, 선후배, 조상과 집안, 지역사회, 종교를 포함한 공동체, 학연 등이 기대하는 역할의 성격과 기능 수행으로 인해서 억압되고 제한되는 것으로 보인다. 사실 우리 민족만큼이나 개인의 창의성과 자발성, 개성이 강한 민족이 없을 것이다. 개인적 자율성과 집단의 요구 사이에서 진정한 협동정신이 구체화될 필요가 있다. 동기면담 협동 정신에서 우리는 개인의 자유롭고 자발적이며 창의적인 협동을 배운다. 동기면담 협동 정신을 연습함으로써 대의 명분적이 아닌 일상에서 혹은 면담장면에서 두 사람 간에 오고가는 협동을 배운다.

마무리하면, 저자들은 동기면담 워크숍에서 동기면담 정신을 알려 주는 시간을 가장 귀하고 중요하게 여긴다. 만약 어떤 사람이 "동기면담을 1~2분 동안 간략하게 소개해 주세요."라고 청한다면, 동기면담의 핵심기술이나 전략을 알려 주지 않고 주저 없이 동기면담 정신을 전달하려고 한다. 동기면담 정신에는 자신과 타인을 사랑하고 사랑받을 수 있게 하는 요소가 나열되어 있다. 동기면담의 핵심기술을 실천하기에 앞서 동기면담 정신을 실천해야 한다. 한국인 한 사람 한 사람이 동기면담 정신을 실천하면 우리나라는 어떤 국가가 될까? 간혹 저자들은 동기면담 워크숍을 진행하면서 다음과 같이 생각한다. '오늘 워크숍에 참여한 참가자들이 만약 동기면담 정신을 실천하면 면담실(학교, 가정, 공동체, 지역사회, 우리나라 등)은 어떻게 될까?' 동기면담 정신이 실천되는 우리의 주변 모습을 상상하면 즐거워진다. 동기면담 정신을 강조하고 또 강조하는 일은 하나의 긍정적이고 풍요로운 사회 운동 실천 방법이 될 수 있다. 우리 민족은 동기면담 정신, 협동, 수용, 유발, 동정이 강한 민족이다. 이러한 정신을 더 실천해야 할 것이다. 이제, 지금이야말로 우리에게 동기면담이 필요한 때다. 동기면담에서 구체적이고 세련되게 제시하는 정신과 핵심기술이 함께 어우러진다면 본래부터 가지고 있던 한국인의 협동, 수용, 유발과 동정의 정신이 더욱 우리의 삶을 변화시키고, 나와 너의 관계를 변화시키고, 사회를 변화시킬 것으로 믿는다. 그중에서도 특히 자신의 삶의 변화와 복지, 안녕이 증진될 것으로 기대한다.

오늘도 저자들은 다짐하며 큰 소리로 외쳐 본다.

"삶이 동기면담이 되게."

부록

- 가치 분류 카드

- 개인적 가치 카드

- 용어 정의

가치 분류 카드

Miller, Baca, Matthews, & Wilbourne (2013)

1. 수용(Acceptance)	있는 그대로의 자기 자신으로 수용받기
2. 정확성(Accuracy)	자기 자신의 의견과 신념에 정확하기
3. 성취(Achievement)	중요한 성취 달성하기
4. 모험(Adventure)	새롭고 신나는 경험하기
5. 예술적 감각(Art)	예술을 감상하거나 자기 자신을 예술적으로 표현하기
6. 매력(Attractiveness)	신체적으로 매력적이기
7. 권위(Authority)	다른 사람을 담당하고 책임지기
8. 자율성(Autonomy)	자기가 결정하고 독립적이기
9. 아름다움(Beauty)	자기 주변의 아름다움을 감상하기
10. 소속감(Belonging)	소속감 가지기, 부분이 되기
11. 보살핌(Caring)	다른 사람을 돌보기
12. 도전(Challenge)	어려운 과제와 문제 감당하기
13. 안락(Comfort)	쾌적하고 편안하게 살기
14. 헌신(Commitment)	오래 지속되고 의미 있는 헌신하기
15. 동정(Compassion)	다른 사람을 염려하고, 염려에 따라 행동하기
16. 복합성(Complexity)	삶 속에서 얽힌 것들을 포용하기
17. 타협(Compromise)	타협점을 찾아 기꺼이 주고받기
18. 기여(Contribution)	세상에 오랫동안 기여하기
19. 협동(Cooperation)	다른 사람과 함께 협력적으로 작업하기
20. 용기(Courage)	역경에도 용감하고 강하기
21. 공손함(Courtesy)	다른 사람을 배려하고 공손하기
22. 창의성(Creativity)	새로운 일이나 아이디어를 만들어 내기
23. 호기심(Curiosity)	새로운 것을 추구하고, 경험하고, 배우기

24. **믿을 만함**(Dependability)   믿을 수 있고 신뢰할 만하기

25. **근면**(Diligence)   무엇을 하든지 철저하고 양심적이기

26. **의무**(Duty)   나의 의무와 책무를 이행하기

27. **생태환경**(Ecology)   환경과 조화롭게 살기

28. **흥분**(Excitement)   스릴과 자극이 가득한 생활하기

29. **충실함**(Faithfulness)   대인관계에서 충실하고 진실하기

30. **명예**(Fame)   사람들에게 알려지고 인정받기

31. **가족**(Family)   행복하고 애정이 깊은 가족 갖기

32. **신체 단련**(Fitness)   군살 없고 강인한 몸매 갖기

33. **융통성**(Flexibility)   새로운 환경에 쉽게 적응하기

34. **용서**(Forgiveness)   다른 사람을 용서하기

35. **자유**(Freedom)   부당한 제약과 제한으로부터 자유롭기

36. **우정**(Friendship)   친밀하고 지지적인 친구 가지기

37. **즐거움**(Fun)   재미있게 놀고 즐겁기

38. **관대함**(Generosity)   내가 가진 것을 다른 사람과 나누기

39. **진정성**(Genuineness)   나는 누구인가에 진실한 방식으로 행동하기

40. **하나님의 뜻**(God's Will)   하나님의 뜻을 구하고, 그 뜻에 순종하기

41. **감사**(Gratitude)   감사하고 고마워하기

42. **성장**(Growth)   끊임없이 변화하고 성장하기

43. **건강**(Health)   신체 건강하기

44. **정직**(Honesty)   정직하고 신실하기

45. **희망**(Hope)   긍정적이고 낙관적인 관망 유지하기

46. **겸손**(Humility)   겸손하고 허세 부리지 않기

47. **유머**(Humor)   자기 자신과 세상의 재미있는 면을 보기

48. **상상**(Imagination)   꿈을 가지고 가능성을 보기

49. **독립성**(Independence)   타인에 대한 의존하기로부터 자유롭기

50. **근면**(Industry)   인생의 과제를 잘 이루기 위해 열심히 하기

51. 내적 평화(Inner peace)	개인적 평화 경험하기	
52. 존엄성(Integrity)	나의 가치와 일관성 있는 방식으로 일상 생활하기	
53. 지능(Intelligence)	민감하고 적극적인 마음 가지기	
54. 친밀감(Intimacy)	자신의 가장 깊은 내면의 경험을 타인과 함께 나누기	
55. 정의(Justice)	모두에게 공정하고 동등한 대우를 지향하기	
56. 지식(Knowledge)	가치 있는 지식을 배우고 기여하기	
57. 리더십(Leadership)	사람의 기운을 북돋고 안내하기	
58. 여가(Leisure)	이완하고 즐기는 시간 갖기	
59. 사랑받기(Loved)	나와 가까운 사람에게 사랑받기	
60. 사랑하기(Loving)	다른 사람을 사랑하기	
61. 숙달(Mastery)	매일의 활동에서 유능하기	
62. 마음챙김(Mindfulness)	현재의 순간을 깨닫고 의식하며 살기	
63. 중용(Moderation)	중간 지점을 찾고 지나치지 않기	
64. 일부일처(Monogamy)	한 사람과 친밀하고 사랑하는 관계 맺기	
65. 음악(Music)	음악을 즐기거나 나 자신을 음악적으로 표현하기	
66. 불순응(Nonconformity)	권위와 규범에 의문을 갖고 도전하기	
67. 신기로움(Novelty)	변화와 다양함으로 가득 찬 삶을 살기	
68. 양육(Nurturance)	다른 사람을 격려하고 지지하기	
69. 개방성(Openness)	새로운 경험, 아이디어, 대안에 열려 있기	
70. 정돈(Order)	잘 정리되고 짜인 생활하기	
71. 열정(Passion)	아이디어, 활동, 사람에 대해 깊은 감정 갖기	
72. 애국(Patriotism)	조국을 사랑하고, 섬기고, 보호하기	
73. 빈 카드	자신이 가장 중요하게 여기는 가치 적기	
74. 인기(Popularity)	많은 사람이 매우 좋아하기	
75. 권력(Power)	다른 사람을 통제하기	
76. 실용성(Practicality)	실용적이고, 신중하고, 합리적인 것에 초점 두기	
77. 보호(Protect)	내가 사랑하는 사람을 보호하고, 안전하게 지키기	

78. 공급(Provide)	나의 가족에게 공급하고 돌보기
79. 목적(Purpose)	인생의 의미와 방향성 가지기
80. 합리성(Rationality)	합당한 이유, 논리, 증거를 안내자로 하기
81. 현실성(Realism)	현실적이고 실제적으로 보고 행동하기
82. 책임(Responsibility)	책임 있는 결정을 내리고 이행하기
83. 위험(Risk)	위험과 기회 잡기
84. 로맨스(Romance)	자신의 삶에서 강렬하고 흥미진진한 사랑하기
85. 안전(Safety)	안전하고 안정하기
86. 자기수용(Self-acceptance)	자기 자신을 있는 그대로 수용하기
87. 자기통제(Self-control)	자신의 행동을 단련하기
88. 자존감(Self-esteem)	자기 자신을 좋게 느끼기
89. 자기 지식(Self-knowledge)	자기 자신에 대해 깊고 정직하게 이해하기
90. 봉사(Service)	다른 사람에게 봉사하기
91. 성생활(Sexuality)	활발하고 만족스러운 성생활하기
92. 소박함(Simplicity)	최소한의 필요로 소박한 생활하기
93. 고독(Solitude)	다른 사람과 떨어질 수 있는 나만의 시간과 공간 갖기
94. 영성(Spirituality)	영적으로 성장하고 성숙하기
95. 안정성(Stability)	매우 일관된 생활하기
96. 관용(Tolerance)	자신과 다른 사람을 수용하고 존중하기
97. 전통(Tradition)	과거의 본받을 만한 양식을 따르기
98. 미덕(Virtue)	도덕적으로 순수하고 탁월한 삶을 살기
99. 부(Wealth)	많은 돈을 가지기
100. 세계 평화(World peace)	세계 평화를 도모하기 위해 노력하기

개인적 가치 카드

Miller, Baca, Matthews, & Wilbourne (2013)

가장 중요하다	매우 중요하다	중요하다	조금 중요하다	중요하지 않다

수용 있는 그대로의 자기 자신으로 수용받기 1	**정확성** 자기 자신의 의견과 신념에 정확하기 2	**성취** 중요한 성취 달성하기 3
모험 새롭고 신나는 경험하기 4	**예술적 감각** 예술을 감상하거나 자기 자신을 예술적으로 표현하기 5	**매력** 신체적으로 매력적이기 6
권위 다른 사람을 담당하고 책임지기 7	**자율성** 자기가 결정하고 독립적이기 8	**아름다움** 자기 주변의 아름다움을 감상하기 9
소속감 소속감 가지기, 부분이 되기 10	**보살핌** 다른 사람들 돌보기 11	**도전** 어려운 과제와 문제 감당하기 12
안락 쾌적하고 편안하게 살기 13	**헌신** 오래 지속되고 의미 있는 헌신하기 14	**동정** 다른 사람을 염려하고, 염려에 따라 행동하기 15
복합성 삶 속에서 얽힌 것들을 포용하기 16	**타협** 타협점을 찾아 기꺼이 주고받기 17	**기여** 세상에 오랫동안 기여하기 18
협동 다른 사람과 함께 협력적으로 작업하기 19	**용기** 역경에도 용감하고 강하기 20	**공손함** 다른 사람을 배려하고 공손하기 21

창의성 새로운 일이나 아이디어를 만들어 내기 22	**호기심** 새로운 것을 추구하고, 경험하고, 배우기 23	**믿을 만함** 믿을 수 있고 신뢰할 만하기 24
근 면 무엇을 하든지 철저하고 양심적이기 25	**의 무** 나의 의무와 책무를 이행하기 26	**생태환경** 환경과 조화롭게 살기 27
흥 분 스릴과 자극이 가득한 생활하기 28	**충실함** 대인관계에서 충실하고 진실하기 29	**명 예** 사람들에게 알려지고 인정받기 30
가 족 행복하고 애정이 깊은 가족 갖기 31	**신체 단련** 군살 없고 강인한 몸매 갖기 32	**융통성** 새로운 환경에 쉽게 적응하기 33
용 서 다른 사람을 용서하기 34	**자 유** 부당한 제약과 제한으로부터 자유롭기 35	**우 정** 친밀하고 지지적인 친구 가지기 36
즐거움 재미있게 놀고 즐겁기 37	**관대함** 내가 가진 것을 다른 사람과 나누기 38	**진정성** 나는 누구인가에 진실한 방식으로 행동하기 39
하나님의 뜻 하나님의 뜻을 구하고, 그 뜻에 순종하기 40	**감 사** 감사하고 고마워하기 41	**성 장** 끊임없이 변화하고 성장하기 42
건 강 신체 건강하기 43	**정 직** 정직하고 신실하기 44	**희 망** 긍정적이고 낙관적인 관망 유지하기 45
겸 손 겸손하고 허세 부리지 않기 46	**유 머** 자기 자신과 세상의 재미있는 면을 보기 47	**상 상** 꿈을 가지고 가능성을 보기 48

독립성	근면	내적 평화
타인에 대한 의존하기로부터 자유롭기	인생의 과제를 잘 이루기 위해 열심히 하기	개인적 평화 경험하기
49	50	51
존엄성	**지능**	**친밀감**
나의 가치와 일관성 있는 방식으로 일상 생활하기	민감하고 적극적인 마음 가지기	자신의 가장 깊은 내면의 경험을 타인과 함께 나누기
52	53	54
정의	**지식**	**리더십**
모두에게 공정하고 동등한 대우를 지향하기	가치 있는 지식을 배우고 기여하기	사람의 기운을 북돋고 안내하기
55	56	57
여가	**사랑 받기**	**사랑하기**
이완하고 즐기는 시간 갖기	나와 가까운 사람에게 사랑받기	다른 사람을 사랑하기
58	59	60
숙달	**마음챙김**	**중용**
매일의 활동에서 유능하기	현재의 순간을 깨닫고 의식하며 살기	중간 지점을 찾고 지나치지 않기
61	62	63
일부일처	**음악**	**불순응**
한 사람과 친밀하고 사랑하는 관계 맺기	음악을 즐기거나 나 자신을 음악적으로 표현하기	권위와 규범에 의문을 갖고 도전하기
64	65	66
신기로움	**양육**	**개방성**
변화와 다양함으로 가득 찬 삶을 살기	다른 사람을 격려하고 지지하기	새로운 경험, 아이디어, 대안에 열려 있기
67	68	69
정돈	**열정**	**애국**
잘 정리되고 짜인 생활하기	아이디어, 활동, 사람에 대해 깊은 감정 갖기	조국을 사랑하고, 섬기고, 보호하기
70	71	72
빈 카드	**인기**	**권력**
자신이 가장 중요하게 여기는 가치 적기	많은 사람이 매우 좋아하기	다른 사람을 통제하기
73	74	75

실용성 실용적이고, 신중하고, 합리적인 것에 초점 두기 76	**보호** 내가 사랑하는 사람을 보호하고, 안전하게 지키기 77	**공급** 나의 가족에게 공급하고 돌보기 78
목적 인생의 의미와 방향성 가지기 79	**합리성** 합당한 이유, 논리, 증거를 안내자 로 하기 80	**현실성** 현실적이고 실제적으로 보고 행동하기 81
책임 책임 있는 결정을 내리고 이행하기 82	**위험** 위험과 기회 잡기 83	**로맨스** 자신의 삶에서 강렬하고 흥미진진한 사랑하기 84
안전 안전하고 안정하기 85	**자기수용** 자기 자신을 있는 그대로 수용하기 86	**자기통제** 자신의 행동을 단련하기 87
자존감 자기 자신을 좋게 느끼기 88	**자기 지식** 자기 자신에 대해 깊고 정직하게 이해하기 89	**봉사** 다른 사람에게 봉사하기 90
성생활 활발하고 만족스러운 성생활하기 91	**소박함** 최소한의 필요로 소박한 생활하기 92	**고독** 다른 사람과 떨어질 수 있는 나만의 시간과 공간 갖기 93
영성 영적으로 성장하고 성숙하기 94	**안정성** 매우 일관된 생활하기 95	**관용** 자신과 다른 사람을 수용하고 존중하기 96
전통 과거의 본받을 만한 양식을 따르기 97	**미덕** 도덕적으로 순수하고 탁월한 삶을 살기 98	**부** 많은 돈을 가지기 99
세계평화 세계 평화를 도모하기 위해 노력하기 100		

용어 정의

ㄱ

가르치다(Docere)
라틴어로, 지식, 지혜, 통찰을 부여하다

가치(Values)
삶의 의미와 방향이 되는 핵심 목표와 기준

가치 분류(Values sorting)
Milton Rokeach와 동료들이 사용한 기법. '전혀 중요하지 않음'에서부터 '가장 중요함'으로 가치 카드의 우선순위를 분류함

개인 통제력 강조하기(Emphasizing personal control)
저항에 반응하는 전략으로서, 개인의 선택 통제력을 강조하는 것을 내담자가 하는 것이 그의 선택임을 강조해 줌으로써 변화에 대한 책임을 내담자에게 있게 하는 것이다. 내담자의 선택과 자기결정을 인정하기

결단대화(Commitment language)
활성화 변화대화의 한 유형, 변화를 수행하겠다는 의지나 성향

결정저울(Decisional balance)
변화에 대한 찬반을 동등하게 탐색하는 기법. 행동을 변화할 때, 변화하지 않을 때의 이득과 손실을 검토하는 과정으로서, 이와 관련된 양가감정을 더욱 인식하여 해결하도록 돕는다.

경로 그리기(Path mapping)
변화 목표를 향해 변화 계획을 선택하는 과정

계획하기(Planning)
동기면담 과정에서 네 번째 과정

공감(Empathy)
내담자의 관점과 경험을 정확하게 이해함을 전달하는 것, 반영하기로 알 수 있음

공감 표현하기(Express empathy)

동기면담의 핵심원칙인데, 반영하기, 요약하기, 열린 질문하기, 인정하기 등의 기술을 사용한다. 이때 내담자 중심 방향성을 지지하게 된다. 정확한 공감, 즉 상대방이 순간순간 어디에 있는지를 진정으로 이해하는 것은 공감 표현하기의 기능이 된다.

과거 되돌아보기/미래 예상해 보기(Looking back/ Looking forward)

변화대화 유발 전략 중 하나. 이 기법은 변화대화를 이끌어 내기 위한 극단적 질문 기법과 유사한데, 미래 예상해 보기는 가정적 면을 가지고 있다. "○○님이 몇 달 동안 이 문제에 꼼짝하지 못하고 있다면, 변화과제가 어떻게 될 수 있을까요?" "목표 행동이 존재하지 않거나 이슈가 아니었던 때가 있었나요?" "지금과 비교했을 때 그 당시의 경험은 어떤 것이었나요?"

과장하기(Overshooting)

내용이나 감정의 강도를 높여서 반영하기, 확대 반영 참조

관계 형성하기(Engaging)

동기면담 과정의 첫 번째 과정. 상호 신뢰하고 존중하는 조력 관계 형성. 내담자가 치료에서 경험한 적극성과 동기 수준은 치료의 효과 유지와 보다 나은 치료 성과에 일반적으로 긍정적 관계를 가진다. 내담자와의 관계 형성하기는 내담자가 치료, 면담자, 혹은 이 둘 모두, 그리고 면담자가 속한 기관에 대한 신뢰와 상담자의 개인적 능력에 대한 자신감이 비례하는 것으로 보인다. 초기부터 내담자와 면담자의 작업 동맹을 만드는 것은 참여에 대한 신뢰도 있는 예측 변인이 되는 것으로 보고된다.

교정반사(Righting reflex)

상황을 올바르게 만들고 싶어 하는 조력자들의 자연스러운 욕구. 교정반사는 면담자가 내담자를 올바르게 만들어 주거나 '고쳐' 주고 싶은 매우 자연스러운 유혹을 말하는데, 이때 내담자가 스스로 할 수 있는 기본 능력이 있다는 방식으로 표현하려는 유혹이다. 면담자가 너무 많이 교정반사에 몰입하게 되면, 내담자를 부정적으로 반응하게 만드는 실수를 하게 된다. 왜냐하면 내담자는 자신의 권한이 대체되거나 감소된다는 느낌을 가지게 되기 때문이다. 교정반사는 'RULE' 약자에서 담고 있는 동기면담의 핵심 원칙 중 하나와 관련된다(교정반사 저항하기, 내담자 자신의 동기를 이해하고 탐색하기, 공감적으로 경청하기, 내담자의 역량을 강화하기).

구조화하기(Formulation)

내담자의 상황에 대해 함께 가정 세우기

극단적 질문하기(Asking extremes)

변화대화를 유발하는 다른 모든 기법과 같이 극단적 질문하기는 특정한 현존의 행동에 관하여 내담자가 자신의 입장을 제거하도록 돕는 데 사용한다. 면담자는 열린 질

문을 시작하여 만약 현재의 행동을 바꾸는 것이 매우 잘 된다면 또는 매우 잘못된다면 어떻게 될 것인지를 내담자로부터 얻어낸다. 내담자가 제시하는 변화대화는 바로 반영함으로써 내담자가 더 많은 변화대화를 하면서 상세하게 이야기하도록 격려 할 수 있다.

극단적인 상황 그리기(Querying extremes)

변화대화 유발 전략. 변화했을 때의 최상의 결과나 하지 않았을 때의 최악의 상황을 상상하기

근거 기반 실천(Evidence based practice: EBP)

근거 기반 실천이란 정신적 · 행동적 건강 개입을 선호하여 사용하는지를 체계적 경험 연구에서 이러한 개입이 특정 문제에 대한 치료 방법으로서 통계적으로 유의미한 효과를 가지는 것으로 밝혀진 것이다. 근거 기반 실천은 타당성이 있고, 중요하며, 적용 가능한 내담자 보고, 면담자 관찰과 연구로부터 이끌어 낸 근거의 수집 · 해석 · 통합을 도모한다.

꽃부케(Bouquet)

내담자의 변화대화를 모아서 강조하기

ㄴ

나란히 가기(Coming alongside)

저항에 반응하는 전략으로서 자신의 행동을 바꾸지 않기로 결정한 대상에 대해 수용하도록 하는 것으로, 유지대화나 불화에서 내담자의 주제에 대해 우선 동의한 후에 반영하기

내담자 중심 상담(Client-centered counseling)

인간 중심 상담 참조

내적 동기(Internal motivation)

내적 동기란 과제 자체에 대한 관심, 즐거움으로 유발되는 동기로, 이것은 외적 압력에 의존하기보다 개인의 내념에 의존함

능력(Ability)

예비적 변화대화의 한 유형. 변화할 수 있다고 지각함

ㄷ

단계 1(Phase 1)

변화의 언덕에서의 오르막길. 관계 형성하기, 안내하기, 유발하기 과정 포함

단계 2(Phase 2)

변화의 언덕에서의 내리막길. 변화 목표로 가는 결단, 변화 계획 만들기 포함

단순반영(Simple reflection)

내담자가 한 말을 거의 그대로 반영하기

닫힌 질문(Closed question)

예/아니요, 단답형, 구체적인 정보를 묻는 질문

동료 코칭(Peer coaching)

2명 이상의 동료가 공통의 목표를 향해 작업하는 것이다. 코칭 회기에는 현재 실천을 정교화하고 새로운 기술을 개발하고, 아이디어를 나누고, 서로에게 여러 가지 기술을 가르치는 것이 포함된다. 아이디어를 나누는 것은 업무에서 일어나는 다양한 가능한 이슈를 해결하는 데 사용된다. 동료 코칭의 몇 가지 특징은 그것이 비밀보장, 융통성이 있다는 것이며, 관찰 가능한 행동에 초점을 맞추어 피드백을 생성하고 참조 체제를 제공하는 것이다.

동정(Compassion)

동기면담 정신. 내담자의 복지와 욕구를 우선시함

동기면담(Motivational Interviewing)

변화 동기와 결단을 견고히 하기 위한 협동적인 대화 스타일

동기면담 정신(Spirit of Motivational Interviewing)

동기면담 정신은 동기면담의 비기술적이면서 보다 적응적인 구성 요소다. 동기면담 정신에는 4가지 구성요소 또는 차원이 있다. 즉, 협동, 수용, 동정, 유발이다.

동기면담 학습 여덟 가지 과제(Eight tasks for learning Motivational Interviewing)

Moyers와 Miller에 의하면, 내담자를 참여시키기 위한 동기면담 스타일을 학습하고 정복하는 데 포함된 여덟 가지 과제가 있다. ① 내담자의 전문성 협력하는 데 개방적으로 되기, ② 정확한 공감을 포함한 내담자 중심의 상담 능력, ③ 동기면담의 실천을 안내해 주는 내담자 표현에서 중요한 측면을 인정하기, ④ 내담자 변화대화를 유발하고 견고히 하기, ⑤ 저항과 함께 구르기, ⑥ 변화 계획을 타협하기, ⑦ 내담자 결단을 견고히 하기, ⑧ 동기면담과 기타 개입 스타일 간을 융통성 있게 바꾸기. 여덟 가지 과제가 순서에 따라 학습되어진다는 것이 전제다.

동기면담 훈련가 과정(Training of New Trainers: TNT)

1993년에 시작한 동기면담 훈련가 MINT가 되기 위한 훈련 과정

동기증진치료(Motivational Enhancement Therapy: MET)

프로젝트 MATCH에서 처음 개발되고 검증된 치료, 동기면담을 평가 피드백과 조합한 것임

따라가기(Following)

의사소통 스타일의 한 유형

ㅁ

명명하기 함정(Labeling trap)

진단명이나 문제를 명명하는 경우

문단 완성하기(Continuing the paragraph)

내담자가 완성하지 못한 부분을 반영하여 완성함

목표 달성 척도(Goal attainment scaling)

Kiresuk이 개발한 척도. 다양한 문제 영역에서의 치료 성과 평가

목표와 가치 탐색(Exploring goals and values)

변화대화를 유발하는 전략 중 하나. 내담자로 하여금 자신의 가치관을 바라보고 이끌어 내도록 하는 것은 목표 행동에 대한 보다 깊은 수준의 불일치감을 경험할 수 있도록 도와주는 매우 영향력 있는 접근이 된다. 가치관 카드 분류 또는 내담자의 가장 중요한 가치에 대해 이야기하게 함으로써 가능하며, 이때 면담자는 내담자가 자신의 목표 행동을 자신의 가치관과 어떻게 연결하는지 비교 · 대조하도록 안내한다.

미래 바라보기(Looking forward)

변화대화 유발 전략 중 하나

미래 상상하기(Envisioning)

변화했을 때를 떠올려서 말함

민트(MINT)

1997년에 창립된 TNT 훈련을 통해 동기면담 훈련가가 된 훈련가 그룹

ㅂ

반동(Reactance)

자유가 위협당할 때 자유를 주장하게 되는 인간의 본성

반영(Reflection)

내담자가 한 말의 의미를 비추고자 하는 면담자 진술. 내담자가 이야기한 것에 대해 가정한 것을 진술할 것이다. 반복하기, 재진술하기, 다르게 표현하기의 세 가지 수준이 있다.

반영적 경청(Reflective listening)

반영을 하면서 '적극적' 경청하기. 면담자가 반영적으로 경청할 경우, 열린 질문하기, 인정하기, 반영하기의 여러 유형(예: 단순, 양면, 확대, 기타 복잡한 반영), 요약하기를 사용한다. 내담자 중심의 적극적 · 반영적 경청 기술을 가리켜 'OARS'로 약자를 쓴다.

반영의 깊이(Depth of reflection)

복합반영 참조

방향 맞추기(Orienting)

면담 이슈가 불분명할 때 방향을 찾는 과정, 초점 맞추기 참조

방향 틀어 동의하기(Agreement with a twist)

저항에 대한 반응 전략으로서 반영을 해 준 후에 재구조화함

방향 지향성(Direction)

변화 목표를 향함

방향 지향적(Directive)

내담자가 말하는 것을 은연중에 촉진시킴으로써 안내를 하고 방향을 제공하는 것으로, 내담자가 행동의 변화를 시작하고 유지하는 것에 대해 가지고 있는 양가감정을 해소하도록 돕는 방향으로 대화를 움직여 가는 방식이다. 내담자의 표현을 선별적으로 촉진시키는 예로는 요약하기에서 내담자가 포함하고자 하는 것을 선택해 주거나 내담자가 표현한 양가감정의 한쪽 면을 의도적으로 반영해 주는 방법이다.

변화 계획(Change plan)

변화 목표를 수행하는 계획. 행동 목표를 성취하기 위한 공식적 · 비공식적 계획

변화 단계(Stages of change)

초이론적 변화 모델에서 말하는 변화단계. 인식전, 인식, 준비, 행동실천, 유지 단계

변화 목표(Change goal)

특정한 변화 행동을 목표로 정함

변화 척도(Change ruler)

변화동기를 10점부터 0점까지로 측정, 자신감 척도와 중요성 척도로 사용함

변화대화(Change talk)

변화 목표와 관련된 내담자의 언어; 자기 동기화 진술로서 행동 변화로 향하도록 촉

진해 준다. 변화대화는 목표 행동이나 문제와 항상 관련이 있다. 변화대화는 2가지 단계가 있다. 예비적 변화대화와 활성화 변화대화다. 활성화 변화 대화에는 좀 더 강한 수준의 결단대화와 행동실천이 포함되며, 행동실천은 최근에 시작된 새로운 행동을 진술하는 내담자의 표현이다. 예비적 변화대화에는 네 가지의 하위 유형이 있으며, 욕구(desire), 능력(ability), 이유(reason), 필요(need)로, 약자로 'DARN'이라고 쓴다.

변화대화 이끌어내기

동기면담에서 지침이 되는 원칙 중 하나는 면담자가 아니라 내담자가 변화에 대한 이야기를 하게 하는 것이다. 변화대화란 변화의 욕구, 능력, 필요성을 나타내는 내담자의 표현이다. 면담자는 변화대화가 나오는지 경청을 하면서 그 변화대화를 촉진시키거나(예: 상세히 말해 주기, 반영하기, 인정하기), 변화대화를 유발하는 전략 중 하나를 사용하여 의도적으로 이끌어 낼 수 있다.

복합반영(Complex reflection)

추가적인 의미나 다른 의미로 반영하기

부호화 시스템(MITI)

가장 흔히 활용되는 코딩 시스템

불일치감(Discrepancy)

변화 목표와 현재 행동의 간격

불일치감 만들기(Develop discrepancy)

내담자의 현재 행동의 패턴과 자신이 원하는 바람직한 패턴 사이의 불일치감을 발견하는 가치를 인정해 주는 것이 불일치감 만들기의 원리다. 불일치감 만들기에서의 열쇠는 내담자가 스스로 발견하도록 믿고 지지하는 데 있으며, 의미 있는 것이 무엇인지를 어떻게 알아낼지 지적하거나 조언하는 것이 아니다.

불화(Discord)

대인관계적 부조화

불화 신호(Smoke alarms)

치료적 동맹에서 대인 관계적 불화의 신호

비난하기 함정(Blaming trap)

비난과 탓 돌리기를 주로 하는 경우

비지시적(Non-directive)

비지시적이란 내담자가 논의하고자 하는 것을 수용하고 기꺼이 초점을 맞추려고 하는 것을 말한다.

브레인스토밍(Brainstorming)

대안 이끌어 내기

ㅅ

사과하기(Apologizing)

불화에 반응하는 방법

사전에 허락 받기(Prefacing)

내담자의 자율성을 지지하는 진술을 먼저 주고받음

사회망 증진(Enhance social network)

사회망 증진 개입은 내담자가 가지고 있는 현재의 사회적 지지망을 증진하도록 돕고
자 하는 전략이다. 사회적 지지의 질적 수준은 내담자가 성공적으로 변화를 하거나
목표를 성취하는 능력에 직간접적 효과를 가진다.

사회적 지지(Social support)

사회적 지지란 개인이 일반적으로 경험하면서 기대하게 되는 일상적이고 매일 매일
의 대인관계 교류다. 이러한 개인적 교류는 긍정적이고 욕구 충족적이며, 자기 자신
과 동일시하거나 관계에 있는 사람과 공유된다. 사회적 지지 혹은 사회적 자본은 치
료의 효과성에 중요한 중재변인이 된다.

상세히 말하기(Elaboration)

변화대화에 대해 명료화하도록 요청, 내담자가 변화대화를 보여 주었을 때, 상세히
말하도록 간단히 요청하는 기술로 간단하면서도 매우 효과적이다. 상세하게 말하기
를 요청하는 방법으로는, "그 밖에 어떤 것이 있나요?" 또는 다음과 같은 구체적인 질
문 형식이 될 수 있다. "더 최근에 어떤 경우가 있었나요?" 이 두 가지 질문에서 모두
목표는 내담자로 하여금 변화대화의 맥락에서 자유롭게 계속 이야기하는 데 있다.

수용(Acceptance)

동기면담 정신 중 하나로, 절대적 가치, 정확한 공감, 인정하기, 자율성 지지 등을 포함
한다.

수집하기 요약하기(Collecting summary)

요약하기의 한 유형으로, 내담자가 했던 말을 모아서 요약하기

수행 결단(Implementation intention)

행동실천 결단

실제 놀이(Real play)

실제 놀이는 역할놀이와는 반대되는 것으로, 동료들 사이에 행해지는 연습이며, 이
때 면담자는 내담자 역할을 맡아서 솔직하게 현재 개인적 문제에 대해 이야기하여
상대방이 새로운 기술을 연습할 수 있도록 해 준다.

실천적 공동체(Practice community)

기술, 도구, 언어의 공유된 레퍼토리를 가지고 협동 과제에 상호 참여를 증진하는 공식적, 또는 비공식적인 집단이다. 동기면담 실천적 공동체는 정기적으로 서로 만나서 동기면담 기술 습득을 연습하고 지지하는 실무자 집단을 말한다.

실험/통제 연구(Experimental/control trial)

실험 혹은 통제 조건 중 하나에 참가자를 무작위로 할당하는 연구로, 주요한 관심 변인(예: 개입 'x')이 완전히 통제되기 때문에 방법론적으로 공고한 최상의 방법론으로 간주된다.

ㅇ

안내하기(Guiding)

의사소통 스타일의 한 유형으로, 동기면담 스타일과 동일함

양가감정(Ambivalence)

주어진 주제, 특히 목표 행동과 관련하여 보이는 서로 상반되고 갈등이 되는 감정의 공존. 변화에 대해 가지는 두 가지의 상반된 감정

양면반영(Double-sided reflection)

저항에 반응하는 기술로, 양가감정의 양쪽 면을 모두 반영하여 줌. 유지대화와 변화대화를 함께 반영

역할 유도(Role induction)

치료에 대해서 내담자를 교육하는 과정이자 내담자가 치료에 전적으로 참여할 수 있도록 준비하는 과정이다.

열린 질문(Open question)

폭 넓게 반응할 수 있도록 돕는 질문. 닫힌 질문과 비교하면, 많은 정보를 얻어내는 질문이자 다양한 범위의 가능성 있는 반응을 허용하면서 내담자의 관점에 관심을 전달하는 질문이다.

예비적 변화대화(Preparatory change talk, DARN)

변화대화의 하위 유형. 변화에 대한 욕구, 능력, 이유, 필요 등이 속한다.

요점 정리하기(Recapitulation)

유발하기 과정에서 계획하기 과정으로 이동할 때 변화대화로 꽃부케를 만들어 요약하기

요약하기(Summary)

내담자가 한 말 중에서 두 개 이상을 모아서 반영하기. 요약하기는 내담자가 말하는

여러 가지 측면을 함께 모아서 반영하는 것이다. 수집하기 요약하기, 이어주기 요약하기, 전환하기 요약하기 참조

욕구(Desire)
예비적 변화대화의 한 유형으로, 변화하고 싶어 함

유발(Evocation)
동기면담 정신. 내담자의 관점과 동기를 이끌어 냄

유발적 질문들(Evocative questions)
변화대화를 이끌어 내는 전략적 열린 질문. 열린 질문으로 내담자로 하여금 변화대화를 이끌어 내도록 하는 데 방향을 둔다(예: 변화의 욕구, 능력, 이유, 필요). 몇 가지 예로는 "○○님이 결정만 한다면, 이러한 변화를 할 수 있다고 자신감을 주는 것은 어떤 것이 있나요?"(능력) 혹은 "이 변화에서 ○○님이 사실상 좋아하거나 기대하는 것은 어떤 것이 있나요?"(욕구)

유발하기(Evoking)
동기면담 정신. 내담자의 변화 동기를 이끌어 내기

유지대화(Sustain talk)
현상 유지를 선호한다는 내담자의 진술. 내담자가 변화에 대해 그다지 관심을 갖지 않을 때 목표 행동에 대해 진술하는 방식이다. 변화에 대한 무관심은 종종 현재 상태의 욕구, 현재 행동으로 기능할 수 있다는 능력, 현재 상태가 바람직한 이유와 상황이 그대로 있어야 하는 필요성으로 표현된다.

의제 그리기(Agenda mapping)
내담자의 방향 선택에 초점 맞추기

이끌어 내기-교환하기-이끌어 내기(Elicit-provide-elicit)
정보를 교환하는 과정, 정보를 나누기 전과 후에 내담자의 경험을 탐색하기

이끌어 내다(Ducere)
라틴어로, 퍼내다, 끌어내다

이어 주기 요약하기(Linking summary)
요약하기의 한 유형. 내담자가 방금 한 말과 이전 회기에서 한 말을 이어서 요약하기

이유(Reason)
예비적 변화대화의 한 유형

인간 중심 상담(Person-centered counseling)
Rogers가 소개한 치료적 접근. 지지적·공감적·수용적 관계 강조. 내담자 중심 상담으로 부르기도 함

인정(Affirmation)

동기면담 정신에서 '수용'의 한 측면. 사람은 장점과 노력을 인정함

인정하기(Affirming)

내담자의 고통, 성취한 바를 인정하고 존중 및 감사를 전달하는 표현이다. 내담자의 긍정적 속성이나 행동에 대해 가치 있게 진술하기

인지행동 치료(Cognitive behavior therapy)

이것은 심리치료 접근이며, 대화치료다. 유도된 연습과 함께 기술 훈련이 포함된 목표 지향적, 체계적 훈련 과정을 통해서 역기능적 정서, 행동, 인지와 관련한 문제를 해결하는 데 목표를 둔다.

ㅈ

자기노출(Self-disclosure)

내담자에게 도움이 될 것으로 기대하여 면담자가 자기 경험을 나누는 것

자기조절(Self-regulation)

스스로 계획하고 수행하는 능력

자기실현(Self-actualization)

핵심 가치를 추구하고 현실화하기

자기동기화 진술(Self-motivational statement)

변화대화 참조

자기효능감(Self-efficacy)

Albert Bandura가 소개한 용어. 목표나 과제를 성공적으로 달성할 수 있는 능력

자기효능감 지지하기(Support self-efficacy)

친사회적 목표를 성취할 수 있는 내담자의 능력 또는 자신감을 촉진시키는 기회를 만들거나 사용하기 위해 주의 깊게 관심을 기울이기. 이 원칙은 또 다른 약자에서 역량 강화하기라는 용어를 사용하여 설명되고 있다(RULE-교정반사 억제하기, 내담자 자신의 동기를 이해하고 탐색하기, 공감적으로 경청하기, 내담자의 역량 강화하기). 이 약자는 동일한 네 가지 원칙을 기술한다.

자신감 대화(Confidence talk)

변화 능력을 언급하는 표현

자신감 척도(Confidence ruler)

변화를 할 수 있는 능력에 대한 자신감을 측정하는 척도

자율성(Autonomy)

자기 관리나 자립의 상태: 주어진 주제에 대하여 스스로 태도와 관점을 결정할 수 있는 권리

자율성 지지(Autonomy support)

'수용'의 한 측면. 내담자의 자기결정과 선택을 지지함

자존감(Self-esteem)

지각된 자기 가치

잡담하기 함정(Chat trap)

동기면담 과정에 도움이 되지 않는 매우 사소하고 사적인 잡담하기

재구조화하기(Reframe)

내담자가 한 말을 다르게 설명하기. 저항에 대한 반응 전략으로, 내담자의 말에 대해 다른 의미를 제공하거나 다른 해석을 제공하는 것이다.

저항(Resistance)

동기면담에서 이전에 사용했던 용어. 지금은 유지대화와 불화로 나누어 사용하고 있음. 내담자가 현재의 대화 또는 현재에 펼쳐지고 있는 것에 대해 불편해한다는 것을 표시하는 관찰 가능한 행동이다. 직면하기, 도전하기, 행동 변화에 대한 내담자의 양가감정에 압박을 주는 면담 스타일은 매우 자주 내담자의 저항을 만들어 낸다.

저항과 함께 구르기(Roll with resistance)

어떤 유형이든 간에 내담자의 저항 표시에 '걸려들거나' 빠지는 것을 피하는 능력 (예: 반항적, 합리화하기, 꺼려하기, 포기하기). 내담자의 저항 표시를 면담자의 전략을 바꿔야 하는 신호로 심각하게 받아들어야 하며 저항을 개인적으로 받아들여서는 안 됨을 암시한다.

전문가 함정(Expert trap)

최상의 답은 전문가인 면담자가 가지고 있다는 진술

전환하기 요약하기(Transitional summary)

이제까지의 대화를 요약하고 새로운 주제로 이동하는 경우

절대적 가치(Absolute worth)

동기면담 정신에서 '수용'의 한 측면. 사람은 타고난 가치와 잠재력을 가지고 있음

정확한 공감(Accurate empathy)

상대방의 의미를 지각하고 반영하는 기술

조급하게 초점 맞추기 함정(Premature focus trap)

관계 형성을 하기 전에 초점 맞추기를 하는 경우

존엄성(Integrity)

핵심 가치와 일치하는 방식으로 행동함

주요 질문(Key question)

　　유발하기 과정에서 계획하기 과정으로 이동할 때 요약 정리하기를 한 후에 활성화 변화대화를 이끌어 내고자 제시하는 질문

준비도 척도(Readiness ruler)

　　변화 척도 참조

중요성 및 자신감 척도(Importance & confidence scale)

　　불일치감을 의도적으로 탐색하기 위한 몇 가지 기법 중 하나는 변화대화를 유발할 수 있는 방식으로 내담자의 목표 행동에 대한 불일치감을 탐색해 준다. 중요성 자신 감 척도는 내담자에게 행동 목표가 얼마나 중요한지 검토하도록 하며(10~1점 척 도), 이후에 그 점수가 더 낮은 점수가 아닌 이유를 탐색한다. 면담자는 또한 내담자 가 목표 행동을 변화시킬 수 있는 현재의 자신감을 나타내는 숫자를 말하도록 하고 나서, 자신감 숫자를 1~2점 올리기 위해서 무엇이 필요한지를 묻는다. 또는 자신감 점수와 중요성 점수 사이의 거리를 좁히기 위해 무엇이 필요한지를 묻는다.

지시하기(Directing)

　　의사소통 스타일의 한 유형. 알려 주고, 가르치고 조언하기 등

직면하기(Confront)

　　목표: 현재 상황과 경험을 직시하도록 함

　　실천: 동기면담 불일치 반응(경고하기, 반대하기, 논쟁하기 등)

질문-대답 함정(Question-answer trap)

　　대답만 하도록 많은 질문을 하는 경우

ㅊ

초점 맞추기(Focusing)

　　동기면담 과정에서 두 번째 과정. 변화 목표를 명료화하기

초점 바꾸기(Shifting focus)

　　불화 대응 방법. 덜 논쟁적인 주제로 방향 전환. 저항에 대한 반응전략으로서 초점 바꾸기는 내담자가 저항하고 있는 주제에 대해 직면하기보다는 비껴 가는 것이다.

초이론적 모델(Transtheoretical model)

　　Prochaska와 Diclemente가 개발한 변화 모델로서, 변화단계를 설명하였음

최소화하기(Undershooting)

　　내용이나 감정의 강도를 감소하거나 약화하여 반영하기

치료적 동맹(Working alliance)

내담자와 면담자의 협동적 관계. 면담 성공 예측. 내담자와 면담자 사이에 공유한 과제, 목표, 유대관계로 이루어진다.

ㅋ

코칭(Coaching)

기술 습득을 조력하는 과정

큐 분류 방법(Q sorting)

William Stephenson (로저스의 동료)이 개발한 기법. '전혀 아니다' 부터 '매우 그렇다' 까지로 카드를 분류함

ㅌ

타고난 동기(Intrinsic motivation)

목표와 가치에 일관적이고자 행동하는 성향과 실천

ㅍ

파트너십(Partnership)

동기면담 정신, 내담자의 전문성에 협동하는 파트너가 됨

평가 피드백(Assessment feedback)

평가 결과를 개별적으로 피드백하기

평가하기 함정(Assessment trap)

처음부터 전문적인 정보로 자문을 하는 경우

평형(Equipoise)

어느 한편으로 기울이지 않는 중립성

프레임즈(FRAMES)

단기 개입에서 강조하는 여섯 가지 구성요소: 피드백, 책임감, 조언, 대안 메뉴, 공감, 자기효능감

필요(Need)

예비적 변화대화의 한 유형

ㅎ

학습하는 조직(Learning organization)

학습하는 조직이란 함께 작업하는 집단의 사람들이 공동으로 그들이 진정 원하는 결과를 내기 위해서 능력을 증진하는 것이다.

핵심기술(OARS)

동기면담 핵심기술 네 가지: 열린 질문하기, 인정하기, 반영하기, 요약하기

행동 실천하기(Taking steps)

활성화 변화대화의 한 유형. 이미 변화 행동을 시작하였음

허락(Permission)

조언이나 정보를 교환하기 전에 내담자의 동의를 구하기

현상 유지(Status quo)

변화하지 않은 현재 상태

협동(Collaboration)

파트너십 참조

확대반영(Amplified reflection)

저항에 반응하는 기술로, 내담자의 표현을 강도 높게 반영함. 유지대화나 불화에 활용하는 반영 유형임

활성화 변화대화 CAT(Mobilizing change talk CAT)

활성화 변화대화의 세 가지 하위 유형: 결단대화, 행동적 대화, 행동실천 대화

참고문헌

Aspinwall, L. G., & Staudinger, U. M. (2003). *A psychology of human strengths: Fundamental questions and future directions for a positive psychology.* Washington, DC: American Psychological Association.

Beck, A. T. (1967). *The diagnosis and management of depression.* Philadelphia: University of Pennsylvania Press.

Brownell, K. D., Marlatt, G. A., Lichtenstein, E., & Wilson, G. T. (1986). Understanding and preventing relapse. *American Psychologist, 41,* 765-782.

Colten, M. E., & Janis, I. L. (1982). Effects of moderate self-disclosure and the balance sheet procedure. In I. L. Janis (Ed.). *Counseling on Personal Decisions: Theory and Research on Short-Term Help Relationships.* New Haven, CT: Yale University Press.

Cummins, R. A. (1996). The domains of life satisfaction: An attempt to order chaos. *Social Indicators Research, 38,* 303-328.

Deci, E. L., & Ryan, R. M. (2000). The "what" and "why" of goal pursuits: Human needs and the self-determination of behavior. *Psychological Inquiry, 11,* 227-268.

DiClemente, C. C., & Prochaska, J. O. (1998). Toward a comprehensive transtheoretical model of change: Stages of change and addictive behaviors. In W. R. Miller, & N. Heather (Eds.). *Treating Addictive Behaviors* (2nd ed.). New York: Plenum Press.

DiClemente, C. C., & Scott, C. W. (1997). Stages of change: Interactions with treatment compliance and involvement. In L. S. Onken, J. D. Blaine, & J. J. Boren (Eds.). *Beyond the Therapeutic Alliance: Keeping the Drug-Dependent Individual in Treatment.* NIDA Research Pub. No. (ASM) 97-4142. National Institute on Drug Abuse.

Emmons, R. A. (1999). *The psychology of ultimate concerns.* New York: Guilford.

Frankl, V. E. (1963). *Man's Search for Meaning.* Boston: Beacon Press.

Glasser, W. (1965). *Reality Therapy: A New Approach to Psychiatry.* Colophon Books.

Gordon, T. (1970). *Parent Effectiveness Training: The no-lose program for raising responsible children.* New York: Wyden.

Institute of Medicine. (1990). *Treating drug problems.* Washington, DC: National Academy Press.

Janis, I. L., & Mann, L. (1977). *Decision Making: A psychological analysis of conflict, choice, and commitment.* London: Cassel and Collier Macmillan.

Kekes, J. (1989). *Moral tradition and individuality.* Princeton, NJ: Princeton University Press.

Laws, R., & Ward, T. (2011). *Desistance from sex offending: Alternatives to throwing away the keys.* New York: The Guilford Press.

Linley, P. A., & Joseph, S. (2004). Applied positive psychology: A new perspective for professional practice. In P. A. Linley & S. Joseph (Ed.). *Positive Psychology in Practice* (pp. 3-12). New Jersey, NY: John Wiley & Sons.

Marlatt, G. A., & Gordon, J. R. (1985). *Relapse prevention: Maintenance strategies in the treatment of addictive behaviors.* New York: The Guilford Press.

Miller, W. R. (1983). Motivational Interviewing with problem drinkers. *Behavioral Psychotherapy, 11,* 147-172.

Miller, W. R. (1985). Motivational Interviewing: A review with special emphasis on alcoholism. *Psychological Bulletin, 98*(1), 84-107.

Miller, W. R. (2013). *Motivational Interviewing basic workshop.* Korean Association of Motivational Interviewing. Seoul, Korea.

Miller, W. R. (2014). Tent pegs: stretching the boundaries of Motivational Interviewing. *MINT Forum. Plenary.* Atlanta, GA.

Miller, W. R., Baca, C'de, Matthews, D. B., & Wilbourne, P. L. (2001). *Community values: value cards.* University of New Mexico.

Miller, W. R., & Heather, N. (1998). *Treating addictive behaviors* (2nd ed.). New York: Plenum Press.

Miller, W. R., & Rollnick, S. (1991). *Motivational Interviewing: Preparing people to change addictive behavior* (1st ed.). New York: Guilford Press.

Miller, W. R., & Rollnick, S. (2002). *Motivational Interviewing: Preparing People for Change* (2nd ed.). New York: Guilford Press.

Miller, W. R., & Rollnick, S. (2013). *Motivational Interviewing: Helping people change* (3rd ed.). New York: Guilford Press.

Miller, W. R., Yahn, C. E., & Tonigan, J. S. (2003). Motivational interviewing in drug abuse services: A randomized trial. *Journal of Consulting and Clinical Psychology, 71,* 754-763.

Moreno, J. L. (1914). "Encounter." Poem.

Moyers, T. B., Martin, T., Miller, W. R., & Ernst, D. (2010). *Motivational Interviewing*

Treatment Integrity. 3.1.1. CASAA.

Mueser, K. T., Noordsy, D. L., Drake, R. E., & Fox, L. (2003). *Integrated treatment for dual disorders: A guide to effective practice.* New York: Guilford Press.

Murphy, M. C. (2001). *Natural Law and Practical Rationality.* New York: Cambridge University Press.

Pascal, B. (1623–1662). *Minor Works.* The Harvard Classics 1909–14.

Prochaska, J. O. (1994). Change for good. In Surwit, R. S. (2013). *The mind–body diabetes revolution: A proven new program for better blood sugar control.*

Prochaska, J. O., & DiClemente, C. C. (1983). Stages and proceses of self-change of smoking: toward an integrated model of change. *Journal of Consulting and Clinical Psychology, 51,* 390–395.

Prochaska, J. O., & DiClemente, C. C. (1984). *The transtheoretical approach: crossing traditional boundaries of therapy.* Dow Jones–Irwin.

Prochaska, J. O., & DiClemente, C. C. (1992). Stages of change in the modification of problems behaviors. In Hersen, M., Eisler, R. M., & Miller, P. M. (Eds.). *Progress in Behavior Modification.* Sycamore Publishing Co.

Prochaska, J. O., DiClemente, C. C., & Norcross, J. C. (1992). In search of how people change: Applications to addictive behaviors. *American Psychologist, 47,* 1102-1114.

Prochaska, J. O., Norcross, J. D., & DiClemente, C. C. (1994). *Changing for good.* New York: Morrow.

Prochaska, J. O., & Velicer, W. F. (1997). The transtheoretical model of health behavior change. *American Journal of Health Promotion, 12*(1), 38-48.

Project MATCH Research Group. (1993). Project MATCH: rationale and methods for a multisite clinical trial matching patients to alcoholism treatment. *Alcoholism: Clinical and Experimental Research, 17,* 1130-1145.

Rokeach, M. (1973). *The nature of human values.* New York: Free Press.

Rollnick, S. (2015). MI today and beyond. *Asia Pacific Symposium of Motivational Interviewing.* Presentation.

Rollnick, S., Miller, W. R., & Butler, C. C. (2008). *Motivational Interviewing in health care.* The Guilford Press.

Sherlyn Jimenez (2009). Article on Compassion. *The Encyclopedia of Positive Psychology, Volume I,* Editor: Shane Lopez, Wiley–Blackwell, ISBN 978-1-4051-6125-1

Sobell, L. C., Sobell, M. B., Toneatto, T., & Leo, G. I. (1993). What triggers the resolution of alcohol problems without treatment? *Alcoholism: Clinical and Experimental Research, 17,* 217-224.

Stephenson, W. (1953). *The study of behavior.* Chicago: University of Chicago Press.

Surwit, R. S. (2013). *The mind-body diabetes revolution: A proven new program for better blood sugar control.* Atria Books.

Truax, C. B. (1966). Reinforcement and non-reinforcement in Rogerian psychotherapy. *Journal of Abnormal Psychology, 71,* 1-9.

Ward, T. (2012). *Good Lives Model workshop.* Brisbane, Australia.

Ward, T., & Gannon, T. (2006). Rehabilitation, etiology, and self-regulation: The Good Lives Model of sexual offender treatment. *Aggression and Violent Behavior, 11,* 77-94.

Ward, T., & Hudson, S. M. (1998). A model of the relapse process in sexual offenders. *Journal of Interpersonal Violence, 13,* 700-725.

Ward, T., Hudson, S. M., Johnston, L., & Marshall, W. L. (1997). Cognitive distortions in sexual offenders: An integrative review. *Clinical Psychology Review, 17,* 1-29.

Ward, T., Hudson, S. M., & McCormack, J. C. (1999). Offence pathways in sexual offenders. *Journal of Interpersonal Violence, 14,* 779-98.

Ward, T., Hudson, S. M., & Marshall, W. L. (1995). Cognitive distortions and affective deficits in sex offenders: A cognitive deconstructionist approach. *Sexual Abuse: A Journal of Research and Treatment, 7,* 67-83.

Ward, T., Louden, K., Hudson, S. M., & Marshall, W. L. (1995). A descriptive model of the offence process. *Journal of Interpersonal Violence, 10,* 453-473.

Ward, T., Mann, R., & Gannon, T. (2007). The Good Lives Model of Offender Rehabilitation: Clinical Implications. *Aggression and Violent Behavior, 12,* 87-107.

Ward, T., & Maruna, S. (2007). Rehabilitation: Beyond the risk-paradigm. *Key ideas in criminology series* (Tim Newburn, Series Ed.). London: Routledge.

Ward, T., & Stewart, C. A. (2003). The treatment of sex offenders: Risk management and good lives. *Professional Psychology: Research and Practice, 34,* 353-360.

Ward, T., Vess, J., Collie, R. M., & Gannon, T. A. (2006). Risk management or goods promotion: The relationship between approach and avoidance goals in treatment for sex offenders. *Aggression and Violent Behavior: A Review Journal, 11,* 378-393.

국립국어원 표준국어대사전 (http://stdweb2.korean.go.kr)

영어 위키백과 (http://en.wikipedia.org/wiki)

한국어 위키백과 (http://ko.wikipedia.org/wiki)

http://www.motivationalinterview.org

http://www.ncbi.nlm.nih.gov

Merriam-Webster Dictionary (2011)

찾아보기

〈내용〉

저자 소개

신수경(Shin Sookyoung)
충남대학교 응용심리학 박사
용인정신병원 · 단국대학교병원 · 국립법무병원 임상심리사
현 백석대학교 기독교상담학과 교수
　동기면담훈련가, MINT 회원
　임상심리전문가, 중독심리전문가, 범죄심리전문가

조성희(Cho Sunghee)
미국 미주리 주립대학교 대학원 박사
국립법무병원 임상심리실장
현 백석대학교 기독교상담학과 교수
　동기면담훈련가, MINT 회원
　임상심리전문가, 중독심리전문가, 범죄심리전문가

알기 쉬운
동기면담
Motivational Interviewing easy to learn

2016년 1월 15일 1판 1쇄 발행
2022년 8월 10일 1판 4쇄 발행

지은이 • 신수경 · 조성희
펴낸이 • 김 진 환
펴낸곳 • ㈜ **학지사**

      04031 서울특별시 마포구 양화로 15길 20 마인드월드빌딩 5층
대표전화 • 02) 330-5114   팩스 • 02) 324-2345
등록번호 • 제313-2006-000265호

홈페이지 • http://www.hakjisa.co.kr
페이스북 • https://www.facebook.com/hakjisabook

ISBN 978-89-997-0815-2 93180

정가 **19,000원**

저자와의 협약으로 인지는 생략합니다.
파본은 구입처에서 교환하여 드립니다.

이 책을 무단으로 전재하거나 복제할 경우 저작권법에 따라 처벌을 받게 됩니다.

이 도서의 국립중앙도서관 출판시도서목록(CIP)은 서지정보유통지원시스템
홈페이지(http://seoji.nl.go.kr)와 국가자료공동목록시스템(http://www.nl.go.kr/kolisnet)
에서 이용하실 수 있습니다.
(CIP제어번호: CIP2015031036)

출판미디어기업 **학지사**

간호보건의학출판 **학지사메디컬** www.hakjisamd.co.kr
심리검사연구소 **인싸이트** www.inpsyt.co.kr
학술논문서비스 **뉴논문** www.newnonmun.com
원격교육연수원 **카운피아** www.counpia.com